# 영어권 소설로 읽는 다른 세계들

## 저자소개

**이성진** 문학박사, 서남대학교 영어학과 교수
**김현아** 문학박사, 전남대학교 영어영문학과 강사
**왕은철** 문학박사, 전북대학교 영어영문학과 교수
**박오복** 문학박사, 순천대학교 영어영문학과 교수
**이혜란** 문학박사, 전남대학교 영어영문학과 강사
**이경순** 문학박사, 전남대학교 영어영문학과 교수
**이현주** 문학박사, 광주대학교 항공서비스학과 조교수
**민태운** 문학박사, 전남대학교 영어영문학과 교수
**주재하** 문학박사, 전남대학교 영어영문학과 강사
**김은영** 문학박사, 전남대학교 영어영문학과 강사

__저자소개: 글 싣는 순서



## 영어권 소설로 읽는 다른 세계들

**인쇄** | 2014년 11월 27일
**발행** | 2014년 12월 1일

**편 저** | 전남대학교 영어권문학 연구회
**발행인** | 지병문
**발행처** | 전남대학교출판부

**등록** | 1981. 5. 21. 제53호
**주소** | 500-757 광주광역시 북구 용봉로 77
**전화** | (062) 530-0571~2 **마케팅** 530-0573
**팩스** | (062) 530-0579
**홈페이지** | http://www.cnup.co.kr
**이메일** | cnup0571@hanmail.net

값 17,000원

ISBN 978-89-6849-161-0 (93840)

이 도서의 국립중앙도서관 출판예정도서목록(CIP)은 서지정보유통지원시스템 홈페이지(http://seoji.nl.go.kr)와 국가자료공동목록시스템(http://www.nl.go.kr/kolisnet)에서 이용하실 수 있습니다.
**(CIP제어번호 : CIP2014034704)**

영어권 소설로 읽는

# 다른 세계들

전남대학교 영어권문학 연구회 편저

전남대학교출판부

# 책머리에

이 책은 영어권 소설에 관한 여러 글들을 모은 것이다. 이는 단순히 한 개인의 연구결과가 아니라 <전남대학교 영어권문학 연구회>의 여러 연구자들이 발표한 내용을 수정·보완하고 일부는 새롭게 저술한 것이다. 연구자들은 그간 국내에서 영어권 소설에 대한 연구서들이 드물다는 점을 감안하여 영문학 독자들뿐만 아니라 인문학 독자들을 염두에 두고, 어떻게 하면 영어권 소설을 제대로 음미하게 할 수 있을까 하는 생각에서 이 책을 발간하게 되었다. 영국이나 미국과는 다른 세계들을 보여주는 영어권 서사들은 지구화 시대의 다른 세계를 알고자 하는 일반 독자에게 많은 도움이 될 것으로 생각된다. 이 책은 무엇보다도 광범위한 영어권 문학의 숲을 제대로 체험할 수 있게 하려는 의도에서 통합적이고 균형있는 시각을 갖춘 길잡이가 되어 일반독자도 쉽게 접근할 수 있도록 하는 것에 주안점을 두었다.

10명의 연구자가 참여한 이 책의 구성을 보면, 광범위한 영어권 문학을 공간적으로 다섯 지역, 즉 아프리카, 카리브해, 남아시아, 캐나다, 호주/아일랜드로 나누었다. 이 책을 관통하는 방법론적 틀은 포스트식민주의, 후기구조주의, 유색/페미니즘, 문화연구와 관련되는 현대 인문사회과학의 패러다임이다. 이 책의 키워드라 할 수 있는 '영어권' 소설과 '다름'이라는 개념 역시 오늘의 인문학적 풍토를 반영하는 주요 개념이다.

시기별로는 1947년부터 2007년에 이르는 현대 영어권 소설들로 총 16편의 소설을 분석 대상으로 삼았다. 목차 순서는 각 지역/국가로 구별하여 시대순으로 배열하였고 작가 소개는 대략적인 설명에 사진을 곁들여 영어권의 다양한 작가들을 독자에게 친숙하게 제시하고자 했다. <생각해보기>는 각 작품을 둘러싼 주요 쟁점들을 질문함으로써 독자로 하여금 영어권의 다양한 문제를 비판적으로 논의하는데 도움이 되도록 했다. 그럼으로써 이 책은 영미중심에서 영어권으로, 주체에서 타자로, 동질성보다는 이질성이라는 개념들로 독자의 사유를 변화시키는 데 일조할 것으로 생각된다.

영어권 서사가 한국에 본격적으로 소개되기 시작한 것은 1990년대 초 무렵이다. 1992년 필자가 발표했던 '탈식민주의 페미니즘'은 당시로서는 국내에서 처음으로 발표된 내용으로, 포스트식민주의 논의의 한 시발점이 되었던 것으로 기억된다. 이후 등장했던 글로벌 영어권 소설이 워낙 광범위하다 보니, 개별 작가나 몇몇 국가 중심으로 단편적, 지엽적으로만 소개되어 온 것이 사실이다. 이에 연구자들은 주기적인 세미나를 통해 각 지역이 지닌 특수성과 독자성을 함께 비교, 분석하고 토론하는 작업에서 영어권 소설들의 공통점과 차이를 통합적으로 살펴볼 수 있게 되었다. 세미나에 참여했던 본 연구자들은 각 지역/국가의 영어권 문학을 체계적으로 연구해 온 다양한 학자들로 이미 학계에서 괄목할 만한 성과를 낸 상태이다.

돌이켜보면, 1990년대 이후 우리 주변에서는 '세계화' 혹은 '지구화'라는 말이 일상적으로 회자되어 왔다. 그만큼 지구촌의 세상도 엄청나게 변했고 이제는 세계 자체가 우리가 해석해야 할 커다란 텍스트가 되었다. 게다가 지난 10여년 동안 우리의 대학교육에서 '주변부' 연구는 가히 폭발적으로 증가해 왔다. 우리는 과연 타자인 '남,' 혹은 '주변부'를 얼마나 이해하고 있으며 우리와 '다른 세계'를 어느 정도 알고 있는지, 그리고 이 세계에 관해 우리가 안다고 하는 것이 모종의 재현들로부터 유래되어 익숙해진 것에 불과하다는 점을 한 번이라도 인식해 본 적이 있는지, 스스로 묻지 않을 수 없다. 이 책은 바로 이같은 질문에 바탕을 두고 궁극적으로는 탈식민 지식에 도전하도록 독자들을 독려하기 위해 기획된 것이다.

역사적 결과로서 영어는 오늘날 앵글로 색슨의 민족 언어라기보다는 다양한 문화적, 인종적 배경들을 지닌 사람들이 쓰는 언어가 되었다. 또한 표준화 된 하나의 영어가 아닌 다양한 영어'들'을 포괄하는 '영어권'이라는 말은 식민시대 이후 현재의 문화적 정체성을 탐구하는 데 적용되어왔다. 그리고 '영어권'이라는 개념으로 포괄되는 공간은 매우 광범위하여 이 공간에서 생산되는 문학들은 거의 세계문학의 범주를 아우르고 있다. 영어권 문학은 국가나 인종 등 단일한 틀로 일반화될 수는 없지만 공통적인 관심사인 포스트식민주의, 제3세계, 유색, 하위계급, 이산, 소수인종, 젠더와 성 등, 문화연구의 주제들을 풍부하게 포괄하고 있다. 그러므로 『영어권 소설로 읽는 다른 세계들』은 독자로 하여금 '제1세계'의 타자로 왜곡되게 개념화되어 온 포스트식민의 모습을 인종적, 계급적, 문화적 담론의 권력관계라든지 이러한 권력담론을 변화시키려는 전략적 차원에 주목하게 한다.

그럼에도 불구하고 본 연구자들은 영어권 서사를 연구하는 과정에서 영미 중심부와의 관계를 결코 잊어 본적이 없다. 그것은 영어권 문학이 전통 영문학에 개입하여 앵글로 색슨 위주의 단일문학 담론에 대한 분명한 대안을 마련해온 것이 사실이기 때문이다. 이 책에서 다루어지는 영어권 작가들은 문학을 통해 인간의 권리와 가치를 이야기해 왔고 그것들을 부정하려는 모든 권력들과 용기있게 맞서 온 작가들이다. 이들은 서구 중심부의 언어인 영어로 글쓰기를 하면서 서구 문화와 정치권 안에서 지속적으로 작동하고 있는 제국주의의 유산을 과감히 들춰내고 서양의 지적 획일주의를 비판하는 데 주력하였다. 나아가 이들이 보여준 '다른 세계들'의 '다른 시선들'은 지구촌 독자들의 인식의 변화를 도모하였을 뿐만 아니라 현재의 세계문단에 지대한 영향력을 행사하고 있다. 서구 제국주의가 가한 식민 폭력의 후유증에도 불구하고 이들은 과거와 오늘의 아픔을 딛고 서구중심주의 문학에 대한 통념을 전복시키며 포스트 식민 시대의 새로운 비전의 문을 열었다는 점에서 위대한 작가군으로 평가해도 지나치지 않을 것이다.

세계인구의 85%를 차지할 정도의 압도적인 다수가 짧게는 몇 십년에서 길게는 수세기에 걸쳐 유럽 제국주의 국가들의 식민지배를 경험했다는 역사적 사실에서 확인되듯이, 식민주의는 인류 보편의 문제라 할 수 있다. 유럽 식민주의는 완전히 새로운 종류의 인간존재를 창조하였는데, 그것은 '원주민', '야만인'이라는 이름이었다. 대영제국의 경우, 17세기 후반부터 20세기 중반에 이르기까지 전 세계의 여러 나라와 지역들에 식민 통치를 확대해 왔다. 영국은 경제적 통치와 더불어 법률, 종교, 교육, 군사, 정치와 미학적 관념을 식민지로 수출하였다. 또 영국의 언어를 가르치기 위해 식민지 아동과 성인 모두를 영국 시민보다 더 영국적인 시민으로 양성하였다. 이와 더불어 영국의 '문학', 특히 초서, 셰익스피어, 밀튼 등은 '위대한' 작가들로 전파되었다. 그 과정에서 영문학과는 처음부터 영국의 문화적 헤게모니를 전 세계에 확립하는 국가적 사명의 일부를 맡게 되었다. 영문학자 혹은 영문학과 교수 등의 엘리트들은 이러한 식민적 맥락에서 영국의 문학과 문화의 우월성을 쉽게 주장하게 된 것이다. 그러나 1960년대 이래로 영문학 지형은 영어권 작가들의 출현으로 대변화를 겪게 된다. 더 이상 전통적인 읽기 방식으로는 다른 세계의 다른 텍스트를 이해하기 힘들다는 의미에서 영어권 작가의 서사들이 인간과 세계를 다른 시각에서 깊이 있게 해명하는 대안서사로 등장한 것이다. 그 결과 오늘날 영어로 쓰인 탁월한 소설들은 영국이나 미국에서가 아니라 과거 영국 식민지 출신의 작가들에 의해 쓰여진 것이 대다수를 차지하고 있다.

1980년에 이후 현대 문학비평에서 중요한 비평방법으로 자리잡은 포스트식민주의는 이 책에서 다루어지는 영어권 소설을 이해하는 데 있어 식민/제국주의와 인종억압에 대한 비판적 시각을 활발하게 조명할 수 있게 해준다. 탈식민화 과정이란 이와 같이 '야만인'을 인간으로 다시 회복하는 과정이자 제국주의 학문의 자기중심성을 폭로하고 전복하는 과정과 맞물려 있다. 따라서 이제 '다른' 텍스트들을 가르치는 영문학 교육 현장에서 중요한 이슈는 "이 텍스트의 의미는 무엇인가?" 대신에 "이 텍스트는 어떤 문학적 작업을 수행하고 어떤 맥락에서 해석해야 하는가?" 혹은, "이 텍스트는 이 지구촌의 어느 공간의 누구에게, 어떤 의미를 지니는가?"라는 방향으로 질문을 전환하는 것이다. 이것은 다시 말해, 문학연구에서 특정 이론들을 특권화 하는데 있어 차이가 어떻게 형성되어 왔으며, 이것이 역사적으로 무엇을 대변해 왔는지, 그리고 그것이 어떻게 정치화될 수 있는지에 대한 질문에 관심을 가져야 할 시기에 이르렀다는 의미이다.

이 책에서 다루어지는 작가들은 식민지 경험을 한 국민들의 의식, 즉 지금은 해방되었으나 여전히 과거의 희생물로 남아있다는 의식 때문에 자신들의 과거에 대한 관심으로부터 글쓰기를 시작해 간다. 제국주의의 역사적 과정이 이들에게 부과한 흔적, 다시 말해 제국주의를 다시 쓰는 일에 관계하는데, 그것은 역사로 되돌아가 글쓰기를 하며 그렇게 함으로써 식민/제국주의가 자신들의 역사에 가한 왜곡과 손상을 정정하는 것이다. 나아가 '포스트식민적' 비판을 통해 현대 사회에 작용하는 억압과 강압적 지배력에 초점을 맞춰, 침묵당하고 억압당해온 하위주체들을 탐색하는 영어권 작가들은 궁극적으로 현대사회가 직면한 '인간다움'의 회복을 목표로 한다. 그럼으로써 그러한 글쓰기는 지금까지의 영문학을 보는 입장을 재수정할 뿐만 아니라 소통과 대화의 공간개념을 새롭게 구축해 간다.

연구자들이 이 책에서 제기하는 유럽 제국주의와 식민주의의 유산, 타자성과 다른 세계들에 대한 비판적 문제의식은 오늘날 제국주의의 정치적, 행정적 구조가 폐기된 것처럼 보이지만 신식민주의의 형태의 경제적, 문화적 제국주의는 여전히 잔존하고 있다는 현실인식에서 비롯된다. 더욱 문제가 되는 것은 과거 식민경험을 겪은 대부분의 민족에게 제국주의는 가난과 미개발, 불안정한 문화 등 이른바 '제3세계'적 현실이라는 유산을 남긴 점이다. 따라서 서구가 창출해낸 비서구에 대한 오랜 편견, 그 지배방식을 비판적으로 성찰하는 영어권 서사는 지역과 세계의 관계들이 재배치되고 있는 오늘의 세계화시대에 우리에게 무엇이 일어나고 있는가를 다각적으로 전달해주고 있다.

필자들이 서구중심 문학에 대응하는 서사에 이토록 관심을 갖는 것도 따지고 보면 이들 서사들이 중심부의 글쓰기에 대한 대응서사이기도 하기 때문이다. 이 서사들이 재현하는 것은 권력과 지식에서 주변화된 과거 대영제국 식민주의를 겪은 나라들의 정치, 경제적 욕망, 문화, 역사, 심리상태이다. 이 책에서 독자는 식민주의의 대응 기억에서 가족관계, 땅, 언어, 역사억압에 문제가 있음을 눈치 채는 글읽기 전략을 볼 수 있다. 또한 그들을 표현하는 '주변', '유색', '소수'에서 침입과 폭력의 역사를 인식할 수 있을 것이다. 오늘날 서구와 비서구 사이에는 정치, 경제뿐만 아니라 문화 담론 등의 모든 분야에서 힘의 불균형이 존재한다. 독자들이 영어권 소설이 재현하고 있는, 중심에서 배제된 주체들에 관한 이야기를 통해, 다른 세계들에 대한 상상력을 확장시켰으면 하는 바람은 인문학적 능력인 역지사지의 상상력으로 타자를 공감하고 환대하도록 하는 데 있다.

이 책의 결실은 <전남대학교 영어권문학 연구회>의 여러 연구자들의 많은 수고 덕분이다. 지속적으로 세미나를 통해 진지하게 토론했던 연구자들의 결과물에 힘입은 것임은 두말할 나위가 없다. 또한 이 책을 기획할 때 흔쾌히 참여해주신 왕은철, 박오복, 민태운 교수에게도 감사의 마음을 전하고 싶다. 특히 왕은철 교수의 글은 올해 타계한 남아공 작가 고디머에게 애도를 표하는 글이어서 가슴 뭉클하다. 고디머가 몇 년 전 에이즈를 앓고 있는 아프리카의 어린이들을 위해 세계적으로 저명한 각국의 작가들을 선정해 그들에게 자신이 뽑은 최고의 단편 하나씩을 부탁해 *Telling Tales*라는 제목으로 발간했는데, 필자도 여기에 실린 영어권 작가들의 단편들을 학부에서 다룬 적이 있어 왕은철교수의 글을 읽으면서 학생들과 교감했던 감동이 배가되는 느낌이었다. 끝으로, 4년 전 <현대 영어권 문화의 이해>를 발간할 때도 그렇듯, 이 책의 편집과 출판에 이르기까지 많은 인내와 수고를 마다하지 않은 김현아 선생님에게도 깊은 감사를 표하고자 한다.

2014년 11월

이경순

# 차 례

영어권 소설로 읽는 다른 세계들

# 아프리카

Chinua Achebe

# 에제울루의 몰락과 이보사회의 식민주의 극복 의지

## — 치누아 아체베의 『신의 화살』

현대 아프리카 소설의 아버지로 불리는 치누아 아체베(Chinua Achebe, 1930-2013)는 1930년 동 나이지리아의 오기디(Ogidi)에서 태어났다. 그의 아버지 이샤이아 오카포 아체베(Isaiah Okafor Achebe)는 이보인 중 아주 일찍 기독교로 개종한 선교학교의 교사였다. 아버지의 영향으로 아체베는 여덟 살 무렵 아버지의 학교에서 영어를 공부하기 시작했고 1948년 장학금을 받고 의학을 공부하기 위해 이바단(Ibadan)에 있는 대학에 입학했다. 하지만 일 년 후 문학을 공부하게 된 아체베는 당시 런던대학교(University of London)와 결연을 맺고 있던 이바단 대학에서 콘라드(Joseph Conrad)의 소설과 많은 영국 작가들을 공부하였다. 이러한 교육의 영향으로 아체베는 제삼자가 아닌 아프리카인의 시선으로 아프리카의 역사와 문화를 집필하게 된다. 졸업 후 잠시 교사로 재직한 후 그는 1954년 나이지리아 방송국의 토크쇼의 프로듀서로 근무하게 되면서 장기간 나이지리아의 여러 곳을 여행하게 된다. 이 기간 동안 그는 나이지리아의 역사와 일상에 대해 다시 생각하게 되며 이러한 생각들이 그의 작품으로 재현되었다.

아체베는 응구기(Ngũgĩ wa Thing'o)와 쌍벽을 이루는 아프리카 탈식민작가이다. 응구기가 식민모국의 언어로 작품 활동을 하지 않고 모국 케냐의 키쿠유어로 활동한 것과 달리 아체베는 더 많은 지역에 아프리카의 탈식민 상황을 알리기 위해 영어로 집필한 것으로 유명하다. 아체베의 소설은 이보사회의 역사와 전통을 바탕으로 이보족들의 속담과 격언을 다층적으로 해석되게 엮어놓았다. 그의 저서로는 소설로 『모든 것이 무너지다』(*Things Fall Apart*, 1958), 『더 이상 평안은 없다』(*No Longer at Ease*, 1960), 『신의 화살』(*Arrow of God*, 1964), 『국민의 남자』(*A Man of the People*, 1966) 그리고 『사바나의 개미둑』(*Anthills of the Savannah*, 1987) 등이 있다. 그리고 「전쟁터의 소녀들」("Girls at War", 1971)과 같은 단편들과 「조심하라, 영혼의 형제여」("Bewar Soul Brother", 1972)와 같은 시를 집필하였으며 『희망과 장애』(*Hopes and Impediments*, 1988)와 같은 수 편의 평론과 에세이집을 발표하였다.

• 이 글의 출전

「치누아 아체베의 『신의 화살』에 나타난 식민주의와 에제울루 몰락의 의미」. 『영어영문학 21』. 제27권 3호 (2014): 81~98페이지에서 수정·보완함.

# 에제울루의 몰락과 이보사회의 식민주의 극복 의지
## — 치누아 아체베의 『신의 화살』

### 아프리카의 역사 회복을 위하여

오늘날 아프리카 탈식민 문학 연구의 초석이 되고 있는 치누아 아체베(Chinua Achebe)는 아프리카 현대 소설의 아버지로 평가받고 있다. 아프리카 탈식민 소설 작가로는 토착민계와 유럽 백인의 후손인 아프리카너Afrikaner계 작가로 크게 양분할 수 있다. 전자에 속하는 대표적 작가들로 아체베와 응구기(Ngũgĩ wa Thing'o)가 있고 후자의 작가들로는 쿳시(J. M. Coetzee)와 고디머(Nadine Gordimer) 등이 있다. 케냐 출신의 응구기가 모국어인 키쿠유어를 사용하여 탈식민담론을 피력하였다면 아체베는 영어를 매개로 하여 아프리카뿐만 아니라 전 세계에 아프리카의 탈식민 상황을 소개했다. 백인 후손인 쿳시와 고디머가 인종주의나 노예무역과 같은 가장 첨예한 아프리카의 (탈)식민 상황을 직접적으로 언급하지 않고 인간의 보편적 윤리를 빌어 서술하였다면 아체베는 아프리카의 과거 역사를 확인하고 회복함으로써 아프리카인들의 정신적 탈식민화를 이루는 것을 집필 목표로 삼았다.

아체베는 아프리카의 사회적·문화적 현실에 대해 깊이 고뇌하고 아프리카인의 병폐라고 할 수 있는 자기 부정과 자기 비하와 같은 열등의식에서 벗어나 그들이 정신적 탈식민화를 이룰 수 있기를 바랬다. 그는 아프리카 문단에 소설이라는 생소한 양식을 소개하였으며, 아프리카의 미래를 위해 가장 먼저 해야 할 일은 "문화적 기원을 복구하는"(이석구) 것이라는 탈식민적 논의를 불러왔다. 아체베는 자신의 에세이, 「새로운 국가에서 작가의 역할」"The Role of the Writer in a New Nation"에서 작가의 역할은 아프리카인들이 식민시대에 상실한 존엄성과 자존감을 되찾아주는 것이라고 말한다. 아프리카인들에게 상실된 존엄성과 자존감을 회복시키기 위해 무엇보다 중요한 것은 자신의 문화적 기원을 확인하고 회복하는 것이라 생각한 아체베는 그의 삼부작을 통해 이보사회Igboland의 전통과 식민주의의 상황을 재현한다. 아체베의 삼부작, 『모든 것이 무너지다』*Things Fall Apart*, 1958와 『더 이상 평안은 없다』*No Longer at Ease*, 1960 그리고 『신의 화살』*Arrow of God*, 1964은 유럽인들에 의해 왜곡된 아프리카의 전통과 문화를 아프리카인의 입장에서 정정하고 그들의 전통과 문화 나아가 존엄성과 자존감이 박탈되는 과정에서 식민주의는 어떤 역할을 하였는지 보여주고 있다. 왜곡된 아프리카의 문화적 기원을 회복시키기 위해 아체베는 아프리카의 풍광, 평화를 존중하는 축제와 재판과정, 화합을 중시하는 결혼식과 원로모임 등을 서정적으로 그리고 있으며, 식민주의의 실체를 드러내기 위해 객관적인 사실과 중립적 입장에서 서술하고 있다. 이러한 아체베를 홍덕선은 "아프리카의 식민주의 상황, 그리고 더 나아가 탈식민주의 상황을 비판하며 반식민주의 의식과 미학을 꾸준히 탐구"하는 작가로 평가한다.

『신의 화살』에서 아체베는 에제울루Ezeulu의 몰락을 통해 이보사회의 식민 상황을 재현하고 있다. 이 소설은 이보사회를 상징하는 우무아로Umuaro와 영국 식민정부가 자리하고 있는 옥페리Okperi 사이에 있는 농지 소유권에 대한 분쟁으로 시작된다. 이 토지 분쟁에서 소유권을 주장하는 은와카Nwaka와 이를 부정하는 에제울루 사이에 분열이 생겨난다. 옥페리와 우무아로의 갈등은 전쟁으로 발전하고 영국 식민주의를 대표하는 윈터바텀 대위Captain T. K. Winterbottom는 이 전쟁에 개입하여 우무아로의 모든 무기를 압수하고 토지 소유권이 옥페리에 있다고 판결한다. 이렇게 토지분쟁을 일단락 시킨 식민지배자는 옥페리와 우무아로 사이에 새로운 도로를 건설하고 여기에 우무아로 젊은이들이 무보수로 참여하게 된다. 우무아로에 들어온 기독교는 이보 사람들이 숭배하는 황제 비단뱀을 죽일 것을 설교하고 에제울루의 아들 오두체Oduche가 비단뱀을 죽이려다 실패하는 사건이 발생하면서 우무아로의 내부 분열은 더욱 심해진다. 윈터바텀 대위는 대족장Paramount Chief을 임명하라는 영국 식민정부의 강요에 에제울루를 임명족장Warrant Chief으로 선택하지만 에제울루의 거부로 난관에 부딪힌다. 대족장 임명 문제로 옥페리에 호출되었다 두 달 동안 감금된 에제울루는 햇얌 축제New Yam feast를 연기시킴으로써 우무아로에 혼란과 분열을 가져온다. 굶주림으로 고통 받던 우무아로 사람들은 에제울루를 원망하고 기독교로 개종함으로써 얌을 수확하게 되고 아들 오비카Obika를 잃은 에제울루는 늙은 광인으로 전락하는 것으로 끝을 맺는다. 이런 스토리라인을 통해 아체베는 이보사회가 식민지배를 받게 된 궁극적인 원인은 에제울루의 개인적인 복수극이 실패했기 때문이 아니라, 마을사람들이 식민주의의 실체를 정확하게 파악하지 못했고 이보사회의 가장 중요한 규범인 공동체 의식이 붕괴되었기 때문임을 주장하고 있다.

『신의 화살』은 아체베의 특징적 글쓰기 양식이라 할 수 있는 속담과 이보어의 혼용, 그리고 이보 전통문화의 재현을 통해 식민주의와 이보 공동체의 몰락 과정을 재현하고 있다. 『모든 것이 무너지다』가 영국 식민주의에 저항하여 우무오피아Umuofia의 전통을 수호하려는 오콩궈Okonkwo의 몰락상을 재현하였다면, 『신의 화살』은 아프리카 초기 식민화 과정에서 분열되어 가는 부족의 몰락 과정을 보여주고 있다. 조단(John O Jordan)은 아체베의 『모든 것이 무너지다』와 『신의 화살』은 배경과 주제가 같음에도 불구하고 이보 사람들의 역사적 조망과 식민주의 출현에 대한 반응 묘사는 상당한 차이를 보인다고 주장한다. 이 소설은 『모든 것이 무너지다』에서 소개 된 낯설지 않은 이보사회의 풍습을 배경으로 하고 있지만, 영국 식민지배자의 출현으로 야기된 사건들 속에서 전개되는 에제울루의 몰락은 오콩궈의 그것과 상당한 차이를 보여준다. 오콩궈는 식민주의에 대한 이해와는 거리가 먼 전통만을 고수하려다 몰락하지만, 이보사회 즉 우무아로를 대표하는 에제울루의 몰락은 식민주의를 이해하고 그들과 동등해지려 노력하는 과정에서 생겨난다는 데 큰 의미가 있다.

아체베의 『신의 화살』에 대한 해외 연구로 아우야(Chris Kwame Awuyah)는 백인 식민주의자의 출현으로 발생한 우무아로의 사회적 변화와 이에 대한 에제울루의 반응을 주요 논제로 다루고 있으며, 『신의 화살』에 소개된 신화와 의식ritual의 신성함을 통해 신성함과 권력 사이에 어떤 관계와 의미가 있는지 고찰한 매써레이(Mark Mathuray)의 연구가 있다. 그리고 조단은 아체베가 그의 첫 번째 소설 『모든 것이 무너지다』가 큰 성공을 거두었음에도 불구하고 문화적 충돌과 사회적 변화라는 동일한 주제로 『신의 화살』을 저술한 것은 첫 번째 소설이 출판된 이후 그가 알게 된 더 많은 이보사회의 식민역사를 반영하기 위함이라고 주장한다. 나아가 이보사회와 식민지배자 사이의 오해로 인한 문화적 충돌과, 우무아로 공동체의 내적 분열과 백인 식민주의와의 외적 긴장 속에서 에제울루의 탈식민적 선택을 고찰하고 있다. 하지만 국내 연구는 『모든 것이 무너지다』에 대한 연구는 다수 진행되었지만 『신의 화살』만을 대상으로 한 논의는 이루어지고 있지 않아 앞으로 많은 연구가 필요하다.

이 글에서는 우무아로와 옥페리 사이의 토지분쟁과, 두 마을 사이의 도로 건설 그리고 비단뱀 사건과 에제울루의 대족장 임명과정을 살펴보고 영국 식민주의가 이보사회의 몰락과 어떤 관계가 있는지 고찰한다. 그리고 윈터바텀 대위가 제안한 대족장에 대한 에제울루의 거부, 햇얌 축제일의 지연과 에제울루의 몰락이 어떤 의미를 갖는지 고찰한다. 이를 통해 아프리카의 식민주의 시대에 영국 식민주의의 침입과 지배 과정을 따져 묻고 에제울루의 몰락과 이보사회의 식민주의 극복 의지에 대해 살펴보고자 한다.

## 이보사회, 영국 식민주의에 무너지다

『신의 화살』에서 영국 식민주의의 실체는 『모든 것이 무너지다』에서처럼 아주 분명하게 제시되지는 않지만 조지 앨런George Allen의 『니제르 강 하류 원시 종족의 평정』*The Pacification of the Primitive Tribes of the Lower Niger*이라는 글을 통해 짧고 효과적으로 제시되고 있다. 『모든 것이 무너지다』에서 결말 부분의 식민주의에 대한 짧은 언급이 독자에게 오콩퀴의 죽음 이후의 식민 상황을 보다 효과적으로 제시하는 장치로 작용했다면(이성진), 『신의 화살』에서는 『니제르 강 하류 원시 종족의 평정』 속에 등장하는 영국인들의 소명의식/백인의 책무와 드레이크Drake와 넬슨Nelson 그리고 클라이브Clive와 같은 인물에 대한 짧은 언급이 영국 식민주의의 실체를 충분히 역설하고 있다. 주지하다시피 이들은 영국 식민주의를 대표하는 인물들로서 아메리카와 인도India 등지의 무력 침입과 노예무역 등과 연관된 인물들이다. 『니제르 강 하류 원시 종족의 평정』은 『모든 것이 무너지다』의 결말 부분에서 백인 판무관이 쓰던 글의 제목이며 『신의 화살』에서 다시 언급된다는 점에서 두 소설의 상호텍스트성을 보여주고 있다. 하지만 조지 앨런의 글 속에 나오는 판무관에 대한 클라크의 첫인상은 "토착민들의 관습에 어떤 가치 있는 것이 있다는 점을 인정하지 않는"(35-36) 독단적인 인물로 제시되는데, 이는 아직까지 식민주의와 깊은 공모관계에 있지 않은 신임 행정보좌관인 클라크가 보는 식민주의의 실체라 할 수 있다.

『신의 화살』에서 재현되는 또 다른 식민주의의 모습은 분리주의자의 모습이다. 영국 식민정부는 나이지리아에 거주하는 부족들 간에 차별을 둠으로써 부족 간에 갈등을 유발시켜 지배를 용이하게 하는 분열정책을 획책하고 있다. 백인들은 우무루Umuru 시장에서 물품을 구입함으로써 다른 부족들의 시장보다 크게 만들었고(19), 경제력의 차이는 부족 간의 심리적 열등감을 유발시킴으로써 보다 쉽게 식민주의에 동화하게 만든다. 뿐만 아니라 백인들의 언어는 우무아로 사람들에게 열등감을 들게 하고 나아가 영어는 이를 사용하는 중간관리자와 이를 말하지 못하는 사람들 사이의 계급을 결정하는 새로운 기준으로 작용하여 백인들에게 복종하게 만든다. 우무아로의 교회에 새로 부임한 존 굿컨트리John Goodcountry는 니제르 강의 삼각주 출신, 즉 외부인이었음에도 불구하고 백인의 말을 모국어처럼 사용할 수 있었기 때문에 신도들에게 경외의 대상이 된다(46). 모세 우나추쿠Moses Unachukwu 역시 백인의 말을 할 수 있었기 때문에 라이트가 건설하는 도로에 징집된 우무아로 젊은이들의 통역가가 되고, 라이트와 오비카 사이에 싸움이 발생했을 때 중재하는 과정에서 영어 구사 능력이 확인됨에 따라 명성이 높아진다(77). 이렇듯 영국 식민주의는 그 실체를 분명히 드러내지 않으면서도 정치·경제에 개입하고 기독교를 통한 백인의 가치와 언어를 이용하여 점진적으로 이보 사람들의 정신적 식민화를 꾀하고 있다. 그 대표적인 예가 토지분쟁에 개입하고 도로를 건설하고 대족장을 임명하는 식민화 사업이다.

이 소설에서 우무아로에 대한 식민지배의 최초의 실현은 우무아로와 옥페리 사이의 토지분쟁 사건이며 이 사건으로 인해 에제울루의 몰락과 이보사회의 분열이 시작된다. 옥페리는 식민 행정부가 거번먼트 힐Government Hill에 주둔지를 설치하여 영향력을 행사하는 지역이면서 과거 우무아로 부족에게 생활터전을 제공했던 곳이다. 하지만 두 부족은 지금은 농사도 짓지 않아 잡초가 우거진 땅에 대한 소유권을 두고 다투고 있다. 옥페리의 소유권 주장에 분노한 은와카를 중심으로 하는 주민들은 전쟁을 주장하고, 에제울루를 중심으로 하는 대부분의 원로들과 주민들은 옥페리와의 평화를 주장한다. 결국 우무아로 부족은 옥페리와 전투를 벌여 사상자가 발생하게 되며, 윈터바텀 대위는 이 분쟁에 즉각적으로 개입하여 토지 소유권이 옥페리에 있는 것으로 결정해 버린다. 이 과정에서 윈터바텀 대위는 에제울루만이 진실을 말했으며 다른 모든 우무아로 사람들은 어린아이처럼 거짓 진술을 하였다고 말한다. 이 사건으로 인해 우무아로 사람들은 에제울루가 부족을 배신하고 백인의 친구가 되었다며 사제를 불신하게 된다.

피상적으로 보았을 때 두 마을 사이의 토지분쟁은 소소한 사건으로 볼 수 있지만 보다 심도 있게 고찰해 보면 영국의 아프리카 식민화 사업의 일부로 볼 수 있다. 영국 식민주의가 아프리카에 침입하는 과정은 『모든 것이 무너지다』에서 아바메Abame 학살 사건에서 볼 수 있다. 아바메 사람들은 신탁에 의해 철마iron horse를 타고 온 백인 선교사를 죽이고 그의 자전거를 나무에 묶어 두었다Achebe, *Things* 139-40. 이를 빌미로 영국 식민주의는 장날 장터에 모여든 거의 모든 아바메 사람들을 총으로 학살함으로써 주변

부족들에게 공포감을 심어준 후 쉽게 이보사회에 침입해 들어갔다. 이렇듯 영국 식민주의가 작은 사건을 빌미로 영토를 탈취하려는 숨은 탐욕을 드러내는 예는 이 소설에서도 볼 수 있다. 에제울루가 그 토지의 소유권이 옥페리에 있다고 주장하는 것은 아버지로부터 그 땅이 옥페리의 것이었다고 들었기 때문인 반면, 은와카가 그의 아버지로부터 들은 사실은 옥페리 사람들은 유랑 족으로 여러 마을을 유랑하는 과정에서 그 땅에 잠시 머물렀기 때문에 그들의 소유라고 할 수 없다는 주장이다. 이 소설에서 이보족들은 조상으로부터 역사적 사실을 습득하게 되고 이러한 사실은 모두 진실로 인정받고 있다는 점에서 에제울루와 은와카의 주장은 모두 옳다고 볼 수 있다. 실제 아프리카의 역사에서 북쪽에 위치했던 부족이 남하하였다는 기록 역시 이를 증명해준다. 유종현의 『아프리카의 부족과 문화』에 따르면 그 대표적인 예가 기원전 일 천 년경에 있었던 반투Bantu계 종족의 남하이다. 니그로이드Negroid에 속하는 반투계 부족이 남하한 것은 사하라 사막이 건조해짐에 따라 농경과 목축이 가능한 사바나와 산림지역을 찾아 이동했다는 설과, 지중해 연안에 위치해 있던 백인계 집단들이 사하라 이남까지 세력을 확장함에 따라 밀려났다는 설이 있다. 여하튼 나이지리아 주변으로 이동한 니그로이드는 서기 일 세기경 급격한 인구증가 때문에 카메룬과 가봉을 거쳐 콩고로 이주하였으며 일부는 앙골라와 나미비아를 거쳐 남부 아프리카로 이주하였다. 이렇듯 이 소설에서도 에제울루와 은와카의 서로 다른 주장 때문에 토지 소유권을 판가름하는 일이 쉽지 않음에도 불구하고 윈터바텀 대위가 에제울루의 말만이 옳다고 규정하고 그 소유권을 옥페리에 부여한 것은 영국 식민주의가 식민화 사업을 위해 토지분쟁에 의도적으로 개입한 것으로 볼 수 있다. 은와카의 "백인이 우리를 뒤집어엎어 놓기 전에 그들이 우리 농지에 대해 소유권을 주장한 적이 있었소?"(16)라는 말이나, 또 다른 마을사람의 "그 땅이 정말 그들의 것이었다면 백인이 와서 그들에게 인지 시켜주기 전까지 왜 우리가 여러 세대 동안 그곳을 경작하고 풀을 베어가도록 내버려두었겠소."(20)라는 말 역시 토지분쟁과 영국 식민주의와의 상관관계를 보여준다.

윈터바텀 대위에 따르면 어느 날 옥페리를 방문한 우무아로 사람이 술에 취해 옥페리 사람의 이켄가를 두 동강이 내는 신성모독의 행위를 범하여 싸움이 벌어지고 결국 두 마을이 전쟁을 벌이는 바람에 그 분쟁에 개입하게 되었으며 중재 과정에서 모든 사람이 위증하는 것을 보았다. 따라서 윈터바텀 대위는 우무아로 사람을 어린아이나 거짓말쟁이로 다루어야 한다고 주장한다(37-38). 윈터바텀 대위의 설명이 에제울루나 은와카의 설명과 다른 이유는 윈터바텀 대위가 이보사회의 전쟁 관습을 이해하지 못하면서도 자신의 주장만을 인정하는 식민주의자의 전형적 태도인 유아론적 인식을 하고 있기 때문이다. 그리고 우무아로 사람들을 상황과 무관하게 거짓말만 늘어놓는 어린아이로 타자화 하는 영국 식민주의의 태도는 인종주의의 단면으로 볼 수 있다. 영국 식민주의의 인종주의의 경향은 라이트John Wright의 원주민들에 대한 생각에서도 알 수 있다. 그는 대다수의 노동자들이 매우 게으르기 때문에 혹독하게 다루어야 반응을 보이지만 익숙해지면 애완견처럼 충성스럽다고 생각한다(75-76). 하지만 그는 화가 났을 때는 원주민을 "검은 원숭이들"(82)이라고 부름으로써 여전히 그들을 인간 이하의 존재로 간주 한다. 이렇듯 토지분쟁은 영국 식민주의의 의도된 개입이었으며, 그들은 이 과정에서 독선적이고 인종주의적인 태도를 보이고 있다.

아체베 연구가인 렌(Robert M. Wren)에 따르면 도로 건설은 "정형화되고 사실적인 식민주의 정책"(108)이며, "문명"을 전달하고 "거래"를 활성화시킨다는 의미도 있지만 "범죄"(109)와 폭력이 감춰진 식민주의의 한 수단이다. 영국 식민주의는 이보사회를 식민지로 건설하기 위해 토지분쟁 사건을 빌미로 우무아로에 첫발을 내디딘 후 우무아로와 옥페리를 연결하는 새로운 도로를 건설함으로써 식민화 사업을 구체화 한다. 도로 건설은 식민주의자가 내세우는 문명전달이라는 명분을 갖기도 하지만 그 내면에 숨겨져 있는 식민주의의 착취를 상징적으로 보여준다. 주택 파괴자라 불리는 악명 높은 도로 감독관은 계획된 도로공사가 전혀 없는 집에 사는 사람들에게 도로가 그들의 집 한 가운데로 통과할 것이라고 협박하여 돈을 갈취한다. 또한 자신의 협박에 힘을 싣기 위해 돈 내기를 꺼리는 세 사람의 집을 부셔버리기까지 한다. 라이트는 새로운 도로를 건설하는 과정에서 영국 식민지배자와 친연관계에 있는 옥페리의 노동자들에게 임금을 지급하는 것과 대조적으로 비우호적 관계인 우무아로의 노동자들에게는 임금을 지급하지 않음으로써 노동력을 착취한다. 뿐만 아니라 지각한 오비카에게 화가 난 라이트는 지금까지의 관례에서 벗어나 채찍으로 폭력을 행사한다. 이는 과오에 상응하는 벌금형이 아닌 폭력을 행사함으로써 에제울루 뿐만 아니라 동년배 젊은이들로 하여금 분노와 자괴감에 빠지게 한다. 이렇듯 공공연히 폭력과 착취를 행사하는 식민지배자는 식민화의 범위를 종교적 신념으로 점차 넓혀 감으로써 식민지의 가치와 전통을 붕괴시켜 혼란과 분열을 가중시킨다.

신성한 비단뱀 사건은 에제울루의 우무아찰리Umuachala 마을과 은와카의 우문네오리Umunneora 마을 사이의 분열을 가중시키며, 이보사회에 대한 영국 식민주의의 보다 구체적인 실현이 된다. 외견상 비단뱀 사건은 에제울루의 아들 오두체가 황제 비단뱀을 상자에 가둬 질식시켜 죽이려다 실패로 끝났지만 황제 비단뱀으로 상징되는 이데밀리Idemili 신의 사제 에지데밀리Ezidemili에게 알려지고 에지데밀리는 은와카의 멘토였기 때문에 은와카는 이 사건에 대한 책임을 묻는 메신저를 에제울루에게 보낸다. 마을의 전통에 따르면 실수로 황제 비단뱀을 죽인 경우 죽은 비단뱀을 사람처럼 성대하게 장례식을 치러주면 그 과오를 면하게 된다. 이 사건은 비단뱀이 죽은 것도 아니고 상자에 가둔 것이기 때문에 관습에서도 찾아보기 어려운 일이다. 또한 마을의 불미스러운 것들을 정화하는 호박잎 축제Festival of the Pumpkin Leaves를 책임지고 진행하는 이는 다름 아닌 에제울루이며, 호박잎 축제가 머지않았음에도 불구하고 에지데밀리와 은와카가 책임을 따지는 것에 대해 에제울루는 크게 분노한다. 이러한 이유로 우무아찰라 마을과 우문네오라 마을은 극단적인 적대관계로 발전하게 된 것이다. 하지만 이 사건의 내면에는 영국 식민주의의 또 다른 형태인 기독교가 자리하고 있다. 오두체가 황제 비단뱀을 상자에 가둔 것은 진정한 기독교도가 되기 위해서는 "강가의 부족들이 이구아나를 죽인 것처럼 여러분은 비단뱀을 죽일 각오가 되어 있어야 합니다"(47)라는 굿컨트리의 설교 때문이었다. 굿컨트리에 따르면 우무아로 사람들이 아버지라고 부르는 비단뱀은 단순한 뱀일 뿐이며 이브를 속인 악한 존재이기 때문에 비단뱀을 숭배하는 것은 잘못된 관습일 뿐이다. 하지만 굿컨트리와 대립하는 모세 우나추크에 따르면 우무아마Umuama의 여섯 형제가 비단뱀을 잡아 얌 포타주를 요리해 먹는 과정에서 싸움이 벌어져 마을 사람 대부분이 사망하여 마을이 사라져버렸기 때문에 이후 비단뱀을 죽인 자는 동족을 죽인 것으로 간주하게 되었다. 앞서 언급한 아체베 연구가인 아우야는 두 사람의 서로 다른 종교적 관점에서 보면 오두체가 교회에서 받은 상자를 이용하여 황제 비단뱀을 죽이려 한 것은 기독교 세력이 우무아로의 전통 신앙을 정복하려는 상징으로 간주한다. 종교적 의미에서 벗어나 고찰하여도 비단뱀 설화는 내부 분열을 경계하고 화합을 중요시하는 이보사회의 공동체 의식을 반영하고 있다는 점에서 굿컨트리의 설교는 이보사회의 전통과 문화를 파괴하는 행동이며 나아가 기독교의 가치를 주입하는 것으로 볼 수 있다.

우무아로와 옥페리 사이의 토지분쟁이나 비단뱀 사건으로 부족 간에 갈등이 고조된 것을 이보사회의 내적 분열로 본다면, 식민 행정부가 대족장에 의한 간접통치를 고집하여 이보사회를 몰락으로 이끄는 것은 외적 갈등으로 볼 수 있다. 대족장제는 식민주의를 완성시키는 최고의 단계이며 이 소설에서 가장 중요한 사건 중 하나이다. 식민 행정부의 압력에 밀린 윈터바텀 대위는 우무아로의 대족장으로 에제울루를 임명하기로 결심하고 그를 호출한다. 그가 에제울루를 대족장으로 임명하려는 의도는 그가 제사장이기 때문에 그를 대족장으로 임명해도 이보족의 큰 반발이나 혼란 없이 우무아로를 간접통치 할 수 있는 수단으로 여겼기 때문이다. 하지만 이는 영국 식민주의가 권력이 분산되어 있는 이보사회를 이해하지 못하고 지도자가 부재한 것으로 간주하여 왕에 준하는 대족장을 임명함으로써 이보사회의 권력체제를 붕괴시키는 식민주의의 폭력일 뿐이다. 렌에 따르면 왕이 존재하지 않는 이보사회의 권력체제는 가장 민주적인 사회제도이다. 이보족은 자신이 가지고 있는 모든 돈을 소비하여, 즉 잔치를 베풀어 마을 사람들을 위한 음식을 제공함으로써 첫 번째 칭호를 얻고 두 번째 그리고 세 번째에는 더 많은 돈을 들여 칭호를 얻게 된다. 드물게 왕이라는 다섯 번째의 칭호를 얻기도 하지만 이 칭호는 쓸모없는 것이다. 왜냐하면 왕이 되고자 하는 자는 왕이 되기에 앞서 모든 부족사람들의 빚을 갚아주어야 하기 때문이다. 이보사회가 최고 권좌를 공석으로 두는 이유는 부를 가진 권력자가 기근이 든 시기에 식량을 통제함으로써 부족을 분열시킬 수 있기 때문이었다. 그러면서도 재산과 신용을 갖춘 이에게 되도록 빨리 칭호를 획득하도록 권유하는 것은 어느 한 사람에게 부가 축적되는 것을 막고 굶주리는 부족민들에게 음식을 제공하기 위한 제도였기 때문이다(86-87).

영국 식민주의의 간접통치의 실체는 윈터바텀 대위의 선임 행정관의 글을 통해 드러난다.

> 많은 식민지 국가들에서 토착민 행정이란 백인에 의한 통치를 의미한다. [...] 행정 관료들을 통해 직접 지배하는 대신 다른 방식을 시도해 볼 수 있다. 우리는 한편으로 주민들의 마음과 정신 그리고 사고에 기반을 두고 건전하게 뿌리내린 토착민들의 축적물 위에 더 높은 문명을 세워 나가기 위해 토착민들의 제도에서 악습들을 뿌리 뽑고자 노력할 것이며, 또 한편으로 그들의 고유한 문화가 현대적인 사고와 더 높은 기준에 모순되지 않게 확립시킴으로써 훨씬 더 용이하게 그것들을 정착시킬 수 있을 것이다. (55-56)

영국 식민주의가 식민지의 일부 문화를 말살하지 않는 것은 인적·물적 비용을 최소화 하면서도 효과적으로 통치하기 위해서이다. 식민주의는 식민지의 관습과 제도를 이용하면서도 자신의 가치와 규범을 주입시킴으로써 원주민들의 전통을 말살 시켜버린다. 식민지인들이 식민주의에 정신적으로 종속되는 이유가 여기에 있다. 전통에 기반을 둔 정체성을 상실한 식민지인들은 새롭게 주입된 식민담론에 의해 열등감에 시달리게 되고 백인을 우월한 존재로 믿게 됨으로써 정신적 종속이 이루어진다. 또한 관료제로 대표되는 영국의 식민통치 방식은 인도를 지배하는 과정에서 습득한 것으로 이후 아프리카를 비롯한 다른 식민지에서 뿐만 아니라 모국 영국에까지 전파되었다. 이는 영국 식민정부가 이보족의 권력체제에 비해 우수하다고 주장한 관료제의 기원이 식민 모국이 아닌 인도였다는 모순을 낳게 된다. 결국 윈터바텀 대위가 에제울루를 대족장으로 임명하려는 것은 이보사회의 관습을 이용하여 통치를 용이하게 하려는 식민주의의 이중성이다.

식민주의의 이중성은 에제울루가 대족장 제안을 거절했을 때 윈터바텀 대위의 태도에서도 알 수 있다. 에제울루가 자신의 계획과 달리 소환에 불응했을 때 그 이유도 묻지 않고 체포하여 감금시켜 버린 것은 식민지배자들이 그의 행동이 영국의 온정을 거부한 것이며 영국 행정부를 모욕하는 것으로 간주했기 때문이다. 하지만 에제울루가 윈터바텀 대위의 소환에 응할 수 없었던 것은 울루 신의 사제는 오랜 기간 마을을 떠날 수 없는 전통 때문이었으며, 이런 점에서 윈터바텀 대위의 처사는 이보사회의 전통에 대한 몰이해와 강압적인 식민지배의 탐욕으로 볼 수 있다. 윈터바텀 대위가 클라크에게 대족장제에 대해 "우리는 과거의 야만스러운 폭군들에게 왕좌를 약속할 뿐만 아니라—더러운 짐승 가죽이라고 하는 게 더 맞겠지—우리는 그런 일을 할 뿐만 아니라 이제는 예전에 있지도 않던 족장이란 걸 일부러 만들어 내느라 야단이지 않는가."(36)라고 말하는 것은 간접통치와 인종주의라는 그의 이중성을 명백히 보여주는 것이다. 윈터바텀 대위는 한편으로 간접통치를 위해 대족장으로 에제울루를 염두에 두면서도 여전히 원주민을 야만적이고 폭력적인 존재로 간주하고 있는 것이다. 간접통치를 위해 대족장을 임명하고 다른 한편으로 관료제를 이해하지 못하는 야만인으로 치부하는 영국 식민주의의 태도는 식민지인에 대해 한편으로 온정주의라는 우월감과 또 한편으로는 식민지인을 야만인으로 간주하는 문화적 타자화와 인종적 차별이라는 이중적 행태를 보이는 것이다.

이보사회의 권력체제를 무시하는 영국 식민주의의 간접통치의 부적절함은 옥페리의 임명족장 제임스 이케디James Ikedi의 부패 정치를 통해서 드러난다. 이케디는 그 지역에서 최초로 기독교 교육을 받은 사람 중 한 사람이지만 대족장에 임명된 후 불법으로 법원과 사설 감옥을 설치하여 자신의 동족 위에 군림하는 폭군으로 변신한다. 이는 한 사람에게 권력이 집중되는 것을 경계했던 이보사회의 전통에 위배되는 것으로서 이보사회의 가치규범을 파괴하는 식민주의의 폐해라고 할 수 있다.

이보사회의 몰락 원인은 토지분쟁으로 인한 갈등과 비단뱀 사건으로 인한 분열이라는 내적 요인과 영국 식민주의의 대족장제로 인한 이보사회의 갈등이라는 외적 요인도 있지만, 우무아로 사람들이 식민주의를 어떻게 인식하고 대처/저항하였는지도 중요한 요인이라 할 수 있다.

## 에제울루의 몰락인가? 탈식민적 희망의 비전인가?

아체베는 『신의 화살』에서 이보 사람들의 식민 상황에 대한 인식의 정도에 많은 관심을 보였다. 이 소설에서 그는 『모든 것이 무너지다』에서 언급했던 것보다 더 복잡하고 많은 식민적 상황들을 소개하고 있는데, 이는 그 당시 이보 사람들이 직면했던 어떻게도 빠져나올 수 없었던 식민 현실을 반영한 것으로 보인다. 대다수의 이보 사람들은 식민적 상황을 정확히 이해하지 못 하거나 식민주의를 맹목적으로 수용하는 양상을 보이며, 일부 새로운 시대를 인식하는 이들은 식민주의에 대해 비판적으로 대응하려 노력한다. 모두 기독교 개종자인 존 굿컨트리와 모세 우나추쿠의 경우 굿컨트리는 아프리카의 토테미즘 신념을 완전히 부정하고 기독교를 수용하는 반면 우나추쿠는 기독교에 피해를 주지 않는 비단뱀을 죽이면서까지 기독교의 교리를 수용하려 하지는 않는다. 무임금으로 도로 건설에 징집된 우무아로의 젊은이들은 옥페리 사람들과 달리 자신들이 노동에 대한 대가를 받지 못하는 것에 대해 영국 식민주의로부터 차별 받고 있음을 따져 묻는다. 이는 마을 원로들과 달리 젊은이들은 식민주의의 실체에 대해 상당히 인식하고 있음을 보여준다.

식민주의에 비판적 태도를 보인 대표적인 인물이 에제울루이다. 하지만 에제울루가 처음부터 영국의 식민주의에 대해 비판적이었던 것은 아니다. 따라서 에제울루의 식민주의에 대한 인식의 변화는 이 소설이 『모든 것이 무너지다』와 차이를 갖는 매우 중요한 요소이다. 옥페리와의 토지분쟁에서 에제울루는 조상으로부터 전해들은 진실을 증언하였고 이를 인정해주는 식민주의자를 사리분별이 바른 존재로 인식한다. 하지만 그는 점점 세력화 해 가는 기독교에 대해 "마치 나병환자인 것처럼"(42) 두려움을 갖게 되고, 이보사회를 점진적으로 식민화 하도록 도와주는 중간관리자들의 역할로 인해 점차 식민주의에 대해 의심을 갖게 된다. 에제울루가 시대의 변화를 인식하고 있음은 아들 오두체와 나누는 대화에서 알 수 있다. 그는 오두체에게 "세상은 변하고 있단다."(45) "나는 네가 그곳[교회]에서 나의 눈이 되어 주길 원해서 너를 보낸 것이다. [. . .] 누군가 어째서 이런 새로운 것을 배워오라고 너를 보냈느냐고 묻거든 [. . .] 사람이란 자기 시대에 유행하는 춤을 춰야 한다"(189)고 말할 것을 요구한다. 에제울루가 오두체에게 새로운 종교/문화를 보는 눈이 되어줄 것을 기대하는 것은 "백인이 그의 세상에 가져오는 것이 무엇인지 알고 미리 대처할 수 있게"(Quayson) 하기 위해서 이다. 에제울루의 이런 점은 과거 아프리카 식민지인들은 백인 식민지배자들에게 늘 수동적인 태도를 보였다는 입장과 달리 아프리카 식민지인들이 백인 식민지배자들에 대해 적극적이고 능동적인 행동을 취했던 것과 연관시켜 해석할 수 있다.

원로회의 결과 혼자서 옥페리로 호출되어 간 에제울루는 윈터바텀 대위의 행정보좌관인 클라크에 의해 강압적인 감금을 경험하면서 그는 식민주의의 위협과 이보사회의 분열을 인식하게 된다. 에제울루는 이보사회의 분열의 원인이 궁극적으로 식민주의에 동조하는 몇몇 이보 사람들과 위협적인 식민주의에 있음을 인식하고 식민주의에 대한 저항을 다짐한다. 에제울루가 "우리는 백인에게 우리의 집으로 오는 길을 알려 주었고 그에게 앉을 의자까지 내주었네. 이제 그가 다시 돌아가기를 원한다면 우리는 그가 자신의 방문에 싫증을 느낄 때까지 기다리든가 아니면 그를 몰아내야겠지. [. . .] 내 나름대로의 방식이 있으니 나는 그걸 따르겠네."(132) 라는 말에서 그의 탈식민적 저항의식을 읽을 수 있다. 에제울루가 식민주의를 몰아내기 위해 선택한 방법은 이보사회 분열의 원인 중 하나인 우무아로 공동체를 다시 결집시켜 저항하는 것이며, 이를 위한 방안은 다름 아닌 햇얌 축제를 지연시키는 것이었다. 햇얌 축제는 햇 얌을 수확하기 전에 묵은 얌을 모두 먹어치우는 의식이며, 수확이라는 행위가 기존의 식물을 베어냄으로써 새로운 식물이 다시 자라도록 한다는 점에서 볼 때 에제울루가 먹는 얌은 양식이 아니라 낡은 것의 희생을 의미하며 나아가 에제울루의 몰락은 새로운 이보사회의 출현을 위한 희생으로 볼 수 있다.

하지만 에제울루의 영국 식민주의에 대한 저항은 우무아로의 원로들이 식민주의의 실체를 인식하지 못해서 실패하게 된다. 에제울루가 햇얌 축제일을 지연시킨 것은 마을사람들을 굶주림으로 고통 받게 하기 위해서가 아니라 우무아로의 중심인 울루 신의 존재와 가치를 기억하게 하여 반목과 질시를 잠재우고 힘을 한데 모아 영국 식민주의에 저항하려는 의도였다. 하지만 원로들이 여러 가지 전략을 통해 공동체의식을 붕괴시키고 있는 영국 식민주의의 실체를 인식하지 못하고 에제울루에 반대함으로써 그의 계획은 실패하고 그는 몰락을 맞이하게 된다. 영국 식민주의의 실체를 인식하지 못하고 혼란스러워 하는 우무아로의 현실은 한 원로의 말에서 찾아 볼 수 있다.

> 그건 우리가 혼란스러웠기 때문일세 [...] 우무아로의 원로들은 당황했던 걸세. [...] 에제울루 처음엔 백인에게 공공연히 반항하는 건 어리석은 짓이라고 자네가 오 년 전에 우리에게 말 하지 않았는가. 그때 우리는 자네 말에 귀를 기울이지 않았네. 우리는 백인에게 대항했고 그는 우리의 총을 몽땅 가져다가 무릎에 대고 부러뜨렸지. 그래서 우리는 자네가 옳았다는 걸 알게 된 것이네. 하지만 우리가 이제 막 뭔가를 터득하려는 때에 이번에는 자네가 입장을 바꿔 우리에게 바로 그 똑같은 백인에게 도전하라고 말하니 우리가 어떻게 했겠나? (188)

이보사회는 처음 옥페리와 토지분쟁이 있었을 때는 백인의 막강한 위력을 알지 못 했기 때문에 무모하게 저항하다 패배의 굴욕을 맛보았고, 에제울루의 통찰의 결과 이제 맞서야 할 때에는 백인의 위력에 밀려 눈치만 봄으로써 저항의 기회를 놓쳐버린 것이다.

이보사회의 식민주의에 대한 저항이 어려운 것은 비단 원로를 비롯한 많은 사람들의 인식 부족뿐만 아니라 식민주의자들이 시행한 분열정책으로 인해 부족 간에 보이지 않는 정치적·경제적 계급이 형성되어 있기 때문이다. 햇얌 수확이 지연되면서 굶주림을 참지 못한 우무아로 사람들은 많은 재물을 낭비하며 이웃 마을의 얌을 사야만했다. 이는 우무아로가 식민주의에 적극적으로 저항한다 하더라도 이미 식민주의를 수용하고 있는 타 부족들에 의해 경제적 불이익을 당하게 될 것이 현실이며 아체베가 고민하는 이보사회의 탈식민적 상황의 어려움이다.

이 소설의 결말에서 발생하는 오비카의 죽음으로 상징되는 에제울루의 몰락은 새로운 이보사회를 위한 희생이다. 에제울루의 분신이라 할 수 있는 오비카의 죽음은 이보사회의 어두운 미래로 비쳐지기도 하지만, 에제울루의 시대 변화에 대한 인식은 이보사회에 희망이 있음을 암시한다. 우무아로에서 맨 처음 백인과 우호적인 관계를 맺고 아들을 교회에 보내는 등 이보사회에서 가장 융통성 있고 사회적 변화를 진전시키려 노력했던 에제울루가 몰락한 것은 매우 아이러니한 일이지만(Jordan), 에제울루의 역할이 양가적임을 보여준다(Awuyah). 에제울루의 몰락에 대한 해석은 개인적인 복수에 실패한 늙은 사제의 몰락으로 볼 수도 있지만, 그의 몰락은 이보사회를 위한 제물/희생으로 보는 것이 타당하다. 아우야에 따르면 에제울루의 몰락은 물리적인 파멸로 보이지만 그의 비전은 이보사회에 강력하게 남아있다. 왜냐하면 읽고 쓰기를 배운 오두체는 에제울루가 백인에게서 배우고자했던 힘인 자신을 표현할 수 있고, 자신의 문화의 풍요로움을 주장할 수 있고, 심지어 식민주의자에 대해 저항할 수 있는 강력한 도구를 습득했기 때문이다. 모세 우나추크가 존 굿컨트리의 횡포에 맞서기 위해 영국 식민정부에 보낸 항의 서한은 우무아로의 기독교/식민주의에 대한 반발이 발생할 것을 염려한 식민행정부에 의해 시행명령이 내려진다. 모세 우나추크가 영국 식민주의로 하여금 존 굿컨트리를 제재할 수 있게 한 것은 그가 백인의 힘/언어를 이용할 줄 알았기 때문이다. 이 사건은 모세 우나추크가 백인의 언어를 식민주의의 횡포에 저항하는 도구로 이용하고 있는 예로 볼 수 있다.

연구가 조단 역시 오비카의 죽음으로 상징되는 에제울루의 몰락은 이보사회의 완전한 절망을 제시하지는 않는다고 주장한다. 조단은 낡은 질서가 사라지면 전통적 가치와 새로운 생활 방식을 조정하기 위해 오히려 새로운 지도자가 나타남을 지적하고 있다. 새로운 시대의 인물로는 오두체 이외에도 존 은와디카John Nwodika를 들 수 있다. 존 은와디카는 에제울루가 감옥에 감금되어 있는 동안 극진히 돌보면서 에제울루로 하여금 영국 식민주의에 저항하는 방도를 깨닫게 해준 인물이다. 그는 에제울루에게 자신들보다 힘센 침입자를 막기 위해서는 과거 아밤의 전사들이 여섯 마을 사람들을 노예로 잡아가던 것에 대항했던 것처럼 모든 마을 사람들이 공동의 믿음을 가지고 하나로 단결해야 한다는 것을 재인식시켜주었다. 또한 은와디카는 어떻게 백인의 시종이 되었는지에 대해 이야기 하면서 에제울루에게 백인들의 생활양식과 시장경제 체제를 우무아로 사람들이 수용해야 함을 인식시켜 주었다. 이처럼 은와디카는 이보사회와 백인의 생활양식의 차이를 중재할 뿐만 아니라 옥페리와의 전쟁 이후 분열되었던 우무아로 공동체의 갈등을 화해로 이끌었다는 점에서 새로운 시대의 새로운 인물 유형으로 볼 수 있다. 아체베는 에제울루의 몰락에도 불구하고 우나추크나 은와디카와 같은 새로운 유형의 인물을 탄생시킴으로써 이보사회의 미래에 희망이 있음을 제시하고 있다.

## 미래의 희망을 기억하며

아체베는 다양하게 해석될 수 있는 이 소설을 통해 식민주의의 가혹한 현실에도 불구하고 새로운 변화에 대한 희망을 강조하고 있다. 이 소설은 갑작스런 사건이나 난해한 인물이 없어 쉽게 읽히는 것 같지만, 그 의미가 다양하게 해석되기 때문에 쉽지만은 않은 텍스트이다. 아체베가 이런 서사기법을 이용한 것은 독자로 하여금 그 당시 이보 사람들이 겪어야만 했던 식민 상황이 단순하지 않았음을 보여주기 위함이다. 끊임없이 파고드는 식민주의의 영향을 막연히 부정할 수도 이보사회의 전통만을 고수할 수도 없는, 어떻게도 빠져 나올 수 없는 재앙과도 같은 운명을 피력하고 있는 것이다.

『신의 화살』은 갑작스럽게 자신들의 역사와 운명을 송두리째 바꿔버린 재앙과도 같은 식민 상황에 대한 에제울루/아체베의 고뇌를 그린 텍스트이다. 그리고 에제울루/아체베의 고민이야 말로 식민주의를 경험한 전 세계의 고뇌이다. 오늘날 식민지배를 경험한 독립 국가들이 과거 식민역사를 어떻게 풀고 미래로 나아갈 것인가가 (탈)식민주의의 과제이다. 따라서 식민주의는 식민지에 대한 폭력인가? 식민지 근대화의 초석인가? 하는 질문은 (탈)식민담론이나 문학을 연구하는 데 있어서 매우 조심스럽고 중요한 이슈이다. 단적으로 식민주의자들은 백인의 의무라는 명분하에 식민지에 관료제도나 근대적 교육, 그리고 의료혜택 등을 제공하고 미신과 같은 관습으로부터 벗어나게 해주었기 때문에 자신들의 행위가 근대화의 초석이 되었다고 주장한다. 반면 인간보다 열등하고 침팬지보다 우등한 존재라는 인종주의를 경험하고 인간을 상품처럼 거래한 반인륜적 노예제를 경험한 아프리카 식민지인들에게 백인들의 행위는 용서할 수 없는 폭력임이 분명하다. 그럼에도 불구하고 양진영이 팽팽히 맞서는 것은 서로의 관점이 다르기 때문이다. 비록 인류의 발전과정에 있어서 문명의 전달/충돌 과정에는 새로운 문물의 유입과 발전이라는 긍정적 측면과 노예제와 계급을 이용한 억압과 착취와 같은 폭력이 항상 존재해 왔다는 것은 부인할 수 없는 사실이다. 하지만 과거 어느 역사를 보아도 인간을 동물에 비교하고 상품으로 거래한 역사는 존재하지 않았다. 로마제국이 이민족을 노예로 이용하고 아리안족이 타 부족을 하위 카스트로 지정한 계급제도가 있었지만, 로마제국은 일정 기간이 지난 노예들에게 시민권을 부여하였고 무굴제국 역시 하위 카스트를 상품화 하지는 않았었다. 따라서 식민주의의 폐해를 해소하기 위해서는 가해자들/과거 식민주의자들의 인류 역사의 보편성이라는 책임 회피적 태도보다는 피해자들/과거 식민지배를 경험한 사람들의 관점에서 식민역사는 정리되고 용서되어야 할 것이다.

## 참고 문헌


유종현. 『아프리카의 부족과 문화』. 서울: 금광. 2000.

이석구. 「치누아 아체베와 민족주의 문제」. 『영미문화』 창간호 (2001): 249-72.

이성진. 「알레고리를 통한 탈식민 상황 읽기—『모든 것이 무너지다』」. 『영어영문학21』 22.1 (2009): 55-77.

홍덕선. 「탈식민지 담론의 주체성: 치누아 아체베의 *Things Fall Apart*에 나타난 문화적 다원성」. 『현대 영미소설』 4.1 (1997): 265-88.

Achebe, Chinua. *Arrow of God*. Essex: Multivista Global, 1986.

________. *Hopes and Impediments*. New York: Doubleday, 1989.

________. *Things Fall Apart*. New York: Anchor Books, 1994.

Awuyah, Chris Kwame. "Chinua Achebe's *Arrow of God*: Ezeulu's Response to Change." *College Literature* 19.3 (1992): 214-19. <http://search.proquest.com/docview/1298106926?accountid=27782>

Jordan, John O. "Culture Conflict and Social Change in Achebe's *Arrow of God*." *Critique* 13.1 (1971): 66-82. <http://search.proquest.com/docview/1310170387?accountid=27782>

Malaba, Mbongeni Z. "The Portrayal of Missionaries in African Literature." *Word & World* 18.2 (Spring 1998): 194-99.

Mathuray, Mark. "Realizing the Sacred: Power and Meaning in Chinua Achebe's *Arrow of God*." *Research in African Literatures* 34.3 (Fall 2003): 46-65.

Quayson, Ato. "Self-Writing and Existential Alienation in African Literature: Achebe's *Arrow of God*." *Research in African Literatures* 42.2 (Summer 2011): 30-45.

Wren, Robert M. *Achebe's World: The Historical and Cultural Context of the Novels of Chinua Achebe*. Washington, D. C.: Three Continents P, 1980.

## 생각해 보기

❶ 우무아로 공동체와 옥페리 사이의 토지분쟁에 영국 식민주의가 개입한 것은 의도된 식민지사업의 일환으로 볼 수 있다. 아프리카의 국경선이 결정되기까지의 유럽 열강의 역할을 살펴보고 식민주의자들에 의해 만들어진 국경으로 인해 아프리카에 어떤 내전들이 있었는지 생각해 보자.

❷ 영국 식민주의가 획책한 대족장제는 이보사회의 권력체계를 이해하지 못한 간접통치의 일환이다. 대족장제의 결과 발생한 폐단을 생각해 보자. 그 밖의 다른 곳(우간다 등)에서 발생한 부패정치에 대해 생각해 보자.

❸ 이 글은 에제울루의 몰락을 식민주의를 인식하지 못한 이보인들이 자신들의 가치와 공동체 의식을 의심하고 따르지 않은 결과 몰락한 이보사회의 상징이자 새로운 미래를 기원하는 희생으로 보고 있다. 만약 에제울루가 햇얌 축제를 지연시키지 않고 우무아로 사람들의 바람대로 얌을 추수할 수 있도록 하였다면 어떻게 되었을지 생각해 보자.

Bessie Emery Head

# 흑인들은 왜 부시맨을 차별하는가?

## — 베시 헤드의 『마루』와 아프리카 종족주의

베시 헤드(Bessie Emery Head, 1937~1986)는 남아프리카 공화국 태생이지만 때로는 남아공 작가로 때로는 보츠와나 작가로 소개되어 왔다. 그녀가 두 국가의 경계를 오가며 소개된 배경에는 그녀의 인종적 특수성이 자리잡고 있다. 인종차별이 합법적이던 아파르트헤이트 시기의 남아공에서 헤드는 백인 어머니와 그녀 집에서 하인으로 일했던 최하층의 흑인 아버지와의 사이에서 태어난 혼혈인이다. 혼혈인이라는 용어를 입에 올리는 것조차 금기시 될 만큼 배척이 심했던 아파르트헤이트 시기에 헤드가 혼혈인으로 태어난 것은 '탄생'이 아니라 '범죄의 결과물'로 동일시되는 하나의 큰 '사건'이나 다름없었다. 이러한 시대적 상황은 헤드가 모국을 떠나 보츠와나로 향한 본질적인 이유와 때로는 남아공 태생이지만 보츠와나 작가로 거론되는 이유를 설명해 준다.

헤드의 백인 외가는 그들의 딸이 흑인의 아이를 임신하자 주변의 시선을 피해 정신병원에 급히 강제 입원시켰고 작가는 그곳에서 태어났다. 혼혈인 아이를 낳은 딸을 수치의 산물로 간주한 백인 조부모는 헤드의 어머니가 비극적으로 자살하기 직전까지도 정신병원에 감금시켰다. 반면에 헤드의 외가는 그녀가 태어난 지 얼마 되지 않았을 때 백인 가정에 입양시켰지만 백인이 아니라 혼혈인이라는 이유로 곧바로 입양이 거절되어 다시 그녀는 혼혈인 부부의 가정과 고아원 등으로 보내져 혼돈스러운 성장기를 보내게 되었다. 그후에도 정치적, 인종적 격변기의 남아공에서 혼혈인의 신분으로 살아간다는 것이 형벌과도 같았기 때문에 헤드는 모국에서의 차별을 감당하지 못해 결국 보츠와나로 떠나야 했다. 두 국가 사이에서 자신에게 트라우마를 드리웠던 인종(종족)차별, 망명, 빈곤, 식민사의 잔재 등의 문제가 그녀의 소설을 관통하는 주된 주제로 거듭난 배경이 바로 여기에 있다.

인종적 상황과 관련한 작가의 시련은 그녀의 자전적 소설 삼부작이라 불리는 『비구름이 모일 때』(*When Rain Clouds Gather*, 1968), 『마루』(*Maru*, 1971), 『권력에 대한 심문』(*A Question of Power*, 1973)에 반영되고 있다. 그녀의 특수한 인종적 여건과 현실을 투영하는 이 삼부작은 저마다 다른 이유에서 정신적 상흔에 갇힌 주인공의 삶을 재현한다. 작가는 자신의 삼부작에서 흑인들에 대한 백인들의 차별과 혼혈인이나 다른 소수 원주민에 대한 흑인들의 극심한 차별 모두를 성토했다. 즉, 아프리카에서 인종차별의 주체는 백인과 흑인 모두였다는 사실을 주지시킨 것이다.

현재 아프리카 출신의 명성있는 작가로 아체베, 응구기, 소잉카, 쿳시, 고디머 등이 거론되고 있다. 이들 작가는 각각 흑인과 백인의 입장에서 저마다 다른 시각으로 인종에 관한 문제를 사유하게 함으로써 아프리카 문단에 폭넓은 영향을 미쳐왔다. 바로 이러한 작가들의 활발한 활동 사이에서 헤드의 중요성이 보다 대두되어야 하는 이유는 그녀가 기존의 작가들이 다루지 않은 멸시받는 혼혈인과 부시맨과 같은 소수 종족의 차별과정을 비중있게 거론했기 때문이다. 이는 달리 말해, 아프리카의 어느 작가도 정작 자신의 땅에서 이방인으로 살아야 했던 소수 종족에 대한 원주민들의 차별을 가시화하지 않았다는 의미이기도 하다. 이것은 종족차별을 형상화 한 헤드가 아프리카 문학사에서 중요한 작가로 자리매김 되어야 할 주된 이유일 것이다.

이 글의 출전

「아프리카의 종족주의와 내부 식민주의-헤드의 『마루』」. 『대한영어영문학』. 제40권 4호 (2014): 1~23페이지에서 수정·보완함.

# 흑인들은 왜 부시맨을 차별하는가?

## — 베시 헤드의 『마루』와 아프리카 종족주의

### 혼혈인 작가의 시선으로 이해하는 내부 식민주의

아프리카 문학작품은 다른 대륙에 비해 인종문제를 다루는 비중이 상당히 큰 편이다. 그 주된 이유는 백인이 점령한 과거 식민사와 그 후유증이 아직도 많은 영향력을 발휘함에 따라 인종주의 사안을 거론하지 않고서는 아프리카에 관한 서사를 총체적으로 논의하기가 힘든 현실 때문이다. 이러한 문학풍토로 인해 오래토록 아프리카에서는 설령 다른 이슈들이 심각한 사회문제로 떠올랐다고 하더라도 흑인 작가들은 물론 백인 작가들까지도 인종문제를 우선에 두어야 하는 강박관념으로부터 자유로울 수 없었다. 그런데 이렇게 경직된 아프리카 문단의 한가운데에서도 인종차별 보다는 종족 간에 자행된 폭력과 차별에 초점을 둔 작가가 있다. 아프리카의 정형화 된 서사에 파격적인 행보를 보인 장본인이라 할 수 있는, 남아공에서 태어나 보츠와나로 망명한 여성 작가 베시 헤드(Bessie Emery Head, 1937-1986)이다.

그렇다면 다른 아프리카 작가들과는 달리 헤드가 백인에 의한 차별보다 종족 간의 차별을 주되게 표명한 이유는 과연 무엇일까? 그녀가 다른 아프리카 작가들이 시도하지 못했던 주제에 주목한 이유는 우선적으로 그녀의 태생과 밀접한 관련을 맺는다. 헤드는 남아공의 아파르트헤이트 시기에 백인 여성과 마구간에서 일했던 흑인 남성 사이에서 태어난, 말하자면 '잡종'으로 치부되던 혼혈인이다. 아프리카에서 혼혈인은 '불법적인 밀회의 결과물'로 취급되었으므로 그녀는 백인과 흑인 모두로부터 배척당하며 유년기를 보내야 했다. 그런데 작가는 백인이 자신을 혹독하게 차별한 것은 그렇다 치더라도 흑인들이 백인들보다도 더 자신을 경멸했던 분위기에 적응할 수도, 이해할 수도 없었다. 이러한 헤드의 경험과 그로부터 연유한 작가로서의 의문과 분노는 본의 아니게 소설을 통해 인종주의가 백인에 의해서만 자행되지 않고 흑인 역시 종족차별이라는 형태로 인종주의를 양산한 것에 우려의 목소리를 내도록 했다. 다시 말해, 백인과 흑인 모두로부터 주된 공격의 대상이 되어야 했던 작가의 삶이 그녀로 하여금 종족차별과 같은 내부 식민지성에 주목하게 했다는 의미이다(MacKenzie).

작가의 태생에 이어 이제 그녀가 왜 모국인 남아공을 떠나 보츠와나로 망명했는지에 대해 의문을 제기해 볼 필요가 있다. 헤드는 아파르트헤이트에 기인한 정치적, 인종적 차별, 무엇보다도 혼혈인에 대한 박해로부터 자신을 보호하기 위해 1964년에 보츠와나에 정착했다. 그것은 남아공의 북쪽으로 경계를 이루는 보츠와나가 그때 당시 남아공의 흑인들 뿐만 아니라 주변국의 흑인들에게도 망명지로 선호되던 국가였기 때문이다. 보츠와나가 극도로 빈곤한 국가임에도 불구하고 주변국의 흑인들이 이곳을 선택했던 이유는 "보츠와나인들이 이방인과 이 이방인들이 함께 가져오는 새로운 사상들을 언제나 환영"Head, "A Note from This Story"하는 민족으로 알려져서이다. 헤드가 남아공을 떠나 보츠와나로 향한 것도 바로 그러한 연유에서였다.

그러나 보츠와나인들의 "환영"이란 인종과 종족을 고려하지 않은 채 모든 이방인을 염두에 둔 것은 결코 아니었다. 보츠와나 흑인들의 의식에는 아프리카의 인종 서열에서 최하위를 차지하는 부시맨Bushman이나 혼혈인은 그 이방인의 범주에서조차 제외되고 있었던 것이다. 헤드가 인종주의의 그늘에서 벗어나고자 망명했던 보츠와나 역시 종족주의 이데올로기를 내세워 그녀를 박해했다는 뜻이다. 그녀의 예상과 달랐던 보츠와나의 현실은 혼혈인이라는 이유로 자신의 모국인 남아공에서나 망명한 보츠와나에서나 아프리카 사회에서 아프리카인으로 인식되지 못한 데서 발로하는 극심한 소외감에 시달려야 했던 작가의 삶을 짐작하게 한다.

이러한 헤드의 삶은 인종적, 종족적 차원의 이중적인 딜레마를 부각시키면서 아프리카라는 공간에서 흑백 어디에도 소속되지 못한 혼혈인의 처지를 반영하고 흑인과 혼혈인의 경계가 흑인들에게 내면화 된 종족의식의 경계선으로 작용했음을 말해 준다. 혼혈인에 대한 경계는 흑인들 스스로가 순수한 흑색이야말로 백인들의 성적인 정복으로 더렵혀지지 않은 흑인의 진정성과 직결된다고 인식했다는 증거이다. 그것은 또한 작가가 유년기를 보냈던 시기의 남아공, 보츠와나, 짐바브웨 등지의 인종계보에서 흑인과 백인 사이에 태어난 '컬러드'는 단순한 혼혈인이 아닌 경멸스런 잡종으로 통했다는 뜻이기도 하다. 이는 흑인들이 순수한 흑색을 아프리카의 독보적인 정체성으로 규정하고 높이 평가하면서 짙은 흑색과 옅은 혼혈인 피부색을 이분화 한 결과이다.

아프리카에 고착된 흑인들의 경계짓기는 때로는 식민기의 인종차별보다 더 위험한 이념의 각축장을 방불케 하면서 인종주의와 식민주의가 결합된 모순이 아프리카에 어떻게 종족주의로 나타났는지를 보여준다. 헤드는 이러한 심각한 종족주의의 폐단에 주목하여 백인의 인종신화가 아프리카에 전유된 과정을 형상화 하기 위해 흑인들이 혼혈인을 차별했던 것에 이어 혼혈인과 피부색이 비슷하다는 이유로 부시맨을 학대하는 과정에 주목했다. 이것은 헤드가 과거 백인 식민자의 태도가 훗날 피식민자에게 고스란히 적용되는 불합리한 상황을 알리기 위해 혼혈인으로서 겪었던 박해의 경험을 흑인으로부터 억압당한 부시맨의 삶으로 투영했다는 의미이기도 하다.

아프리카 대륙은 이러한 인종문제와 관련하여 식민기를 축으로 서로 다른 비극의 양상을 드러내는데, 식민기 시절의 비극은 백인들이 흑인들의 땅을 빼앗고 그들을 인종적 타자로 범주화한 것이라면, 해방 이후의 비극은 과거의 인종주의가 종족주의로 변형되어 '흑인에 의해서도' 특정 종족에 대한 극심한 차별이 자행된 것이다. 특히 후자의 경우는 인종주의의 유산이 종족주의로 부활된 나머지 열등한 종족을 서열화 한 주체가 흑인인 사실을 극적인 모순으로 드러낸다. 헤드는 혼혈인이라는 삶의 한가운데에서 남아공과 보츠와나를 중심으로 목도한 이러한 종족주의의 아이러니컬한 실체를 『마루』*Maru*, 1971를 통해 내부 식민주의, 특히 흑인의 부시맨에 대한 박해의 정황으로 주되게 거론해 간다.

이것은 맹신에 가까웠던 흑인의 종족주의가 혼혈인인 헤드에게도 예외없이 적용되었지만 다행히도 그러한 경험이 비판적이고도 창조적인 작가의 상상력으로 발현된 증거이다. 내부 식민주의에 대한 비판의 부재를 통감한 그녀는 부당한 폭력과 다를 바 없던 종족주의에 대한 사안을 혼혈인 작가의 중요한 수사법으로 활용한 것이다. 그럼으로써 헤드는 아프리카 사회의 변혁에 대한 개인적인 비전과 아프리카의 미래에 대한 메타포적인 변화를 재현하고 작가로서 이 과정에 연루되는 과정을 탐색해 간다. 이러한 의미에서 『마루』는 부시맨에 대한 흑인의 혹독한 박해를 사건의 중심에 둠으로써 종족 차원의 폭력성을 내부 식민주의의 문제로 증언하고 이를 다시 아프리카 식민지의 전후 사회가 갖는 모순과 아이러니로 확장하는 소설이라 할 수 있다.

혼종적 영역의 가치를 통해 식민적 상황을 극복하자고 주장해 온 인도 출신의 탈식민 문화 비평가인 바바(Homi Bhabha)는 그동안 아프리카 소설이 인종차별에 의해 분열된 세계를 형상화함으로써 국제적, 지성적 공동체에게 다른 곳에 존재하는 불평등한 세계에 대해 생각할 것을 요구한 점을 고려하면 그 가치는 크다고 평가한 바 있다. 바바의 지적처럼 아프리카의 주요한 작가들은 백인통치에서 비롯된 인종문제를 백인/흑인, 백인/컬러드의 구도에서 강도 높게 성토해 온 것은 사실이기 때문이다. 그러나 재현의 중심에서 피식민자들 간에 저질러진 종족차별의 심각성이 제외된 것 또한 사실이다. 이는 아프리카 작가들이 헤드가 제기한, 원주민들끼리 자행된 폭력에 관해서는 비중있게 거론하지 않았음을 반영하면서 동시에 그녀의 저작이 왜 중요하게 부각되어야 하는지를 상기시키는 대목이다. 아프리카 소설의 공공연한 진행과정을 이처럼 읽어내는 것은, 인종문제를 논의하는 과거의 텍스트들에서 간과된 내부 식민주의의 문제를 헤드가 거론하고 있음을 밝히면서 이 소설이 식민지배란 과거의 것처럼 보이지만 현재에도 계속되고 있음을 성찰시키는 긴요한 텍스트임을 부각시키기 위해서이다.

이러한 맥락을 이어가면 헤드가 『마루』의 주인공 마가렛Marget을 부시맨으로 설정한 이유는 역사에서 부시맨이 어떻게 배제되었는지의 과정에 문제를 제기하여 인종주의가 어떠한 형태로든 재생산되는 아프리카의 현실을 주지시키고자 했기 때문으로 볼 수 있다. 나아가 주인공을 부시맨에 이어 여성으로 삼은 이유는 작가가 남아공에서의 아파르트헤이트 문제와 더불어 보츠와나에서의 가부장 권력에 관한 문제를 인식한 데서 찾을 수 있다. 그녀는 이 두 가지 설정을 바탕으로 아프리카 역사에서 누락된 종족 문제와 젠더 문제를 동시에 논의하고자 했던 것으로 보인다.

뿐만 아니라 종족 간에 자행된 폭력의 상황을 설득력 있게 전달하기 위해 헤드는 『마루』에서 보츠와나 흑인들이 부시맨을 어떻게 차별하는지를 현재의 시점으로 서술하고, 과거 식민기에는 백인들이 부시맨을 어떻게 학대했는지를 보츠와나인들의 과거 독백으로 전개해 간다. 그럼으로써 작가는 '샌족'San 또는 '코이족'Khoi인 부시맨이 남아공과 보츠와나의 첫 토착민이었음에도 불구하고 백인 식민주의자들과 흑인들로부터 경멸적인 차원에서 이방인으로 전락하여 과거에는 외부 식민지에 의해, 현재는 내부 식민지에 의해 비극적인 희생자가 되어가는 경위를 밝힌다. 따라서 이 소설은 종족차별을 포함한 내부 식민지에 대한 논의에 비중을 둔다고 볼 수 있다. 헤드가 제기한 문제가 중요한 이유는 종족차별에 대한 문제제기가 과거 외부 식민지에 대한 불합리함까지도 거슬러 추적하게 함으로써 아프리카 식민사를 총체적으로 거론하게 한다는 측면에서이다. 이러한 견해를 바탕으로 하면 아프리카에 각인된 내적, 외적 식민주의의 문제를 되짚는 『마루』는 수백 년에 걸쳐 추방자로 살아 온 토착민의 삶과 연계하여 인종주의가 초래한 억압의 보편적 특징을 구체화 한 긴요한 텍스트라 할 수 있다. 종족의 경계를 구분하며 내부 식민주의를 조장하는 모순을 밝히는 이 소설이야말로 종족 차원의 사안을 역사적, 정치적, 문화적 맥락으로 확장하여 주변부를 차지했던 흑인과 혼혈인의 문학적 컨텍스트의 여러 국면들을 면밀히 살피게 할 것이기 때문이다.

## "떠나간 주인을 흉내"내는 흑인과 내부 식민주의의 소생

이 소설의 배경인 보츠와나의 딜레페Dilepe 마을은 흑인과 부시맨의 서열을 통해 종족차별이 어떻게 진행되는지를 함축적으로 보여주는 공간이다. 딜레페 공동체에서 배츠와나Batswana 흑인들은 백인이 누렸던 권력과 지위를 대신하고 사회적 엘리트와 토템의 위치를 차지하면서 이민족에 대한 강한 배타심을 드러낸다. 반대로 부시맨은 "백인과 아프리카인 사이에 태어난 아이는 부시맨과 비슷한 피부색"(20)이라는 터무니없는 명분에 따라 노예나 하인의 지위를 차지한다. 배츠와나족과 부시맨이 주종관계를 이루는 이 상황에서 딜레페 마을의 레세딩 스쿨Leseding School에 부시맨인 마가렛Margaret이 흑인 학생들의 교사로 부임한 사건은 학교 뿐만 아니라 마을 전체에 동요를 일으킨다. 배츠와나인들은 "공포감을 일으키는 우스꽝스런 인종"(126)이 자신들의 교사인 것을 용납할 수 없는데다 이방인의 출현 자체가 배츠와나 종족의 단일성에 위협을 가한다고 판단해서이다.

이처럼 부시맨이 흑인들에게 절대적 타자인 상황은 헤드의 자전적 글에서 "나는 보츠와나인들이 부시맨을 억압하기 위해 인종적으로 증오에 찬 언어를 사용한 사실을 알고 있는데 그것은 오로지 백인들이 독점적으로 사용한 언어였으므로 충격에 휩싸인 채로 그 언어를 들었다"Head, "Social and Poitical Pressures"라는 고백으로 전달된다. 헤드의 충격은 다시 『마루』에서 "억압의 언어가 이 얼마나 도처에 널려있는가! 백인들이 모든 흑인들에 대해 말했던 것을 흑인들은 부시맨들에게 그대로 되풀이 했다. 그들은 스스로 이러한 상황을 깨닫지도 못한다."(109)라는 탄식으로 조명된다. 배츠와나인들은 "백인들이 흑인들을 대하듯 부시맨을 대했으며", "흑인을 대하는 전형적인 백인의 언어"(109)를 사용했던 것이다.

그렇다면 흑인이 부시맨에게 인식론적 폭력을 행사하는 과정에서 어떤 어휘들을 동원했으며 그 의미는 무엇인지를 살펴볼 필요가 있다. 부시맨의 종족적 서열을 가늠해 보기 위해 그 어원을 추적해 보면 이 소설에 자주 등장하는 '마사와'Masarwa 또는 '바사와Basarwa는 보츠와나 언어로 부시맨을 칭한다. 그런데 'Sarwa'라는 용어 자체가 애초부터 사회적 지위나 정치적 권리에 대한 결여를 지칭하기 위해 만들어진 사실을 염두에 두어야 한다(Motzafi-Haller). 보츠와나에서는 부시맨을 비하하는 용어로 마사와를 사용하는데 헤드의 소설이 말해주듯 마사와족은 '검둥이'와 동일하며 경멸적인 이 용어는 저속하고 불결한 종족을 의미하기 위해 사용되었다. 그러한 호명은 마가렛에게도 예외가 아니며 그녀를 따라다니는 호칭은 그녀를 이질적인 존재로 한정시켰다. 이것은 보츠와나의 인종계보에서 부시맨은 언어를 통해서까지 최하위의 열등한 인종이자 종족으로 각인되었다는 뜻이기도 하다.

『마루』에서 부시맨을 향한 그러한 배타성은 학교 관계자와 마을 사람들의 폭력적인 시선으로 재현되는데 그중에서도 백인들의 언행을 그대로 모방하는 교장 피트Pete라는 인물의 태도에서 결정적이다. 피트는 마가렛을 인종이나 종족 차별의 대상으로 삼는 데 그치지 않고 젠더 차원으로 확대하여 그녀의 비극을 심화시킨다. 그러한 예는 피트가 마가렛에게 호감을 갖은 채 "당신은 컬러드요?"(40)라고 물었을 때 "전 마사와인이에요!"(40)라고 답변하는 마가렛을 가리켜 "그녀는 더 이상 인간이 아니었다"(40)고 반응한 장면에서 구체적이다. 그는 종족차별에 성차별을 더해 "그녀는 추방될 수 있다. 여성이니까"(41)라는 가부장적 사고로 그녀를 중상모략하고 장학사인 쎄스Seth에게 부시맨은 "반은 당나귀이고 반은 인간"(41)이기 때문에 교사가 될 수 없다면서 그녀를 추방하는 데 앞장선다. 인종주의 이데올로기를 종족주의로 계승한 피트와 쎄스의 교육관의 영향으로 학생들은 마가렛이 출석을 부를 때 "부시맨이 도대체 언제부터 선생님이 됐나요?"(45)라고 조롱하면서 대답을 거부한다. 마가렛은 자신을 향한 야유가 교실을 가득 채우자 자신을 비웃었던 학생을 무의식중에 죽였다고 상상하는데 이것은 자신의 분노를 스스로 극복하기 위한 하나의 방법이다. 상상을 통한 그녀의 분노는 학교와 마을의 편협한 광신 행위에 대한 일종의 자기방어적 대응에 해당한다. 헤드가 신경쇠약으로부터 회복하면서 집필한 소설이 바로 『마루』인 점을 감안하면, 작가가 보츠와나로 망명한 후에도 종족차별에 시달리자 급기야 1969년에 신경쇠약에 걸린 상황이 마가렛의 분노와 소외과정으로 투영되었다고 볼 수 있다.

마가렛의 등장이 마을 사람들의 혼란과 긴장을 야기하는 동안 이 모든 상황을 가까이서 지켜보는 중요한 인물이 등장하는데 그는 다름 아닌 이 소설의 제목이자 배츠와나족의 대족장인 마루Maru이다. 그는 족장 중의 최고족장이며 절대권력가로서 마을에서 일어난 사건을 중재하는 인물이다. 마루는 마가렛을 둘러싼 사건을 목격하면서 마을 사람들이 한 이방인 여성에게 왜 그렇게 획일적으로 반응하는지를 고민하는데 작가는 끔찍하고 광기어린 언어가 아이들의 입에서 나온 것을 상기시키면서 그 원인이 다름 아닌 식민기를 경험한 부모 세대로부터 전수되었음을 다음의 글을 통해 알리고 있다.

> 아이들은 그것을 부모로부터 배웠다. 그들의 부모는 오염되고 저열한 종족이 지나가면 침을 뱉었다. 아이들은 한층 더 했다. 그들은 당사자에게 침을 뱉었다. 그들은 쥐어 비틀기까지 했다. 아이들은 깡통을 덜컹거리며 격한 몸짓으로 춤을 추었다. "부시맨 저열한 혈통! 짐승같으니라고" (10-11)

역사적 사실에 가까운 이 대목은 종족차별이 부모세대와 관련있고 그것이 다시 식민사와 긴밀히 연루되는 과정을 살펴야 할 이유를 밝혀 준다. 이것은 부시맨에 대한 흑인의 무시가 백인 통치를 직접 경험한 부모 세대로부터 전수된 결과물임을 명시하기 때문이다. 백인들이 부시맨의 열등성을 날조한 데 이어 이어 흑인들 역시 과거의 인종 이데올로기를 그대로 답습하여 "부시맨은 곧 얼룩말"이라는 신화를 유포했던 것이다. 이 과정에 나타난 흑인들의 종족주의는 서구의 눈에 기형적인 몸의 소유자로 비친 호텐토트 비너스Hotentot Venus가 백인들에게 극도의 타자였듯이, 부시맨인 마가렛이 보츠와나에서 극도의 타자인 맥락과 같다(Boehmer). 말하자면, 흑인이 생각하는 부시맨의 이미지는 백인담론에 등장하는 부시맨의 그것과 닮은 채 흑인들에 대해 백인들이 느낀 것과 똑같은 방식으로 부시맨은 아프리카인들에게 불결하고 오염된 잡종이었다.

부시맨을 잡종이나 동물로 취급하는 흑인 배츠와나족의 심리를 좀 더 유추해 보면 팔레스타인 출신의 탈식민주의 이론가인 사이드(Edward Said)의 지적처럼 "떠나간 주인들을 흉내"내는 형국과 유사하며 백인들에 대한 그들의 흉내는 "제국주의자들과 피식민지인들 모두의 개인적, 집단적 삶으로 파고든 폭력적인 역사의 수많은 흔적들"이다. 『마루』에서 그 "흔적들"이란 부시맨을 열등하게 인식하는 흑인의 종족주의이며 그것은 과거 제국주의의 메카니즘이 현재 어떻게 되살아나는지를 보여주는 실체이다. 서구인들은 아프리카와 아시아의 식민지를 표면적으로는 떠났을지 모르지만, 실제로는 공간으로서 뿐만 아니라 이념적인 지도로서 계속 남아 도덕적, 지적으로 지배해 오고 있었던 것이다(Said). 그러므로 과거 백인의 아프리카 식민화는 흑인이 또 다른 종족을 멸시하는 기이한 내부 식민주의로 소생되었고 제국의 공백을 종족주의가 대신한 것이나 다름없다. 수많은 저항들에 의해 식민지배는 종식되어 갔지만 과거를 점령했던 제국의 신화, 백색 신화는 막을 내리지 않고 아프리카 사회에서 변형된 형태로 살아남은 것이다.

흑인 공동체에서 자행되는 내부 식민주의가 이 소설에서 부시맨을 향한 폭력으로 관철된 과정에 주목해 볼 때 부시맨인 마가렛의 '이탈성'과 '다름'을 문제 삼는 배츠와나인들의 행위는 집단의 개인에 대한 타자화 과정의 축소판이다. 이때 경멸의 대상이 되는 마가렛은 인식론적 폭력의 대상이 되고 그러한 폭력이 지배적인 배츠와나 마을은 부시맨에 대한 흑인들의 노골적인 반감을 한눈에 살필 수 있는 공간이다. 그리고 그들의 타종족에 대한 입장은 마가렛에 어떻게 반응하는가를 중심으로 두 부류로 나뉜다. 첫 번째 부류는 부시맨을 영원히 노예로 삼아 종족적 편견을 계승하려는 피트, 쎄스, 마루의 남동생 모라피Morafi 등으로서 종족의 위계질서를 고수해야 한다는 명분과 함께 부시맨의 수용에 반기를 드는 구세대이다. 두 번째 부류는 아프리카에 도래할 불가피한 변화를 점진적으로 받아들이려는 대족장인 마루와 그의 여동생 디켈레디Dikeledi, 그리고 마루보다 낮은 지위의 족장 몰레카Moleka 등으로서 아프리카의 새로운 가치를 수용하려는 신세대이다. 두 부류는 종족차별을 고수하는 세대와 불가피한 변화를 거부하지 않는 세대가 아프리카에 혼종해 있는 현실을 대변한다.

## 종족주의 이데올로기가 탄생시킨 열등한 종족, 부시맨

배츠와나 공동체가 부시맨을 혐오하는 종족으로 분류하는 과정은 객관성을 상실한 군중심리의 맹점과도 흡사하다. 집단심리를 체계적으로 분석해 온 프랑스 철학자 르 봉(Gustave Le Bon)의 견해에 따르자면, 마가렛에 대한 조롱을 목적으로 결집한 군중, 즉 교사들과 학생은 '부시맨은 열등한 종족'이라는, 상상을 불러일으키는 연쇄반응으로 결집한, 일종의 실체없는 '상상의 군중'이라는 맥락을 갖는다. 군중 심리에 얼마나 많은 환상이 개입되어 있는지를 지적한 르 봉은 심지어 문명의 여명기부터 지금까지 군중은 언제나 환상의 영향으로부터 자유롭지 못했다고 주장한다. 마가렛을 경멸하기 위해서 '스스로 열려 있으며 동시에 닫혀 있는' 그들은 '상상된 공동체'라는 속성으로 단결하여 개인에게 폐쇄적으로 대응하는 양가적 태도를 취하고 있다.

르 봉은 군중의 무의식적 행동이 심지어 개인의 의식적인 활동들을 배타적으로 통제하여 위력을 발휘하면서 야만성을 드러내는 행위로까지 발전했다고 본다. 마가렛을 대하는 딜레페 마을 사람들과 학교 관계자들의 집단심리만 관찰하더라도 그들은 마가렛을 향한 반감을 구심점으로 자신들의 인식론적 폭력을 행사하기 위해 가변적인 군중심리로 결속한 무리이다. 따라서 흑인들의 결집과 대응과정은 르 봉의 주장과 일맥상통한다. 그들의 결속과정에 나타난 문제는 일시적인 공감으로 결속한 군중이 '환상'에 결박된 채 물리적, 인식론적 폭력을 동원해 타자의 행동범위를 제한하는 데 있다. 심지어 마가렛이 "얼룩말"(72)로 정의되면서 딜레페 마을의 희생양으로 전락하는 양상은 보츠와나 흑인들의 집단적인 착오가 위험한 수위에 이르렀음을 증명한다. 그러므로 부시맨이 딜레페 마을의 단일한 정체성에 위협으로 인식되는 국면은 종족 내지는 민족이라는 '상상의 공동체'에서 서로 갈등하는 정체성들에 내재한 분할된 지점을 명확히 짚어준다.

배츠와나인들이 이렇게 군중심리로 종족차별에 앞장설 때 마루와는 또 다른 입장에서 획일화 된 가치관에 휩쓸리지 않는 한 인물, 몰레카를 주시해 볼 필요가 있다. 마루보다 하위를 차지하는 족장이면서도 그 못지않게 비중 있는 역할을 하는 몰레카는 마가렛이 편하게 지내도록 침대를 제공한 장본인으로서 이방인의 수용에 적극적이다. 부시맨을 감싸는 몰레카의 파격적인 행위는 부시맨 노예와 겸상하여 어머니를 놀라게 하는가 하면, 쎄스를 집으로 초대해 일부러 그가 보는 앞에서 자신의 포크로 부시맨의 입에 음식을 넣어주고 다시 그 포크를 사용하여 충격을 주는 것으로 계속된다. 그러나 마루는 몰레카에게 침대를 당장 회수하도록 명하는데 그 이유는 그가 종족차별주의자여서가 아니라 특정인에 대한 배려행위가 마을에 동요를 일으키리라는 족장으로서의 우려 때문이다. 두 인물 모두 사실상 종족주의를 거부하는 세대이지만 마루의 질책에는 부시맨을 대하는 미묘하게 상반된 태도가 엿보이는데, 그것은 몰레카는 과감한 변화를, 마루는 점진적인 변화를 지향한다는 것이다.

이들의 긴장관계는 부시맨을 대하는 태도의 차이에서 시작되었지만 몰레카의 행위가 마루의 권력, 즉 공동체의 질서에 위협을 주고 나아가 두 사람 모두 마가렛에게 관심을 가지면서 고조된다. 한편 마가렛은 두 족장을 동시에 마주친 순간 몰레카에게 반하지만 그녀를 보고 결혼을 예감한 인물은 몰레카가 아닌 마루이다. 이는 그동안 두 족장이 막강한 경쟁자로서 우정을 다져왔지만 마가렛의 출현을 계기로 우정이 점차 위기로 바뀌고 이 시점부터 소설의 전개가 복잡해질 것을 암시한다. 이들의 관계에 또다시 아프리카의 신여성을 상징하는 마루의 여동생 디켈레디가 가세하면서 몰레카와 마루는 마가렛을, 마가렛은 몰레카를, 디켈레디는 몰레카를 흠모하는 복잡한 애정 구도가 본격화 되는데 작가는 바로 이 과정을 부시맨 수용문제와 같은 아프리카에 도래할 변화에 대한 강조로 진척시킨다.

마가렛의 처지를 좀 더 이해해보기 위해 살펴보아야 할 부분은 그녀가 탄생한 순간부터 시작된 부시맨으로서의 종족적 모멸감이다. 백인이 흑인을 '니거'로 경멸했듯이 흑인이 부시맨을 '니거'로 대하는 혐오적 태도를 그녀는 갓난아이였을 때부터 경험했다는 뜻이다. 그 사연은 다음의 이야기로 거슬러 올라간다. 어느 날 딜레페 마을 부근의 길거리에서 흑인들은 죽은 산모와 그 옆에서 우는 갓 태어난 아이를 발견했지만 이들이 '단지 부시맨이라서' 방치했다. 대신 그들은 관행대로 백인 선교사들에게 시신처리를 맡겼고 그래서 마지못해 수습하는 사람이 선교사 부인 마가렛 캐드모어Margaret Cadmore이다. 부시맨 모녀가 병원에 이송된 후, 간호사들도 부시맨의 시신처리를 꺼리자 백인 마가렛은 "죽은 여자의 동족들에 대한 저들의 증오는 얼마나 더 가혹할까"(15)를 생각해 본다. 그녀는 흑인들의 행태에 몸서리치다가 본의 아니게 부시맨 갓난아이를 직접 양육하게 되는데 그 아이가 바로 주인공 마가렛이다.

그런데 백인 마가렛이 부시맨을 입양하고 양육한 과정에서 보이는 문제는 그녀가 한 번도 어머니로서의 감정을 드러내지 않았으며 주인공 마가렛은 "반은 하인"(16)이나 다름없었으므로 이들이 정상적인 "아이와 어머니의 관계가 아니었다"(98)는 데 있다. 그러한 정황은 백인 여성이 이름을 짓기 위해 수고하고 싶지 않아서 부시맨 아이에게 자신과 동일한 이름을 붙여준 행위에서 결정적이며 그러므로 결국 애정으로 아이를 거두지 않았다는 사실이 드러나기 때문이다. 그녀의 태도는 "부시맨, 혼혈인, 튀기, 저열한 혈통 또는 동물"(15)이라며 조롱했던 흑인들의 태도와 다르지 않았던 것이다. 이에 근거해 백인 마가렛을 해석할 때 염두에 두어야 할 점은 그녀가 개인적 애정이 없는 채로 나르시시즘적 입장에서 자신의 이름을 그대로 부여한 것과 사람이 아닌 자연을 대하듯 마가렛을 대하는 태도로 볼 때 그녀를 식민 수혜자로도 해석할 수 있다는 점이다. 얼핏 보면, 비참한 처지의 아이에게 양육과 교육의 혜택을 제공한 것으로 인해 백인 여성의 인간애가 마사와족을 향한 보츠와나 사회의 편견과 대조되듯 보이지만 그녀 역시 결국엔 부시맨을 타자화 또는 객체화시키는 권력의 주체이다.

배츠와나 흑인들이 혐오로 마가렛에 반응하는 과정이나 백인 여성이 모성애 없이 마가렛을 양육하는 과정은 흑인과 백인 저마다의 편견이 부시맨을 어떻게 타자화시키는지를 단적으로 보여준다. 그녀는 흑인과 백인 모두로부터 동물로 지목되는 비천한 타자로서, 소거되어야 하는 대상이자 공동체의 질서를 어지럽히는 존재이다. 『마루』의 흑인들은 자신들의 공동체적 구실을 확보하기 위해 마가렛을 질서를 위협하는 대상으로 분류하고 있다. 흑인이 집단적인 편견과 함께 부시맨을 철저히 타자화하는 행위와 이것이 다시 백인과 연루되어 있는 사실을 작가는 다음과 같이 묘사한다.

> 백인들이 동양인들을 저열하고 오염된 인종이라고 생각했다면 동양인들은 안도하며 웃을 수 있었다. 적어도 자신들이 아프리카인들은 아니었으니까 백인들은 아프리카인들을 저열하고 오염된 인종이라고 생각했다면 남아프리카 지역의 아프리카인들은 안도하며 웃을 수 있었다. 그들이 적어도 부시맨은 아니었으니까 그들은 저마다 자신들만의 괴물들을 갖고 있었다. (11)

헤드는 이와 같은 묘사를 통해 인종차별 역사에서 아프리카인들이 최하위의 인종이라면 아프리카인들 사이에서도 부시맨은 다시 밑바닥을 차지한 사실과 모든 인종이 "자신들만의 괴물들"(11)을 창조해 특정 인종을 타자화 할 때 저마다의 우월성을 확보하기 위한 최후 보루에 부시맨을 두고 있음을 보여준다.

그런데 마가렛의 경우, "완벽한 컬러드의 외모"(40) 때문에 먼저 부시맨이라고 밝히지만 않는다면 부시맨으로 사는 곤경을 모면할 수도 있었고 피트나 쎄스와 같은 종족차별주의자의 음모에 휘말리지 않은 채 평화롭게 교사생활을 할 수도 있었다. 디켈레디 역시 이를 잘 알고 있기에 그녀에게 부시맨임을 굳이 밝혀 불행해지지 말라고 조언했었다. 그러나 마가렛은 그녀의 충고를 거부하고 오히려 "자신이 마사와족임을 부끄러워하지 않는다"(24)고 응수했을 뿐이다. 그녀가 종족적 정체성을 명백히 하는 데 주저하지 않는 것은 유럽인들로부터 그랬듯이 아프리카인들에 의해 배척되고 비인간화된 자신의 종족에게 용기를 주면서 제도화된 편견에 맞서는 행위이다. 그리고 바로 이러한 마가렛의 대응이야말로 아프리카인들의 종족의식에 균열을 가하는 주체적인 행위라는 점에서 『마루』를 통해 헤드는 종족주의에 대처하는 마가렛을 부각하여 아프리카의 고유한 여성의 이미지를 긍정적으로 환기시킨다고 볼 수 있다.

## 반종족주의 공동체에 대한 지향과 내부 식민주의의 극복

지금까지의 전개과정에서 보면 종족 간의 경계짓기에 내포된 내부 식민주의는 이 소설에서 크게 두 가지 양상으로 나타나는 것을 알 수 있다. 하나는 백인들로부터 인종적 억압을 경험한 흑인들이 부시맨과 같은 다른 종족을 차별하는 것이고, 다른 하나는 공동체의 질서에 위기감을 줄 수 있는 새로 유입된 이방인을 적대하는 것이다. 마가렛이 이 소설에서 불가피한 차별의 대상으로 부각되는 것은 이 두 요건에 모두 부합되기 때문이다. 그러나 그녀는 흑인의 절대적인 타자가 된 바로 이 위치에서 곤경에 처한 자신과 부시맨 종족의 정체성에 전환점을 줄 계기를 마련해 간다. 계기의 일환으로 그녀는 우선적으로 백인 양어머니로부터 제공받은 교육을 활용한다. 양어머니가 부여한 교육적 혜택은 자칫 마가렛을 백인에 동화된 원주민으로 전락시킬 수도 있었지만 그녀는 그러한 혜택을 부시맨이 배츠와나 사회에 진입할 수 있는 결정적인 조건으로 삼는다. 즉, 마가렛은 자신의 종족을 대변하고 부시맨의 집단적 고통을 발화하는 기회의 밑바탕에 교육의 경험을 두고 있었던 것이다. 따라서 마가렛이 백인문화에 동화된 부시맨일지도 모른다는 의구심은 종족을 대변하는 그녀의 발화행위로 일축될 수 있다.

백인동화의 극복에 이어 마가렛의 주체적인 행위가 구체화되는 또 다른 경로는 그림 작업을 통해서이다. 그녀는 때로는 몇날 몇일 식음을 전폐하고 그림 그리기에 전념하는데 자신의 그림에 개인적인 상상력 보다는 부시맨의 집단화 된 목소리를 담아낸다. 그리고 마가렛의 그림으로부터 부시맨의 목소리를 읽어내는 인물은 다름 아닌 마루이다. 그는 마가렛의 그림을 응시하다가 "새로운 세상을 만들 수 있는 힘있는 사람들은 바로 우리야!"(108)라고 외치는 부시맨들의 목소리를 듣게 된다. 마루는 그녀의 그림에 투영된 부시맨 여성의 감수성과 "억압받는 이들의 해방을 향한 궁극의 염원"(108)을 간파할 뿐만 아니라 그림을 통해 외치는 부시맨들의 주장에 동의한다. 이렇게 부시맨의 목소리와 열망을 읽는 과정에서 약자들의 목소리를 억압의 주체였던 흑인들의 최고 지도자가 듣는 것은 이 소설에서 중요한 모티브로 작용하는데 그것은 마루가 부시맨의 목소리를 들은 후 다른 종족에 대한 배척이 왜 중단되어야 하는지를 통렬히 깨달아 가기 때문이다.

그녀의 그림을 해석하고 받아들이는 마루의 태도는 남녀 차원을 넘어 두 종족의 화합에 관한 현실적인 가능성을 함축한 점에서 긍정적이다. 그림을 통해 내면적으로 많은 변화를 경험하는 동안 마루는 "모든 노예가 사라져야 한다"(69)는 신의 목소리를 듣는가 하면 그에 대한 상승작용으로 "신들 또한 그가 편협한 특정 집단과 계급 질서에 얽매인 행위를 하지 않기를 바랄 것"(109)이라 확신하게 된다. 부시맨을 평등하게 대함으로써 두 종족의 화합을 완성하려는 그의 의지는 마가렛과의 사랑과 결혼을 최우선에 둔 가운데 "혼인이란 종족이나 인종으로 하지 않는다"(109)는 견해를 공고히 하는 것으로 나타난다.

그렇다면 이 시점에서 헤드는 왜 굳이 『마루』에 신의 계시와 같은 비현실적인 장면을 느닷없이 등장시키는 것인지 의문을 제기해 볼 필요가 있다. 아프리카 사회에서 종족주의의 타파가 얼마나 힘겨운 사안인지를 몸소 실감했던 작가의 삶을 상기해 본다면, '신의 계시'와 같은 묘사는 초현실적인 수단을 동원해서라도 종족주의의 깊은 흔적을 지우고자 했던 작가로서의 열망을 투영한다고 볼 수 있다. 그렇기 때문에 마루가 받은 계시는 보츠와나 사회가 본래 종족차별이 없었던 평등의 상태로 회복할 것을 요청하는 헤드의 목소리다. 따라서 자신의 종족이 부시맨을 거부하지 않도록 마루가 개인적 차원의 변화의지나 신의 계시 모두를 이용하는 측면은 배츠와나 흑인과 부시맨의 우열관계를 재편하려는 적극적인 움직임으로 귀결된다. 그는 변화를 두려움으로만 받아들이는 흑인들이 종족주의를 과감히 넘어설 수 있도록 절대권력이나 다름없는 최고 족장의 지위를 포기하고 그 '포기'를 화합의 매개로 삼은 것이다.

그러나 그의 확고한 신념이나 실천행위와는 달리 두 사람의 결혼을 소문으로 접한 마을 사람들은 자신들의 위계질서에 변화가 올 것을 일종의 공포로까지 인식한다. 새로운 흐름에 직면한 흑인들의 심경은 응코시(Lewis Nkosi)의 주장처럼, 딜레페 마을 또는 보츠와나가 미래를 향한 변화의 과정에서 겪을 수밖에 없는 진통으로서 대부분 아프리카 국가에서 식민화 이후의 현실이 전통과 새로운 것 사이의 불안함과 부조화로 구성되어 있음을 사실적으로 전달해 준다. 이 소설에서 응코시의 주장을 뒷받침하는 실질적인 사례는 흑인 매춘부 여성이 불안감을 내비치고 마루의 결혼을 순수 혈통의 오염으로 간주하며 "마루가 마사와 여성과 결혼하느니 차라리 자기와 결혼하는 편이 훨씬 낫다"(126)고 여기는 심리로 재현된다.

마루는 부시맨 여성과의 결혼소식이 흑인들에게 얼마나 충격적일지 가늠하지만 흑인들의 불안심리를 애써 외면하며 자신의 신념을 포기하지 않는다. 종족주의를 종식시키려는 그의 각오는 디켈레디에게 "내가 하고 싶은 것은 구체제를 해체시키고 새로운 왕국을 건설하는 거야. 사람들 위에 군림하는 권력같은 건 원하지 않아."(68)라고 전하는 이야기에 잘 나타난다. 이것은 그가 "새로운 세상을 위해 조율하는 사람"(50)임을 말해 주면서 이 소설의 주인공이 분명 마가렛임에도 불구하고 헤드가 소설의 제목을 왜 굳이 "마루"로 정했는지에 대한 이유를 짐작하게 한다. 아프리카어로 'maru'는 먹구름과 비바람을 뜻하고 이것은 비를 가져오는 전령으로서 아프리카에서는 절박할 정도로 중요한 신호이다. 즉, 먹구름이 비에 대한 신호이듯이 마루는 보츠와나 사회에 변혁을 가져올 전령이다. 작가는 서구 사회로부터 유입되고 이식된 아프리카의 모더니티 세계에서 민족적 갈등과 부족 간 다툼을 넘어 자유와 평등의 새로운 비바람을 몰고 올 희망과 비전에 대해 예측불능의 계시와도 같은 어떤 기운을 마루라는 인물을 통해 가늠해보고 있는 것이다(이석호).

마루가 마가렛을 수용하는 과정이 이 소설에서 중요한 역할을 하는 이유는 무엇보다도 부시맨들의 해방을 예고하는 점에서 찾을 수 있다. 마루는 마가렛을 선택함으로써 새로운 사회구성에 융화될 수 없었던 마사와족을 노예로 영속화시키는 행위를 금할 수 있기 때문이다. 이는 족장의 변화에 힘입어 베츠와나인들 역시 부시맨을 수용하게 되리라는 뜻이다. 딜레페 공동체의 변화는 두 사람의 달라진 위상을 통해 보다 표면화되는데, 마가렛에게는 이 공동체에 소속되게 하여 개인적, 공동체적 구원을 가져다주지만, 반대로 마루에게는 자신의 공동체로부터 추방자가 되게 한다. 이렇게 권력의 재편은 부시맨과 배츠와나족 모두에게 영향을 미친다.

이들의 새로운 시작은 흑인들에게 부정적으로 전유된 백인의 인종주의 유산도 결혼을 축으로 차츰 종식되리라는 가능성을 남긴다. 포괄적인 의미에서 두 사람의 결혼은 보츠와나 사회의 전반적인 편견이 해체되는 계기이며 개인의 차원을 넘어 정치적인 통합을 위한 발판이라는 점에서이다. 따라서 종족 이데올로기를 허무는 데 교두보적인 역할을 하는 두 인물은 새로운 질서를 구축해 가는 선구자로서 혼종성을 토대로 완성되어가는 국가, 인종, 문화 공동체의 실재를 상징한다. 이들의 결합이야말로 충돌하는 두 공동체가 만나면 두 문화가 교섭될 여지 역시 마련된다는 긍정적인 의미를 상기시키기 때문이다. 이러한 견해에 근거하면, 마루가 권력을 포기하고 다른 공간으로 떠나려는 것은 "그의 끝이 아니라 시작을 의미"(126)한다. 그의 결심에는 지금까지 부시맨에게 행사한 흑인들의 권력 남용을 비판함으로써 딜레페 공동체를 새로운 교섭이 가능한 대안적 공간으로 탈바꿈시키려는 바램이 깃들어 있기 때문이다.

나아가 두 공동체의 화해는 단지 이들의 결혼에 국한되지 않고 디켈레디의 변화를 이끌어 내면서 다른 흑인들 역시 종족주의를 극복해 갈 것을 시사한다. 과거에 디켈레디는 "마사와 따윈 없어", "오직 사람들만 존재할 뿐이야"(65)라고 공언했으면서도 마루에게 "오빠는 마사와인과 결혼할 수 없지. 족장의 위치에서 말이야"(66)라는 이중적인 태도를 드러냈다. 즉, 그녀 역시 뿌리깊은 종족의식으로부터 완전히 자유롭지 못한 채 마가렛을 향한 특별한 동료애 이면에 경멸감을 품고 있었다. 그러나 그녀는 마루의 영향으로 "마가렛은 더 이상 마사와족이 아니라 맞은편에 앉은 그저 평등한 사람"(118)이라 여기면서 부시맨을 비인간적으로 대하는 행위를 멈추게 된다.

아프리카의 혼돈스러운 가치관을 상징하는 디켈레디는 아프리카 종족문제의 현주소와 더불어 이 소설이 아프리카 신,구세대만의 갈등이 아니라 신세대 내부의 갈등과 변화, 그리고 신여성의 역할까지 핵심적인 사안으로 아우르고 있음을 주지시킨다. 아프리카 신세대의 점진적인 변화는 디켈레디가 마가렛에게 미술용품을 사다주는 장면으로 이어지는데, 이것은 마루의 역할과는 또 다른 젠더적 차원에서 부시맨 여성을 돕는 행위로서 아프리카에서의 여성의 역할이 확대되는 지점을 설명한다. 그녀의 변모를 반영하듯, 마가렛의 그림에서 그녀는 종족의식을 딛고 "자신이 지닌 모든 재능을 그것을 필요로 하는 사람들과 나눌 용의가 있는 사람"(108)으로 등장한다. 디켈레디의 변화는 마루와 마가렛의 결합 과정이 그녀에게 영향을 미쳤듯이 다른 흑인들에게도 동일하게 적용될 것이라는 점에서 긍정적이다.

한편 두 종족이 화합해 가는 긍정적인 경위를 분석하는 과정에서 간과되지 말아야 할 점이 있다면, 두 주인공의 결혼에 수반되는 본질적인 한계, 즉, 여성이 남성의 가부장 권력에 편입되는 부분이다. 마가렛이 마루의 권력에 흡수되며 아프리카 사회의 온전한 주체가 되지 못한 채 끝을 맺는 것은 텍스트의 불완전성과도 연관지을 수 있지만, 달리 이해하면, 작가가 이를 의도적으로 아프리카에서 해결되어야 할 과제로 유보시키는 것으로 파악할 수 있다. 그것은 가부장문화가 지배적인 아프리카 현실을 헤드가 과장되게 긍정적으로 그리기보다는 일종의 작가적 전략으로서 가부장 문제를 포함해 아직도 완전히 해결되지 않은 종족주의의 현실을 사실적으로 인정하고 그 사안들에 대한 저항의 주체를 의도적으로 미래 아프리카 여성으로 남겨놓은 것으로 해석할 수 있기 때문이다.

지금까지 종족주의의 현실과 그 회복의 과정을 살펴보았다면 마지막으로 인종주의의 고통을 공유했던 흑인들이 해방 후에 왜 과거의 모순을 극복하지 못하고 종족주의로 계승했는지를 반문해 볼 필요가 있다. 이러한 반문은 역사를 통해 아프리카 대륙이 미개하게 해석되는 이유 중의 하나가 종족 분쟁으로 꼽히는 점과도 무관하지 않아서이다. 그만큼 이 사안은 아프리카에 종족주의가 만연했지만 그 원인이 객관화되지 못한 점을 반영하고 있으며 헤드가 이 소설에서 부시맨 차별을 부각하는 것도 따지고 보면 이러한 의식의 팽배와 그에 대한 원인을 식민사와 연결하여 제대로 밝히고자 했기 때문인 것이다. 헤드가 고민했던 주제를 비슷한 맥락으로 공유한 가운데 흑인들의 종족주의에 관한 심리를 연구한 오궁예미(Chikwenye Okonjo Ogunyemi)는 아프리카에 종족주의가 자리잡게 된 이유를 오랜 식민사로 인해 "아프리카인들이 심리적, 도덕적으로 방향상실의 위기"'"The Dynamics of the Contemporary Black Female Novel"에 처한 탓이라는 분석을 내놓았다. 이는 흑인들이 부시맨을 적대시하고 차별한 행위가 "식민지적 차원의 사회적 신경증"(Olaogun)의 형태로 아프리카에 뿌리내리게 되었다는 의미와 일맥상통한다. 이러한 연구들은 종족주의를 사유할 때 식민역사와 그 영향력이 사뭇 큰 현실을 거론하지 않고서는 총체적인 이해가 불가능한 아프리카 현실을 우선적으로 고려해야 한다는 뜻이며 이것은 그러한 주제를 망라하는 헤드의 저작에 대한 분석에도 마찬가지로 적용되어야 한다는 의미로 받아들일 수 있다.

## 종족의 경계를 허물면서

지금까지 살펴본 것처럼, 『마루』는 배츠와나족과 부시맨이 비록 주인과 노예의 관계로 공존했지만 두 문화가 섞이는 과정의 혼돈과 갈등을 거쳐 종족의 우열관계가 어떻게 종식되어 가는지를 탐색하는 소설이다. 작가는 바로 이 소설에서 보츠와나의 사회적 격변을 통해 배척당한 종족과 이방인에 관한 사회적 수용의 정도를 고찰하면서 아프리카의 긍정적인 미래를 예견하고 있다. 그러나 헤드는 동시에 보츠와나에서 종족차별이 완전히 사라졌다고 재현하는 것은 허용하지 않는다는 입장을 명확히 하기도 했다. 이것은 작가가 두 종족이 화합하면서 보이는 불완전한 상황 자체도 화합에 따르는 불가피한 여정에 포함시키고자 했던 것으로 이해해 볼 수 있다.

그중에서도 마가렛의 정체성이 마루의 선택으로 좌우되는 것이야말로 불완전한 상황을 확연히 드러내는 측면이지만 종국에는 이 사건이 그간 노예에 불과했던 부시맨이 배츠와나족과 같은 위치에 설 것을 예고하므로 긍정적이다. 부시맨의 지위가 마루의 선택과 수용으로 좌우되는 한계는 종족의 해방이라는 관점에서 보면 이 소설의 강점으로 달리 고려될 수 있다는 뜻이다. 더불어 이렇게 되기까지 마가렛이 단순히 갈등을 일으키는 이방인으로 머물지 않고 "그간 깨닫지 못했던 여성과 인종적 소수자의 저력을 실감"Ogunyemi, "Tete-a-tete with the Chief"하게 하여 소외당한 부시맨을 배츠와나족과 동등한 역사의 주체로 복원시키는 중추적인 역할을 한 사실 역시 간과될 수 없다. 그녀는 부시맨으로서 겪은 소외감을 극복하는 과정을 종족의 해방을 위한 밑거름으로 발전시킴으로써 아프리카 여성이 갖는 수동성의 한계를 상쇄시켰기 때문이다. 이와 관련한 결정적인 장면은 "마사와인들을 비인간적으로 대하는 방식이 이제 더 이상 가능하지 않을 것이다"(127)는 작가의 목소리에 나타난다. 그러므로 "어둡고 활기없는 공간"(126)이었던 딜레페 공동체가 "자유의 바람"(126)으로 에워싸이게 되는 일련의 변화들은 이 소설이 인종평등을 향해 인류를 발전시키는 진보적인 추동력으로서 관념적인 사랑의 행위가 인종적인 편견을 압도하는 이야기로 평가되는 이유이다.

작가는 두 공동체의 화해의 경우를 들어 공동체나 국가에 대한 정의가 더 이상 '우리'와 '그들'을 나누는 경계와 배제의 기준이 아니라 혼종의 영역을 인정하는 범주로 전환되어야 한다고 주되게 요청하는 것으로 보인다. 이는 공동체란 변화와 재배치를 통해 형성과 재형성을 반복하므로 경계는 결국 허물어질 것이라고 주장한 바바의 견해로 대신할 수 있다. 그는 "아메리카는 아프리카로 향하고, 유럽과 아시아의 국민들은 오스트레일리아에서 만나며, 국민의 변방이 중앙을 대치하고, 주변부를 차지하는 사람들이 거대도시의 역사와 픽션을 쓰기 위해 복귀"(Bhabha)한다며 집단 내지는 국가의 정체성은 변화에 열려있을 수밖에 없음을 역설해 왔다. 바바의 주장은 인종, 종족 간의 권력관계가 아프리카에서도 전도될 수 있음을 재현하는 이 소설을 통해 결국 증명되고 있는 셈이다. 권력의 이동으로 탄생하는 혼종의 영역은 혼돈, 폭력, 무질서로 얼룩진 보츠와나를 서로의 차이를 인식하는 공간으로 탈바꿈시킬 것이기 때문이다. 이러한 맥락에 기반하여 드러나는 『마루』의 가치는 처음에는 종족갈등과 같은 아프리카 내부 식민주의가 양산한 문제에 비중을 두다가 차츰 혼종성을 지향하는 공동체의 긍정성이 무엇인지를 상기시키는 서사의 전개에서 드러난다.

헤드가 초점화 한 종족 간의 대립과 화해의 실상은 지금까지 인종적으로 억압하는 주체가 외부의 타자일 경우 격한 어조로 표명되었으나, 원주민 간에 발생한 억압에 대해서는 자기부정을 되풀이 한 결과 내부의 타자성에는 주목하지 않았음을 밝히는 대목이기도 하다. 따라서 『마루』를 통해 종족주의의 모순을 중심으로 내부의 타자성에 관한 문제를 살피는 것은 포스트식민주의의 저항적 전략으로서 그동안 억압받았으면서도 거론되지 않았던 사람들을 다룬 아프리카 1세대 여성 혼혈작가의 목소리에 귀기울이는 의미있는 과정일 수 있다. 헤드는 이 소설을 통해 보츠와나의 내부 식민주의에 관한 연구의 장을 새롭게 마련하면서 혼혈인과 같은 곤경에 처한 사람들을 배려하도록 깊은 감수성을 발휘하고 있기 때문이다. 바로 이러한 의미로 볼 때 『마루』는 아프리카 문학을 포괄적으로 개념화하는 중요한 서사적 거점으로서 흑백위주의 인종담론에 의해 누락된 아프리카 종족주의와 내부 식민주의의 심각성에 전략적으로 주목하는 텍스트라 할 수 있다.

## 참고문헌


이석호. 「'아프리카 페미니즘'의 새 지평을 연 베시 헤드」. 『마루』. 서울: 문학동네, 2013. 209-231.

Bhabha, Homi K. *The Location of Culture*. New York: Routledge, 2004.

Boehmer, Elleke. "Transfiguring: Colonial Body into Postcolonial Narrative." *Novel: A Forum on Fiction* 26.3 (1993): 268-77.

Eilersen, Gillian Stead. *Thunder Behind Her Ears. Bessie Head: Her Life and Writing*. Oxford: Heinemann, 1995.

Head, Bessie Emery. "A Note from This Story." *When Rain Clouds Gather*. Oxford: Heinemann, 1995.

________. *Maru*. London: Heinemann, 1986.

________. "Social and Political Pressures that Shape Literature in Southern Africa." Ed. Cecil Abrahams. *The Tragic Life: Bessie Head and Literature in Southern Africa*. Trenton, New Jersy: Africa World Press, 1990: 11-17.

Le Bon, Gustav. *The Crowd*. Piscataway, New Jersey: Transaction Publishers, 1995.

MacKenzie, Craig. *A Woman Alone: Autobiographical Writings*. Oxford: Heinemann, 1990. ix-xix.

Motzafi-Haller, Pnina. "When Bushmen Are Known as Barsarwa: Gender, Ethnicity, and Differentiation in Rural Botswana". *American Ethnologist* 21.3 (1994): 539-63.

Nkosi, Lewis. *Tasks and Masks: Themes and Styles of African Literature*. Haelow: Longman, 1981.

Ogunyemi, Chikwenye Okonjo. "Tete-a-tete with the Chief: Post-Womanist Discourse in Bessie Head's *Maru*." *Matatu: Journal for African Culture and Society* 29-30 (2005): 3-13.

________. "The Dynamics of the Contemporary Black Female Novel in English." *Signs* 11.1(1985): 63-80.

Said, Edward W. *Culture and Imperialism*. New York: Vintage Books, 1994.

## 생각해 보기

❶ 보츠와나에서 흑인이 부시맨이나 혼혈인을 차별한 것처럼 다른 국가에서 비슷한 내부 차별을 보이는 사건을 찾아보고 『마루』와 어떻게 비슷한 맥락을 이루고 있는지를 비교, 논의해 보자. 가령 르완다의 학살사건, 보스니아 내전, 인도-파키스탄 전쟁 등 실제로 발생했던 역사적 분쟁 사건의 내막과 그 경위를 살피면서 내부 식민지의 유산과 모순은 무엇인지를 토론해 보자.

❷ 위의 논의를 확장하여 우리나라의 경우, 과거 일본의 식민유산을 그대로 물려받은 현상은 현재 어떻게 나타나고 있는가? 그리고 이 소설에서 흑인들이 군중의 심리와 비슷한 맥락으로 객관성없이 부시맨을 무조건 혐오했듯이 우리나라에서도 비슷한 집단심리를 동원해 차별한 사건들이 있다면 어떤 경우들이 있는지 '타인의 시선' 내지는 '집단의 시선' 문제와 연관하여 이야기해보도록 하자.

❸ 백인보다 흑인이 혼혈인이나 부시맨을 더욱 가혹하게 차별한 보다 근원적인 이유는 무엇이라고 생각하는가? 백인들에게 차별 당한 흑인들의 경우처럼 왜 가혹행위를 경험한 사람이 또다시 그러한 행위를 되풀이하게 되는가? 그것을 단지 비평가들의 이야기처럼 오래토록 차별을 받은 사람들에게 일종의 '사회적 신경증'의 형태로 자리잡았기 때문이라고만 단정지을 수 있는가? 대부분의 국가와 집단에서 왜 폭력은 대물림되고 변형되어 되풀이 되는지에 대해 다양한 의견들을 교환해보기로 하자.

Nadine Gordimer

# 인종의 경계를 넘어

## —「최고의 사파리」를 통해서 본 나딘 고디머 소설의 쟁점들

나딘 고디머(Nadine Gordimer, 1923-2014)는 남아프리카공화국의 요하네스버그 근교에서 시계제작상이며 보석상인 리투아니계 유대인 아버지와 영국계 유대인 어머니 사이에서 태어났다. 1991년도의 노벨문학상 수상자인 고디머는 2003년도의 노벨문학상 수상자인 J. M. 쿳시(Coetzee)와 더불어 남아프리카공화국을 대표하는 작가이다. 고디머의 삶은 남아프리카의 파란만장한 근대사와 직결된다. 아파르트헤이트 정권이 들어서기 전인 1923년에 태어나 아파르트헤이트 시대(1948-1994)를 살았고, 아파르트헤이트 정권이 몰락하고 흑인정권이 들어선 포스트-아파르트헤이트 시대를 살아오면서 남아프리카를 훑고 지나가는 역사의 격랑을 형상화한 탓이다. 고디머는 풍경화가가 세상을 살아가면서 당대의 풍경을 화폭에 담는 것처럼, 남아프리카의 풍경을 소설에 담았다. 첫 단편집『대면』(*Face to Face*)이 1949년에 나오고 마지막 소설『지금 같은 때 없어』(No *Time Like Present*)가 2012년에 나왔으니, 그녀는 60년이 넘는 세월에 걸쳐 소설로 남아프리카를 그린 셈이다. 문제는 고디머의 소설에 담긴 풍경이 평화로운 것과는 거리가 먼 것이었다는 사실이다. 특히 자크 데리다(Jacques Derrida)가 "세계의 몸에 난 악성종양"이라고 일컬은 아파르트헤이트, 즉 인종분리정책은 그녀의 소설에 담긴 풍경들을 암울한 것으로 만든다. 그러나 그것은 암울하지만, 아니 그렇기 때문에 더욱 윤리적이다. 아파르트헤이트에 의해 인권의 사각지대로 몰려 인간 이하의 취급을 강요당한 약자를 위한 것이었기 때문이다. 고디머의 소설은 그래서 늘 인종적 정의나 윤리의 문제와 불가분의 관계에 있다. 그녀가 아파르트헤이트에 대한 무장투쟁을 지지하는 급진적인 정치적 신념을 갖고 있었던 것은 불가피한 일이었다. 그녀는 아프리카 민족주의당(ANC)이 불법적인 지하조직일 때부터 당원이었다. 넬슨 만델라(Nelson Mandela)가 수십 년에 걸친 수감생활을 마치고 감옥을 나서며 "나딘 고디머를 만나야겠다"라고 했을 만큼, 인종적 정의를 위한 그녀의 헌신은 실로 놀라운 것이었다.

고디머에게 아파르트헤이트는 "인간이 만든 것 중 가장 추악한 것"이었다. 그녀는 피부색깔에 따라 사람을 나누는 아파르트헤이트의 추악함을 폭로하고 그것이 없어지는 날이 올 때까지 문학을 통해 싸웠다. 그래서 고디머의 소설이 기반으로 하고 있는 리얼리즘은 인종적 정의에 대한 그녀의 헌신과 불가분의 것이다. 바로 이것이 고디머의 소설이 쿳시의 포스트모던 소설보다 "정치적인 의무감과 책임감의 문제에 늘 더 긴급하게 닿아 있다"는 평가를 받는 이유이다. 그녀는 쿳시의 소설이 지향하는 포스트모던 메타픽션과는 거리가 먼 리얼리즘 소설에 매진한 작가였다. 그래서 그녀의 소설은 "안으로부터의 역사"였다. 그녀의 문학이 남아프리카 역사였고 남아프리카 역사가 그녀의 문학이었다. 그녀가 그 역사에 상응하는 엄청난 양의 작품을 남긴 것은 우연이 아니다. 첫 장편『거짓의 날들』(*The Lying Days*)에서 출발하여『줄라이의 사람들』(*July's People*),『보존주의자』(*The Conservationist*)를 거쳐『픽업』(*The Pickup*)과 마지막 장편『지금 같은 때 없어』에 이르는 열다섯 권의 소설들,『대면』에서『프라이데이의 발자국』(*Friday's Footprints*),『점프』(*Jump and Other Stories*)를 거쳐『일생의 이야기』(*Life Times: Stories*)에 이르는 스물한 권의 단편소설집, 다섯 권의 에세이집, 두 권의 편집서는 그녀가 작가로서 얼마나 역동적이고 생산적인 삶을 살았는지 여실히 말해준다.

이 글의 출전

「「최고의 사파리」를 중심으로 본 타자 재현의 문제-나딘 고디머에 대한 애도를 겸하여」. 『현대영미소설』. 제21권 2호 (2014): 81~107페이지에서 수정·보완함.

# 인종의 경계를 넘어

## —「최고의 사파리」를 통해서 본 나딘 고디머 소설의 쟁점들

### 남아프리카 백인작가로서의 고디머

2014년 7월 13일에 90세의 나이로 세상을 떠난 나딘 고디머(Nadine Gordimer)는 남아프리카의 파란만장한 근대사를 역동적으로 살아온 작가였다. 그녀는 아파르트헤이트라는 말이 존재하기 이전인 1923년에 태어나, 자크 데리다(Jacques Derrida)가 "세계의 몸에 난 악성종양"이라고 일컬은 암울한 아파르트헤이트 시대(1948-94)를 살았고, 넬슨 만델라Nelson Mandela가 흑인 최초로 남아프리카 대통령이 된 포스트-아파르트헤이트 시대를 살았다. 그래서 그녀의 문학은 남아프리카의 근대사와 밀접한 관련을 맺는다. 그녀만큼 생생하게 남아프리카 역사를 문학의 한복판에 위치시킨 예를 찾기 힘들 정도다. 그녀의 문학이 남아프리카 역사였고 남아프리카 역사가 그녀의 문학이었다. 그녀가 그 역사에 상응하는 엄청난 양의 작품을 남긴 것은 우연이 아니다. 열다섯 권의 소설과 스물한 권의 단편소설집, 다섯 권의 에세이집, 두 권의 편집서는 그녀가 작가로서 얼마나 역동적인 삶을 살았는지 여실히 말해준다.

이처럼 역동적인 작가의 작품세계를 몇 마디로 요약하는 건 가능하지도 않고 그래서도 안 될 일이다. 그녀가 남긴 작품들이 많기도 하려니와, 정치적 상황의 변화에 상응하는 작품들인 탓에 모든 작품을 하나의 범주로 묶으려는 시도 자체가 무모해 보인다. 이런 의미에서 장편소설도 아니고 수많은 단편소설 중 하나에 지나지 않는 「최고의 사파리」"The Ultimate Safari"에 대한 논의는 지엽적일 뿐만 아니라 그녀의 예술적 성취에 비춰보면 지극히 미미한 것일 수 있다. 더구나 이 소설은 배경도 남아프리카가 아니라 이웃나라인 모잠비크인 탓에 그녀의 소설 중에서도 다소간에 변두리에 속하는 소설이다.

그럼에도 불구하고 우리가 이 소설에 관심을 가져야 하는 이유는 작가가 자신의 단편소설 중에서 이 작품을 자신의 "최고"로 꼽았기 때문이다. 이 소설을 "최고"라고 했다는 것은 작가가 독자에게 이 소설에 특별한 관심을 가져줄 것을 요구한 것이나 마찬가지다. 이 소설은 1989년, 영국의 문학계간지인 『그란타』*Granta*에 발표되었다가 1991년에 『점프와 다른 이야기들』*Jump and Other Stories*에 수록될 때까지만 해도 그다지 주목받는 소설은 아니었다. 그런데 그녀가 편집해 2004년에 출간한 『이야기들』*Telling Tales*에 수록되면서 세간의 주목을 받게 되었다. 고디머는 당시, 세계의 유명작가들에게 "일생에 걸친 스토리텔러로서의 최고봉을 대변하는" 작품을 보내달라고 요청했고, 그것을 모아놓은 것이 스물한 편의 소설로 구성된 『이야기들』이었다. 고디머를 포함하여 다섯 명의 노벨문학상 수상자들, 즉 가브리엘 가르시아 마르케즈(Gabriel García Márquez), 귄터 그라스(Günter Grass), 오에 겐자부로(Oe Kenzaburo), 호세 사라마구(Jose Saramago)가 그들의 "일생에 거친 스토리텔러로서의 최고봉을 대변하는" 작품을 보냈고, 다른 열여섯 명의 유명작가들도 그들의 "최고봉"에 해당하는 작품을 "아무런 보수나 저작권료 없이" 에이즈 퇴치운동에 대한 기부의 차원에서 보내왔다. 여기에 수록된 작품들이 실제로 그들의 "최고봉"에 해당하는지에 대해서는 평자마다 이견이 있을 수 있지만, 중요한 것은 편집자인 고디머가 「최고의 사파리」를 자신의 단편소설 중 "최고"로 생각하고 이 책에 수록했다는 사실이다.

고디머가 즐겨 인용하는, "작가의 의무는 그저 잘 쓰는 것"(McMurray)이라는 마르케즈의 말처럼, 그녀가 장르를 불문하고 자신이 쓰는 모든 글에 최선을 다한 작가였다는 사실을 감안하면 「최고의 사파리」를 "최고"로 꼽았다는 사실은 의미심장하다. 물론 "최고"가 꼭 하나일 필요는 없고, 고디머와 같은 위상의 작가에게는 "최고"의 작품이 복수일 가능성이 얼마든지 있지만, 그럼에도 불구하고 그녀가 「최고의 사파리」를 최고의 작품으로 택했다면, 독자가 이 작품에서 그녀의 예술세계와 그것의 진면목을 조금이나마 엿볼 수 있기를 기대하는 것도 큰 무리는 아닐 것이다. 그래서 이 글은 「최고의 사파리」에 대한 논의이기도 하지만, 그것을 출발점으로 삼아 고디머가 지금까지 타자를 반영하고 형상화하는 문제와 관련하여 직면해야 했던 것들을 세밀하게 논의함으로써 고디머의 문학세계를 큰 틀에서 이해하기 위한 하나의 시도이다. 따라서 논의의 일부가 불가피하게 소설에 관한 논의를 벗어나, 고디머의 예술관이나 미학적 입장에 관한 것으로 넘어갈 수도 있을 것이다. 고디머가 세상을 떠난 것을 계기로 그녀의 소설을 둘러싼 쟁점을 보다 넓은 맥락에서 돌아보는 것이, 인종적 정의를 위해 펜을 들고 싸웠으며 그 과정에서 위대한 소설들을 남기고 세상을 떠난 작가를 제대로 이해하는 데 도움이 될 수 있기 때문이다. 그녀가 인종적 정의를 위해 헌신했으면서도 남아프리카 비평가들로부터 인종문제와 관련하여 비판을 받는 서글픈 현실을 고려하면, 그녀의 작품을 둘러싼 논의를 돌아보고 제대로 된 평가를 시도하는 것은 불가피한 일이다.

고디머에게 아파르트헤이트는 "인간이 만든 것 중 가장 추악한 것"이었다. 그래서 그녀는 피부색깔에 따라 사람을 나누는 아파르트헤이트의 추악함을 폭로하고 그것이 없어지는 날이 올 때까지 문학을 통해 싸웠다. 그녀가 구사한 전략 중 하나는 인권유린을 당하는 흑인들의 삶을 묘사하고, 어떤 경우에는 흑인들을 직접 화자로 등장시켜 그들에게 목소리를 부여하는 것이었다. 그녀는 흑인들에게 목소리를 부여함으로써 현실에서 가능하지 않은 것을 가능한 것으로 만들었다. 일종의 '시적 정의'를 허구의 공간에서 구현한 셈이었다. 문제는 그녀가 아파르트헤이트를 제도화하고 집행한 자들과 피부색이 같은 백인이라는 데 있었다. 그래서 그녀가 백인으로서 흑인들을 제대로 대변할 수 있는지, 아니 그럴 자격이 있는지 여부가 쟁점으로 부각된 건 어쩌면 당연한 일이었다. 흑인비평가는 물론이고 백인비평가까지 그녀에 대한 비판에 가세했다. 백인작가인 안드레 브링크(André Brink)마저도 "백인작가는 흑인의 상황에 대해 설득력 있게 쓸 수 없고, 그건 거꾸로도 마찬가지다"라고 했다. 그러나 고디머는 그렇게 흑백을 가르는 건 아파르트헤이트의 폭력적인 논리를 배격해야 하는 사람들이 역설적이게도 그것을 되풀이하고 내재화하는 모순에 빠지는 것이라고 반박했다. 그런 점에서 "아파르트헤이트는 너무 잘 성공했다"(Gordimer)고 했다. 남아프리카 비평가들과 고디머 사이의 불화와 반목은 그녀가 세상을 떠날 때까지 계속되었다.

## 아파르트헤이트와 고디머 문학

고디머가 발표한 소설들은 거의 예외 없이 아파르트헤이트와 관련된 것들이다. 고디머 소설에 관한 뛰어난 연구서인 『나딘 고디머의 소설들—안으로부터의 역사』*The Novels of Nadine Gordimer: History from the Inside*에서 스티븐 클링만(Stephen Clingman)이 적절하게 지적한 것처럼, 그녀의 소설은 남아프리카 역사를 안으로부터 기록한 것이라고 해도 과언이 아니다. 그만큼 그녀의 소설은 아파르트헤이트의 실상과 그것이 남아프리카인들에게 미친 영향을 기록한 "안으로부터의 역사"라고 할 수 있다. 여기에서 주목할 점은 고디머가 최고작품으로 선정한 「최고의 사파리」가 아파르트헤이트를 직접적으로 다루지도 않고, 배경도 남아프리카가 아니라 모잠비크라는 사실이다. 즉, 이 소설은 적어도 "안으로부터의 역사"와는 일정한 거리가 있는 것처럼 보인다. 아파르트헤이트라는 말은 나오지도 않고, 백인이 흑인에게 가하는 억압이나 야만성에 대한 묘사도 없다. 오히려 스토리 속의 가해자와 피해자는 피부색깔이 같다. 소설은 한 가족이 "산적"bandit을 피해 모잠비크에 위치한 마을을 떠나 크루거 공원을 거쳐 남아프리카에 위치한 난민촌에 정착하는 과정을 묘사하는데, 어디에도 그것이 아파르트헤이트와 관련된 것이라는 암시나 단서가 없다. "산적"이 구체적으로 어떤 존재인지, 뭘 위해 싸우는지 묘사하지도 않는다. 세상물정을 모르는 어린 소녀의 입장에서 스토리가 서술되기에 더더욱 이 모든 것을 알 길이 없다. 그러나 고디머의 소설들이 거의 예외 없이 구체적인 역사와 관련이 있으며, 특히 단편소설이 그녀에게 장편소설보다 "인간 삶의 질을 전달하는 데 더 적합한" "현재의 예술"art of the present moment이었다는 사실을 감안하면, 소설에 나오는 "산적"은 역사 속의 존재일 가능성이 크다. 그녀에게 "창조적인 예술은 순수하지 않았다." "역사가 그것[창조적인 예술]의 증거가 되고, 이데올로기가 그것을 요구하고, 사회가 그것을 필요로 하기 때문이었다"(Gordimer). 이러한 이유에서 「최고의 사파리」에 나오는 "산적"은 역사 속의 산적임이 분명하다. 그렇다면 문제는 이 "산적"이 고디머가 평생 싸워온 아파르트헤이트와 무슨 관련이 있느냐 하는 것인데, 겉보기에는 양자 사이에 아무 관련이 없는 것처럼 보인다. 그러나 고디머가 소설에서 구체적으로 언급하고 있지는 않지만, 이 산적의 역사성은 남아프리카의 아파르트헤이트 정권과 이웃나라인 모잠비크가 어떠한 관계에 있었는지 살펴보면 어렵지 않게 모습을 드러낸다.

남아프리카의 아파르트헤이트 정권은 1970년대, 이웃 나라들이 하나씩 독립을 해가고, 급기야 포르투갈이 앙골라와 모잠비크를 버리고 떠나자 위기의식을 느끼기 시작했다. 그런데 식민주의에서 벗어나 독립을 쟁취한 나라들은 남아프리카 밖에서 게릴라전을 준비하고 있던 아프리카민족회의ANC, African National Congress에 우호적일 수밖에 없었고, 그런 상황은 1980년대에도 그대로 이어졌다. 잠비아에 본부를 둔 아프리카민족회의는 "탄자니아와 앙골라 북부에 훈련장을 설치하고"(Minter) 게릴라들을 훈련시켰다. 그들은 한편으로는 "훈련된 게릴라들과 무기를 남아프리카로 들여보내고, 다른 한편으로는 신병을 남아프리카 밖으로 빼내는 데" 남아프리카와 국경을 맞대고 있는 모잠비크를 비롯한 짐바브웨, 스와질란드, 레소토의 도움을 필요로 했다(Minter). 그런데 그들을 지원하는 모잠비크 정부는 모잠비크 민족저항운동Renamo, Resistência Nacional Moçambicana이라 불리는 반군으로부터 거센 저항을 받고 있었고, 아파르트헤이트 정권은 이 반군을 지원했다. 아파르트헤이트 정권은 모잠비크의 좌파 정권을 전복하거나 정국을 불안하게 함으로써 자신들의 백인지배체제를 영속시키고 싶었다. 이것은 러시아의 영향력을 두려워하고 있던 미국의 이해와 맞아떨어져 반군에 대한 조직적인 지원으로 이어졌다. 적어도 당시에는 미국 중앙정보국CIA도 반군을 지원하고(Minter), 남아프리카 정권도 반군을 지원했다. 그것이 모잠비크의 "경제를 파괴하고 시민들에게 공포감을 심는 것을 목표로 삼았던"(Minter) 모잠비크 민족저항운동이 엄청난 지원을 받게 된 경위였다. 그런데 문제는 모잠비크 민족해방운동이 무고한 시민들을 닥치는 대로 죽이고 잔학한 행위를 하며 게릴라전을 폈다는 데 있었다. 미국 의회가 결의한 "반아파르트헤이트 법안"(1986)에 대해서 거부권을 행사하고 남아프리카 정부와 함께 반군을 지원했던 우익정권인 로널드 레이건Ronald Reagan 행정부마저도 1988년, 모잠비크 민족저항운동이 저지른 "대규모의 조직적인 잔학행위에 대한 보고서"(Minter)를 발간했을 정도였다.

「최고의 사파리」는 이러한 모잠비크의 국내외적 상황을 시대적 배경으로 한다. 이렇게 추정하는 것은 이 소설이 1989년에 영국의 문학계간지인 『그란타』에 발표되었으며, 런던에서 발행되는 1988년 11월 27일자 『옵저버』*Observer*에 실린 광고 문구를 서두에 인용하기 때문에 가능한 일이다. 즉, 소설은 1988년과 1989년 사이의 어느 시점에서 쓰이고 발표되었을 것이다. 고디머가 당대의 역사를 문학이라는 그릇에 담아온 작가이기에 이러한 추론은 설득력을 지닌다. 클링만이 적절하게 지적하듯이, 고디머의 "리얼리스트로서의 시각은 그녀가 쓰는 상황에서 직접 나온 것"이었다. 즉, 이 소설에 나오는 "산적"이나 난민들은 구체적인 역사 속의 산적이나 난민들이었으며, 그리고 그 현실은 일정 부분, 아파르트헤이트 정권에 의해 조장되고 만들어진 것이었다. 1988년은 "앙골라와 모잠비크의 전쟁이 최고조에 달했던 시기"(Minter)였다. 당연히, 아파르트헤이트의 지원을 받던 반군 게릴라들의 잔학행위도 최고조에 달했다.

물론 고디머의 소설은 산적들이 마을을 습격해 "모든 것을 가져가고" 나중에는 더 이상 아무것도 가져갈 것이 없자 초가집을 불살라버리는 만행을 묘사하면서도[270], 그것이 아파르트헤이트 정권의 도움을 받아서 행해진 것이라는 사실을 전혀 언급하지 않는다. 화자가 국가들 사이의 복잡한 관계를 이해하기에는 너무 어리고 무지한 소녀이기 때문이다. 그러나 남아프리카의 아파르트헤이트 정권과 모잠비크의 반군 사이의 관계를 조금이라도 이해하는 독자라면, "산적들"에 의한 습격과 노략질이 아파르트헤이트 정권과 무관한 것이 아니라는 것을 어렵지 않게 알 수 있다. 이것은 작가가 남아프리카가 아니라 모잠비크를 배경으로 한 소설에서도 아파르트헤이트의 "추악함"으로부터 시선을 거두지 않고 있다는 사실을 보여준다. 작가는 구체적으로 명시하지 않으면서도 아파르트헤이트가 남아프리카만이 아니라 이웃나라까지 감염시키는 모습을 생생하게 보여준다.

아파르트헤이트는 고디머에게 일종의 강박관념이었다. 그것과 직접적인 관련이 없어 보이는 이웃나라의 정치적인 상황까지도 아파르트헤이트와 관련하여 바라보게 하는 강박관념이었다. 그래서 「최고의 사파리」는 아파르트헤이트를 중심으로 전개되는 다른 고디머의 소설들과 궤를 같이 하는 소설이라고 해도 지나친 말은 아니다. 이런 의미에서 보면 그녀가 이 소설을 "최고"의 작품으로 택해 『이야기들』에 수록한 것은 남아프리카로부터 일정한 거리를 두면서 동시에 남아프리카로 회귀할 수밖에 없는 상반된 심리적 욕구의 소산으로 보인다. 이것은 그녀가 남아프리카의 아파르트헤이트가 초래한 억압과 폭력의 현실에 책임을 느끼는 작가였기에, 그녀의 말로 옮기면 도덕적으로 "붙들린" 존재였기에 불가피한 일이었을 것이다. 그녀에게 작가는 태생적으로 자유롭지 못하고 "예술적, 언어적, 이데올로기적, 국가적, 정치적, 종교적" 책임감에 "붙들린" 존재였다. 작가는 "자신의 예술적인 비전에 대한 헌신과 동일한 정도로, 작가에게 뭔가를 요구할 사회의 권리"를 인정해야 했다. 그래서 역설적으로 작가는 "자유를 얻기 위해서 자유를 포기해야" 했다. 그녀가 아파르트헤이트와 그것의 영향력과 파장을 지속적으로 형상화한 것은 바로 이러한 이유에서였다. 「최고의 사파리」는 아파르트헤이트를 정면에서 다룬 어떤 소설보다도 더 실감나게 이러한 작가의 신념을 잘 말해준다. 아파르트헤이트를 벗어난 곳으로 눈길을 돌리면서도 마음속으로는 아파르트헤이트를 붙들고 있는 모습을 보여주기에 그렇다. 따라서 내전에 휘말린 모잠비크 소녀와 그녀의 가족이 크루거 공원을 거쳐 남아프리카의 난민촌에 정착하는 과정을 섬세하게 그린 이 소설을 작가가 "스토리텔러로서 평생을 살아온 자신을 가장 잘 대변하는" 소설로 꼽은 것은 그것이 자신의 문학적 관심사와 성취, 역사성을 압축하여 보여준다는 판단에서였을 것이다.

「최고의 사파리」의 탁월한 점 중 하나는 어린 소녀와 흑인들이 겪는 비참한 현실을 유럽에서 온 백인들의 한가로운 사파리 여행과 대조시킴으로써 발생하는 아이러니의 효과에 있다. 소설은 런던에서 발행되는 1988년 11월 27일자 『옵저버』에 실린 광고문구—"아프리카 모험은 계속됩니다. … 여러분도 할 수 있습니다! 아프리카를 알고 있는 안내인들과 함께 최고의 사파리나 원정을 떠나보세요."(269)—를 소설의 서두에 배치한다. 소설의 제목은 광고문구의 일부를 따온 것이다. 그런데 제목이나 광고문구만을 보면 소설이 흥미진진한 사파리 여행에 관한 내용일 것 같지만, 작가는 유럽인들에게는 최고의 사파리 여행을 할 수 있는 곳이 사실은 내전으로 찢겨서 수많은 흑인들이 이웃나라로 피신을 하는 절박한 역사의 현장이라는 걸 보여줌으로써 제목이 표면적으로 암시하는 바를 전복시킨다. 백인들이 크루거 공원에서 사파리 여행을 하고 저녁에는 흑인들의 시중을 받으며 고기를 구워먹을 때, 배고픔에 질린 난민들은 공원 내의 하이에나와 마찬가지로 그 냄새를 고통스럽게 들이마신다. 흑인들은 가져간 물과 음식이 떨어지자, 동물들이 먹는 물을 마시고 비비狒狒가 먹는 마른 무화과열매나 설사를 유발하는 야생과일을 먹는다. 그들은 동물보다 못한 존재이다. 동물들에게는 먹을 것이 지천에 널려 있지만 피난민들에게는 "아무것도 없다"(273). 크루거 공원은 백인들에게는 "머물면서 동물들을 구경하는 곳"(272)이지만, 모잠비크를 떠나 남아프리카로 향하는 난민들에게는 "동물들 사이에서 동물들처럼 움직여야 하는"(273) 비참하고 혹독한 곳이다. 백인들에게는 사자들을 보는 것이 사파리 여행의 백미일지 모르지만, 흑인들에게는 잡아먹히지 않으려고 사력을 다해야 하는 무서운 동물들이다. "아프리카를 알고 있는 안내인들과 함께 최고의 사파리나 원정"을 즐기는 백인들과 달리, 흑인들은 "어딘가 가까이에서 기다리고 있는"(275) 사자들의 먹잇감이다. 실제로 화자의 할아버지는 그 와중에서 배탈이 나 숲으로 들어갔다가 무슨 연유에선지 돌아오지 못한다. 그가 어떻게 되었는지 아무 언급이 없지만, 정황상 동물한테 잡아먹힌 것으로 추정된다.

모잠비크 난민들은 이렇게 험난한 여정을 거쳐 난민촌에 도착한다. 그들은 2백여 명의 난민들과 함께 "교회나 학교보다 더 큰 천막"(277) 안에서 살게 된다. 화자는 할머니, 어린 동생, 그리고 오빠와 함께 천막의 한 귀퉁이를 할당받아 살게 된다. 화자와 오빠는 할머니가 억척스럽게 일한 덕에 난민촌의 다른 아이들과 다르게 운동화도 사 신고 인근의 학교도 다니게 된다. 그들은 그렇게 2년 이상을 살아간다. 이것이 유럽 백인들이 크루거 공원에서 "최고의 사파리"를 즐기는 사이에 남아프리카 난민촌에서 벌어지는 일이다. 물론 소설에 나오는 모든 백인들이 "최고의 사파리 여행"을 즐기는 것만은 아니다. 어떤 백인들은 "영화를 찍는다"(281). 백인여자가 화자의 할머니에게 질문하는 것으로 보아, 그들이 찍는 영화는 난민의 실상을 담은 다큐영화일 것으로 추정된다. 어떤 의미에서 보면, 영화를 찍는 백인들은 크루거 공원에서 사파리 여행을 하며 고기를 구워먹는 백인들과 다르게, 나름으로 의미 있는 행위를 하고 있다고 할 수도 있다. 그러나 백인여자가 화자의 할머니에게 묻는 질문들을 보면 그들의 행위도 온전한 것과는 거리가 멀다는 게 드러난다. 화자는 백인여자와 할머니 사이에 오가는 대화를 이렇게 전한다.

> 한 백인여자가 우리가 사는 공간으로 비집고 들어와 우리의 할머니에게 물었다. 백인여자의 말을 이해하는 누군가가 우리말로 우리에게 질문을 통역해 줬다.
> 당신은 얼마나 오랫동안 이렇게 살았습니까?
> 이 여자는 여기를 말하는 건가요? 우리 할머니가 말했다. 이 천막에서 2년 1개월 살았어요.
> 미래에 뭘 바라시나요?
> 아무것도 없어요. 나는 여기에 있어요.
> 그렇지만 당신의 자식들은 어떻게 되죠?
> 나는 그들이 공부를 해서 좋은 직장을 잡고 돈을 벌기를 바라요.
> 당신은 모잠비크, 그러니까 당신네 나라로 돌아가고 싶습니까?
> 나는 돌아가지 않을 거요.
> 하지만 전쟁이 끝나면 여기에 머물게 하지 않을 텐데요? 집에 가고 싶지 않

> 습니까?
> 나는 우리 할머니가 다시 말하고 싶을 거라고는 생각하지 않았다. 나는 할머니가 백인여자한테 대답할 것이라고는 생각하지 않았다. 백인여자가 고개를 갸우뚱하며 우리를 향해 미소를 지었다.
> 우리 할머니는 그녀에게서 눈길을 돌리고 말했다. 아무것도 없소. 집은 없소. (281)

백인여자가 화자의 할머니에게 하는 질문들은 그녀의 입장에서는 물어봄직한 것들일지 모르지만, "산적들"이 모든 것을 빼앗아가고 급기야 집마저 불살라버린 모잠비크 난민들의 상황을 전혀 모른다는 점에서 몰이해와 피상성을 동시에 드러낸다. 난민들의 입장에서 보면, 돌아갈 집도 없고 돌아가고 싶은 조국도 없다. 그래서 백인여자가 난민생활의 어려움을 동정한답시고 질문한 것들이 오히려 상처만 건드린 형국이 되고 만다. 그들에게는 미래도 없고 집도 없는 것이다. 그래서 화자가 "백인여자가 우리가 사는 공간으로 비집고 들어왔다"A white woman squeezed into our space고 표현한 것은 타자를 이해하고 대변하려는 어설픈 몸짓이 사적인 고통과 실존의 공간에 대한 침해일 수 있다는, 열한 살짜리 소녀의 항변에 다름 아니다.

고디머는 흑인소녀의 눈에 비친 백인여자의 모습을 통해, 타자에 대한 동정심이나 연민이 얼마나 피상적일 수 있는지, 그리고 궁극적으로 타자를 반영하거나 대변하는 작업이 본래의 의도와 달리 얼마나 심각한 침해일 수 있는지 보여준다. 비록 단편소설이라는 장르의 한계 때문에 이 문제를 더 깊이 파고들지는 않지만, 작가는 백인여자와 흑인 할머니의 대화를 소설의 말미에 배치함으로써 타자를 대변하는 문제가 대단히 민감한 것일 수 있음을 암시한다. 고디머는 영화를 찍는 과정에서 화자의 할머니에게 피상적인 질문을 던지는 백인여자를 통해, 리얼리티를 심층적으로 파고들어 그것의 본질을 이해하기 전에는 타자를 대변하고 재현하려는 노력이 무위로 끝날 수 있음을, 아니 심리적 폭력으로까지 이어질 수 있음을 암시한다. 집이 있는 사람에게는 집으로 돌아가는 것이 당연하고 또 절박한 문제이겠지만, 집을 비롯한 모든 것이 파괴되어 아무것도 남아 있지 않은 사람에게 집에 돌아가고 싶지 않으냐고 묻는 것은 결국 상처를 덧내는 것이다. 그래서 타자에 대한 피상적인 동정심은 타자를 상투화시키고 타자에게 상처를 주는 다소간에 이기적인 행위가 된다. 놀라운 것은 고디머가 "천막에 사는 사람들의 사진들을 찍는"(281) 백인들과 화자의 할머니를 인터뷰하는 백인여자를 등장시킴으로써, 백인작가로서 자신이 직면해야 했던, 다른 인종을 반영하는 문제에 대한 자의식을 드러내고 있다는 사실이다. 전혀 그럴 것 같지 않은 곳에서 작가는 슬그머니 자신을 드러내고 있는 셈이다.

그렇다면 여기에서 당연히 제기할 수 있는 질문은 고디머가 흑인을 대변할 수 있는 위치에 있느냐 하는 것이다. 그녀가 아파르트헤이트의 폭력성과 그것이 흑인들을 인권의 사각지대로 몰아넣는 역사적 현실을 누구보다 설득력 있게 형상화한 용기 있는 작가였다는 사실에는 이론의 여지가 없다. 그녀는 "남아프리카의 양심"(Symons)이었고, 그것은 1991년도의 노벨문학상 수상으로 이어졌다. 그럼에도 불구하고 그녀는 피부색깔이 곧 힘이고 권력이고 특혜인 나라에 사는 백인이었다. 그런 백인이 가야트리 스피박(Gayatri Spivak)이 말한 "하위주체"subaltern, 즉 흑인을 대변할 수 있을까. 가능하다면 어디까지 가능할까. 가능하지 않다면 왜 그럴까. 이런 질문이 끝없이 이어지는 것은 그녀가 아파르트헤이트를 제도화한 식민주의자들과 피부색이 같은 백인이었고, 자신이 원하든 원하지 않든 그것으로부터 혜택을 받는 삶을 살아왔기 때문이다. 이것은 고디머가 평생 짊어져야 했던 일종의 원죄였다. 그런데 놀랍게도 그녀는 흑인 소녀가 화자로 설정된 「최고의 사파리」를 자신의 "최고"로 택함으로써 그 문제에 정면으로 맞서고 있다.

## 인종의 울타리와 재현의 문제

물론 고디머가 흑인을 화자로 설정한 것은 「최고의 사파리」가 처음이 아니다. 그녀는 사십대였던 1965년에 발표한 『비출판용』*Not for Publication*에 수록된 「언젠가 월요일에 확실히」"Some Monday for Sure"에서 흑인화자를 처음으로 내세운 이래, 1990년에 발표된 장편소설 『내 아들의 이야기』*My Son's Story*에서는 흑인과 백인의 시점을 교차시키며 스토리를 전개했고, 『점프와 다른 이야기들』에 수록되어 있는 「최고의 사파리」나 「특사」"Amnesty"와 같은 단편소설들에서는 흑인화자를 내세워 스토리를 전개했다. 그리고 그녀가 흑인화자를 내세운 것은 사십 대부터였지만, 흑인인물을 형상화한 것은 거의 처음부터였다. 그녀는 첫 장편인 『거짓의 날들』*The Lying Days*, 1953에서 출발하여 『사랑할 기회』*Occasion for Loving*, 1963, 『줄라이의 사람들』*July's People*, 1981, 『픽업』*The Pickup*, 2001 등을 거쳐, 마지막 장편인 『지금 같은 때 없어』*No Time Like Present*, 2012에 이르기까지, 흑인이나 혼혈인을 형상화하는 걸 결코 주저하지 않았다. 이것은 스물한 권에 달하는 소설집에 수록된 단편소설들에서도 마찬가지였다. 그러다 보니 남아프리카의 특권층에 속하는 백인작가가 자신이 자세히 알지 못하는 흑인을 형상화할 수 있느냐 하는 질문이 끊임없이 제기되었고, 고디머는 그로 인해 혹독한 비판에 직면해야 했다. 그녀는 알베르 메미(Albert Memmy)의 분류에 의하면 식민주의자이기를 "거부하는 식민주의자"였지만, 그럼에도 불구하고 식민주의자라는 사실을 떨쳐낼 수 없었다. 남아프리카의 비평가들은 그것을 놓치지 않았다. 그 중 대표적인 것이 흑인 비평가이자 극작가인 모소비 무트로체(Mothobi Mutloatse)의 발언이다. 그는 1980년 7월 12일, 요하네스버그에서 발행되는 『스타』*The Star*와의 인터뷰에서, "흑인들에 관해 글을 쓰는 백인들은 학문적 연습을 하는 것에 불과하고" "백인들의 글은 특권층의 삶만을 표현한 것"이어서 흑인들이 느끼는 "감정을 결여하는" 공허한 문학이라고 말했다. 이것은 아파르트헤이트가 인종차별을 제도화해서 백인과 흑인이 서로 어떻게 살고, 어떻게 느끼는지 알 수 없는 상황이었기 때문에 타당성이 없지는 않은 발언이었다. 그리고 이것은 백인작가들에 대한 흑인작가들의 심정을 대변하는 발언이기도 했다.

그러나 고디머는 무트로체와 같은 흑인들의 이분법적인 논리를 아파르트헤이트의 이분법적인 논리와 흡사한 무지의 소치라고 보았다. 그녀는 1980년, 무트로체의 발언

직후에 한 인터뷰에서 그의 편협한 논리를 정면으로 받아쳤다. 그녀는 무트로체의 발언이 "흑인과 백인 사이의 넓은 접촉 지대, 즉 우리 *모두*의 삶을 전적으로 무시하고 있으며" 바로 이것이 "아파르트헤이트의 실패요 거짓말"이라고 응수했다. 그녀의 생각에 백인과 흑인은 남아프리카라는 공간에서는 별개의 존재가 아니라 운명처럼 서로 엮여 있어서 서로에 대해 알 수밖에 없으며, 이것을 작가가 형상화하는 것은 공박의 대상이 아니라 자연스러우면서도 장려할 만한 것이었다. 피부색을 기준으로 서로를 분리하고 나누는 것이 아파르트헤이트인데, 무트로체의 이분법적인 발언은 이런 의미에서 아파르트헤이트의 피해자가 그것의 폭력적 논리를 답습하는 모순과 역설이라는 것이었다. 물론 그녀도 "어떤 백인작가도 쓸 수 없는 흑인의 경험들이 있다"는 것을 인정하고, "자신이 알고 있는 것의 한계들"도 "인정"했다. 아무리 노력하고 상상력을 동원해도 백인작가가 넘볼 수 없는 영역이 존재하는 건 엄연한 현실이었다. 그러나 그녀는 동시에, 백인들이 흑인들에 대해 알게 되고, 흑인들이 백인들에 알게 되는 "실제적인 경험의 거대한 영역"이 현실적으로 존재하기에, 백인작가가 흑인인물을 형상화하는 것이 문제 내지 하자라는 의견에 동의할 수 없었다. 그러니까 그녀는 인지할 수 있고 경험할 수 있는 실제적인 삶의 영역에서는 얼마든지 백인작가가 흑인인물을 형상화할 수 있다는 입장이었다. 무트로체의 발언은 역설적으로, 흑인작가도 백인인물을 형상화해서는 안 된다는 말이었다. 백인작가가 흑인을 형상화할 수 없다면 흑인작가도 백인을 형상화할 수 없다는 것인데, 그녀가 보기에 이것은 "난센스"였다. 그녀는 "상상력"은 "신비로운 것"이어서 작가는 상상력을 통해 "다른 사람들의 삶 속으로 들어갈 수 있다"고 믿었다. 그리고 때로는 인종을 초월하고, 때로는 성마저 초월하여 인물을 창조할 수 있는 게 "신비로운" 상상력의 힘이라고 믿었다.

고디머가 「최고의 사파리」에서 흑인소녀를 화자로 내세워 모잠비크의 내란으로 생존이 위협받는 평범한 사람들에 관한 얘기를 한 것도 인종에 구애받지 않고 인물을 형상화할 수 있다는 자신감에서였다. 그리고 실제로 고디머가 백인작가라는 사실을 의식하지 않으면, 흑인소녀와 가족에 관한 슬픈 이야기는 흑인작가가 썼다고 해도 손색이 없고, 반영과 재현의 문제에 아무리 까다로운 비평가라 하더라도 흠을 잡기 어려울 정도로 자연스럽다. 특히 흑인소녀의 눈을 통해 모잠비크 난민들과 백인들(사파리 여행을 즐기는 백인들과 다큐영화를 찍는 백인들)의 모습을 통렬하게 대비시키는 대목은 이 소설을 쓴 작가의 인종을 거론하는 것 자체를 편협한 것으로 만들고, 백인작가가 난민이나 흑인이 되어보지 않아서 그들을 형상화할 수 없다는 논리를 궁색한 것으로 만든다.

물론 고디머도 자기와 다른 인종을 형상화하는 데 문제가 따른다는 것을 모르지는 않았다. 피부색에 따라 계급이 정해지는 나라에서 다른 인종을 완전하게 형상화한다는 건 가능할 수 없었다. 이런 점에서 고디머가 1976년에 발표한 「남아프리카의 영어 문학과 정치」"English-Language Literature and Politics in South Africa"는 반드시 짚고 넘어가야 하는 글이다. 이 글의 요지가 백인작가로서 흑인인물을 형상화할 "권리"가 있다는 그녀의 발언과 배치되기 때문이다. 그녀는 이 글에서 백인작가가 "경험할 수 없는 한 가지"는 "흑인성"이며 흑인작가가 "경험할 수 없는 한 가지"는 "백인성"이라며, 백인작가는 백인작가대로, 흑인작가는 흑인작가대로 다른 인종을 형상화할 때 "극도로 제한을 받는다"고 했다. 예를 들어, 흑인작가는 백인을 고발해야 할 필요성을 느끼면서도 "법에 의해 백인의 경험으로부터 배제되어" 있어서 "힘"이 없는 글을 쓰게 된다고 했다. 여기에서 "힘"이 없다는 것은 설득력이 없다는 의미였다. 그녀는 흑인작가의 작품에 나오는 백인들이 "너무 어설프고" 많은 경우 "희화화 된" 모습인 것은 불가피한 일이라고 했다. 그래서 대부분의 흑인작가들의 작품에 등장하는 백인들에 대한 묘사는 그러한 희화화 때문에 "제한적"일 수밖에 없다고 했다. 이것은 백인작가의 경우에도 마찬가지였다. 백인작가는 흑인의 경험을 제대로 알지 못하기 때문에 비슷한 오류를 범했다. 백인작가는 "흑인유형론"black typology에 따라 상투적인 흑인들을 그려내고, "죄의식"에 젖어 "종종 밋밋하고 무의식적인 희화화"를 시도한다고 했다. 흑인작가가 "분노"의 충동에 사로잡혀 백인을 제대로 그려내지 못하는 반면, 백인작가는 "죄의식"에 사로잡혀 흑인을 제대로 그려내지 못한다는 것이다. 결국 남아프리카의 문학은 백인에 의한 것이든, 흑인에 의한 것이든 아파르트헤이트로 인해 반쪽짜리 문학이 되었다는 결론이다. 그녀는 이러한 상황 탓에 "남아프리카 작가가 자기 나라 안에서 인간 경험의 총체성totality을 그려내고자 하는 시도는 한 자도 쓰기 전에 실패한다"고 생각했다. 이처럼 고디머는 1976년에 발표한 글에서는 "인간 경험의 총체성"에 대한 시도 자체가 원천적으로 불가능하다고 생각했다. 그런데 이것은 그녀가 1980년대에 들어 인터뷰와 강연, 에세이를 통해서 흑인인물을 형상화할 "권리"를 주장한 것과는 엄청난 괴리가 있는 생각이 아닐 수 없다.

1976년의 발언과 1980년의 발언 사이에 존재하는 이 괴리는 인종과 관련한 고디머의 생각을 이해하는 데 있어서 대단히 중요하다. 괴리가 생긴 원인에 대해서는 두 가지 가능성을 생각해볼 수 있다. 하나는 타자 재현의 문제와 관련된 고디머의 생각이 몇 년 사이에 바뀌었을 가능성이다. 1976년은 남아프리카 역사에서 가장 중요한 사건 중 하나인 소웨토 반란Soweto Uprising, 1976-1977이 일어난 시기였다. 그것은 "아파르트헤이트의 종말을 알리는 사건"(Saunders)이었다. 1976년 6월 16일, 요하네스버그 남부의 흑인지역에서 학생들의 주도하에 시작된 반란은 학교에서 아프리카너Afrikaner, 즉 네덜란드계 백인들의 언어인 아프리칸스어Afrikaans를 강제로 사용하게 한 백인정권의 언어정책에 대한 반발에서 비롯된 것이었다. 아파르트헤이트 정권은 반란을 강압적으로 진압하면 쉽게 사태가 해결될 줄 알았지만, 그로 인해 사상자가 발생하면서 국제적인 여론이 나빠지고 이것이 아파르트헤이트가 1990년대에 종말을 고하게 된 결정적인 계기가 되었다. 예상과 달리 1년 이상 계속된 소웨토 반란은 남아프리카의 "역사를 돌이킬 수 없이 바꾸고"(Hirson), "백인지배의 종식을 의미하고 지배계급의 통제에 저항할 흑인들의 능력을 과시한"(Hirson) 대사건이었다. 그런데 고디머가 쓴 「남아프리카의 영어 문학과 정치」는 소웨토 반란이 일어나기 전인 1976년 4월에 『남부 아프리카 연구』*Journal of Southern African Studies*에 발표된 글이었다. 즉, 남아프리카를 요동치게 만들고 급기야 아파르트헤이트 정권이 몰락하게 된 역사적 사건이 발생하기 직전에 쓴 글이었다. 어디까지나 추측이지만, 요하네스버그에 살던 고디머가 소웨토 사건을 겪으면서, "인간 경험의 총체성"이 불가능하지 않다는 쪽으로 생각이 바뀌었을 수도 있다. 그래서 1982년 10월 14일에 뉴욕에서 행한 연설—이것은 몇 달 후인 1983년 1월 20일자 『뉴욕 리뷰』에 「공백기의 삶」"Living in the Interregnum"이라는 제목으로 실렸다—에서는, "백인작가들이 흑인들의 총체적인 삶의 조건들을 공유하지 않기 때문에 그들에 관해 써서는 안 된다"는 사람들의 생각이 틀렸다고 발언했을 수 있다. 그녀는 그 연설에서 "흑인과 백인은 거의 350년 동안 농장과 공장과 도시에서 서로를 보고 서로에게 영향을 주고받았기에" 그것이 비록 "제한적이지만" "백인작가는 흑인인물을 창조하고 흑인작가들은 백인인물을 창조할 모든 이유를 다 갖고 있다"고 말했다. 또한 그녀는 1983년에 행한 인터뷰에서는, 자신이 많은 생각을 해보고 많은 경험을 한 후에 "남아프리카 백인이라는 내 자신의 상황에 대해서는 인간적으로 불충분함을 느끼지만, 작가로서는 내가 흑인들에 대해서 쓰거나 흑인인물들을 창조한다면, 그럴 권리가 있는 지점에 도달했다고 생각한다"고 말했다. 이것은 남아프리카 작가는 인종에 관계없이 "인간 경험의 총체성"을 시도하는 첫 순간부터 좌절할 수밖에 없다는 이전의 발언과는 너무나 다른 것이었다. 이렇게 보면, 그녀의 생각이 소웨토 반란이 야기한 사회적 변화만큼이나 극적으로 변했다는 결론이 나온다.

그런데 또 다른 가능성은 고디머가 변한 것이 아니라 상황과 문맥에 따라서 강조하는 바가 다르기 때문에 모순으로 보일 뿐이라는 것이다. 즉, 작가는 1976년에는 남아프리카 작가가 "인간 경험의 총체성"을 작품에 구현하는 것이 대단히 어렵다는 것을 강조한 반면, 1980년, 1982년, 1983년에는 자신과 같은 피부색의 인물만을 창조하는 것이 얼마나 편협한 행위인지를 강조했던 것이지, 근본적인 생각에 변화가 있었던 건 아니라는 것이다. 실제로 그녀는 1960년대 중반부터 흑인인물을 형상화하는 걸 주저하지 않았다. 그녀가 1976년에 발표한 「남아프리카의 영어 문학과 정치」에서 백인작가는 "흑인성"을, "그것이 포함하는 모든 걸 내포하는 흑인성"을, 그리고 흑인작가는 "백인성"을, "그것이 포함하는 모든 걸 내포하는 백인성"을 결여하고 있다고 말한 것은 "인간이 만든 것 중 가장 추악한" 아파르트헤이트가 작가들의 상상력을 옭아매는 실존적 상황을 피력한 것에 지나지 않았을 수 있다. 즉, 작가가 피부색이 다른 인종의 삶을 형상화하는 걸 불가능하다고 생각했던 게 아니고, "인간 경험의 총체성"을 구현하기가 거의 불가능한 역사적 상황에서 작가가 얼마나 그것을 위해 노력해야 하는지를 역설적으로 강조한 것으로 볼 수 있다. 결국 백인작가인 고디머가 흑인인물을 형상화했던 것은 "인간 경험의 총체성"을 구현하기 위한 노력의 일환이었다. 그녀가 말하는 "총체성"이 게오르그 루카치(Georg Lukacs)가 말한 총체성임은 물론이다. 그녀는 그것이 쉽지 않은 일이긴 해도, 작가는 사람들과 상황들을 전체적인 맥락에서 예술적으로 결합하는 행위, 즉 총체성의 구현을 위해 노력해야 한다고 믿었다. 그녀는 "소설에서 총체성을 획득한다는 것이 극히 어려운 일이지만, 아니 불가능한 일일지도 모르지만, 작가는 언제나 그 방향을 향해서 가려고 노력해야 한다"고 생각했다. 이렇게 보면, 1976년의 발언과 이후에 했던 다른 발언들은 결국 똑같은 내용을 서로 다른 각도에서 말한 것에 다름 아니다. 그녀가 아파르트헤이트가 종식되고 난 후인 1999년 5월에 한 발언이 1970년대와 1980년대에 했던 발언과 거의 정확히 일치하는 것은 이런 맥락에서 보면 새삼스러운 일이 아니다. 다음의 인용은 인종 문제에 대한 고디머의 생각을 집약해 보여준다.

> 우리는 피부색에 관계없이 작가입니다. 우리는 아파르트헤이트 정권 때문에 서로 다른 경험을 했기 때문에 서로 다른 방식으로 사물을 인식할 수도 있습니다. 그래서 자기와 동류인 사람들에 대해 쓰는 것은 자연스러운 것입니다. 흑인이 겪었던 것은 무엇인가, 백인이 겪었던 것은 무엇인가, 그 중간에 있는 혼혈인이 겪었던 것은 무엇인가, 백인 중에서도 아프리카너와 비아프리카너 사이의 차이는 무엇인가. 이런 문제들에 대해 쓰는 것은 당연합니다. 그러나 그것이 작가에게 꼬리표가 되어서는 안 됩니다. 남아프리카공화국에서의 글쓰기는 하나의 조각그림 맞추기 놀이나 마찬가지입니다. 우리는 모두 한 조각만을 갖고 있습니다. 그것들을 모두 합해야 비로소 하나의 그림이 되는 것입니다. 그러나 동시에, 자기가 아는 것만을 쓸 수 있다고 생각하는 것은 옳지 않다고 생각합니다. 흑인작가들의 경우, 백인을 작품 속에 형상화할 수 없다고 생각하는 것을 잘못된 것입니다. 아파르트헤이트 시절에도 우리는 여러 가지 측면에서 같이 살았고, 지금은 더욱 '완전히' 같이 살고 있습니다. (고디머)

고디머의 발언을 보면, 아파르트헤이트 시기에도 그랬고 그것이 공식적으로 종말을 고한 포스트-아파르트헤이트 시기에도, 사람들이 피부색깔에 따라 작가를 분류하거나 작가가 타자를 반영하지 않는 것은 "잘못된 것"이라는 그녀의 생각이 전혀 변하지 않았다는 것이 잘 드러난다. 즉, 그녀의 말에서는 타자에 대한 반영의 어려움과 한계, 그리고 그럼에도 불구하고 작가로서 타자를 반영해야 하는 당위성에 대한 고민이 짙게 묻어난다.

그렇다면 문제는 백인작가가 흑인인물을 형상화하고 반영하고 대변하는 데 "성공했는지 여부"인데, 고디머의 말처럼 그것을 판단하는 것은 당연히 "독자의 몫"이다. 그런데 적어도 「최고의 사파리」의 경우에는 이보다 더 자연스러울 수 있을까 싶을 정도로 흑인소녀의 눈에 비친 황량한 풍경이 너무나 자연스럽고 효과적으로 그려져 있다. "그날 밤 우리 어머니는 가게에 갔다가 돌아오지 않았다"(269)라는 문장에서 시작하여 "나는 돌아갈 것이다. 크루거 공원을 거쳐 돌아갈 것이다. 전쟁이 끝나 산적들이 더 이상 없게 되면, 우리 어머니가 우리를 기다리고 있을지 모른다. 그리고 어쩌면 우리가 우리 할아버지를 두고 떠났을 때, 그는 그저 뒤에 남은 것이었을지 모르고, 크루거 공원을 빠져나가 집에 가 있을지 모른다. 그들은 집에 있을 것이다. 그리고 나는 그들을 기억할 것이다."(282)로 끝나는 흑인소녀의 이야기는 전쟁의 회오리에 휘말린 아이들이 얼마나 고통스러운 삶을 살아가는지 생생하게 보여준다. 작가의 백인성이 문제가 되지 않을 정도로, 흑인인물이 효과적으로 형상화되어 있음은 물론이다. 고디머의 흑인인물을 가리켜 "정말로 놀라운 감성과 감각으로 그린다. 선심 쓰는 체 하지도 않고 낭만화하지도 않고, 정말 리얼하게 그린다"라고 했던 토니 모리슨(Toni Morrison)의 평가는 「최고의 사파리」에 그대로 적용해도 무방한 말이다.

모리슨은 고디머와 더불어 두 명의 미국 백인작가인 릴리언 헬만(Lillian Hellman)과 유도라 웰티(Eudora Welty)를 자기가 좋아하는 작가로 꼽으면서, 그들이 "두려움 없이" "어떤 백인남성작가들도 그럴 수 없었을 만큼 흑인들을 잘 형상화했다"고 말했다. 그런데 불행하게도 일부 비평가들은 모리슨의 평가에 동의하지 않으려 한다. 특히 남아프리카 비평가들이 그렇다. 가령 캐스린 와그너(Kathrin Wagner)는 고디머의 소설이

"받아들일 수 없을 정도로 너무 단순하고 낭만적이고 감상적인 것에 가깝다"고 말한다. 캐런 라자르(Karen Lazar)는 고디머가 타자를 대변하는 것에 따르는 위험을 경고한 스피박의 말을 경청하는 게 좋겠다고 훈계를 하기도 한다. 데니스 브루터스(Dennis Brutus)는 고디머에게는 "따뜻함도 없고 감정도 없고, 기계처럼 초연하고 차갑게 관찰할 수 있는" 기술만 있다고 한다. 막말에 가까운 남아프리카 비평가들의 평가는 인종 문제에 관해서는 결벽증이나 강박관념에 가까울 정도로 예민하게 반응하는 그들의 특성을 잘 보여준다. 식민주의와 아파르트헤이트가 그들을 그토록 예민하게 만든 것이다. 그러나 그들은 지금까지 발표한 거의 모든 소설들에서 인종적 정의의 문제를 끊임없이 제기해 온 흑인작가인 모리슨이 왜 백인작가인 고디머의 흑인인물들을 가리켜 "놀라운 감성과 감각"으로 그렸으며 "선심 쓰는 체 하지 않고 낭만화하지 않고 정말 리얼하다"라고 했는지를 심각하게 생각해 볼 필요가 있다.

## 남아프리카 작가로서의 책무

모잠비크의 내란을 배경으로 하는 「최고의 사파리」는 고디머의 강박관념과 열정, 성취를 보여주는 좋은 소설이다. 흑인소녀를 화자로 내세워 스토리를 매끄럽게 끌고 감으로써, 평생에 걸쳐 자신을 따라다녔던 인종 문제를 정면으로 돌파하는 데 성공하고 있기에 더욱 그렇다. 이 소설은 "고디머가 흑인인물을 정말로 놀라운 감성과 감각으로 그린다"며 백인작가임에도 "선심 쓰는 체 하지도 않고 낭만화하지도 않고, 정말로 리얼하게만 그린다"고 했던 모리슨의 찬사가 결코 과장된 것이 아니라는 걸 보여준다. 고디머에 대해 비판적인 비평가조차 흑인소녀를 화자로 내세우고 "언어를 일관되게 단순하게 만들어" "주제의 엄숙성"에 맞게 처리했다(Lazar)는 찬사를 보낼 정도로 잘 쓰인 소설이다. 이 소설의 예술적 완성도는 타자의 형상화와 관련하여 고디머를 향해 날선 공격을 가했던 비평가들을 무색하게 만든다.

고디머가 흑인을 소설에 등장시킨 것은 백인과 흑인의 공존이 그들의 리얼리티여서 백인만을 형상화하는 것이 사회의 총체적인 면을 반영해야 하는 작가적 소명을 등한시한다는 생각에서였다. 물론 거기에는 한계가 있었고, 고디머도 그걸 잘 알고 있었다. 그녀는 솔직하게 자신의 "한계를 인정"했다. 그리고 "어떤 백인작가도 쓸 수 없는 흑인의 경험들이 있다"는 것도 인정했다. 그럼에도 불구하고, 그녀는 백인작가는 흑인을, 흑인작가는 백인을 형상화해야 한다고 생각했다. 적어도 자신이 알고 있는 한계 내에서라도 그래야 한다고 생각했다. 그녀에게는 바로 그것이 사회에 대한 작가의 책임이자 의무였다. 그녀는 백인은 백인만이 알 수 있고, 흑인은 흑인만이 알 수 있다고 생각하는 본질주의자와는 거리가 멀었다. 「최고의 사파리」를 예로 들자면, 모잠비크 내에서 발생하는 폭력적인 현실은 피부색에 관계없이 작가가 관심을 갖고 형상화할 수 있는 것이었다. 남아프리카의 이웃인 모잠비크에서 발생하는 일이 작가의 상상력으로 포착될 수 있는 것이라면, 작가가 태어나서 성장하고 살아온 남아프리카에서 발생하는 일은 더 이상 말할 필요도 없었다. 그녀가 페미니즘으로부터 거리를 둔 것도 사실은 이러한 연유에서였다. 그녀는 "페미니즘의 명분을 지지하지 않는다는 이유로 비난을 받았지만" 그것이 상징하는 남녀차별적인 본질주의적 태도를 싫어했다. 더욱이 그녀는 자신의 "정열을 인권과 반인종차별"에 쏟았고, 페미니즘이 제기하는 문제를 "인권 문제나 반차별의 문제와 분리된 게 아니라 그것의 일부라고 생각했다." 그녀는 페미니스트들이 주장하는 가부장제나 여성 억압의 문제가 아파르트헤이트라는 "세계의 몸에 난 악성종양"(Derrida) 앞에서는 지엽적인 것에 불과하다고 생각했다. 그녀에게 작가는 "양성적인" 존재였다. 그래서 남자는 여자에 대해 쓸 수 있고 여자는 남자에 대해 쓸 수 있었다. 마찬가지로 백인은 흑인에 대해 쓸 수 있고 흑인은 백인에 대해 쓸 수 있었다. 그녀는 "작가들에게는 다른 사람들이나 그들과 다른 삶과 자신을 동일시하는 아주 이상한 힘이 있다"고 생각했다. 타자의 문제에 있어서 그녀의 생각은 처음부터 끝까지 일관된 것이었다.

물론 보는 이에 따라서는 고디머의 입장이 순진하고 때로 오만한 것으로 보일 수도 있을 것이다. 데리다에 따르면, 타자는 자아로 통합되고 병합되는 존재가 아니라 개별성과 타자성을 유지하는 영원한 타자로서 존중받아야 하는 경외의 대상이다. 그래서 보기에 따라서는, 식민주의자와 한 부류인 백인작가가 자신의 소설 속에 자기와는 판이하게 다른 타자, 그것도 피식민주의자인 흑인을 반영하는 것은 타자를 자기의 일부로 만드는 식민행위로 비칠 수도 있을 것이다. 고디머의 동료작가인 J. M 쿳시(Coetzee)가 백인식민주의자들과 아파르트헤이트의 역학에 주된 관심을 할애한 것은 타자를 반영하는 것에 따르는 위험을 인지한 결과였다. 어떻게 보면, 쿳시는 결벽에 가까울 정도로 타자에 예민했고 심지어 그것을 주제화하기까지 했다. 『어둠의 땅』*Dusklands*에서 시작하여 『추락』*Disgrace*에 이르는 그의 소설들은 타자를 대변하기보다는 식민주의자들의 폭력을 안으로부터 해체하는 소설들이다. 그의 소설 중에서 타자의 목소리가 가장 많이 반영되었다고 할 수 있는 『마이클 K』*Life & Times of Michael K*마저도 2부에 가면 백인 군의관이 내러티브의 중심에 설정되면서, 소설의 궁극적인 지향점이 타자의 대변이나 재현이 아니라 그것에 따르는 한계와 위험성을 주제화하기 위한 것이라는 점을 명백히 한다. 그러나 고디머는 타자를 반영하는 것이 한계가 있고 위험한 것일망정 남아프리카 작가로서 당연히 해야 하는 일이라고 생각했다. 바로 이것이 고디머의 소설이 쿳시의 소설보다 "정치적인 의무감과 책임감의 문제에 늘 더 긴급하게 닿아 있는"(Clingman) 이유이다. 그녀는 쿳시의 소설이 지향하는 포스트모던 메타픽션과는 거리가 먼 리얼리즘 소설에 매진한 작가였다. 따라서 쿳시의 소설과 고디머의 소설을 비교하면서, 인종을 형상화하는 문제와 관련하여 양자 간에 우위를 논하는 것은 공정하지 못한 것이 된다. 고디머를 혹독하게 비판하는 상당수의 남아프리카 비평가들은 대체적으로 이 범주에 속한다. 두 작가의 소설이 기초하고 있는 미학 자체가 근본적으로 다르다는 것을 도외시한 탓이다.

그것이 흑인비평가에 의한 것이든, 아니면 백인비평가에 의한 것이든, 고디머에 대한 비난은 대체적으로 이 지점에서 출발한다. 그러나 고디머에 대한 본질주의적 비난은 한 가지 중요한 점을 간과하고 있는 것처럼 보인다. 그것은 타자가 자아의 통합 대상이 아님에도 불구하고, 타자를 대변하려는 노력 자체를 포기해서는 안 된다는 사실이다. 이것이 스피박이 「하위주체는 말할 수 있을까?」"Can the Subaltern Speak?"라는 글의 말미에서 하고자 하는 말의 요체다. 그녀는 하위주체는 스스로를 대변할 수 없고, 하위주체가 아닌 누구도 하위주체를 충분히 대변해줄 수 없지만, 그럼에도 불구하고 지식인은 "한계가 있는 일"이긴 해도 "과장된 몸짓으로 그것과 관계가 없다고 해서는 안 된다"고 했다. 즉, 하위주체를 반영하려는 노력을 포기해서는 안 된다는 것이다. 고디머가 추구한 것은 바로 이것이었다. 그리고 바로 여기에 고디머 소설의 윤리성이 있다. 그녀가 평생에 걸쳐 흑인이나 혼혈인을 자신의 소설 속에 형상화한 것은 이 윤리성을 추구하기 위한 것이었지, 타자를 통합하고 포섭하여 자기화하려는 식민행위가 아니었다. 그녀는 타자를 반영하려는 자신의 노력이 스피박의 말대로 "한계가 있는 일"이라는 걸 알았지만, 그럼에도 불구하고 타자를 반영해야 한다는 윤리적 신념을 포기하지 않았다.

에드워드 사이드(Edward Said)가 다른 종족이나 문화에 대한 이해나 지식과 관련하여 했던 말은 타자와 관련된 고디머의 입장을 이해하는 데 있어서 참고할 가치가 있다. 사이드는 이슬람문화에 대한 서구의 왜곡을 다룬 저서에서, 그 왜곡을 푸는 데 중요한 것으로 두 가지를 드는데, 하나는 "상식"이요 다른 하나는 "비판적인 평가"이다. 그에 따르면, "인간 사회에 관한 대부분의 지식은 결국 상식, 즉 보편적인 인간 경험에서 나오는 감각에 접근 가능한 것이고," 그것은 "모종의 비판적인 평가에 종속되고 또 그래야 한다." 즉, 인간은 "누구도 우리가 살고 있는 세계에 관한 모든 것을 알 수는 없지만" "상식"과 "비판적인 평가"를 동원하면, 다른 인종이나 문화, 즉 타자를 이해할 수 있는 가능성이 열린다는 것이다. 맥락은 조금 다르지만, 고디머가 인종문제와 관련하여 그녀의 소설에서 시도한 것은 바로 이것이었다. 그녀는 타자를 이해하기 위해서 상식을 동원했고, 자신이 하는 행위에 대한 비판적 평가를 멈추지 않았다. 고디머가 자신의 최고로 선정해 에이즈 퇴치운동에 대한 기부의 차원에서 편집한 『이야기들』에 수록한 「최고의 사파리」는 그녀의 건강한 상식과 비판적 평가의 면면을 보여주는 좋은 소설이다. 물론 상식과 비판적 평가만으로 모든 것이 가능해지지는 않겠지만, 고디머는 데리다의 말을 빌려 말하자면 "폭력적인 위계질서"를 해체하고 "양자의 평화로운 공존"(Derrida)이라는 이상을 향한 걸음을 멈추지 않았다.

따라서 타자 반영의 문제와 관련하여 비판적인 입장을 취하는 문학연구자들은 강박관념이 아닐까 싶을 정도로 백인성을 강조하고 작가를 비판하는 것보다는, 타자를 반영하는 방식에 다소간에 문제도 있을 수 있고 약점도 있을 수 있지만, 타자를 반영해야 하는 절박한 현실에 부응한 고디머 소설의 윤리성에 주목할 필요가 있다. 역사적으로 수탈을 당해 온 타자를 온전히 반영하는 것이 이상에 지나지 않을 수도 있지만, 고디머는 "끝없이 이상 때문에 괴로워해야 한다"고 생각했던 작가였다. 우리는 왜 고디머가 노벨문학상 수상연설에서 문학연구자들을 가리켜, 텍스트를 해체하여 "다른 건축물을 만드는" "일종의 스토리텔러"(Gordimer)라고 했는지 숙고할 필요가 있다. 고디머의 말대로, 문학연구자들은 스스로가 텍스트에 충실하기보다는 스토리를 해체하여 또 다른 스토리를 만드는 "일종의 스토리텔러"가 아닌지 짚어볼 필요가 있다. 고디머는 자신의 소설을 이론이라는 잣대로 재단하고 또 다른 스토리를 만드는 문학연구자들과의 불화를 마다하지 않았다. 그녀는 "비평가의 정설Orthodoxy"을 따르려 했던 작가가 아니었다. 그녀는 그것이 "비평가의 정설이든, 정권의 정설이든, 심지어 가족과 친구들에 의해 강요되는 우정과 충성의 정설이든, 어떤 종류의 정설로 밀어붙여져서는 안 되는" 자유를 갈구한 작가였다.

## 참고 문헌

고디머, 나딘. "아파르트헤이트와 작가의 윤리적 책무," 『문학의 거장들: 세계의 작가 9인을 만나다』. 왕은철 편저. 서울, 현대문학: 2010. 17-60.

Clingman, Stephen. *The Novels of Nadine Gordimer: History from the Inside*. Amherst: U of Massachusetts P, 1992.

Gordimer, Nadine. *Conversations with Nadine Gordimer*. ed. Nancy Topping Bazin and Marilyn Dallman Seymour. Jackson and London: UP of Mississippi, 1990.

________. "English-Language Literature and Politics in South Africa," *Telling Times: Writing and Living, 1954-2008*. New York: Norton, 2010. 234-259.

________. *The Essential Gesture: Writer, Politics and Places*. ed. Stephen Clingman. New York: Penguin, 1989.

________. "The Ultimate Safari," *Telling Tales*. New York: Picador, 2004. 269-282.

Morrison, Toni. *Conversations with Toni Morrison*. ed. Danille Taylor-Guthrie. Jackson: U of Mississippi P, 1994.

Minter, William. *Apartheid's Contras: An Inquiry into the Roots of War in Angola and Mozambique*. Johannesburg: Witwatersrand UP, 1994.

Wagner, Kathrin. *Rereading Nadine Gordimer*. Bloomington: Indiana UP, 1994.

## 생각해 보기

❶ 작가는 백인작가임에도 흑인소녀를 화자로 내세워 스토리를 전개한다. 아파르트헤이트 정권 하에서 혜택을 받은 백인작가가 인간 이하의 삶을 강요당해 온 흑인들을 형상화하는 것이 가능할까? 가능하다면 어디까지 가능할까? 가능하지 않다면 그 이유는 무엇일까?

❷ 「최고의 사파리」는 내란을 피해 남아프리카로 탈출하는 모잠비크 난민들에 관한 것이다. 이것이 남아프리카와 무슨 관련이 있는 것인가? 아파르트헤이트 정권과 이웃 나라들은 어떠한 지정학적 관계에 있었을까?

❸ 미국흑인작가인 토니 모리슨(Toni Morrison)은 고디머의 소설을 읽고 백인작가로서는 이례적으로 흑인인물들을 "정말로 놀라운 감성과 감각으로 그린다. 선심 쓰는 체 하지도 않고 낭만화하지도 않고 정말 리얼하게 그린다"고 말했는데, 이것은 「최고의 사파리」에 형상화된 흑인인물들에게도 적용될 수 있는 말일까?

John Maxwell Coetzee

# 우리는 타자성과 어떻게 조우해야 하는가?

## — 쿳시의 『철의 시대』와 타자성의 윤리

J. M. 쿳시(John Maxwell Coetzee, 1940- )는 남아프리카의 케이프타운에서 태어난 소설가이자 에세이스트, 언어학자, 번역가이다. 네델란드계 법률가인 아버지(Zacharias Coetzee)와 독일계 혈통의 교사인 어머니(Vera Coetzee) 사이에서 태어난 쿳시는 청년시기까지 케이프타운과 우스터(Worcester)에서 보냈으며, 케이프타운 대학에서 영문학과 수학을 공부하였다. 1962년부터 1965년까지 그는 런던의 IBM에서 컴퓨터 프로그래머로 일했으며, 그 사이 케이프타운대학에서 문학석사 학위를 받았다. 1965년 미국 오스틴의 텍사스대학에 들어가 1969년 사뮤엘 베케트 작품의 문체에 대한 분석으로 언어학 박사학위를 받았고, 그 후 버팔로의 뉴욕 주립대학에서 1971년까지 영문학을 가르쳤다. 그의 첫 소설, 『더스크랜즈』(*Dusklands*) 집필은 이 곳에서 시작되었다. 이 때 베트남 반전데모에 참여한 45명 교수중의 한명이었으며, 그 때문에 미국에서의 그의 영주권이 거부되었다. 그 후 케이프타운 대학으로 돌아가 2001년까지 영문학 교수로 재직하였고, 2002년 은퇴 후 호주로 이주해서 2003년까지 아델라이데(Adelaide) 대학 영문과의 명예교수를 역임하였다.

쿳시는 『더스크랜즈』를 시작으로 무려 13권의 소설과 많은 에세이들, 문학비평들 그리고 번역서들을 내놓았다. 대표작으로는 『나라의 심장부에서』(*In the Heart of the Country*), 『야만인을 기다리며』(*Waiting for the Barbarians*), 『마이클 K의 생애와 시대』(*Life and Times of Michael K*), 『포우』(*Foe*), 『철의 시대』(*Age of Iron*), 『페테르부르크의 대가』(*The Master of Petersburg*), 『추락』(*Disgrace*) 등이다. 두 번의 부커상과 세 번의 CNA 상, 제프리 페이버 메모리얼 상, 예루살렘 상등 다수의 상을 수상했으며, 2003년에 노벨 문학상을 수상하였다.

스웨덴 한림원이 그를 "수많은 변장된 모습으로 타자의 개입을 놀랍도록 잘 그려낸" 작가라고 칭송했듯이, 대부분의 그의 작품은 타자성의 문제를 끈질기게 탐색하고 있다. 디알라(Isidore Diala)의 말처럼 쿳시는 고디머(Nadine Gordimer), 브링크(Andre Brink)와 더불어 반아파르트헤이트에 헌신한 가장 뛰어난 남아프리카의 백인 소설가이다. 그럼에도 불구하고 그가 일반적으로 역사적 리얼리티를 회피하는 작가로 비판받는 것은 그가 식민주의자/피식민주의자 라는 이분법적 구도 속에서, 흔히 비판적 리얼리즘 작가들처럼, 아파르트헤이트 이데올로기에 대한 저항과 희생자에 대한 공감에 쉽게 함몰되지 않기 때문일 것이다. 그는 오히려 그러한 비인간적 체제의 영속화에 자신도 일조했다는 공모성을 부각시키며, 타자성의 문제를 훨씬 더 근원적인 차원에서 탐색한다. 이러한 탐색은 곧 타자의 타자성을 거부하거나 전유해온 서구 형이상학에 대한 심문으로서 서구의 자유 인본주의 이데올로기를 해체시키는 것이다. 그의 작품에서 타자로서 등장하는 인물들이 끝까지 확실하게 포착되지 않는 모호하고 신비한 인물로서 남아있는 것은 타자를 쉽게 전유할 수도 대변할 수도 없다는 그의 윤리의식 때문일 것이다. 그리하여 그의 작품은 정치성과 윤리성을 독특한 방식으로 통합해서 구현하고 있다고 평가받는다.

『철의 시대』는 흑인들의 격렬한 반정부시위와 백인정권의 비상계엄 선포가 첨예하게 대결하고 있었던 아파르트헤이트 말기를 배경으로 타자성에 대한 그러한 윤리와 책임을 형상화한 작품이다. 은퇴한 고전문학 교수인 화자가 말기 암 진단을 받은 날부터 시작하는 이 소설은 자신이 그토록 혐오하던 정치제도에 자신도 연루되어 있다는 고통스러운 공모성을 깨달아가는 과정이며 동시에 주인공 화자를 형성해 왔던 자유 인본주의 이데올로기가 무너져내리는 과정이다. 그리고 주인공의 이러한 변화를 가능하게 한 것은 타자의 부름에 위험을 무릅쓰고 혼신을 다하여 응답한 그녀의 윤리적 태도라는 점을 간명하고 단순한 문체로 구현하고 있는 빼어난 작품이다.


•이 글의 출전

「타자성의 윤리-쿳시의 『철의 시대』」. 『영어영문학』. 제 52권 2호 (2006): 383~406페이지에서 수정·보완함.

# 우리는 타자성과 어떻게 조우해야 하는가?
## — 쿳시의 『철의 시대』와 타자성의 윤리

### 정의는 왜 어려운가?

어떤 면에서 보면 20세기는 해방의 역사라 할 수 있다. 2차 세계대전 이후 거의 모든 나라는 정치적으로는 식민상황에서 해방됐으며, 특히, 1950년대 이후에는 흑인 민권운동, 여성해방운동, 동성애 인권운동 등, 인종, 젠더, 성적 취향 때문에 타자로 규정되어온 사람들의 해방운동이 지속되고 있다. 이러한 해방운동의 동력은 서구 형이상학의 타자성에 대한 심문이었다. 즉 서구 형이상학의 특징은 타자의 타자성을 거부하거나 전유하는 것이라는 점이다. 이러한 심문은 서구 형이상학의 기반에 의문을 던지는 것으로서, 서구 인본주의의 필수적 개념인 주체에 대한 비판과 관련되어 있다. 이는 또한 현재까지 진행되어온 거의 모든 현대비평 이론의 화두이기도 하다.

그러나 차이와 타자라는 개념을 중심으로 보는 이러한 활발한 비평담론과는 대조적으로 우리의 현실은 정반대로 치닫고 있다. 최첨단 전자매체와 금융자본의 자유로운 이동, 다문화주의의 유행 등 외적으로는 차이와 경계가 허물어져 가고 있는 듯 하지만,

실제에 있어서는 인종간 종교간 계급간의 갈등이 더욱 심화되어가고 있으며, 우리는 바야흐로 이러한 갈등의 폭발로 인한 많은 폭력의 참상들을 목도하고 있다.

데리다(Jacques Derrida)가 천착하고 있는 이러한 타자성의 문제는 또한 쿳시(J. M. Coetzee)의 작품의 핵심적 화두이다. 노벨상을 수상한, 국제적으로 문명을 떨치고 있는 남아프리카 백인 출신의 이 소설가도 타자성의 문제를 붙들고 끈질기게 탐색하고 있는 작가이다. 남아프리카 공화국이 아파르트헤이트Apartheid라는 끔찍한 인종차별정책을 펼쳤던 나라임을 감안할 때 타자성에 대한 그의 이러한 천착은 자연스러운 귀결일 것이다. 남아프리카의 매우 긴박한 정치적 사회적 상황을 다루는 그의 작품은 매우 지역적이면서도 동시에 타자성과 정의의 문제를 좀더 근원적인 차원에서 제기하고 있다. 특히 1990년에 나온 그의 소설, 『철의 시대』*Age of Iron*는 폭력과 혼란, 무질서와 공포가 난무하던 아파르트헤이트의 말기를 배경으로 고전문학 교수였던 한 백인 여성이 그 불가해한 절대적인 타자성과 직면해서, 그와 어떻게 윤리적인 관계를 맺어가는가를 매우 독특한 형식으로 구현하고 있다.

이는 이러한 타자성—인종, 계급, 종교, 성의 차이에 의한—의 문제가 단순한 인본주의나 집단적인 정치적 투쟁으로 쉽게 극복될 수 없을 뿐만 아니라, 진보적 이론의 전위주의나 진보주의자들의 시혜에 의해서 쉽게 해결될 수 없음을 단적으로 보여주는 것이다. 오늘날 유행하고 있는 차이의 인정과 타자의 배려라는 일반적인 담론에서의 차이와 타자는 진정한 의미에서의 타자가 아니라 자기 동일성에 의해 매개된 타자라는 점이다. 타자와 차이가 인정과 배려의 대상이 되는 순간, 그 타자와 차이는 진정한 의미에서의 차이와 타자가 아닌 것이다. 진정한 의미에서의 차이와 타자는 근본적으로 공포와 두려움의 대상이며, 삶에서 우연히 조우할 수밖에 없는, 그리하여 우리의 삶을 송두리째 바꾸어 버리는 그 무엇인 것이다. 이러한 맥락에서 볼 때, 타자성에 대한 데리다의 주장은 현 시점에서 우리에게 매우 큰 울림으로 다가오고 있다. 그에 의하면 우리의 사고 자체가 타자성의 억압과 배제에 근거하고 있지만, 타자성은 결코 전유될 수 없으며, 정의란 타자에 대한 책임있는 응답, 그리고 타자와의 윤리적 관계를 수립하려는 끊임없는 노력에 의해서만 가능한 것이다.

## ♣ 윤리적 책임 : 타자의 부름에 대한 응답

데리다의 이론은 흔히 그것의 비역사성, 정치적 무책임성 때문에 비판받고 있다. 그러나 이것은 잘못된 오해이며, 그의 해체주의의 핵심에는 오히려 강렬한 정치적 윤리적 문제의식이 자리잡고 있다. 이러한 문제의식의 출발점은 타자성과 관련해서 생각하는 그의 주체개념이다. 해체주의는 주체를 해체한다는 일반적인 오해와는 달리, 그에 의하면, 해체된 주체란 없으며 주체는 필연적으로 통합될 수밖에 없다. 다만 이 통합이 필연적으로 타자를 배제할 수밖에 없다는 것이다. 다시 말하면 타자성이라는 환원할 수 없는 구조가 주체를 가능하게 하는 조건인 것이다. 이처럼 우리의 사고 자체가 타자성의 배제와 억압에 근거하고 있다는 데리다의 인식이 그의 이론의 정치적 윤리적 국면과 관련되어 있다.

주체 성립의 조건에 대한 이러한 반성, 즉, 우리는 "항상, 이미"always, already 주어진 어떤 구조 안에 살고 있다는 통찰은 모든 지식의 한계에 대한 인식이며, 또한 탐색자 자신은 자신이 비판하고 있는 그 구조를 전적으로 벗어날 수 없이 연루되어 있다는 공모성의 인식이다. 이러한 인식은 그것이 어떤 종류이건 간에 근본주의와 전체주의를 허용하지 않는다는 점에서 소극적 의미의 정치적인 실천이라 할 수 있을 것이며, 이는 데리다가 말하는 해체의 첫 단계이며, 그는 해체주의가 그 이상으로 나아가야 한다고 주장한다.

이 다음 단계의 해체가 그가 "절대적 타자에의 소환"이라고 묘사하고 있듯이, 타자성의 개입과 관련되어 있다. 그리고 이는 최종적으로 그가 말하는 타자성에 대한 책임과 윤리적 국면으로 나아간다. 이 단계의 해체를 가능하게 하는 것은 바로 자기 동일성의 구조를 벗어나 있는 타자성이 개입할 때이며, 해체주의는 그것에 자신을 개방시켜야 한다. 즉, 타자성이란 기본적으로 자신의 동일성을 무너뜨리는 어떤 힘으로서, 단지 관조의 대상이나 배려의 대상이 아닌 것이다. 그것은 자신의 구조 안에서는 결코 포착되지 않는 무엇이며, 삶의 차원에서 나에게 닥쳐온 하나의 사건으로서 자신의 동일성을 와해시키는 그 무엇으로만 경험될 수 있는 것이다.

이처럼 자족적인 체계 안이 아니라 그것을 벗어나 있는 전적인 타자성에 자신을 완전 개방하는 것, 그리고 이 "절대적 타자에의 소환"에 혼신을 다하여 응답하는 것이 바로 데리다가 말한 타자에 대한 책임과 윤리이다. 이는 또한 미래에 대한 책임이기도 하다. 그것은 주체가 자기동일성으로 전유해버릴 수 없는 타자성이 드러날 수 있도록 새로운 지평을 열려는 노력이며, 그리하여 우리의 주체를 다른 주체로 생성시킬 수 있게 하는 힘이기 때문이다.

그런데 이 절대적 타자성은 미리 예견하거나 산정될 수 있는 것이 아니므로 두려움과 공포의 대상이며, 삶에서 우연히 조우할 수밖에 없는 그 무엇이다. 따라서 이에 대한 응답 또한 하나의 방법으로서 법칙화될 수 없다. 그것은 항상 특정한 상황속에서 특정한 선택의 형태로 생길 수밖에 없기 때문이다. 이 때문에 데리다는 "해체주의적 기획" 같은 것은 없다고 말하고 있다. 그것은 보편적인 어떤 법칙에 근거한 응답이 아니다. 그것은 알 수도 없고 법칙도 없는 캄캄한 밤 속에서 그러한 타자의 부름에 참여해서 행동하고 결정할 수밖에 없는 것이다. 전적으로 고유한 상황은 기존의 어떤 법칙의 적용이 아니라 개입을 요구하는 것이다. 이것이 데리다가 말하는 해체주의의 정치적 실천이며 또한 윤리적 책임이다. 산정할 수도 예견할 수도 없다는 사실로부터 오는 공포와 두려움을 껴안고서, 타자성의 부름에 응답하고 그리고 그 결과가 나타나게 하는 일이 바로 윤리적인 책임인 것이다. 이는 자신의 사고가 말살될 수 있는 위험을 안고 있으며, 따라서 타자에 의한 주체의 변화를 전제한다. 데리다는 그러한 위험없는 사고는 사고가 아니라고 말하면서, "산정할 수 있는 것에 대한 권리가 아니라, 산정할 수 없는 위험을 요구하는 권리"를 가진 것이 사고라고 정의 내린다.

따라서 데리다에게 윤리적 책임이란 어떤 고유한 상황의 타자성에 대한 책임있는 응답이다. 자신의 사고에 저항하며, 자신의 사고체계의 밖에 있는 것, 그리하여 완전히 포착될 수 없는 것으로서의 어떤 부름에 자신을 개방하여 참여하려는 태도인 것이다. 그는 계산의 요소가 있는 법은 정의가 아니며, "정의란 우리에게 산정할 수 없는 것을 가지고서 산정할 것을 요구하는 것으로서, 정의와 불의 사이의 결정이 결코 한 법칙에 의해서 얻어질 수 없는 순간의 경험이다"라고 하였다. 윤리적 책임이란, 정의란, 어떤 이성의 법칙이나 계산의 결과로서 얻어지는 것이 아니라, 예견할 수도 없고 산정할 수도 없는 타자성의 부름에 대한 응답이며, 이 부름과 실행 사이에서 취해지는 행동인 것이다. 그리고 이것은 자신의 사고가 말살될 수도, 자신의 삶을 송두리째 바꾸어버릴 수도 있는 위험을 수반하는 것이다.

## 자유 인본주의의 가면 벗기기: 혁명에 헌신하는 흑인 아이들과의 대면

데리다가 말한 타자성에 대한 윤리적 책임과 관계를 쿳시의 『철의 시대』는 이 작품의 여주인공인 커런Elizabeth Curren을 통해서 구현하고 있다. 남아공에서 살 수 없다며 미국으로 떠난 딸에게 보내는 편지 형식으로 되어있는 이 작품은 커런이 암(절대적 타자의 현현이라 할 수 있는 죽음) 선고를 받은 날부터 죽기까지의 몇 주간에 걸쳐서 겪었던 사건들에 대한 보고이다. 이 과정에서 그녀는 여러 타자성과의 대면을 통해 일생에 걸쳐서 자신을 형성하고 떠받쳐온 사고와 가치들이 무너져내리는 과정을 보여주고 있다.

커런의 이러한 과정은 이 작품에서 이중의 층위에서 진행된다. 하나는 그녀가 죽음을 선고받은 날 그녀 집에 들어온 떠돌이 퍼케일Vercueil에 대한 신뢰의 문제와 관련해서 전개되며, 다른 하나는 정치적 저항에 온몸을 던져 희생되는 흑인 아이들과의 대면을 통해서이다. 이 대면을 통해서 그녀는 자금까지의 자신의 이데올로기를 회의하게 되고 그리하여 그 한계를 인식하게 된다. 어느 경우건 그녀는 자신의 권위와 진정성에 대한 회의를 극단으로까지 몰고가 타자와의 관계를 위한 윤리적 토대를 발견하고자 한다.

서구의 자유 인본주의 전통을 대변한다고 볼 수 있는 은퇴한 고전문학 교수인 커런이 흑인이라는 타자성과 직면해서 겪게 되는 과정은 가야트리 스피박(Gayatri C. Spivak)이 말한 일련의 "고쳐 배우는"unlearning 과정으로서 자신이 이어받은 가치들을 그 한계에까지 몰아부쳐 시험대에 오르게 하는 과정이다. 그녀의 흑인 가정부인 플로렌스Florence의 아들 베키Bheki와 그의 친구 존John은 아파르트헤이트를 종식시키려는 혁명에 온 몸을 던져 가담하고 있는 이 도시 아이들의 본보기이다. 이 혁명의 아이들의 죽음은 커런의 주체를 송두리째 뒤흔들어 그녀의 인본주의 가치를 와해시킨다.

이 아이들에 대한 플로렌스와 커런의 논쟁은 그녀가 비록 아파르트헤이트를 혐오하기는 하지만, 그녀는 여전히 그것의 원천이라할 수 있는 자신의 이데올로기에 사로잡혀있음을 보여준다. 아이들이 학교에 불을 지르는 행위에 대해서 커런은 플로렌스에게, "어렸을 때 우리는 교육을 특권이라 생각했었지. 부모들은 아이들을 학교에 보내기 위해 절약하고 저축했었지. 아이들이 학교에 불을 지르는걸 보았다면 우리들은 아마 미쳤다고 생각했을거야"(38-39)라고 말한다. 커런의 교육을 특권으로 만든 것은 그녀의 "시대"가 아니라 피부색깔이었음을 그녀는 아직 깨닫지 못하고 있다. 그리하여 그녀는 학교를 태우는 아이들을 통제하지 못하는 부모들을 이해할 수 없으며, 전통적인 부모-자식의 관계가 전도된 이 혼란의 시대를 "철의 시대"라고 부른다(헤시오드는 역사를 다섯 시대 －금의 시대, 은의 시대, 청동 시대, 영웅 시대, 철의 시대－ 로 구분하였으며, 철의 시대에서는 아이들은 늙은 부모를 공경하지 않으며, 신에 대한 두려움을 모르는 죄인이라고 비난하고 있다).

따라서 플로렌스가 "그들을 그렇게 잔인하게 만든 것은 백인들이다"(49)라고 말했을 때, 커런은 "'이건 내 자식이 아니다. 이건 백인의 자식이다. 이건 백인에 의해 만들어진 괴물이다.' 그게 자네가 말할 수 있는 전부야?"(50)라고 응수하면서 그것은 부모의 책임을 방기하는 것이라고 플로렌스를 강하게 비난한다.

여기에서 나타나듯이, 커런은 아직 자신의 지식이 근거하고 있고 매개하고 있는 가정에 대해 질문하지 않는다. 그녀 자신이 떠받드는 가치나 지식이 보편적 초월적인 것이 아니라 어떤 특정한 구조들 —문화, 언어, 인종, 성— 에 의해서 생성된 것이며 근본적으로 오염되어 있다는 인식, 즉 자신이 비판하는 것과 자기 자신이 연루되어 있다는 공모성에 대한 인식에 그녀는 아직 이르지 못하고 있다. 따라서 그녀는 백인 민족주의와 마찬가지로 흑인 아이들의 동지애도 새로운 형태의 퓨리터니즘이며, 서로 죽이고 죽는 군국주의일 뿐이라며 강하게 비난한다.

그러나 커런의 이러한 태도는 존과 베키의 죽음을 겪으면서 점차 변하기 시작한다. 이 변화는 플로렌스와 함께 베키를 찾으러 간 곳에서 그녀가 목격하게 된 방화와 베키의 죽음을 통해서 드러나기 시작한다. 그녀는 일단의 자경단이 혁명군에 동조한 가족의 오두막을 불태우는 장면을 목격하게 되고, 플로렌스의 친척인 타바니Thabane로부터 이러한 범죄는 무엇인가라는 질문을 받는다. 그러나 이 질문에 그녀는 예전처럼 자신있게 답변하지 못하고 더듬거린다. "이건 끔찍한 광경입니다. … 마땅히 비난 받아야죠. 그러나 나는 다른 사람들의 말로 그것들을 비난할 수 없어요. 나는 내 자신의 말을 찾아내야 하요. 그렇지 않으면 그것은 진실이 아니에요."(98-99) 커런이 여기에서 보여주는 이러한 판단의 유보나 불확실성은 자신의 판단이 결코 타자와 공유될 수 없다는 깨달음으로부터 나온 것이다. 그 광경에 대한 "자신의 말"을 찾아내지 못했다는 말에서 알 수 있듯이, 아직 그녀가 자신의 사고체계로부터 완전히 벗어나지는 못했지만, 이제 그녀는 이 광경에 대해 다른 관점이 있을 수도 있다는 것을 인정하고 있는 것이다. 그리하여 한 남자가 그녀에게 "똥" 같은 말만 한다고 하자 그녀는 이러한 잔인한 장면을 말하기 위해서는 "신의 언어"가 필요할 것이라고 답변한다. 이는 전지전능한 신의 언어가 아니고서는 어떤 지식도 완벽할 수 없다는 그녀의 깨달음이요, 이제 그녀는 모든 지식의 한계를 인정하고 있다.

이 깨달음 때문에 그녀는 자신의 할아버지의 정원에서 찍은 옛날 사진에서 정원에서 일하는 흑인들은 빠져있다는 사실을 처음으로 알아차린다. 그리하여 그녀는 사진이 이제 그 정원에 누가 있었는지를 보여주기 보다는 누가 없었는지를 보여준다고 하면서, 그 사진은 "사진 밖에 보이지 않은 채로 있었던 것들을 보이게 해주는 새로운 종류의 네가티브가 되었다"(103)고 말하는 것이다. 자신의 이데올로기가 억압하고 배제하여 보이지 않게 했던 것들이 이제 그녀에게 보이기 시작한다. 즉 타자성이 드러나 보이도록 자신을 깨뜨려 열어젖힌 것이다. 자신의 인식의 한계에 대한 이러한 각성은 그녀가 이 사건을 전달하면서 딸에게 주는 경고에서 그 절정에 이른다.

> 네가 보는 것은 나의 눈을 통해서다. 내 머릿속에서 이야기하는 목소리는 나의 것이다. 너는 오직 나를 통해서만, 이 황량한 평지를 생각하고 공중의 연기냄새를 맡으며, 죽은 사람의 시체를 보며, 울음소리를 듣고, 빗속에서 몸을 부르르 떠는 소리를 듣는다. … 이 이야기를 너한테 하는 것은 네가 나에게 느낄 감정을 위해서가 아니라 상황이 어떻다는 것을 네가 알았으면 해서이다. 만약 이 이야기가 내가 아닌 낯선 사람의 목소리로 네 귀에 들리면 그게 너에게는 더 편하리라는 것을 너는 알고 있다. 그러나 다른 사람은 없구나. 글을 쓰는 사람은 나다. 나. 나. 그런, 부탁하건대 내가 아니라 이 글에 주목하렴. 만약 내 말에 거짓말과 구실과 핑계가 얽혀있다면 그것들에 귀를 기울여라. 그것들을 그냥 간과하지 마라. 쉽게 용서하지도 마라. 모든 것을 이 간청마저도 냉정한 눈으로 읽어라. (103-4)

이처럼 그녀는 이제 자신의 이야기는 보편적 진실이 아니라, 자신의 시각을 통해서 본 것일 뿐이며, 거짓과 핑계가 섞여있을 수도 있다고 토로하고 있다. 즉, 자신의 말은 다른 목소리들을 억압한 결과임을 인정하고 있다.

커런의 이러한 변화는 존과의 재상봉을 통해서 더욱 발전되어 간다. 존은 정치적 혁명이라는 하나의 목적에 절대적으로 헌신하는 "철의 아이"이다. 앞서 경찰차가 자전거를 타고 있는 존과 베키를 일부러 트럭에 부딪치게 함으로써 존이 심하게 다쳤을 때 커런은 그를 위해 최선을 다하지만 그에게 결코 호감을 가질 수 없었다. 그러나 그가 그녀의 집에 다시 나타났을 때, 그녀는 그에게 먹을 것과 잠자리를 제공하며, 그 후 딸에게 하는 긴 고백을 통해 "나는 너를 사랑하지만 이 아이를 사랑하지 않는다. 내 안에 이 아이를 향해 느껴지는 아픔은 없다. 조금도 없다. 그래 너는 그가 사랑스럽지 않다고 말하겠지. 그러나 너는 그 아이를 그렇게 만드는데 일조하지 않았느냐?"(136)며 자신의 오류가 무엇이었는지를 탐색하기 시작한다. 앞에서 백인이 흑인 아이들을 그렇게 잔인하게 만들었다는 플로렌스의 말에 대해서 격렬하게 비난했던 커런과는 달리, 여기에서 그녀는 자신이 직면하고 있는 그러나 결코 사랑할 수 없는 이 타자성이 바로 자신을 형성하고 있는 가치들에 의해서 만들어졌다는 인식 —비록 감정적으로는 받아들일 수 없을지라도— 에 이르렀음을 알 수 있다. 이제 그녀는 자신이 그토록 혐오했던 것에 자신도 연루되어 있다는 공모성을 인정하게 된다. 따라서 그녀에게 이제 타자는 자신을 공고히 해주는 타자로서가 아니라, 자신의 비판자로서 존재하게 된다.

이러한 통찰은 이제 그녀로 하여금 타자성이 개입해 들어올 수 있도록 자신의 사고를 해체시키는 위험 속으로 자신을 개방시킨다. "해체주의는 그의 적에게 '예'라고 말할 수밖에 없다"는 스피박의 말처럼, 그녀는 이제 자신의 구원은, "어떻게 내가 구원받을 수 있을까? 내가 원하지 않는 일을 함으로써이다. 그것이 내가 알고 있는 첫 단계다. 무엇보다도 먼저 나는 사랑스럽지 않은 것을 사랑해야 한다. 예를 들면 이 아이를 말이다. … 그는 내 구원의 일부이다. 나는 그를 사랑해야 한다"(136)라는 고백에서 드러나듯, 자신이 원하지 않은 것을 행하는 것으로부터 온다는 것을 알고 있다. 그리고 이것은 더 나아가 그녀의 딸에 대한 사랑과 연결된다. 왜냐하면 "그를 사랑하기를 원하지 않으면서 어떻게 너에 대한 나의 사랑이 진실이라고 말할 수 있겠느냐? … 내가 너를 더 사랑하면 할수록 나는 그를 더 사랑해야 한다. 내가 그를 덜 사랑하면 아마도 나는 너를 덜 사랑하는 것일게다"(137)라는 대사에서 드러나듯, 딸의 생활이 나타내는 인본주의가 그녀가 그 소년을 사랑하고자 하는 욕망의 원천이기 때문이다. 여기에서 그녀는 지금까지 그녀가 갖고 있었던 사랑의 정의를 수정하고자 노력한다. 즉 사랑하기 어려운 것 —타자성이라 할 수 있는 것— 도 포함하는 사랑에 대해서 재해석하려고 애쓴다. 동시에 그녀의 딸과 흑인 소년이 자신의 말을 들려주고자 하는 —그 말이 그들에게 닿을지는 알 수 없을지라도— 두 명의 청자임을 알 수 있다. 즉, 그녀의 딸도 남아프리카의 현재를 만든 장본인들이 죽기 전까지는 다시는 되돌아오지 않겠다는 그 절대적 의지에서 본다면 "철의 아이"인 것이다. 스피박은 이해할 수 없는 타자에 직면했을 때의 책임있는 응답이란 단지 좋은 일을 한다거나 사회사업을 한다는 의미를 넘어서는, '사랑'의 관계라고 묘사할 수 있는, 혼신의 투기를 통해서 그와의 관계를 수립하고자 하는 것이며 이것이 바로 탈식민비평가의 윤리라고 말하였다. 커런이 존에 대해서 보여주는 태도는 바로 이러한 사랑의 관계를 맺어보려는 노력이라 할 수 있다.

커런의 이러한 변화는 존의 죽음에 직면해서 더욱 명확해진다. 경찰이 그녀의 뒤뜰에서 존을 죽인 후 그를 구급차에 싣고 가려고 할 때, 그녀는 혼신을 다하여 함께 타려고 하나 저지당한다. 그 후 그녀는 집 밖으로 나와 일단의 아이들에게 수치스러운 수모 —그들은 그녀의 금이빨을 떼어 가려고 그녀의 입에 막대기를 쑤셔 넣는다— 를 당하게 되며, 퍼케일이 그녀를 구해준다. 그 때 그녀가 그에게 하는 그 긴 고백은 그녀가 이제 흑인들의 정치적 투쟁을 다르게 이해하고 있음을 보여준다. 이러한 변화는 비키가 죽은 날 그녀가 그의 사촌인 타바니와 했던 논쟁을 상기하면서, 그녀는 이제 자신이 "무슨 권리로 나는 그들의 동지애나 다른 것들에 대해서 왈가왈부할 수 있단 말인가? 무슨 권리로 나는 베키와 그의 친구가 그 투쟁에서 빠져 나오기를 바란단 말인가?"(163)라며 그들을 비난할 자격이 없음을 반성한다. 그리고 난 후 지금의 이 "철의 시대"를 만든 책임에 자신도 연루되어있음을 그녀는 "그건[범죄] 내가 물려받은 유산의 일부예요, 그건 나의 일부이고, 나는 그것의 일부이요. … 비록 내가 그 범죄를 저지르라고 하지는 않았지만, 그것은 나의 이름으로 저질러졌어요"(164)라며 직접적으로 토로한다. 그리하여 이제 그녀는 자신이 보편타당하다고 생각했던 개념들 —'명예' '수치' '선'— 이 지금의 상황에서는 부적절하고 의미가 없을 뿐만 아니라 전혀 다른 의미를 지닐 수 있음을 자인한다. 그녀는 "내가 계산하지 못했던 것은 선한 것 이상이 요구될 수도 있다는 사실이었어요"(165)

라고 말하면서 이 시대는 선한 것만으로는 충분하지 않은 시대이며, 영웅적 행위를 요구하는 시대임을 자각한다.

이 부분은 "정의는 산정할 수 없으며 그것은 우리에게 산정할 수 없는 것을 가지고서 산정할 것을 요구한다"는 데리다의 말을 상기시킨다. 사전에 미리 예측할 수 없는 압도적인 힘으로서 그녀에게 닥쳐온 타자성을 경험한 그녀는 이제 자신을 변화시켰다. 그녀의 고전고육에서 의미했던 것과는 사뭇 다른 의미의 "영웅적 행위"의 필요성을 그녀는 인정하고 있으며, 이는 흑인아이들에게 정치적 투쟁은 불가피하다는 것을 그녀가 이제 이해하고 있음을 암시한다. 그녀가 앞서 플로렌스와 타바니에게 동지를 위한 아이들의 희생적 죽음을 막지 않는 것은 옳지 않다고 강력하게 비난했지만, 이제 그녀는 자신이 어떤 말로도 아이들의 영웅적 자기희생을 손상시킬 수 없다고 생각한다. 윤리적 행동이란 어떤 고유한 상황의 타자성과 독자성에 대한 책임있는 응답이라는 데리다의 말처럼, 그들의 상황에서 윤리적인 행동은 동지애와 단결성 그리고 맹목적인 용기인 것이다.

스피박이 윤리적인 것은 "지식의 문제가 아니라 관계의 문제이다"라고 했듯이, 커런이 존에게 보여주는 태도는 자신의 사고에 저항하는 것과 관계를 맺어보려는 노력이며, 자신의 사고로써는 결코 포착할 수 없는 어떤 부름에 대한 응답이자, 이 부름과 실행 사이에서 취해지는 행동인 것이다. 이 행동은 어떤 법칙에 근거한 계산의 결과도 아니고 또한 어떤 이성적 도식으로서 설명할 수도 없다.

이런 맥락에서 커런의 삶을 송두리째 무너뜨리는 타자성으로서의 흑인 소년의 이름, 존John이 세례자 요한John the Baptist과 같다는 것은 매우 의미심장하다. 커런이 흑인 소년 존의 죽음을 통해서 자신이 아파르트헤이트라는 범죄와 연루되어 있는 죄인임을 고백했고, 세례가 죄를 씻어내고 다시 태어나는 의식임을 생각하면, 커런은 자신의 동일성을 파괴시키는 타자성의 경험, 즉 존과의 조우를 통해서 새로 태어난 것이다.

## 가장 신뢰할 수 없는 것에 대한 신뢰: 떠돌이 퍼케일과의 조우

타자성의 윤리 및 책임에 대한 문제는 또 다른 타자성의 현현이라 할 수 있는 퍼케일과 커런의 관계에서 더욱 극명하게 드러난다. 『철의 시대』는 암진단을 받은 커런이 딸에게 "만약 네가 이 말들을 읽게 되면, 이 말들이 네 안으로 들어가서 새로이 숨을 쉬게 될 것이다, 이 말들은 내가 계속 살아가는 방식이다, 옛날에 내가 나의 어머니 몸 속에서 살았듯이, 한때 너는 내 안에서 살았다. 내가 나의 어머니를 향해 나아가는 지금, 그녀는 아직도 내 안에 살아있다. 나도 네 안에서 살아있으면 싶다"(131)라고 보내는 긴 편지이다. 그러므로 이 긴 편지는 자신이 죽기 전까지는 딸이 받아볼 수 없는 하나의 선물로서, 만일 그 딸이 이 편지를 받는다면 그녀는 딸 안에서 계속 살아갈 것이다. 따라서 그녀가 죽은 후 이 편지를 전해줄 전달자에 대한 절대적 신뢰가 핵심적인 문제가 된다.

그녀가 그 일을 맡기는 사람은 그녀가 죽음을 선고받은 날 그녀 집에 나타난 떠돌이 퍼케일이다. 그는 알콜 중독자이자 노숙자이며, 인간관계나 공동체의 의무와는 거리가 먼, 상식적으로 볼때, 이 일을 맡기기에는 가장 신뢰할 수 없는 부적절한 사람이다. 그는 일상적 규범을 벗어나 있는 사람으로서, 노동과 보상이라는 경제논리에는 전혀 무감각한, 이성적 판단으로는 예견할 수도 이해할 수도 없는 인물이다. 이처럼 그는 정치적 투쟁에 헌신하는 흑인들의 타자성과는 전혀 다른 타자성으로서 커런 앞에 나타난다. 플로렌스, 타바니, 존, 베키는 식민주의가 만들어낸 역사적 타자이다. 그들이 커런의 자유 인본주의 원칙들과 고전교육에 의문을 던지게 함으로써 사회개혁을 위한 정치적 투쟁의 필요성을 역설했다면, 퍼케일의 불가해성은 정치라는 그러한 이성주의적 도구만으로는 정의의 실현은 충분하지 않음을 보여주고 있다.

윤리적 책임이란 도덕이나 정치를 넘어서는 요구이다. 그것들은 사회가 우리에게 강요한 것들, 내면화된 법칙들과 목표들에 기대고 있는 반면에, 윤리적 요구란 그것들이 억압하고 배제한 것들에 대한 관심과 응답을 요구한다. 퍼케일은 바로 이러한 응답을 요구하는 타자성으로서 커런 앞에 나타난다. 책임이라는 것과는 가장 거리가 먼 퍼케일에게 커런이 자신의 마지막 삶의 의미가 달려있는 편지를 그녀의 딸에게 부쳐줄 사람으로 지정하고, 그와의 관계를 형성해가는 과정은 자신의 자유 인본주의의 합리성이나 모든 도구주의를 초월하는 어떤 고유한 타자성에 대한 응답과 책임을 보여주는 과정이다. 이런 맥락에서 애트리지(Derek Attridge)는 커런이 자신의 행위의 동기에 대해 침묵하는 것은 자유 인본주의 언어로는 그러한 윤리적인 응답을 설명할 수 없음을 증거하는 것이라고 설명하고 있다.

퍼케일의 도착으로부터 시작되는 『철의 시대』는 그가 처음부터 그녀의 사고와 가치를 수정하고 비판하는 타자로서의 역할을 할 것이라는 것이 암시된다. 그는 "키가 크고 마르고 쭈글쭈글한 피부에 충치먹은 긴 송곳니하며, 헐렁한 회색 옷에 챙이 축 늘어진 모자를 쓴 … 동냥을 하고, 고가도로에서 술을 마시고, 쓰레기 깡통을 뒤져 먹는 떠돌이"(3-4)로 상세하게 묘사됨과 동시에 "방문객, 하고많은 날 중에서 하필이면 이 날, 나를 찾아온 방문객"(4)으로 묘사된다. 그 날이 바로 그녀가 말기 암 진단을 받은 날임을 감안할 때, "방문객"이라고 명명되는 그의 존재는 '고지자'annunciator라는 문화적, 역사적 의미를 암시하고 있음을 알 수 있다. 실제로 커런은 "그의 눈길 속에서 자신을 보며 … 그에 대해서 쓰는 것은 자신에 대해서 쓰는 것이다"(9)라고 말하고 있다.

시간이 지나 그와 커런이 조금씩 가까워져도 그의 타자성은 전혀 감소하지 않는다. 그의 과거뿐만 아니라 인종조차도 불확실하다. 남아프리카어로 퍼케일verskuli은 "자아의 은폐 또는 위장"을 의미한다는 페리(Benita Perry)의 설명처럼, 심지어 퍼케일이라는 그의 이름조차도 확실하지 않다. 그의 이름을 묻는 플로렌스에게 커런은 "그의 이름은 퍼케일, 퍼킬, 퍼스킬, 잘 모르겠어 … 나는 그런 이름을 전혀 들어본 적이 없어"(37)라고 말한다 이처럼 퍼케일은 어떤 범주화도 거부하는 인물이다. 베키와 그의 친구는 그를 "개 같은 인간"이라고 말하면서 폭력을 휘두르고, 플로렌스 또한 "그는 쓰레기에요. 아무짝에도 쓸모없는 사람이죠"(47)라고 말한다. 즉 그는 흑인 아프리카인들 사이에서도 타자, 그것도 가장 쓸모없는 타자인 것이다. 이에 대한 커런의 대꾸는 "쓰레기 같은 사람은 없어. 우리는 모두 사람일 뿐이야"(47)이다. 이는 정치적 도구주의나 이성적 합리주의에 대한 커런의 저항감을 보여주는 것이자, 그녀의 윤리가 단순한 도덕이나 법을 넘어서는 훨씬 더 근원적인 것임을 암시하는 것이다.

상식적으로 볼 때, 퍼케일은 결코 어떠한 약속이나 책임을 떠맡아 수행할 사람은 아니다. 때문에 커런이 그를 자신의 딸에게 편지를 부쳐줄 사람으로 결정한 것은 지금까지의 그녀의 믿음과 가치의 기준으로서는 설명될 수 없다. 한 인터뷰에서 쿳시는 『철의 시대』에 대해서 자신이 접근하는 윤리적 당위는 없지만, 엘리자베스 커런은 이러한 당위를 믿는 사람이다고 언급하였다. 이렇듯 그러한 결정은 그녀의 윤리적 당위로부터 온 것이라고 볼 수 있으며, 그것은 타자에 대한 신뢰성과 관련된 문제이다. 나중에 그녀가 퍼케일이 편지를 부쳐줄 것인지에 대해서 확신하지 못하면서 자신의 결정에 대해 하는 생각은 타자성에 대한 윤리와 책임, 그리고 미래가 어떻게 이러한 신뢰에 기반하고 있는가를 단적으로 보여주고 있다:

> 만약 퍼케일이 이 글을 보내지 않는다면, 너는 결코 이걸 읽지 못할 것이다. 너는 이글이 존재했다는 사실도 모를 것이다. 진실의 어떤 부분에는 결코 살이 붙지 않을 것이다. 나의 진실 말이다. 내가 이 시대 이곳에서 어떻게 살았느냐 하는 것 말이다.
> 내가 퍼케일과 함께, 퍼케일에게 거는 내기란 무엇일까?
> 그것은 믿음에 관한 내기다. 그건 부탁이라고 하기에는 너무 작은 것이다. 소포를 우체국에 가서 카운터에 넘겨달라는 것 뿐이다. 그건 너무 작은 것이어서 거의 아무것도 아니다. 소포를 집어드는 것과 집어들지 않는 것 사이의 차이란 깃털처럼 가볍다. 만약 내가 죽었을 때 믿음, 의무, 충성심이 그에게 조금만 남아 있어도 그는 분명히 그걸 집어들 것이다.
> 만약 그렇지 않다면?
> 그렇지 않다면 믿음이 없는거다. 우리는 우리 모두는, 차라리 구멍 속으로 떨어져 사라지는 게 더 나을거다. 나는 퍼케일을 신뢰할 수 없기에 그를 신뢰해야 한다. (130)

여기에서 우리는 신뢰의 문제가 남아프리카의 미래, 우리 모두의 미래와 관련되어 있음을 알 수 있다. 그 일을 수행하리라는 확실성을 가지고 일을 맡기는 것은 신뢰가 아니다. 신뢰란 불확실성으로부터 나오는 것이다. 다시 말해서 신뢰란 곧 타자에 대한 신뢰여야 한다. 커런은 바로 이 점을 간파하고 있다. 퍼케일의 타자성은 그녀의 문화가 거부해 왔던 것들, 그리고 그녀 자신이 자신의 가치를 형성해 오면서 거부해 왔던 것들로부터 유래하며, 따라서 그녀의 도덕적 원칙들 —책임, 의무, 청결, 질서 등— 을 교란시키고 있다. 그러므로 커런의 행위는 어떤 법칙에 준한 예견할 수 있는 정치적인 것도 아니고, 타인에 대해서 바르게 행동하라는 자유 인본주의의 가르침에 의한 것도 아니다. 그것은 남아프리카의 아파르트헤이트라는 고유한 상황에 대한 그녀 자신의 윤리적인 응답으로서 결코 논리적으로 설명할 수 없다. 그것은 마치 아버지 유령에 직면해서, 그가 세워야 할 정의를 위해서 기댈 수 있는 어떤 법칙도 없이, 모든 위험을 무릅쓰고 스스로 판단하고 결정해야 하는 햄릿의 책임과 같다. 그녀가 자기 딸에게 남겨주고자 하는 것은 바로 이러한 자신의 신뢰가 의미하고 있는 바이며, 그러한 의미를 정보나 교훈으로서가 아니라, 그 경험 자체의 공유를 통해서이다. 이는 곧 "자신의 특권을 상실로 고쳐 배우는" 경험인 것이다.

레비나스(Emmanuel Levinas)는 타자성이란 주체로부터 분리된 외재성의 형식이며, 주체 안으로 동화될 수 없는 잉여의 장소이고, 주체가 부과하는 모든 경계와 한계를 넘어서는 무한한 범주라고 말하고 있다. 그리고 이러한 타자와 대면한다는 것은 타자의 요구에 자신을 개방하여 그것에 응답을 보내는 것이다. 이 응답을 레비나스는 근접성proximity의 개념, 즉 "타자의 근접성은 타자가 단순히 공간적으로 나이게 가까이 있다거나 부모처럼 가깝다는 사실로서가 아니라, 그는 내 자신이 그에 대한 책임이 있다고 느끼는 한 —내가 존재하는 한— 본질적으로 나에게 다가온다는 사실로서 제시되는 것이다"(96)라고 설명하고 있다. 다시 말해서, 타자는 나를 초월해 있어서 내 안으로 포함될 수 없는 존재지만, 그는 주체를 손짓해서 부르며, 주체에게 무한한 책임을 경험케하는 존재인 것이다.

『철의 시대』에서 퍼케일은 커런에게 바로 그러한 존재이다. "내가 당신을 택한 건 아니에요. 그러나 당신은 여기에 있죠. 그래야만 하구요. 당신이 왔어요. 마치 아이를 갖는 것과 같아요, 아이를 선택할 수는 없는 법이잖아요. 아이는 그저 올 뿐이죠"(71). 태어난 아이에게 전적으로 책임을 지듯이, 우리는 타자에 대해 이미 빚지고 있는 것이다. 그것은 어느 정도 계산된 책임이 아니라 절대적인 책임의 문제이다. 물론 대부분의 사람은 이를 거부한다. 하지만 『철의 시대』는 고전문학자로서 일생을 자유 인본주의의 법칙에 따라 살아왔던 사람이지만, 논리적 계산없이, 그리고 어떤 결과가 도래할지 전혀 모르는 암흑 속에서, 이 책임을 받아들인 사람에게 어떤 일이 일어났는가를 보여주고 있다. 퍼케일은 끝까지 불가해한 사람으로 남아 있으며 마지막에는 다른 어떤 것으로도 결코 환원될 수 없는 절대적 타자성인 죽음과 융합된다.

여기에서 우리는 앞서 인용했던 레비나스의 "근접성"의 의미 안에 커런과 퍼케일의 관계가 들어있음을 알 수 있다. 그의 품안에서 "처음으로 아무 냄새도 맡지 못하는"(198) 커런의 모습에서 알 수 있듯이 그녀는 이제 타자에 동화된 모습이다. 그러나 또한 동시에 그의 팔 안에서 그녀 자신이 절대적 타자로서 그에의 의존에 노출되어 있다. 즉 그들은 서로에 대해 책임과 의무를 지닌 존재로서 드러난다. 퍼케일도 이제 "단 한명의 이웃도 가지고 있지 않은 낯선자"(Levinas)의 간청에 윤리적 응답을 보내고 있으며, 이는 바로 커런이 그에게 보여주었던 혼신을 다한 응답의 소산이다.

## 사람은 무엇으로 사는가?

일반적으로 쿳시의 작품은 다원성, 형식의 창의성, 자신의 작품과 권위에 대한 자기심문이라는 면에서는 다른 어떤 아프리카의 작가들과 비교할 수 없이 훌륭함에도 불구하고 그의 작품은 그것이 그리고 있는 정치적 상황을 깨뜨리기 위한 투쟁의 힘을 분산시켜 버린다고 비판받고 있다. 대부분의 아프리카 좌파 작가들의 비판도 같은 맥락에서 행해지고 있다. 즉 그들은 쿳시가 탈식민 사회에 사는 백인의 양심의 고뇌만을 다룸으로써 역사적 리얼리티를 회피하는 작가라는 것이다. 1978년 한 인터뷰에서 쿳시는 고디머(Nadine Gordimer)의 비판적 리얼리즘의 성취를 창찬하면서, 오늘날 소설은 비판적 리얼리스트 유형보다 더 큰 목적을 추구하는 것이라고 말한다. 그는 작가에게는 두 가지 의무, 즉 사회가 부과하는 의무와 양심이라고 부를 수 있는 작가 고유의 어떤 의무가 있다고 말하면서, 이 두 번째 의무를 그는 "초월적 명령"이라고 부른다.

페리를 비롯한 일련의 비평가들은 그가 사회적 책무를 소홀히 한다고 비판하고 있지만, 쿳시는 자신의 관심이 이 두 번째에 있다고 천명하고 있다. 더 나아가 그는 자신을 공동체가 공유할 수 있는 정의의 "고지자"로 간주하지 않는다. 왜냐하면 그는 고지자가 되기 위해서는 얼마동안 자신의 족쇄로부터 풀려나서 진짜 세계에서 돌아다녀 보아야한다고 생각하기 때문이다. 따라서 그는 자신을 "자유에 대한 암시를 품에 안고서(쇠사슬에 묶여있는 죄수들이 가슴에 품고 있듯이), 자신들의 족쇄를 풀어버리고 그 얼굴을 빛을 향해서 돌리는 사람들의 이미지를 구축하는 사람"으로 간주한다.

이처럼 쿳시는 폭력적인 역사적 상황에 감금되어 있는 사실을 실재는 모른 채 그림자의 세계에 묶여있는 플라톤의 동굴의 세계에 비유하고 있다. 동굴 속의 사람들이 실재를 모르듯이, 그도 역사적 상황에 감금되어 있기 때문에 그의 역할은 자유 그 자체를 재현하는 것이 아니다. 이는 실재의 근거없음이라는 그의 포스트모더니즘적 사고를 보여줄 뿐 아니라, 자신의 위치, 즉 남아프리카에서 백인으로서 글을 써야하는 입장에 대한 성찰의 결과일 것이다. 따라서 그는 자신을 동굴 밖으로 나와 실재를 본 선구자로 간주하지 않는다. 그도 커런처럼 우리 모두는 "신의 언어"를 가질 수 없음을 인식하고 있다. 즉 이 작품에서 사회 구성원들이 공통적으로 의존할 수 있는 공유된 판단의 근거는 없다. 그러한 맥락에서 볼 때 쿳시가 자신의 의무라고 말한 "초월적 명령"이란 "나는 영혼이 대접받지 못하는 시대에 영혼을 살아있게 하려고 애쓰고 있다"(130)라는 표현처럼, 바로 이 폭력적인 혼란의 시대에 행위의 근거로서 모두가 공유할 수 있는 윤리의식을 살아있게 하는 것이다.

그런 점에서 볼 때, 이 작품에서 퍼케일이 "죽음의 천사"의 이미지와도 중첩되고 있다는 사실은 매우 의미심장하다. 커런이 암 말기 선고를 받은 날 그는 그녀 앞에 나타나 그녀의 편지를 딸에게 전달해줌으로써(만약 그가 전달한다면) 딸 안에서 계속 살아갈 수 있게 해주는 죽음의 구원자이다. "그는 분명히 천사는 아니다"(14)라고 커런은 말하지만, 바로 다음에 그녀는 톨스토이의 천사의 이야기를 읽는다. 따라서 톨스토이와 칸트에서 나타난 죽음의 천사라는 맥락에서 보면, 퍼케일이 던져주는 의미는 더욱 분명해진다. 톨스토이의 「사람은 무엇으로 사는가?」"What Men Live By"에서의 죽음의 천사는 구두장이 사이몬과 그의 아내에게 찾아와 "인간은 자신을 보살피는 것에 의해서 살아가는 것처럼 보이지만 사실은 사랑으로써 살아가는 것이다"(81)라고 말한다. 마찬가지로 커런은 이 작품에서 그녀가 절대 사랑할 수 없는 사람들을 사랑함으로써만 자신이 구원될 수 있다는 것을 배우게 된다.

칸트의 『미와 숭고에 대한 관찰들』*Observations on the Feeling of the Beautiful and the Sublime*에서의 죽음의 천사는 사고의 실험에 나타난다. 이 실험에서 다른 사람들에 대한 동정과 사랑으로부터 자신의 마음의 문을 닫아버린 구두쇠 카라잔Carazan은 영원한 침묵과 고독이라는 공포 속에 갇히게 된다. 신에 대한 돈독한 신앙심에도 불구하고 인간에 대한 사랑의 마음을 닫아버린 카라잔에게 신이 내린 형벌이 영원한 고독이었다는 이 이야기를 한나 아렌트(Hannah Arendt)는 사람은 "그들의 필요나 보살핌에서 뿐만 아니라 인간의 최고의 기능인 인간정신도 인간사회를 떠나서는 기능할 수 없다는 점에서 상호의 존적"임을 보여준다고 해석한다. 따라서 퍼케일과 연관된 톨스토이 이야기와 칸트에서의 죽음의 천사에 대한 인유를 고려해 보면, 쿳시의 이 작품은 지배와 피지배적 관계의 사회, 즉 상호 호혜성이 부정되는 식민지 상황에서의 윤리적 공동체를 세워보려는 시도라 볼 수 있다. 그리고 이를 위해서는 커런과 같은 윤리적 태도(사랑이라고 부를 수 있는)가 없이는 불가능하다는 것을 보여주는 것이다. 이것이 바로 그가 더 중요하게 생각하는 작가의 의무, 즉 그가 초월적 명령이라 부른 것이다.

"아직 나타나지 않은 무엇에 대한 책임"을 받아들여 이 "아직 나타나지 않은 무엇"을 나타나게 하려는 이러한 윤리적 태도는 주체의 끊임없는 해체와 사고의 말살이라는 고통을 필연적으로 수반할 수밖에 없다. 그러나 동시에 역설적으로 그러한 고통은 미래를 열어 젖히는 힘이 되는 것이다. 『철의 시대』에서 커런이 암에 걸린 자신의 몸을 남아프리카 전체의 위기의 축소판으로 비유하고 있다는 점에서 보면, 마지막에서의 커런의 죽음은 또한 남아프리카의 새로운 지평의 열림으로 볼 수 있을 것이다.

# 참고 문헌


Attridge, Derek. "Literary Forms and the Demands of Politics." *Aesthetics and Ideology*. Ed. George Levine. New Brunswick: Rutgers UP, 1994.

________. *J. M. Coetzee and the Ethics of Reading*. Chicago: The University of Chicago Press, 2004.

Coetzee, J. M. *Age of Iron*. New York: Penguin Books, 1998.

________. *Doubling the Point: Essays and Interviews*. Ed. David Attwell. Cambridge: Harvard UP, 1992.

Derrida, Jacque. "Comment Donner Raison? 'How to Concede with Reasons?'" *Diacritics* 19. 3-4 (1989) 4-9.

________. "Force of Law: The Mystical Foundation of Authority." Trans. Mary Quaintance. *Cardozo Law Review* 11. 5-6 (july August 1990): 921-1045.

________. "Eating Well,' or the Calculation of the Subject: An Interview with Jacques Derrida." *Who Claims after the Subject?* Eds. Eduardo Cadava, Peter Conner, Jean-Luc Nancy. New York: Routledge, 1991.

Hesiod. *Poems and Fragments*. Trans. A.W. Mair. Oxford: Clarendon Press, 1908.

Levinas, Emmanuel. *Ethics and Infinity: Conversations with Philippe Nemo*. Trans. Riochard Cohen. Pittsburg: Duquesne UP, 1985

Spivak, Gayatri Chakravorty. "A Response to 'The Difference Within: Feminism and Critical Theory." *The Difference Within: Feminism and Critical Theory*. Eds. Elzabeth Meese & Alice Parker. Amsterdam: John Benjamins Publishing Company, 1989.

________. *The Postcolonial Critic: Interviews, Strategies, Dialogues*. Ed. Sarah Harasym. New York: Routledge, 1990.

## 생각해 보기

❶ 이 작품의 형식이 부재하는 딸에게 보내는 편지형식으로 되어 있다는 점을 이 작품의 전체의 의미와 관련해서 생각해 보자. 또 이 작품에서 어머니와 딸의 관계가 화자와 청자의 관계라는 맥락에서 쿳시의 글쓰기와 독자와의 관계도 토론해 보자.

❷ 일반적으로 쿳시의 소설은 이분법적인 논리에 묻히고 억압되어 들리지 않은 목소리, 즉 중간자적인 목소리에 대한 사유라고 알려져 있다. 이러한 관점에서 이 작품을 논해 보자.

❸ 이 작품의 마지막은 매우 모호하다. 퍼케일의 포옹 속에서 커런은 죽지만, "그 포옹에서는 아무런 온기도 느낄 수 없었다"에서 암시하듯이 또한 결코 희망적이지 않다. 이러한 모호성을 작품 전체와 관련해서 토론해 보자.

영어권 소설로 읽는 다른 세계들

# 카리브해

Vidiadhar Surajprasad Naipaul

# 식민지 근대 풍경에 관한 어떤 보고서

— V. S. 나이폴의 『미겔 스트리트』로 읽는 카리브해 사회

V. S. 나이폴(Vidiadhar Surajprasad Naipaul)은 영국 작가로 소개되는 경우가 많지만, 그의 작품 세계를 깊이 있게 이해하기 위해서는 '카리브지역 및 제3세계에 관한 글을 쓰는 카리브 출신 인도계 영국 작가' 라는, 그를 설명하는 다소 복잡한 어구를 염두에 둘 필요가 있다. 나이폴 스스로 작품을 통해 밝히고 있듯이, 그의 가계는 노예제 폐지 이후 식민지 플랜테이션 산업의 노동력을 충당하기 위해 대영제국의 정책에 따라 카리브지역으로 이주했던 수십만의 인도인 그룹에 속한다. 사탕수수, 담배, 커피, 코코아 등 주로 유럽인들의 값비싼 기호식품을 생산했던 카리브지역 플랜테이션 산업은 아메리카 원주민을 혹독한 강제 노동으로 절멸시키고 수백만 명의 아프리카인을 노예화하여 강제 이주시켰으며, 노예제도가 폐지된 후에는 계약노동제(indentured system)라는 제도를 통해 인도, 중국 등지에서 수십만 아시아인들을 이주시킴으로써 이 지역을 온갖 인종들이 한데 뒤섞인 '노동력 수용소' 로 만들어 놓았다. 나이폴이 성장기를 보냈던 트리니다드 역시 이처럼 여러 인종과 문화가 얽히고설켜있는 곳이었으며, 특히 그가 속했던 힌두교 인도인 그룹의 인종적, 문화적 폐쇄성이나 인구의 다수를 차지했던 흑인 사회와의 갈등이 그에게 커다란 영향을 미쳤다는 사실은 그의 여러 작품을 통해 확인된다.

나이폴은 '제3세계의 민족주의 운동에 대해 냉정한 비판을 서슴지 않는 작가로도 유명한데, 특히 『게릴라들』(*Guerrillas*)이나 『흉내 내는 사람들』(*The Mimic Men*) 또는 『강이 구부러드는 곳』(*A Bend in the River*) 등과 같은 작품들이 그 대표적 예에 속한다. 이 때문에 나이폴은 '제3세계' 작가들이나 탈식민주의 비평가들의 맹렬한 비판의 대상이 되기도 했지만, 다른 한편으로는, 자신이 속한 사회가 어째서 지금과 같은 모습으로 존재하는가에 대한 치열한 탐색이 그의 문학의 바탕을 이룬다는 점, 그의 글쓰기가 이런 문제들을 다루는 데 있어 결코 손쉬운 결론을 선택하지 않는다는 점 역시 커다란 호소력을 갖는 것도 사실이다.

나이폴은 18세가 되던 1950년, 옥스퍼드 대학에 입학하기 위해 영국 유학길에 오른 이래 현재까지 영국에 거주하고 있으며, 1957년 『수수께끼 안마사』(*The Mystic Masseur*)를 시작으로 2004년에 발표한 최근작 『마법의 씨앗』(*Magic Seed*)에 이르기까지 소설 및 여행기, 에세이를 망라하여 스물 여덟여 권에 이르는 작품을 발표했다. 호손상, 스미스상, 부커상 등 주요한 문학상을 거쳐 2001년 노벨문학상을 수상함으로써 세계 문단에서 확고한 지위를 점하게 되었으며, 가장 많이 읽히는 나이폴의 작품으로는 『미겔 스트리트』(*Miguel Street*), 『비스와스 씨를 위한 집』(*A House for Mr. Biswas*), 그리고 노벨문학상 수상 작품인 『당혹스런 도착』(*The Enigma of Arrival*) 등이 있다.

이 글의 출전

「캘리번의 저주, 프랑켄슈타인 '괴물'의 비명: 카리브해 문학」. 『문학들』. 제28호 (2012): 79~94페이지에서 수정·보완함.

# 식민지 근대 풍경에 관한 어떤 보고서

## — V. S. 나이폴의 『미겔 스트리트』로 읽는 카리브해 사회

### 나이폴과 『미겔 스트리트』

18세에 작가가 되기 위해 영국으로 건너간 나이폴은 오로지 작가로서 성공해야 한다는 강박증과 외로움을 견디며 『미겔 스트리트』를 집필한 것으로 알려진다. 그가 자신의 글쓰기의 출발점으로 삼았던 것은 고향 트리니다드 사람들이 어째서 그와 같은 모습으로 그곳에, 그런 방식으로 존재하고 있는가를 질문하는 것이었다. 이를 테면, 나이폴이 『미겔 스트리트』의 열일곱 개의 에피소드에서 묘사하는 인물들은 이렇다. "세상에서 가장 권태로운 사람"(1)인 보가트Bogart는 하루 종일 똑같은 카드 게임을 반복하거나 뚜렷한 목적지도 없이 미겔 스트리트를 탈출했다 돌아오기를 반복하고, 미치광이 맨맨Man-man은 길바닥에 글씨를 휘갈기는 일로 하루를 소일한다. 조지George는 자식들과 병든 아내를 매일 같이 폭행하며 모건Morgan은 사람들을 웃기기 위해 불꽃놀이로 자신의 집을 화약에 날려버리는가 하면, 바쿠Bhakcu는 새로 산 자동차를 해체했다 조립하기를 반복하다. 포포Popo는 "이름 없는 물건"(8)을 만드는 미겔 스트리트의 목수이고 블랙 워즈워스Black Wordsworth는 22년 동안 한 편의 시를 쓰고 있는 시인이다.

『미겔 스트리트』의 열일곱 개 에피소드들은 미겔 스트리트에 거주하는 대단히 다채로운 인물군상들을 등장시키지만, 화자로 등장하는 여덟 살 어린 소년의 서술 방식은 세세한 묘사나 설명 대신 겉으로 드러나는 모습과 행위들을 피상적으로 서술하는 데 그친다. 또한 작가는 인물들의 행위를 설명해 줄 수 있는 일관된 서사나 매끄러운 플롯 구조 조차 부여하지 않는다. 독자는 그저 소년의 서술을 통해 드러나는 인물들의 낯설고도 기괴하기 짝이 없는 행위들과 맞닥뜨려질 뿐이다. 이를테면, 독자는 보가트라는 인물이 어째서 갑작스레 미겔 스트리트를 떠났다가 되돌아오기를 반복하는지, 포포는 왜 "이름 없는 물건" 따위들을 만드는지, 하루 종일 길바닥에 쪼그려 앉아 알파벳 글자를 쓰는 맨맨의 사연은 무엇이며 자동차를 부수었다 조립하기를 반복하는 바쿠의 행위는 어떻게 이해해야 하는지 등등에 관해 별다른 정보를 얻을 수 없다. 미겔 스트리트 주민들에 대한 이와 같은 묘사방식은 나이폴의 의도적인 서술 전략과 관계된다고 할 수 있다. 즉, 이는 구식민지 카리브 사회와 유럽 사회 사이의 간극과 이질성에 대한 작가의 대응 방식으로 볼 수 있는데, 나이폴은 이를 손쉽게 메우기보다 오히려 양자 사이의 차이와 이질성을 드러내주는 방식을 택함으로써 식민지 사회의 현실에 대한 독자들의 관습적인 이해를 방해하는 효과를 낳는다.

『미겔 스트리트』가 다루는 시기는 1, 2차 세계대전을 전후하여 트리니다드에서 급속한 서구식 근대화가 진행되고 있던 1930년대 무렵부터 1940년대 말까지의 시점이다. 이 시기는 19세기 중반 노예제도에서 해방된 흑인들이 플랜테이션을 떠나 새롭게 정착하면서 형성된 도시 공간에 이후 계약노동제의 폐지로 역시 사탕수수 농장을 떠나게 된 인도인들이 대거 이주함으로써 도시 인구가 급증하게 되는 시점이다. 더불어 도시의 팽창과 함께 자본주의적 시장경제가 형성되기 시작하고 20세기 초반부터 이루어졌던 트리니다드 남부지방을 중심으로 한 유전의 개발과 2차 세계대전 시기 미군의 주둔과 미군기지의 건설 등으로 도시를 중심으로 경제나 문화적인 측면에서 커다란 변화를 겪는 시기이기도 하다. 따라서 당시의 트리니다드 사람들은 유럽의 식민지 정책의 변화에 의해 노예제나 계약노동제와 같은 속박에서 벗어났지만, 급속히 형성된 도시적 공간에서 소위 '근대화'라는 틀로 주어지는 서구의 압도적인 경제적, 문화적 영향아래 놓이게 된다.

그러나 『미겔 스트리트』의 인물들은 이와 같은 도시의 근대적 삶이 요구하는 자율적이고 독립적 개인으로서의 삶을 구성해 나갈 기반을 결여하고 있다. 미겔 스트리트의 주민들은 작중 화자로 등장하는 소년의 가족이나 보가트처럼 사탕수수 농장을 떠나 도시로 이주한 인도인들과 흑인들로 이루어져 있다. 그들이 새롭게 맞이하게 된 도시에서의 삶은 더 이상 플랜테이션 노동에 종속되는 수동적인 삶이 아니다. 자본주의적 경제관계를 기반으로 하는 근대적 도시의 삶은 그들이 소비와 생산에 참여할 수 있는 자율적이고 독립적인 개인이 될 것을 요구한다. 이것은 모두가 생계를 꾸릴 직업을 가져야하고 다양한 인종이 혼재하는 도시적 삶 속에서 각자 존재의 기반을 확보해야하는 상황에 직면함을 의미한다. 그러나 보가트와 해트Hat의 삶에서 알 수 있듯이 이들은 급격한 문화적 단절을 경험하며 전문적 기술이나 영어의 습득 등 직업을 갖기 위한 최소한의 조건조차 갖추지 못한 상태로 근대화된 도시의 삶에 맞닥뜨려진다.

미겔 스트리트라는 소설 속 공간은 유럽 제국주의 국가들의 식민지 경영의 직접적 결과로 형성된 카리브해 사회 전체를 대표하는 상징적 의미를 갖는다. 따라서 그 구성원들의 삶을 이해하는 문제는 무엇보다도 이 지역에서의 유럽의 식민지배 방식과 직접적으로 연결되어 있다. 이런 측면에서 볼 때, 미겔 스트리트의 주민들이 드러내는 부조리함 혹은 기괴한 측면은 카리브해 사회가 서구의 근대성과 맞닥뜨리면서 처하게 되는 특수한 역사적 상황에 기반하여 규명될 필요가 있다. 즉, 미겔 스트리트라는 공간을 이해하는 작업은 제국주의와 식민주의의 형태로 발현한 서구의 근대성의 '그림자'를 더듬어가는 과정이기도 하다.

## 미겔 스트리트의 기괴한 인물들

『미겔 스트리트』에 등장하는 인물들은 매일같이 그저 할일 없이 빈둥거린다. 해트는 거리의 아이들을 데리고 크리켓 구경을 다니거나 온갖 종류의 내기 도박을 일삼고, 어떤 때는 아침부터 저녁까지 신문을 뒤적거리며 보낸다. 보가트 역시 졸음에 겨운 눈과 우울한 표정으로 아침부터 저녁까지 매일을 카드게임을 하며 소일하는 권태로운 삶을 이어간다. 보가트는 양복점을 운영하는 척하지만 아무도 그가 옷을 짓는 것을 본 적이 없다. 그의 옆집에 사는 목수 포포는 가구 한 점 만들지 못하면서도 늘 대패질과 끌질로 분주하지만, 보가트는 심지어 이런 행위조차 하지 않는다. 매일 아침 해트와 보가트는 "거기 별 일 없나?"(1)라는 안부를 반복적으로 주고받지만, 이것은 사실상 그들에게 아무 일도 일어나지 않을 것임을 환기시켜주는 일종의 역설적 대화에 지나지 않는다.

『미겔 스트리트』의 인물들 대부분은 마땅한 직업이 없다. 조지는 자식들과 아내를 매일 같이 폭행하며 병약한 아내에게 생계를 의존한다. 미겔 스트리트 주민들에게 미치광이로 이름이 난 맨맨은 평생 일이라는 것을 해본 적이 없으며, 길거리에 글씨를 그적거리며 하루 종일 시간을 보내는 인물이다. 모건은 사람들을 웃기기 위해 스스로 우스꽝스러운 짓을 하거나, 자신이 심취해 있는 아름다운 불꽃을 만들어낼 궁리를 하며 소일한다. 모두 기이한 괴짜처럼 보이는 미겔 스트리트 사람들을 하나로 묶을 수 있는 공통점이 있다면 그것은 바로 게으름과 이에 뒤따르는 무능함이라고 할 수 있다.

로빈슨 크루소Robinson Crusoe와 같은 근면함과 성실함이라는 청교도적 덕목을 갖춘 개인적 존재를 필요로 하는 근대 유럽의 자본주의적 가치체계와 규범에서 보았을 때 해트와 보가트 등 미겔 스트리트의 대다수 주민들은 열등한 식민지인의 전형들에 해당되는 셈이다. 그들의 삶이 그토록 궁핍하고 황폐한 것은 전적으로 그들의 게으름과 무능력에서 기인하는 것이다. 그러나 나이폴이 후에 다른 글을 통해 소개하는 보가트의 이야기는 이들이 왜 미겔 스트리트에 그러한 모습으로 존재해야 하는가를 설명해준다.

보가트는 나이폴의 어린 시절 기억 속에 실존하는 인물로서 인도의 펀잡Punjab 지역 출신인 보가트의 아버지가 트리니다드로 이주하는 기나긴 항해 도중 선상에서 목숨을 잃게 된 후 낯선 땅에 홀로 남겨져 여러 불운을 겪게 되는 인물이다. 트리니다드의 사탕수수밭에 정착하게 된 인도인 마을의 가장자리에서 변변한 교육을 받아 본 적도, 직업을 위한 특별한 기술을 배워본 적도 없는 보가트는 후에 나이폴의 가족을 따라 포트오브스페인Port of Spain으로 이주하게 되었지만 도시에서 그가 할 수 있는 일이란 아무것도 없다. 그는 양복점 간판을 내걸지만 재단 기술을 실제로 배운 적은 없으며 아무도 그가 옷을 짓는 것을 본 적조차 없다. 그가 하는 일이라고는 혼자 카드게임을 하며 골방에서 하루 종일 시간을 견디는 것이다.

보가트라는 인물은 영국의 식민지 경영의 이해관계에 따라 카리브해 지역으로 이주하게 된 인도인들의 시 · 공간적으로 뿌리 뽑힌 삶을 전형적으로 보여준다. 이들 인도인들은 카리브해 지역의 플랜테이션의 노예 노동을 대체하기 위한 대영제국의 일방적인 식민지 정책에 따라 동원된 대체품에 해당되는 존재였다. 그 대체품의 효용가치가 소진되었을 때 그들은 자신들이 인위적으로 놓이게 된 낯선 시 · 공간 속에 방치될 뿐이다. 나이폴은 자신의 또 다른 소설 『세계 속의 길』*A Way in the World*에서 이러한 상황을 묘사한다.

> 이 광장은 포트오브스페인에서집 없는 사람들이 사는 곳들 가운데 하나였다. 이들의 대부분이 인도인이었다 이들은 사탕수수농장에서계약 기간을 다 마친, 인도에서 이주한 계약노동자들일것이고 아마 이런 저런 이유로 술주정뱅이가 되었을 것이다. 아마도 그들에게 약속되었던 인도로의 송환은 이행 되지 못했을 것이다. 혹은 가족들과 불화가 생겨 자신들이 오갈 데가 없다는 것을 알게 되었을 지도 모른다. 이 사람들은 돈이나 직업도 없고, 가족 같은 존재들도 없고 영어도 할 줄 몰랐으며 그들을 대변해줄 대표자도 갖지 못했다. 이들은 극도로 빈곤했다. 이들은, 마치 동화에 나오는 것처럼, 인도의 소작농 상태에서 갑자기 들어 올려 진 다음, 수 주 동안의 항해 끝에 수천 마일이나 떨어진 트리니다드에 내려졌던 것이다. (21)

사실상 트리니다드 사회를 구성하는 주요한 두 축이 아프리카에서 노예무역을 통해 끌려온 흑인 노예들과 계약 노동자로 이주한 인도인 및 중국인들로 이루어진 아시아인들이라는 점을 고려해보면, 트리니다드 자체가 바로 스페인과 영국 등의 식민지 이해관계에 따라 폭력적으로 만들어진 사회인 셈이다. 노예제도가 폐지된 후 도시로 모여들어 거대한 슬럼가를 형성했던 흑인들처럼, 1917년에 계약노동제가 종결된 후 식민지 행정부가 인도로의 귀환 비용을 지불하지 않으려함에 따라 귀향이 불투명하게 되었을 때, 인도인들에게는 별다른 선택의 여지가 남아있지 않았다. 불안정한 사탕수수농장의 고용구조에 그대로 의지하거나, 아무런 삶의 기반도 없이 다수의 흑인들이 거주하고 있는 대도시로 일자리를 찾아 무작정 이주하는 것이었다. 보가트가 보여주는 권태로움과 무력함과 우울증, 무위도식의 삶은 바로 이러한 사정들을 그 배경으로 한다. 보가트는 자신이 어째서 그러한 시간과 공간에 놓이게 되었는지를 이해할 수 없다. 보가트가 할 수 있는 일은 그러한 시·공간으로부터 무작정 탈출을 시도하는 것이다. 보가트는 미겔 스트리트를 떠났다 돌아오기를 반복하지만 뚜렷한 목적지조차 밝혀지지 않는 그의 탈출 시도는 매번 실패로 끝난다.

미겔 스트리트는 대도시로 이주한 흑인들과 인도인들이 형성한 슬럼가라고 할 수 있다. 소설 속 소년 화자는 미겔 스트리트의 기적은 아무도 굶주리지 않았다는 것이라고 서술하는데, 이는 사람들이 모두 배고픈 채 지냈지만 아무도 이를 입 밖으로 말하지 않았기 때문에 일어나는 기적이라는 씁쓸한 얘기를 통해 미겔 스트리트 사람들의 궁핍한 삶을 증언한다. 미겔 스트리트에서는 푸른 수레를 끌며 쓰레기 수거 일을 하는 에도스Eddoes가 모두의 동경의 대상이 된다. 그가 그럴듯한 직업을 가진 유일한 사람이기 때문이다. 에도스는 쓰레기를 수거하는 푸른 수레 위에 앉아 매우 중요한 일을 한다는 듯한 심각한 표정으로 거리를 누빈다. 그가 쓰레기를 수거하면서 모은 잡동사니들은 다시 미겔 스트리트 사람들의 생필품으로 쓰인다. 포트오브스페인의 쓰레기를 생활의 재료로 삼는 미겔 스트리트 사람들의 삶은 피폐한 식민지 트리니다드의 처지, 그중에서도 이주 인도인들의 궁핍한 처지를 상징적으로 보여준다.

이러한 상황은 비단 미겔 스트리트 주민들만의 처지로 한정 될 수 없다. 사실 서구의 식민주의는 식민지라는 공간 자체를 커다란 쓰레기 창고로 만든 셈이나 다름없다. 식민지 경영을 통해 얻어낸 부가 유럽의 산업혁명의 원동력이자 부르주아 계급을 형성시킨 부의 원천이 되었다는 역사적 사실에 입각해 본다면, 서구의 근대 문명 자체가 바로 식민지로부터 시작하여 식민지를 통해 완결된다고 할 수 있다. 다시 말하면, 서구의 근대성 자체가 이미 카리브해 지역의 흑인 노예들과 인도인 계약 노동자들처럼 이유도 모르는 채 낯선 시공간에 방치된 소외되고 고립된 존재들에 대한 억압의 역사를 그 내재적 계기로 가지고 있는 것이다.

사이드는 『문화와 제국주의』*Culture and Imperialism*에서 19세기 영국소설에 대한 "대위법적 읽기"contrapuntal reading를 통해 이러한 연관관계를 구체적으로 드러낸다. 사이드가 주장하는 대위법적 읽기란 자명하게 서술되는 유럽 제국주의 국가들의 역사와 이 역사의 그림자로 숨겨져 있지만 이것과 긴밀하게 연관되어 있는 식민지의 역사를 동시에 인식하는 글 읽기를 의미한다. 사이드는 대위법적 읽기의 한 예로 제인 오스틴의 『맨스필드 파크』*Mansfield Park*를 영국의 식민지인 카리브지역의 앤티가Antigua 섬과 관련지어 분석한다. 그에 따르면, 이 소설에서 앤티가는 겨우 몇 차례 언급될 뿐이지만, "앤티가라는 공간과 토마스 경(Sir Thomas)의 그곳으로의 여행은 『맨스필드 파크』에서 결정적인 역할"을 한다. 다시 말해, 토마스 경 부부와 맨스필드 파크의 생활양식은 그들이 경영하는 앤티가의 플랜테이션과 밀접하게 연결되어 있으며, 버트람Bertram 저택 내의 복잡한 상황은 이 같은 영국의 해외 식민지의 상황과 긴밀하게 연관되어 있다는 것이다.

이처럼, 산업혁명과 자본주의 경제체제의 성립, 그리고 부르주아 계급과 시민계층의 형성이라는 근대 영국을 구성하는 주요한 측면들은 제국의 해외 식민지를 통한 플랜테이션 경영과 밀접한 관련성을 지닌다. 사이드가 『맨스필드 파크』의 분석을 통해 알려주는 바는, 19세기 영국 소설은 "가장 절제해서 서술하고 비평가들이 대부분 무시하는 바로 그 지점에서 오히려 중요한 사실들을 열어 보인다"는 점이다. 즉, 사이드의 대위법적 읽기는 문학작품들이 직·간접적으로 드러내는 세계들을 그 상호 연관성 속에서 온전하게 읽어낼 수 있게 해준다고 할 수 있는데, 비평가 부르스 킹(Bruce King)에 의하면 이러한 읽기는 "아무런 목적도 없이 표류하듯 살아가며 문화적으로, 사회적으로, 정치적으로, 경제적으로, 윤리적으로 피폐한" 미겔 스트리트 주민들의 삶을 영국의 근대사와 카리브해 지역의 식민 역사라는 좀 더 커다란 맥락에서 논의할 수 있는 근거를 마련해준다.

## '자스민'이라는 꽃: 식민지의 교육과 언어의 문제

미겔 스트리트에는 식민지의 피폐하고 막막한 삶을 보가트와는 다른 방식으로 돌파하려는 인물들이 존재한다. 엘리어스Elias는 미겔 스트리트의 아이들 가운데 쓰레기 수레를 끄는 에도스를 동경하지 않는 유일한 소년이다. 그는 아버지의 폭행과 궁핍한 생활에도 불구하고 열성어린 어조로 "나는 의사가 되려고 해, 알겠어?"(25)라고 선언한다. 엘리어스는 미겔 스트리트 사람들의 감탄과 응원을 한 몸에 받으며 영국 케임브리지 대학에서 시행하는 고등학교 과정 자격시험을 준비한다. 그러나 거듭된 시도에도 불구하고 엘리어스는 그를 애먹이는 '영어와 문학' 때문에 실패를 반복한다.

엘리어스의 실패는 단지 그를 가르쳤던 타이터스 호이트Titus Hoyt의 조악한 교육 수준 탓만이 아니다. 그를 매번 좌절시킨 영어와 문학은 열악한 교육 환경 이상의 문제를 드러내기 때문이다. 우선 이것은 식민지에서 "언어 자체가 식민화의 도구가 되어온 상황"이 초래하는 문제와 연관된다(Juneja). 즉, 식민 본국의 언어인 영어가 행정, 교육, 문화 등 사회의 각 영역에서 공용어로 강요되는 트리니다드에서 직업을 가진다거나 사회적으로 의사표현을 한다는 것은 곧 영어라는 언어의 습득을 전제로 한다. 특히 20세기에 들어 본격화된 근대화 과정은 트리니다드 사람들에게 영어로 된 유럽의 지식 습득을 강제할 수밖에 없었다. 그러나 보가트나 화자인 소년처럼 시골에서 포트오브스페인이라는 대도시로 상경한 인도인들의 경우, 이러한 조건에 쉽사리 적응할 수 없었다.

계약노동자라는 신분의 임시성은 인도인들을 사탕수수농장을 중심으로 한 제한된 생활권 안에 오랫동안 묶어두었기 때문이다. 문학literature을 "litritcher"라고 발음하는 엘리어스나 시poetry를 "poultry"로 오용하는 해트의 영어, 그리고 침묵으로 일관하는 보가트의 삶은 트리니다드의 인도인들이 처해있는 언어의 문제를 단적으로 보여준다.

엘리어스의 경우에서처럼, 다수의 인도인들이 겪었던 언어 문제와 교육 기회의 제한은 특히 근대화 과정에 따른 급격한 변환의 시기에 이들이 사회에 대처하는 방식에도 커다란 영향을 미친다. 트리니다드 인도인들이 처한 사정은 이들과는 약간 다른 역사적 과정을 거쳤던 흑인들의 경우와 비교해 보면 더욱 구체적으로 드러난다. 흑인들은 일찍이 노예로 끌려왔던 시점부터 아프리카 고유어를 금지 당함으로써 영어를 사용해야 하는 상황에 놓이게 되었고, 이후 노예제 폐지와 함께 도시로 이주하여 대규모의 인구를 형성하게 되면서 일찍부터 영어 습득 및 근대적 교육에 접근할 수 있는 기회를 갖게 된다. 이런 사정은 흑인들이 트리니다드 사회에서 행정이나 교육, 경찰조직과 같은 영역에서 압도적 다수로 상층부의 지위를 선점하게 되는 결과를 초래했다. 이것은 사회의 상층부에서 인도인들이 배제되는 상황으로 이어졌고, 이로 인한 인도인들과 흑인들의 계층적 격차는 이후 트리니다드 사회에서 이들 두 인종 간의 갈등의 폭을 더욱 심화시키게 된다.

언어의 문제는 단지 직업을 갖거나 지식을 습득하는 기능적인 측면으로 국한되지 않는다. 언어는 세계를 인식하는 가장 핵심적인 통로이자 도구로 인식되었기 때문에 식민 권력은 자국의 언어로 쓰인 문화적 텍스트들을 통해 스스로를 정당화시키는 이데올로기적 논리를 주입하고 재생산 한다. 영국이 인도와 카리브해 지역을 비롯한 영국의 식민지에서 실시한 광범위한 영문학 교육은 바로 이러한 의도를 지닌 것이었다고 할 수 있다. 식민지에서의 영문학 교육은 "제국의 문화적 기획의 중심"이었으며(Ashcroft), "식민 권력이 그들의 문화와 도덕적 우월감을 과시하는 방식"이자 "동시에 토착민들의 문화적 산물을 평가절하"하는 과정을 수반하는 것이었다(McLeod).

나이폴은 『수수께끼 안마사』, 『비스와스씨를 위한 집』, 『흉내 내는 사람들』 등 여러 작품에서 교육이라는 주제를 반복적으로 다루는데, 이들 작품 속에 등장하는 가네쉬Ganesh나, 비스와스씨Mr. Biswas, 크리팔싱Kripalsingh과 같은 인물들을 통해 "식민 교육의 수혜자이면서 동시에 피해자이고, 성공작이자 실패작이기도 한 인물들의 아이러니를 묘사하고 식민지의 교육제도를 냉소적으로 공격"한다(Huggan). 나이폴의 문제의식은 무엇보다도 "자스민"Jasmine이라는 에세이에서 집약적으로 드러난다.

> 그것[영어라는 언어]과 함께 당도한 문학은 그런 까닭에 특별한 권위를 지녔다. 그러나 이 문학이라고 하는 것은 마치 낯선 신화이야기와도 같았다. 예를 들어, 수선화에 대한 워즈워스의 악명 높은 시가 있었다. 그것은 틀림없이 작고 예쁜 꽃이기는 하다. 그러나 우리는 그것을 한 번도 본 적이 없었다. 그 시가 우리에게 어떤 의미를 가질 수 있었을까? [...] 신화를 가지고 있지 못한 우리에게는 모든 문학이 바깥에서 들어 온 이질적인 것이었다. 트리니다드는 작고 외진 곳에 있었으며 하찮은 곳이었기에 우리는 책에서 우리가 우리 주위에서 보았던 삶에 관해 읽기를 바랄 수 없다는 것을 알았다. 책은 멀리 떨어진 곳에서 온 것이었다. 그것들은 단지 공상만을 줄 수 있을 뿐이었다. (*Literary Occasions* 45-46)

열대의 식민지 트리니다드에서 인도와 힌두교라는 인종적, 문화적 배경을 지닌 엘리어스가 오로지 직업을 얻기 위해 본 적도 없는 사물의 아름다움을 노래하는 시를 기계적으로 암기하는 모습이 곧 식민 권력이 강제하는 식민지의 기괴하고 부자연스러운 풍경들 가운데 하나이다. 미겔 스트리트 사람들이 "엘리어스에게 문학이나 시를 공부하게 하는 것은 부당"(28)하다고 주장하는 것은 바로 이러한 맥락에서 비롯되며, "영국 사람들이 그 애에게 좋은 점수를 주고 싶어 할 것 같냐"(29)는 반문은 그들이 식민지 교육의 불합리함과 그 이데올로기적 성격을 간파하고 있음을 보여준다.

한편, 미겔 스트리트 사람들에게 미치광이로 통하는 맨맨의 기이한 행동 역시 식민지 교육의 부조리함에 대한 보다 성찰적인 사유를 끌어낸다. 맨맨은 어느 날 학교에 가고 있는 화자 소년을 엄숙한 표정으로 바라보며 "그래, 네가 학교에 다닌단 말이지?"(33)라고 질문한 후 분필 한 조각을 꺼내 길바닥 위에 천천히 '학교'school라는 글씨를 큼직하게 쓰기 시작한다. 흥미로운 점은 그가 마치 무슨 퍼포먼스를 벌이는 것처럼, H자 뒤에 무수한 O자들을 거리 전체에 걸쳐 계속 이어 쓰는 기괴한 행동을 한다는 점인데, 이러한 행동은 미겔 스트리트의 거리를 한 바퀴 돌아서 소년이 학교에서 돌아올 때까지 지속된다.

이 기묘한 행동은 토니 모리슨(Toni Morrison)의 소설 『빌러비드』*Beloved*에서 베이비 석스Baby Suggs가 하루 종일 '색'color에 대해 명상하는 행위를 연상시킨다. 베이비 석스의 색에 대한 명상 행위는 독자들을 그 주제에 참여하도록 이끌어내 마침내는 그 색의 차이가 빚어내는 미국 사회의 인종 차별의 허위와 모순이라는 진실과 대면하도록 하는 것처럼, '학교'라는 글자를 천천히 써나가는 맨맨의 행위는 소년이 규칙적으로 오가는 학교와 그곳에서 이루어지는 식민지 교육에 대한 명상으로 우리를 이끌어가는 효과를 지닌다. 즉, 비평가 휴건에 따르면, 맨맨의 기묘한 행위는 "화자 소년의 호기심을 불러일으키고 그 행위가 무엇을 뜻하는지 설명하지 않은 채 그로 하여금 스스로 생각하게 함으로써 식민지에서 교육 행위가 갖는 표준적 권위를 효과적으로 해체"한다. 흥미롭게도 점잖은 영국신사가 구사하는 '정확한 영국식 액센트'를 완벽하게 흉내 낼 줄 아는 맨맨이 행하는 이러한 기묘한 글씨 쓰기는 학교라는 장소와 그 장소에서 이루어지는 행위를 더 이상 자명한 것으로 만들지 않는 '낯설게 하기'defamiliarization 효과를 유발함으로써, 식민지 교육이 갖는 모순성과 대면하게 한다.

빌 애쉬크로프트(Bill Ashcroft) 등은 식민 본국이 식민지 행정기관이나 학교에서 표준영어Received Standard English의 사용을 제도적으로 강요함으로써 "전통의 무게를 가지고 포스트식민 세계의 문화생산을 지배하는 기제로 이용"했으며, "이러한 문화적 헤게모니는 문화적 활동의 토대를 규정하는 정전주의적 가설에 기초해 유지되어 왔다"는 점을 지적한다. 그러나 더욱 심각한 것은 이러한 문화적 헤게모니가 초래하는 언어적 소외가 "식민지의 지식인이나 작가들에게 있어서 자기 정의의 표시이자 수단이 되는 글쓰기 자체의 효력을 상실"케 하는 문제를 발생시킨다는 점이다(Juneja). 이러한 문제들은 식민 지배의 과정에서 식민지인들 대부분이 경험하는 문화적, 공간적 전치displacement에서 기인한다. 즉, 노예화에 의해 조직적으로 언어를 파괴당했거나 식민 권력에 의해 강제적으로 언어적 권리를 박탈당한 경우, 식민지인들은 "공간의 경험과 그 공간을 기술할 수 있는 유효한 언어 사이에서 생겨난 간극"에 직면할 수밖에 없다(Ashcroft).

나이폴 역시 이러한 식민지인의 언어 문제를 자신의 경험을 통해 구체적으로 예증하는데, 그는 "책 속에 존재하고 책 속에서만 유희되는 단어인 '자스민'"이 뜻밖에도 그가 어린 시절에 흔히 볼 수 있었던 열대지방의 식물들 가운데 하나였다는 것을 오랜 시간이 지난 후 성인이 되어서야 알게 되었다는 것을 토로한다. 그가 영국의 책들이 지닌 권위를 통해 배웠던 자스민이라는 꽃은 그의 상상 속에서, 자신이 일상적으로 접했던 "열대의 권태로운 식물들과는 거리가 먼 어떤 것"이었다. 그에게는 자스민이라는 꽃 이름과 그 꽃 자체가 너무나 오랫동안 분리되어 있었기에 결코 그 둘이 함께 결합될 수 없었던 것이다. 나이폴은 여기서 언어와 사물의 분리, 개념과 그 지시 대상의 불일치 혹은 분열의 문제가 식민지인들의 글쓰기에 필연적으로 내재할 수밖에 없음을 보여준다.

블랙 워즈워스Black Wordsworth는 미겔 스트리트의 가장 기괴한 인물들 가운데 하나로, 위에서 언급했던 식민지 작가들의 곤경과 실패를 상징적으로 보여주는 인물이다. 그는 트리니다드 토착적 대중문화의 한 형태인 칼립소calypso 가수이면서 스스로 시인을 자처하는데, 자신이 화이트 워즈워스White Wordsworth와 "하나의 심장을 나눠가진"(41) 형제라고 주장한다. 화이트 워즈워스는 즉각적으로 윌리엄 워즈워스(William Wordsworth)를 연상시킴으로써 그가 영국 문학과 영국의 시인을 자신의 예술적 모델이자 동경의 대상으로 여기고 있음을 짐작할 수 있게 한다.

그러나 화자 소년과 별을 바라보며 들판에 누워있는 그에게 지나가던 경관이 무엇을 하고 있느냐고 묻자 "지난 40년 동안 바로 그 질문을 자신에게 던지고 있다"(43)는 선문답을 하는 블랙 워즈워스는 자신들이 누구인지를 알려줄 역사와 문화로부터 뿌리 뽑힌 채 혼란스러운 정체성을 더듬고 있는 카리브해 지역의 예술가들을 연상시킨다. 한

줄의 시를 쓰는 데 한 달의 시간이 걸리므로 "약 22년이 지나면 그 시가 완성 될 것"(45) 이라고 말하는 블랙 워즈워스에게 글쓰기는 힘겨운, 혹은 불가능한 행위이다. 이는 노예무역을 통해 끌려오거나 계약노동 이주를 통해 카리브해 지역에서 문화적 전치를 경험하는 아프리카인들이나 아시아인들의 정체성 혼란과 문화적 자기재현의 실패를 상징적으로 보여준다. 그러므로 그가 "과거는 깊다"(45)라는 구절을 마지막으로 더 이상 시를 쓰지 못하고 죽음을 맞이하는 것은 예정된 결과이다. 블랙 워즈워스의 글쓰기를 한 발짝도 앞으로 더 나아갈 수 없게 했던 '깊은 과거'는 이처럼 카리브해 지역 작가들의 정체성의 혼란과 문화적 자기재현의 어려움이 식민 역사와 직접적으로 연관되어 있음을 암시한다.

근대화된 도시에서의 삶은 플랜테이션 농업구조에 의해 형성되었던 집단적, 공동체적 삶의 방식과 달리 각 개인이 스스로를 개별화된 존재로 드러낼 것을 요구한다. 이후 다루게 될 『비스와스씨의 집』에 묘사된 사탕수수밭 일꾼들이 거주하는 공동 주거 막사barrack는 개인적 존재를 드러낼 수 없는 공간이다. 엉성한 칸막이로 분할되어 한 가족에게 한 칸씩 주어지는 주거공간과 단조로운 노동, 특히 힌두교라는 동일한 종교적, 문화적 배경에 의지했던 인도인들의 경우에는 독립적 존재로서 개인의 삶과 자기실현이 거의 불가능했다고 보는 편이 적절하다. 그러나 미겔 스트리트의 주민들이 보여주는 다양한 개성들이나, 거짓치레에 불과하다 할지라도 자신만의 직업이나 장기를 추구하는 태도는 근대화된 도시적 공간에서 변화된 개인의 삶의 방식을 보여준다. 어떤 측면에서, 포포나 보가트처럼 전문적인 직업을 가지고 있는 양 가장하거나 모건처럼 괴상하기 짝이 없는 희극적 행동을 스스로 벌이는 행위, 해트나 에드워드처럼 헐리우드 영화배우 흉내 내기에 집착하거나, 심지어 메시아 흉내를 내는 맨맨의 광기에 이르기까지, 『미겔 스트리트』의 인물들이 보여주는 다채로운 성격이나 기괴한 행동들은 사실 근대적 개인이 지닌 강렬한 자기실현의 욕구를 반영한다.

그러나 쓰레기 수레를 끄는 에도스가 그럴듯한 직업을 가진 유일한 경우이며, 의사가 되려는 야망을 가졌던 엘리어스 역시 반복된 실패 끝에 쓰레기 수거 일을 하게 되는 절망적 현실은 당시의 트리니다드 사회가 이들 구성원들에게 극도로 제한된 기회만을 제공할 수밖에 없었음을 단적으로 보여준다. 건장한 체격을 가진 빅풋Big Foot이 버스운전수, 우체부, 목공, 권투선수, 채석장 일꾼 등과 같은 무수한 일거리를 전전하게 되는 에피소드 역시 미겔 스트리트 사람들이 독립적 개인이 되기 위한 지난한 과정을 예증하는 동시에 식민지의 불모성과 사회적 불안정을 드러낸다. 화자 소년은 "트리니다드 사회에서는 아무도 장인의 우직한 자부심을 가질 수 없으며, 아무도 전문가지 되지 못한다"(53)고 토로한다. 이런 상황에 항의하듯, 성장하면서 폭음과 무절제한 생활에 빠져드는 화자 소년은 그를 꾸짖는 어머니에게 미겔 스트리트에서는 "술이나 마셔야지 그밖에 할 일이 있겠어요?(171)"라고 대꾸한다.

## '실패한 언어'의 절망을 딛고

미겔 스트리트의 이와 같은 피폐함은 남성인물들 대다수가 변변한 직업을 갖지 못한 채 여성들의 억척스러움에 의존하여 살아가는 상황을 초래한다. 특히 무능력한 아버지들, 혹은 아버지의 존재 자체가 부재하는 상황은 미겔 스트리트의 다수의 아이들에게 공통적으로 나타나는 현상이다. 화자 소년이나 보이Boyee, 에롤Errol 등은 아버지가 아예 없으며, 로라Laura는 일곱 명의 남자에게서 낳은 여덟 명의 아이들을 혼자 키운다. 자신의 아내를 학대하여 죽게 한 조지는 아들 엘리어스를 구타하는 것을 하루의 일과나 취미쯤으로 여기며 딸 돌리Dolly에게는 미군들의 술시중을 들게 한다. 포포와 모건, 바쿠 삼촌 역시 돈에 대해서는 전혀 걱정하지 않는 삶을 살지만, 그들의 아내들은 "무일푼에서 돈이 생겨나게 해야 하는 운명"에 놓인다.

서구 문학은 오딧세우스Odysseus나 파우스트Faust, 로빈슨 크루소 등과 같은 무수한 근대적 영웅들을 자랑한다. 이에 비한다면 미겔 스트리트의 남성들과 아버지들은 근대 사회가 요구하는 남성 주체의 역할을 이행하기에는 너무나 무기력하거나 무능력한 인물들이다. 그러나 이안 와트(Ian Watt)가 분석하듯이, 크루소의 경우 그의 성공은 소유주나 경쟁자가 없는 '섬'이라는 조건에서 풍요로운 자원을 마음대로 소유하고, 프라이데이의 무임금 노동과 난파선에서 수집하게 된 연장들, 즉 헤아릴 수없이 많은 다른 사람들의 노동을 무상으로 물려받는 특별한 행운을 통한 것이다. 그러므로 서구 문학 속의 영웅 서사와 견주어, 『미겔 스트리트』가 "트리니다드 사회의 불모성과 무의미함 때문에 아무것도 성취될 수 없다는 것을 중심 주제로 삼고 있다"(Cudjoe)거나, 이 소설을 "실패자들의 이야기"(Gupta) 쯤으로 일축해버리는 것은 작품에 대한 피상적인 논평이 되기 쉽다. 오히려, 『미겔 스트리트』는 무수한 '크루소들'에 의해 삶을 점유 당했던 '프라이데이들'의 역사에 대한 증언의 측면을 지니고 있다고 보는 편이 타당하다 할 것이다.

『미겔 스트리트』 인물들의 자기재현과 관련하여 바이스Timothy Weiss는 이들의 삶에 드러나는 '이중성'에 주목한다. 이들은 실제와 공상의 "이중적 삶"을 살며, "스타일과 특별한 정체성을 부여해줄 수 있는 기괴함"을 통해 자신들의 욕망을 충족시켜주지 못하는 환경으로부터 탈출하거나 스스로를 방어하려 한다. 킹 역시 미겔 스트리트의 사람들에게는 "스타일"이 중요하며, 이것은 이 같은 스타일의 추구가 부나 명예, 성취의 기회가 극소수의 사람들에게만 주어지는 궁핍한 식민지 사회에서 자신의 존재를 내보일 수 있는 유일한 방법이기 때문이라는 점을 지적한다. "맨맨은 미치광이였고 조지는 바보였으며 빅풋은 폭한이었다. 해트는 모험가였고, 포포는 철학자였으며 모건은 우리 동네의 희극배우였다"는 소년 화자의 논평은 『미겔 스트리트』의 인물들이 보여주는 이러한 스타일의 추구를 압축적으로 말해준다.

모건은 스스로에게 희극 배우의 캐릭터를 부여하여 "일부러 광대처럼 보이게 하고 사람들이 자기를 보고 웃어주지 않으면 불행해하는 사람들 중 하나"이다. 그는 우스꽝스러운 행동을 하고 자신을 일부러 웃음거리로 만듦으로써 사람들의 관심과 주목의 대상이 되려 한다. 화자는 모건의 몸속에 있는 "작은 악마"의 존재에 관해 언급하는데, "모건의 몸속에서 히죽거리며 쇠스랑으로 그를 찌르고 있는 작은 악마"(66)의 존재는 그가 지닌 강렬한 자기실현 욕구 혹은 인정 욕망에 대한 은유로 볼 수 있다. 이밖에도 미겔 스트리트 사람들에게 미치광이로 취급되는 맨맨은 도시의 각종 선거에 매번 입후보 한다거나, 거리의 설교가가 되어 포트오브스페인의 한복판에서 십자가에 못 박히는 예수의 수난 행위를 흉내 내는 기묘한 방식으로 자신의 성격을 만들어낸다. 화자의 삼촌인 바쿠 역시 새로 사들인 자동차를 반복적으로 부수었다 조립하는 알 수없는 행위를 통해 거리의 사람들에게 스스로를 기이한 인물로 드러낸다. 모건에 대해 "그는 모든 일에 대해 거짓말을 하고 있는 거라구. 나는 그가 자기 자신에게까지 거짓말을 하고 있다고 생각해"(62)라고 언급하는 해트의 논평은 미겔 스트리트 사람들의 삶이 지닌 이중성, 즉 실제의 자신과는 다른 성격을 스스로에게 부여하려 하는 것에 대한 종합적 논평이기도 하다.

미겔 스트리트 사람들의 삶은 2차 세계대전 중 트리니다드에 상륙하기 시작한 미국 대중문화의 영향으로 보다 다채로운 양상을 띤다. 전쟁의 와중에 포트오브스페인에 세워진 미군기지와 수천 명에 달하는 미군들로 인해 트리니다드 사람들은 난생 처음으로 일자리를 갖게 되고 돈을 벌게 된다. 미군이 뿌리는 돈과 함께 트리니다드에 쏟아져 들어 온 미국문화의 영향은 당시 유행하던 칼립소의 가사에서도 잘 드러난다.

> 내 점잖고 만족스러워하는 아내와 살고 있는데,
> 군인들이 나타나 내 인생 망쳤네
> . . . . . . . .
> 아버지, 어머니, 그리고 딸이
> 양키 달러를 벌려고 일하고 있네.
> 온 나라에 양키의 돈!
> 오! 양키의 달러 (145)

해트의 동생 에드워드Edward는 새롭게 쏟아져 들어온 미국문화를 통해 스스로에게 성격을 부여하려 한다. 자신만의 독창적인 그림 그리기를 즐겼던 에드워드는 "아메리카니즘"Americanism에 심취하여 미국식으로 옷을 차려입고 껌을 씹으며, 미국식 억양으로 말하기 시작한다. 특히 당시 유행하던 미국 영화들은 포트오브스페인의 사람들이 손쉽게 스스로에게 개성을 부여하는 방편이 된다. 보가트라는 인물의 이름에서 짐작할 수 있듯이 '카사블랑카'라는 영화로 인해 거리에는 험프리 보가트의 행동을 흉내 내는 젊은이들로 넘쳐났고, 해트 역시 자신이 미국 영화배우와 닮았다는 사실을 의도적으로 드러내려 애쓴다. 이처럼 『미겔 스트리트』의 인물들은 서구 근대성과의 조우에서 개인적 존재로서 스스로를 실현해야 할 요구에 직면하게 되지만, 서구 문화의 일방적인 이식 과정과 식민지 사회의 불모성 등은 그들로 하여금 기괴한 스타일을 연출하는 데 집착하게 하거나 수입된 문화를 피상적으로 차용하는 방식을 통해 이를 해결하도록 한다.

『검은 피부, 하얀 가면』*Black Skin, White Masks*이나 『대지의 저주받은 자들』*The Wretched of the Earth*과 같은 프란츠 파농(Frantz Fanon)의 저작들은 식민 지배자와 피식민지인이 공통적으로 보여주는 신경증이나, "식민지 사회에서 살아가는 유기체들의 인격의 붕괴와 분열, 해체" 현상을 분석한다. 호미 바바(Homi Bhabha)에 의하면, 파농은 이와 같은 분석을 통해 식민 상황이 그 주체들의 일상적인 사회적 관계들을 매개하는 "망상의 성좌"constellation of delirium들을 보여준다. 여기서 망상의 성좌란 식민지인이 백인 식민 지배자들의 출현으로 피부색이나 인종적 특징에 의해 자신의 정체성을 규정 당하게 되면서, 양자의 관계가 환상이나 공포 등에 의해 매개되는 현상을 가리킨다. 이런 측면에서 본다면 블랙 워즈워스나, 맨맨, 모건, 바쿠 등 『미겔 스트리트』의 인물들이 보여주는 광증에 가까운 기행 역시 식민지 상황이 초래하는 망상의 성좌들의 한 형태이다. 그들이 스타일이나 캐릭터에 집착하는 것은 현실에 대한 오인과 환상에서 기인하는 것으로서, 자신들의 실제의 모습과는 괴리된 망상의 영역을 재현해주기 때문이다.

그러나 다른 한 편에서, 『미겔 스트리트』의 인물들이 보여주는 이와 같은 불합리하고 기괴한 행위들은 유럽의 근대성이 스스로를 포장해 온 신화들을 훼손시키고 그 허구성을 드러내주는 위력을 지닌다는 점 또한 지적되어야 한다. 가령, 미치광이 같은 기행을 일삼다가 어느 순간 거리의 설교가가 된 맨맨의 수수께끼 같은 설교는 수세기 동안 카리브 지역에서 이루어졌던 유럽의 식민지 착취에 대한 알레고리라고 할 수 있다.

> 그[맨맨]는 오른손에 성경을 들고 그것을 왼손으로 톡톡 치면서 완벽한 영어 억양으로 말하곤 했다. "지난 며칠간 나는 하나님과 말씀을 주고받았습니다 여러분들에 관해서 하나님께서 말씀하신 내용은 정말이지 듣기 거북했습니다. 오늘날 모든 정치가들이 섬을 자급자족하게 만들어야 한다고 주장하는 것을 여러분은 듣고 계십니다. 하나님께서 어젯밤에 내게 무어라고 말씀하셨는지 아세요? 바로 어젯밤, 내가 저녁밥을 먹고 난 직후였습니다 하나님께서는 이렇게 말씀하셨습니다 맨맨, 이리 와서 이 사람들 좀 보아라.' 하나님께서는 아내를 잡아먹는 남편, 그리고 남편을 잡아먹는 아내를 내게 보여주셨습니다 그분은 아들을 잡아먹는 아비, 그리고 딸을 잡아먹는 어미를 내게 보여주셨습니다 그분은 또 누이를 잡아먹는 형제, 형제를 잡아먹는 누이를 내게 보여주셨습니다 정치가들이니 뭐니 하는 사람들이 앞으로 이 섬이 자급자족하게될 것이라고 말할 때 사실은 이렇게 되는 것을 의미할 뿐입니다. 하지만 형제 여러분, 이제라도 하나님께로 돌아간다면 아직 늦지 않습니다." (36)

유럽 제국주의 국가들의 카리브 지역 식민지 경영은 자신들이 필요로 했던 산업 원자재를 조달하고 이윤을 극대화하는 데 초점이 맞추어진 것으로서 이 지역에 사탕수수나 코코아, 담배와 같은 플랜테이션 농업 이외에 경제적 자립을 위한 그 어떠한 가능성도 남겨두지 않았다. 따라서 맨맨의 설교는 형식적인 독립 허용으로 식민 지배가 식민지 사회에 미친 심각한 결과에 대한 책임을 쉽게 털어 버리려하는 제국주의 국가들이나, 경제적 자급자족을 외치는 '제3세계' 정치가들의 구호가 갖는 공허함에 대한 비판이기도 하다. 맨맨의 '식인 행위'에 관한 꿈은 동일한 수탈의 역사를 지닌 식민지인들이 이제는 식민 착취의 또 다른 결과물인 인종적, 문화적 혼종과 피폐한 식민지의 현실 속에서 서로를 해치고 이전투구 하는 상황을 암시한다. 또한 그리스도의 수난을 흉내내는 맨맨의 퍼포먼스는 표면적으로는 미치광이의 광기 어린 해프닝에 불과하지만, 이것은 기독교 복음의 핵심을 이루고 있는 예수의 행적에 부여된 성스러움과 권위를 훼손하는 조롱의 행위인 동시에, 그 기독교적 가치를 앞세운 복음 활동의 이면에서 진행되었던 카리브 지역에서의 식민주의적 폭압을 되돌아보게 하는 효과를 거둔다.

'이름 없는 물건'을 만드는 목수 포포의 행위 역시 아메리카를 정복한 유럽인들에 의해 행해졌던 이름 붙이기 행위를 교묘한 방식으로 상기시킨다. 카리브해 지역에 당도한 콜럼버스가 맨 처음으로 한 행동은 원주민들이 사용하는 지명을 의도적으로 무시하고 산살바도르(성스러운 구세주라는 뜻), 페르난디나(당시 스페인 왕의 이름), 이사벨라(당시 스페인 여왕의 이름) 등과 같은 새로운 이름들을 붙이는 행위였다. 이것은 특정 대상을 자신들의 언어적 의미망과 문화적 체계 속에 집어넣어 규정짓는 행위이며 "타자의 문화와 가치 체계를 지워버리고 그 위에 자신의 의미체계를 재기입 함으로써 대상을 점유"하는 "인식론적 폭력행위"에 해당된다(신문수). 나아가 이는 대상에 이름을 붙이는 행위가 곧 소유와 정복을 의미하는 유럽의 문화적 전통의 폭력성을 드러내준다. 포포의 행위는 식민지에서 유럽이 자행한 이와 같은 인식론적 폭력을 상기시킴과 동시에, 이러한 의미망에 포섭되거나 점유되지 않는 이질적인 어떤 존재를 상상하게 한다. 유럽의 인식론적 의미망에 포획되지 않는 이질적이고 변칙적인 존재들은 늘 하나가 부족하거나 혹은 하나가 남는 해체된 바쿠의 자동차와도 같다. 바쿠는 영국이나 미국에서 만들어진 새 자동차들의 엔진을 분해했다가 다시 조립하는 어처구니없는 행동들을 반복하는데, 그때마다 늘 부품 하나가 남거나 혹은 부족해서 자동차는 결코 원상으로 회복되지 않는다. 이것은 서구의 근대성이라는 일방적인 힘에 의해 형성되었으나 그 잣대에 의해 결코 온전하게 파악되거나 규정되지 않는 식민지의 낯설고 이질적인 존재들에 대한 또 다른 알레고리로 해석될 수 있다.

이상에서 살펴본 것처럼, 『미겔 스트리트』는 20세기 초반 카리브해 지역에 관한 세밀한  초상화를 제공해주며, 나이폴이 재현하는 다양한 인물 군상들은 서구의 근대성과 식민지 간의 상관관계를 여러 측면에서 탐색하도록 한다. 『미겔 스트리트』는 단순히 피식민지인들을 부정적으로 재현하기 위한 희극 소설로 볼 수 없다. 나이폴이 어느 인터뷰에서 논평하듯이, 이러한 읽기는 "이미 알고 있는 것을 단지 찾아내기 위해 읽는 행위"일 뿐이다. 나이폴과 같은 작가는 독자에게 "텍스트의 행간 사이를 읽어내는 것이 중요하며 표면적 언어 밑에 또 다른 이해가 존재" 한다는 점을 일깨워 준다(Park). 이는 『미겔 스트리트』처럼 관습적인 서사 구조나 인물 묘사를 의도적으로 결여하고 있는 작품의 경우에 특히 그러한데, 얼핏 보아 우스꽝스럽고 해학적인 여러 에피소드들은 세심한 독자들을 날카로운 사회적 성찰의 과정으로 이끌어준다.

영국의 비평가들이나 언론들은 『미겔 스트리트』가 드러내려는 카리브해 지역이라는 포스트식민적 공간이 갖는 차이에 대해 무지했으며, 작품을 둘러 싼 엇갈린 추측과 상반된 반응을 양산했다. 포스트식민주의 비평가들 역시 나이폴이 『미겔 스트리트』를 통해 얘기하려고 하는 식민지 사회의 구체적 상황과 그것이 의미하는 바에 충분한 주의를 기울이지 못한 측면이 있다. 『미겔 스트리트』에서 나이폴의 강조점은 결코 피폐한 식민지 사회의 묘사에 있지 않다. 그의 글쓰기는 특유의 서술 방식으로 서구의 근대성과 식민주의, 그리고 이것과 피식민지인들의 삶의 풍경 사이의 복합적이고 긴밀한 상관관계를 드러내준다. 프랑켄슈타인이 탄생시킨 '괴물'이 자신의 흉측한 모습이야말로 프랑켄슈타인의 자기중심성과 오만한 욕망이 초래한 결과물이며 그가 결코 정의와 공정함으로 자신을 대하지 않는다는 점을 끊임없이 환기시키는 것처럼, 나이폴을 비롯한 카리브지역 작가들은 식민 역사에서 기인하는 기괴함과 부조리함, 문화적 자기재현의 어려움에도 불구하고 스스로의 목소리를 복원하기 위한 글쓰기를 멈추지 않고 있음을 『미겔 스트리트』는 보여준다.

참고
문헌

신문수. 「문명 접촉의 세 양상: 콜럼버스, 롤리, 몽테뉴의 신세계 담론」. 『미국학』 31.2 (2008): 163-97.

Ashcroft, Bill, Gareth Griffiths, and Helen Tiffin. *The Empire Writes Back: Theory and Practice in Post-colonial Literature*. London: Routledge, 1989.

Bhabha, Homi K. *The Location of Culture.* London: Routledge, 1994.

Cudjoe, Selwyn R. *V. S. Naipaul: A Materialist Reading*. Amherst: Massachusetts UP, 1988.

Fanon, Frantz. *The Wretched of the Earth*. Trans. Constance Farrington. Harmondsworth: Penguin, 1967.

Gupta, Suman. *V. S. Naipaul*. Plymouth: Northcote, 1999.

Huggan, Graham. "V. S. Naipaul and the Political Correctness Debate." *College Literature* 21.3 (1994): 200-06.

Juneja, Renu. *Caribbean Transactions: West Indian Culture in Literature*. London: Macmillan, 1996.

King, Bruce. *V. S. Naipaul*. New York: St. Martin's, 1993.

McLeod, John. *Beginning Postcolonialism*. Manchester: Manchester UP, 2000.

Naipaul, V. S. *Miguel Street*. 1959. Oxford: Heinemann, 2000.

________. *Literary Occasions*. Ed. and introd. Pankaj Mishra. New York: Vintage, 2003.

________. *A Way in the World*. New York: Vintage, 1995.

Park, Jong-Seong. *An Exploration of the Outsider's Role in Selected Works by Joseph Conrad, Malcolm Lowry, and V. S. Naipaul*. 서울: 한국문화사, 1997.

Said, Edward. *Culture and Imperialism*. New York: Vintage, 1994.

Watt, Ian. *The Rise of the Novel.* Berkeley: U of California P, 1964.

Weiss, Timothy F. *On the Margins: The Art of Exile in V. S. Naipaul*. Amherst: Massachusetts UP, 1992.

## 생각해 보기

❶ 『미겔 스트리트』에 묘사되는 트리니다드 섬과 포트오브스페인의 거리 풍경은 독자들에게 매우 낯선 공간처럼 느껴진다. 카리브해의 섬들에 대해 영화나 관광 상품들과 같은 매체를 통해 얻은 기존의 이미지들이나 인상들 있다면 어떤 것들인지 떠올려 보고 『미겔 스트리트』에 등장하는 인물들이나 풍경들과도 비교해보자. 자메이카 킨케이드의 『어느 작은 섬』A Small Place에 묘사된 카리브 지역의 모습들과도 연관 지어 생각해보자.

❷ 나이폴은 〈자스민〉이라는 에세이에서 '한 번도 본적이 없는' 수선화를 노래하는 '워즈워드의 악명 높은 시'에 관해 이야기 한다. 식민 교육이 문학 작품과 언어라는 매개를 통해 피식민지인들의 의식과 감각을 구성해가는 방식에 대해 얘기해보고, 이것이 영어권 작가들의 글쓰기에 미치는 영향에 대해 생각해 보자.

❸ 『미겔 스트리트』에 묘사된 카리브해 지역이 아프리카나 인도 등 유럽의 식민 지배를 경험한 다른 지역들과 다른 점이 있다면 무엇일까? 이 지역이 지니는 인종적, 문화적 특수성에 대해 생각해보자.

Jean Rhys

# 카리브로 향하는 식민지 여성의 혼불

— 진 리스의 『드넓은 사르가소 바다』

진 리스(Jean Rhys, 1890-1979)의 전기 작가들은 리스의 삶을 정확히 밝히기가 힘들다고 말한다. 생애 대부분을 무명의 존재로 살았으며, 고향 카리브를 떠나 유럽을 전전하는 자신의 소설의 여주인공들처럼 파란만장한 떠돌이 삶을 살았기 때문이다. 1890년 카리브 해의 윈드워드 제도(the Windward Islands)의 도미니카(Dominica) 섬 로소(Roseau)에서 영국 웨일즈 출신 아버지와, 수 세대동안 도미니카 섬에서 막강한 가문 출신의 피부가 흰 '크리올'(creole) 어머니에게서 태어난 리스는 유년기를 이곳 도미니카에서 보냈다. 그녀 가족은 여러 면에서 도미니카 사회의 전형적인 가족과는 거리가 멀었다. 섬주민 대부분이 가난한 흑인으로 가톨릭을 믿고 크리올어를 사용하는데 반해, 윌리엄즈 가족은 중산층에 프로테스탄트이자 영어를 사용하는 점에서 이질적이었으며 따라서 이 가족이 느끼는 소외감은 이들의 불안정한 심리상태와 직결되었고 바로 이런 부분이『드넓은 사르가소 바다』(*Wide Sargasso Sea*)의 중심 주제로 구체화되었다.

영국혈통을 이어받은 대부분의 식민지 아동들이 그렇듯, 리스는 영국에서 교육을 받기 위해 1907년 17세의 나이로 고향을 떠난 이후 잠깐의 여행을 빼고는 카리브에 영영 되돌아오지 못했다. 그 이유는 평생 가난을 면키 힘든 삶과 불행한 결혼생활, 비관적인 성격에 1·2차 세계대전에 이어 영국 식민지의 변모하는 정치적, 문화적 위상 등으로 인해 고향에 돌아가기 힘들었을 뿐만 아니라 창작에 몰두할 여유도 없었다. 이산자로 살아가면서도 리스는 1914년부터 습작용으로 원고를 쓰기 시작했다. 이후 12년에 걸쳐 그녀의 삶은 세상에 알려지지 않았고 유일하게 알려진 몇몇 정보도 개략적이고 정확하지 않는 내용들이다. 1927년 첫 소설 *The Left Bank and Other Stories Postures*(1928)에 이어 *After Leaving Mr. Mackenzie*(1929), *Voyage in the Dark*(1934-36)가 발간되었다. 1936년 카리브의 마르티니끄, 세인트루시아, 도미니카, 그리고 뉴욕을 여행하는 중에 고향 도미니카에 들린 것은 25년만에 처음이었다. 이때의 경험이『드넓은 사르가소 바다』의 구체적인 배경으로 등장하며 1945년부터『드넓은 사르가소 바다』를 쓰기 시작했다.

1980년대 이후 영문학을 강타한 포스트식민이론이 등장하기도 전에 쓰인『드넓은 사르가소 바다』는 이 분야에서 기폭제의 역할을 하였다. 무엇보다도 그녀는 서구 위주의 소위 '보편성'이라는 개념에 도전했고, 이 개념에 내재된 앵글로 색슨 위주의 특정문화의 가치체계를 당연시하고 신성시하는 경향에 반대해서 지배담론의 중심성을 공략했다. 특히 피식민, 지리, 문화, 언어문제를 중심으로 영국의 식민사를 심문했고 리스 자신처럼 크리올 여성의 가치나 문화, 그리고 혼종의 정체성에 정당성을 부여했다. 그러므로 이 소설을 단순히 영문학 모델의 연장선상에서 보아서는 안 될 것이다. 그것은 영문학을 포함한 유럽의 문학 담론과 정전, 다시 말해서 식민주의자의 약호를 강제하고 유지해 온 수단들에 의문을 던지는 글쓰기라 할 수 있기 때문이다.

•이 글의 출전

「진 리이스 소설에 나타난 탈식민주의 페미니즘」.『영미문학페미니즘』. 제1집 (1995): 111~130페이지에서 수정·보완함.

# 카리브로 향하는 식민지 여성의 혼불
## —진 리스의 『드넓은 사르가소 바다』

### 영어권 카리브 지역과 사르가소 바다

리스가 태어난 도미니카 섬은 당시 인구가 대략 30,000명으로 이중 백인은 300여 명 정도였다. 1493년 콜럼버스Christopher Columbus가 이 섬에 첫발을 내딛으면서 "도미니카"라고 명명했는데 이는 "The Lord's Day"의 라틴어로 일요일에 처음 발견했다는 뜻이다. 18세기 초 프랑스는 플랜테이션 사업을 위해 도미니카를 식민화하려 했지만 수포로 끝나고 섬은 중립을 선포했다. 이 지역은 카립인Carib이 원주민들이지만 프랑스의 영향을 지속적으로 받은 것은 프랑스 정착민들이 점차 늘어나면서 불어에 기초한 크리올creole어를 광범위하게 사용하였기 때문이다. 이후 1763년, 영국은 아프리카 노예들을 싣고 도미니카로 향하였고 1805년에 이곳은 대영제국의 식민지가 되어 영국의 영향을 받게 되었다.

도미니카에 얼마동안 머문 적이 있는 카리브의 세인트루시아St Lucia 출신의 세계적인 시인 월콧(Derek Walcott)은 카리브에서 태어난 많은 사람들이 대영제국 치하에서 경험한 정신분열증적인 감정을 묘사하기도 했다. 자신들은 카리브 고향을 향수어린 시선으로 되돌아보지만 대부분이 고향에 대해 잘 알지 못한데다, 흑백간의 상호 불신은 수세기에 걸쳐 자행된 식민지배와 노예제로 인한 것임에도 자신들을 마치 이 섬의 외부자들처럼, 이해하기 힘든 존재들로 인식한다는 것이다. 리스도 어쩌면 이와 비슷한 감정을 느꼈을 것이다. 그녀는 혼혈 크리올이지만 노예소유주 가문에 속해 있어 흑인들과 인종적으로 단절되어 있었다. 게다가 고향을 떠나 유럽에서도 타자화 된, 이산자 삶을 살아왔기 때문이다. 이는 결국 리스의 삶과 소설에서 "이중의 국외자로 자의식, 고향상실, 피할 수 없는 차이감, 심지어 두 사회의 판단에 따라 자신을 비난하게 되는 불구자 의식"으로 확대되었다(Tiffin). 도미니카의 크리올 여성으로서의 자신의 모호한 정체성을 잘 인식한 리스는 그런 의미에서 식민주의 권력구조의 복잡함을 누구보다도 잘 이해한 작가라 할 수 있다.(O'Connor).

『드넓은 사르가소 바다』의 배경이 되는 자메이카는 리스가 살았던 도미니카처럼 원래는 아라와크Arawak 원주민이 살았던 곳이다. 아라와크족은 카립족에 패한 후 카립족으로 흡수되었고 그러다가 1494년에 콜럼버스가 자메이카에 들어오면서 1509년에 스페인 식민지가 되었다. 스페인은 이 섬에 설탕농장을 세웠고 노동력을 확보하기 위해 1640년부터 아프리카노예를 수입하기 시작했다. 1655년 자메이카는 대영제국에 의해 점령당했고 그로부터 1962년 독립될 때까지 대영제국의 지배를 받게 되었다. 영국은 아프리카인들을 노예로 삼아 플랜테이션에 계속 유입시켰고 농장 노예의 처우조건은 극히 비인간적이어서 수십만 명이 죽어 나갔다. 칼더(Angus Calder)의 『혁명적 제국』*Revolutionary Empire*을 보면, 1700-75년 사이에 "거의 50만 명에 육박하는 노예들"이 자메이카로 유입되었지만, 높은 사망률 때문에 이 시기에 15,000명 정도만 살아남았다. 자메이카에서 노예들은 수차례 반란을 일으켰지만 그때마다 잔혹하게 진압되었다. 그로 인해 영국에서는 노예를 해방시켜야한다는 요청이 점차 커졌다. 그 결과 1833년 노예해방법The Emancipation Act이 런던에서 통과되었고 1834년 노예의 자녀들이 먼저 해방되었다. 성인노예들은 자신들의 노동시간의 4분의 3을 이전 농장주인을 위해 바쳐야했고 나머지 시간을 자신의 자유를 돈으로 사기위해 임금노동을 해야 했다. 반면, 농장주는 더 이상 이전 노예들의 노동력을 필요로 하지 않았다. 그 이유는 노예들은 머잖아 해방될 것이고 자신들은 영국정부로부터 보상을 받게 될 것으로 여겼기 때문이다. 그러나 해방된 노예들은 지금까지 자신들이 했던 일이 이제는 인도에서 온 계약 노동자들에게 돌아가자 빈곤한 상태에 있는 것은 마찬가지였다.

『드넓은 사르가소 바다』는 노예해방 직후의 이 같은 자메이카를 배경으로 한다. 소설 도입부에 등장하는 노예주 러트럴Mr Luttrell이 자살하는 것도 영국정부가 노예주에게 약속한 보상을 해주지 않았기 때문이다. 게다가 흑백간의 불편하고 불확실한 감정들이 이 제1부의 서사가 전개되는 배경막이 된다. 또한 카리브 지역의 풍요롭고 짙푸른 이미지는 리스의 가장 성공작인 『드넓은 사르가소 바다』에 깊게 스며들어 주요한 배경을 이룬다. 이 소설에 드러나는 카리브 세계는 마치 황폐한 에덴동산처럼 보인다. 식물들은 제멋대로 흐드러진 채 정돈되어있지 않다. 리스가 묘사하는 카리브는 마치 추방당한 사회처럼 생명력을 잃어갈 뿐만 아니라 퇴폐적이기까지 하다. 여기에 주류 흑인들은 노예해방이후 백인과 혼혈 크리올의 생활을 위협하게 된다. 이 소설에서 드러나듯 흑인들이 사용하는 영어는 크리올어와 비슷하면서도 다르다고도 할 수 있으며 흑인들의 문화는 표준화된 영어로는 이해될 수 없게 묘사된다.

실제로 이 소설의 제목인 "사르가소 바다"Sargasso Sea는 북대서양에 위치한 타원 모양의 드넓은 바다로, 멕시코 만류The Gulf stream와 경계를 이루며 버뮤다 섬들을 에워싸고 있다. 정확히 말하자면 카리브 제도와 아조레스Azores 제도(대서양 중부, 포르투갈령)에 걸쳐있다. "사르가소"Sargasso라는 이름은 사르가섬Sargassum이라는 모자반류의 해초덩어리를 말하는 것으로, 이 지역은 해류가 약하고 바람이 거의 없는데다 조용하지만 흐르지 않고 괴어있어 이 지역을 지날 때 선박들이 방심할 수 없었다. 이 지역에 관련된 무수한 전설은 선박들이 이곳을 지나면서 해초에 걸려 방향을 잃고 좌초된 데서 나온 항해사들의 이야기에 근거한다. 1492년 콜럼버스는 이곳을 지날 때 이 지역을 언급했는데, 항해사들의 근거없는 공포와는 대조적으로 부유하는 집합식물을 보고 육지가 거의 가까워졌다는 신호로 해석했다.

『드넓은 사르가소 바다』에서의 사르가소 바다는 카리브제도와 영국, 흑인과 백인, 식민지 여성과 식민주의자, 궁극적으로 선과 악 사이에 놓여있는 심연을 상기시킨다. 어떤 의미에서 주인공들은 사르가소 해협의 희생자임을 알 수 있다. 그러나 작가는 식민지의 감성적인 여성과 가부장적, 문명화된 유럽 남성/식민주의자를 대비시키는 가운데 둘의 문화적 갈등뿐만 아니라 그 갈등의 실체를 드러내고 있다. 나아가 희생자인 크리올 여성의 개연성을 세세히 보여줌으로써 종국적으로 영국의 제국주의/가부장적 지배라는 뿌리 깊은 편견이 카리브 여성에 의해 어떻게 거부되는지를 제시함으로써 독자의 공감을 식민지 여성에게로 유도한다.

## 『제인 에어』를 되받아 쓴 『드넓은 사르가소 바다』

시적이면서도 알찬 언어, 단순하고 명료한 문체로 쓰인 『드넓은 사르가소 바다』는 샬롯 브론테(Charlotte Brontë)의 『제인 에어』Jane Eyre를 되받아 쓰기write back 소설이다. 『제인 에어』에서 제인과 결혼한 로체스터Edward Rochester의 첫 부인인 버싸Bertha가 영국에 유폐되기까지 어디에서 어떤 삶을 살았는지를 들려주는 『드넓은 사르가소 바다』에서 그녀의 이름은 앙투아네트 코스웨이Antoinette Cosway이다. 1847년에 처음으로 발간된 브론테의 『제인 에어』는 제인 에어와 에드워드 로체스터의 사랑이야기를 주로 다룬다. 로체스터의 첫 부인 버싸는 자메이카 출신의 크리올계로, 결혼 후 고향을 떠나 영국의 손필드 홀의 3층 창문이 없는 다락방에 감금되어 있다. 이 소설 제26장에서 로체스터는 버싸를 "3대에 걸쳐 백치와 광기"의 가족력이 있는 정신이상자로, 버싸의 어머니는 "미친 여자에다 술주정꾼"이라고 제인에게 설명한다.

리스는 브론테가 버싸를 이렇게 묘사하는 것이 부당하다며 그에 대응하는 소설을 구상한다. 『드넓은 사르가소 바다』는 로체스터 부인에게 그녀의 미친 행동을 설명할 수 있는 하나의 전기를 제공하려는 시도에서 비롯된다. 리스는 1979년 『파리 리뷰』와의 인터뷰에서 다음과 같이 말한다: "『제인 에어』를 읽을 때 왜 그녀[브론테]는 크리올 여성들을 미치광이로까지 생각해야하는지 반문했다. 로체스터의 아내인 버싸를, 무서운 광녀로 그런 식으로 그리다니 너무 심하고 창피하다는 생각이 들었다. 그래서 나는 곧바로 실제 일어났었을 수 있는 이야기를 써야겠다고 생각했다. 버싸가 너무 불쌍한 영혼으로 보였다. 나는 그녀에게 한 삶을 써 줘야겠다고 생각했다."(Vreeland) 포스트식민 비평가인 스피박(Gayatri Spivak)의 주장대로 페미니즘의 교조적 텍스트인 『제인 에어』가 식민주의 시각의 역사기술과 비열한 각본을 만드는데 분노를 촉발한다면, 『드넓은 사르가소 바다』는 여기에 대응해서 읽게 한다는 점에서 중요한 글읽기의 정치학을 제공한다. 『드넓은 사르가소 바다』는 버싸를 거부하고 앙투와네트를 복원시킴으로써 카리브의 진정성, 특히 크리올 여성의 정체성 탐구에 있어 식민주의/가부장제를 고발하는 소설이다.

그러므로 『드넓은 사르가소 바다』의 배경을 이해하려면 『제인 에어』의 줄거리를 아는 것이 필요하다. 제인은 열 살 때 고아가 되어 리드 외숙모Mrs. Reed 집에 얹혀살며 갖은 학대를 받는데, 자신의 부당함에 당당히 말로 맞서다가 결국에 "붉은 방"에서 벌을 받는다. 외숙모에 의해 브로클허스트가 운영하는 로우드Lowood 자선학교에 보내진 제인은 그곳의 추위와 굶주림, 그리고 열악하고 비위생적인 환경에 무척 고통 받으며 학생으로 6년, 교사로 2년, 도합 8년을 머문다. 제인은 미들랜드의 손필드 홀 저택의 로체스터의 피후견인인 아델Adele Valens의 가정교사로 지원하고 약 3개월 후 집에 돌아온 로체스터는 제인에게 무서운 인물로 내비치지만 친절하고 정중하게 대한다. 제인은 그의 침실에 불이 났을 때 그의 생명을 구하고 이후 자신을 고용한 주인과 사랑에 빠진 것을 느낀다. 외숙모의 임종에 불려간 제인은 그녀에게서 카리브 해의 마데이라Madeira 섬에서 포도주 사업으로 재산을 모은 존 삼촌이 조카 제인을 입양하길 원했지만 리드 부인은 제인이 로우드에서 죽었다고 허위로 말했음을 알게 된다.

한 여름 밤에 로체스터는 자신이 상류계급인 잉그램Ingram양을 사랑하지 않으며 제인에게 자신과 결혼해줄 것을 청한다. 제인은 그의 구혼을 받아들이고 한달 후 결혼식에서 한 변호사가 결혼에 이의를 제기한다. 그는 로체스터에게 자메이카 출신의 크리올 아내, 버싸 앙투아네트 메이슨Bertha Antoinette Mason이라는 이름의 아내가 현재 살아있다고 밝힌다. 로체스터는 제인에게 15년 전 버싸와의 결혼은 자신이 기만당한 결혼이라고 항변하면서 버싸는 회복될 수 없는 정신이상자라고 말한다. 자신의 행동을 변명하기 위해 일행을 3층 다락방으로 데려간 로체스터는 버싸의 공격을 받게 되고 그로 인해 그녀는 사지를 결박당한다. 결혼이 무산된 것은 당시 영국법에 따르면 그가 아내가 살아있음에도 제인과의 결혼하려한데서 오는 중혼죄를 범했기 때문이다. 로체스터는 제인에게 그의 정부가 되어 프랑스로 가자고 간청한다. 더 이상 손필드에 머물다가는 마음이 약해질 것 같아 그곳을 도망쳐 나온 제인은 더비셔의 화이트클스에서 기아상태로 리버스 가족에게 발견되어 도움을 받게 된다. 이후 제인은 삼촌이 마데이라에서 죽으면서 2만 파운드를 남겼다는 것도 알게 된다. 세인트 존St. John은 제인에게 결혼하여 선교사 아내가 되어 함께 인도에 가자고 압력을 가하지만 그럴 의향이 추호도 없는 제인은 어느 날 그녀를 부르며 도와달라고 하는 로체스터의 목소리를 환청으로 듣게 된다. 손필드로 간 제인은 버싸에 의해 손필드 저택이 화재로 전소되었고 버싸는 화재로 숨졌으며 로체스터는 왼팔과 시력을 잃었음을 알게 된다. 이후 둘은 결혼하여 함께 있음에 행복해하며 아들을 하나 낳고 로체스터의 시력이 되살아날 것이라는 희망을 갖는다.

『제인 에어』를 전텍스트pretext로 이를 되받아 쓰고 있는 『드넓은 사르가소 바다』는 모두 3부로 구성되어 있다. 제 1부는 버싸의 결혼 전 이름인 앙투아네트의 유년기로부터 로체스터와의 결혼 후 영국으로 오기 전까지의 삶, 즉 고향 자메이카 쿨리브리Coulibri 장원에서 시작되어 수도원에서 나와 로체스터와 결혼하게 되는 과정까지를 앙투아네트의 회상으로 들려준다. 1834년 노예해방 바로 직전에 태어난 앙투아네트는 소설 초입부에서 어머니 아네트Annette, 장애 남동생 피에르Pierre, 그리고 몇 안 되는 해방된 노예들과 더불어 쿨리브리라는 퇴락한 농장에 살고 있다. 해마다 생활이 어려워지는 것은 노예해방법 때문이기도 하지만 코스웨이씨가 죽기 전에 자신의 농장을 돌보지 않아 거의 황폐한 공간으로 변했기 때문이다. 이후 앙투아네트의 어머니는 부유한 영국인 메이슨Mason씨와 재혼한다. 그녀는 남편에게 과거 노예들이 노예해방법이 시행된 이후 격분한 나머지 쿨리브리를 공격할 수 있다고 수차례 경고하지만 메이슨씨는 이를 진지하게 받아들이지 않는다. 어느 날 쿨리브리에 화재가 발생해서 집은 전소되고 피에르는 죽는다. 아네트는 아들의 죽음에서 헤어나지 못한 채 점차 내성적인 성격으로 변모하고 결국은 유폐되어 죽음을 맞이한다. 앙투아네트는 수녀원 학교로 보내지고 17세에 학교를 떠나는데 그 이유는 젊은 영국인 로체스터와 혼담이 정해졌기 때문이다.

제2부에서 화자는 이름이 밝혀지지 않는 서술자이지만 서사가 진행됨에 따라 로체스터임을 알 수 있다. 정략결혼을 위해 카리브를 방문한 그는 앙투와네트의 계부에게서 결혼한 대가로 3만 파운드를 받으며 섬에서 결혼을 마치고 영국으로 출항하는 장면까지를 보여준다. 2부 초입부에서 신혼여행지로 그랑브와Granbois를 향하던 로체스터는 주변 경관이 영국의 풍경과 다름에 혼란스러운 나머지 거리를 둔다. 자신의 결혼이 돈을 목적으로 한 정략결혼임을 의식의 흐름 수법이나 아버지에게 보낸 편지를 통해 드러낸다. 수도 스패니쉬타운에서 결혼한 이 커플은 처음에는 열정적인 육체적 사랑을 나누지만 서로에 대해서는 아무것도 모른 채 점차 불신과 증오만 쌓아간다. 그러다가 앙투아네트의 혈통에 정신이상증세가 있다는 이야기를 듣고 아내에게서 뭔가 불안정하다는 증거를 찾으려 하면서 차츰 등을 돌리게 된다. 부부의 가치관의 차이는 자연에 대한 태도에서 가장 뚜렷이 드러나는데, 앙투아네트에게 카리브는 따뜻한 공간이자 다채로운 고향으로 사람보다 더 소중한 자연으로 자리잡고 있지만 로체스터는 이국적인 이곳의 자연을 경시한다. 마침내 그는 그녀를 영국으로 데려가기로 결심한다.

제3부에서 앙투아네트는 자유를 박탈당한 채 로체스터의 시골 대저택 손필드 홀의 창문이 없는, 차가운 3층 방에 갇혀 로체스터의 하녀 그레이스 풀Grace Poole의 감시를 받는다. 정신이상자라는 이유로 폐쇄된 공간에 갇혀있는 그녀는 자신의 어머니가

그러했듯 "유폐된 식민지 여성의 운명"을 보여준다. 그러나 앙투아네트는 현재의 유폐된 삶보다는 꿈을 통해 진실성을 추구하려 하며 이제 운명론을 거부하고 증오를 받아들인다. 그후 그녀는 쏜필드 홀에 불을 지르고 자살을 감행하여 영원한 자유를 획득할 수 있을 순간을 기다린다.

## 유폐된 여성의 혼불은 어디로 향하는가?

자유주의적 페미니즘의 원류로 평가받는 『제인 에어』는 20세기 후반 영국의 식민지였던 카리브 출신의 한 여성작가가 쓴 『드넓은 사르가소 바다에 의해 다시 한번 주목받게 되었다. 그것은 19세기의 대표적인 영국소설을 되받아 씀write back으로써 영국소설이 재현하는 식민지/타자/여성에 대한 시각을 비판적으로 재평가하는 길을 일찍이 제시한 점에서이다. 영국을 배경으로 하는 브론테의 소설과는 달리, 대영제국의 식민지 카리브에서 과연 어떤 일이 있어났는가를 재현하는 『드넓은 사르가소 바다』는 플롯이 단순한데도 주제를 쉽게 표면에 드러내지 않는다. 두 소설은 주로 서술시점에서 차이를 드러내는데, 제인의 일인칭 시점에서 서술되는 『제인 에어』와 달리 『드넓은 사르가소 바다』는 앙투와네트와 로체스터라는 서로 다른 서술자를 사용하여 리얼리티의 양면성을 제시하기 때문이다. 작가의 이 같은 복합적인 서술방식을 통해 이 서사는 주인공 남녀의 서로 다른 동기와 문화적 차이점으로 인해 결국 비극적인 운명으로 치닫고 마는 강열한 서사로 탈바꿈된다. 주인공 앙투와네트와 로체스터라는 두 서술자가 보여주는 세계는 서로 다른 것으로, 피식민/여성과 식민주의자/남성의 문화적 차이로 확대되며 그 깊은 골은 피할 수 없게, 마치 영국과 카리브 사이에 놓여있는 대서양의 바다풀이 무성히 자라는 사르가소 바다만큼이나 크게 드러난다.

먼저, 로체스터의 경우를 보면 그가 취하는 "착취"와 "버림"이라는 식민주의자의 특질은 영국법에 근거한 것이다. 그가 앙투와네트의 재산을 획득하는 것은 실제로 합법적이며 이 과정은 대영제국의 식민화 과정과 유사하다. 이러한 특질은 경제적 재배치 면에서 뿐만 아니라 정서적인 면에서도 앙투아네트를 황폐하게 만드는 결과를 초래하는데, 이는 피식민에 대한 로체스터의 증오심과 가학적인 태도에 근거한다. 그는 앙투와네트의 이국적이며 관능적인 매력에 끌리면서도 그 자체를 식민지의 열등한 문화적 가치로 보는 탓에 그녀의 세계를 본질적으로 거부한다. 여기에 그의 극단적인 소유욕이 결합되어 앙투와네트에게 많은 상처를 입히게 된다. 앙투와네트의 이름을 인형을 가리키는 "마리오넷타"marionetta 식으로 만들어 "앙투와네타"Antoinetta로 부르는데, 이는 앙투와네트를 자신의 운명을 통제할 힘이 없는 꼭두각시에 비유한 것이다. 또한 그가 앙투와네트 이름 대신 영국인 이름인 "버싸"로 부르는 것도 식민화의 기표이자 식민지 여성의 정체성을 통제하고 규정하는 행위로 풀이해볼 수 있다. 이에 대해 앙투와네트는 "버싸는 내 이름이 아니에요. 다른 사람의 이름으로 나를 부르는 것은 나를 내가 아닌 다들 사람으로 만들려는 거지요?"(548)라며 반박한다.

로체스터가 앙투와네트를 영국으로 데려 온 후 손필드 홀의 다락방에 유폐시키는 것은 단순하고 우발적인 행위가 아닌, 식민지 여성의 존재를 부정하는 계산된 것이다. 겉으로 보면 "점잖고 관용적이며 용감한" 로체스터이지만 그 이면에 물질숭배가 강한 특성을 지녔는데 자메이카에 오게 된 동기도 따지고 보면 부유한 집안의 차남으로 장남의 재산상속권에 따라 차남에게는 유산이 없음을 알고 현실적 대안으로 식민지의 부잣집 상속녀와 결혼하기 위함이었다. 이러한 정략결혼은 그의 아버지와 공모한 것으로, 그의 아버지에게 보내는 편지에서 "아버님은 무슨 일이 발생했는지 알고 계시거나 추측하실 수 있을 것입니다. 제 문제에 대해, 특히 제 결혼에 대해 아무에게도 말하지 않으면 않을수록 더 좋으리라는 것쯤은 아시겠지요. 제게는 물로 아버님께도 그편이 유리하니까요"(558)라는 언급에서 잘 드러난다. 식민지 상속녀와 결혼하기 위해 카리브에 파견된 영국 청년이라는 점, 앙투와네트의 돈이 이후 그에게 재정적 독립을 부여할 것이라는 점, 이로써 그가 로체스터가에서 자존심을 회복하여 과거와는 다른 모습을 보일 것이라 점, 다시 말해 돈이 그에게 계급적 권위를 부여할 것임을 그는 충분히 의식한 것이다. 인간을 매매 대상으로 보는 로체스터의 물질적 욕망은 『제인 에어』에 시사되는 것보다 『드넓은 사르가소 바다』에서 훨씬 구체적으로 드러난다. 그는 자신의 행위를 정당화하기 위해 "나는 그녀[앙투와네트]를 사지 않았고 그녀가 나를 샀다"든지 "당신이 날 믿는다면 나도 당신을 믿겠소. 이런 게 매매 아니겠소?"(498)라고 말한다. 여기서 주목할 점은 물질적 욕망에 인종차별이 내재되어있다는 것이다. 흑인에 대한 적개심은 흑인들이 야만적인데다 로체스터 자신의 음흉한 행위를 그들이 속속들이 알고 있다고 생각하기 때문이다. 그는 백인의 혈통이 섞인 크리올도 혐오한다. 앙투와네트를 가리켜 "순수한 영국혈통의 크리올 여성일지는 몰라도 눈동자를 보면 영국인도 미국인도 아니다"(496)라며 차별의식을 갖는다.

이러한 로체스터와 정면으로 배치되는 인물이 바로 크리스토핀Christophine이다. 앙투아네트의 기억의 저장고에서 카리브에 기반한 문화적 정체성을 추구하는데 있어 가장 중요한 인물인 크리스토핀은 카리브의 마르티니크Martinique 출신으로 노예여성의 경험에서 오는 지혜가 풍부할 뿐만 아니라 남성지배에서 경제적으로 독립하려는 근대적 여성의식을 보여준다. 크리스토핀이라는 이름은 뿌리과 식물을 의미하는 것으로, 그녀의 정직함과 풍부한 감성은 앙투와네트가 기댈 수 있는 뿌리를 상징한다. 그러나 크리스토핀이 로체스터와의 싸움에서 패함에 따라 로체스터는 안심하고 앙투와네트를 영국으로 데려가 유폐시킴으로써 크리스토핀 존재 자체가 결과적으로는 "뿌리 없는 존재"가 된다는 사실은 저항적인 식민지 유색여성의 삶이 뿌리째 뽑힌다는 위험성을 내포한다.

크리스토핀은 특히 백인식민주의를 날카롭게 꿰뚫어보며 정확하게 예견한다. 앙투와네트같은 크리올 여성이 절망적이며 소극적인 성격을 보인다면 크리스토핀은 여성의 지혜롭고 자율적이며 신비한 면모를 보여준다. 이 같은 점에서 그녀는 "텍스트에 등장하는 최초의 해설자이며 이름을 지닌 발화체로서 자신의 담론을 갖는 유일한 여성"(Spivak)이다. 로체스터의 식민주의 실체를 간파한 그녀는 백인이 두려워할 만큼 강력한 말로 대응함으로써 작가가 억압받은 사람들의 개인적 감정을 로맨틱하게 다루지 않음을 보여준다.

> "서방님이 하신 일을 제가 다는 모르지만 어떤 것은 잘 알지요. 서방님이 돈 때문에 결혼하셨고 앙투아네트의 전 재산을 손에 넣으셨다는 것은 누구나 다 아는 사실이에요. 그러고 나서 질투 때문에 아내를 파멸시키려고요? 앙투와네트가 서방님보다 훨씬 훌륭한 인간이지요. 몸에 흐르는 피가 훨씬 좋으니까요. 우선 아가씨는 돈에 관심이 없답니다. 돈은 중요한 게 아니니까요. 내가 처음으로 서방님을 만났을 때 나는 한눈에 알아보았어요. 젊은 분이 벌써 돌같이 차고 감정에 메말라 있더라고요." (552)

로체스터가 자신의 속내를 간파한 크리스토핀을 두려워 한 나머지 판사와 결탁하여 추방시키려하자 그녀는 "사슬에 매인 노예, 트레드 머신, 어두운 감옥은 더 이상 없답니다. 이곳은 자유국가이고 나는 자유로운 여성"(556)이라며 당당히 대든다. 이는 바로 로체스터가 영국법과 질서의 이름으로 식민지 여성을 위협하는 것에 대항한 정치적 선언임을 알 수 있다. 결국 그녀는 대영제국의 남성 식민주의자와 영국법에 의해 추방되고 텍스트에서 사라지게 된다. 이처럼 추방된 크리스토핀과 유폐된 앙투와네트는 착취당하고 유폐되거나 텍스트에서 추방되고 마는 피식민 여성의 운명을 의미한다.

크리스토핀에 비해 앙투와네트는 타자와의 대화가 절망스럽고 그 차이를 극복하기가 불가능한 식민지 여성의 무력함을 반영한다. 작가가 이 소설에서 중심적 문제로 부각시키는 것도 수동적인 앙투와네트로 하여금 힘없는 약자를 정확히 재현하도록 하기 위해서이다. 흰 피부의 크리올 여성은 영국인에게는 "흰 검둥이," 흑인에게는 "흰 바퀴벌레"로 경계지대의 미결정된 영역에 속한다. 이러한 경계인은 흑백의 양쪽 진영으로부터 소외되고 자신의 어머니가 그러하듯 "미친 여자"라는 꼬리표가 붙여져 유폐되거나 사라진다. 흑백 간에 내포된 문화적, 역사적 내용은 특히 앙투와네트와 유년기 흑인 친구 티아Tia와의 관계에서도 잘 드러난다. 그녀는 어린 시절, "흰 바퀴벌레"라고 놀리는 티아와 우정을 나누었지만 어느 날 이 둘 사이에 균열이 찾아온다.

> "우리는 같은 음식을 먹었고 나란히 누워 잤으며 똑같은 강에서 멱을 감았다. 뛰면서도 나는 티아와 함께 살 것이며 그녀와 다름없다고 생각했다. … 가까이 왔을 때 나는 그녀가 손에 쥐고 있는 끝이 뾰족한 돌을 보았지만 그것을 던지는 것을 보지 못했다. … 내 얼굴에는 피가, 그녀 얼굴에는 눈물이 흐르는 채 우리는 서로를 응시했다. 그것은 마치 내가 내 자신을 보는 것과 같았다. 마치 거울을 들여다보는 것처럼". (483)

티아는 앙투와네트의 더블double이자 영혼으로, 티아가 던진 돌에 맞아 피 흘리고 함께 우는 것은 고통이 상호적인 것임을 보여준다. 이들의 우정에 금이 간 것은 노예해방이후 흑백관계가 붕괴되고 있음을 상징하는 것으로, 그녀와 티아와의 관계에 잠재된 긴장은 인종적, 경제적 상황이 인간의 애정과 우정을 왜곡시킬 수 있음을 시사한다. 왜냐하면 티아는 제국주의 상처로 인해 자아화될 수 없는 타자이기 때문이다.

앙투와네트의 운명이 불가피하게 죽음을 향해 나가는 것은 세 번의 꿈을 통해서이다. 어릴 때 티아하고 다툰 날 저녁에 꾸는 첫 번째 꿈, 현재시제로 바뀌 앙투와네트가 사춘기에 어머니를 여윈 뒤 꾸는 두 번째 꿈, 그리고 소설 말미에서 회상을 통해 현재와 과거를 구분하면서 티아를 향해 달려가는 세 번째 꿈이다. 특히 세 번째 꿈은 손필드 홀의 방화를 계획하고 죽음을 통해 육신을 떠난 혼불이 카리브로 향하려는 식민지 여성의 비전을 보여주는 점에서 주목을 요한다. 앙투아네트는 방화 직전의 단계에서 자신이 누구인가를 정확히 인식하고 지금껏 품고 있었던 지향점이 바로 티아가 있는 카리브 쪽임을 잘 보여준다. 감시자인 그레이스의 서술을 보면 앙투와네트는 미치지 않았다: "저 여자에게서 내가 발견한 사실은 저 여자가 아직도 혼spirit을 잃은 것은 아니라는 거지. … 저 여자의 눈에서 그 격렬한 혼을 발견하면 나는 저 여자를 모른 체하지 못하겠어."(567) 감시자의 시선에 앙투아네트는 완전히 정신줄을 놓아버린 게 아니라 뭔가에 집중되어 있는, 혼이 온전히 박혀있는 존재이다. 그런 앙투와네트가 자신을 쏜필드 홀의 유령으로 인지하는 대목은 자신의 죽음을 앞두고 육신을 떠나 하나의 혼불이 되는 순간을 그려볼 때이다: "나는 긴 초를 들고 그 홀에 다시 들어갔다. 내가 그녀를 본 것은 그때였다. … 유령. 흐르는 머리카락을 한 여자였다. 그녀는 금도금을 한 틀에 둘러싸여 있었지만, 나는 그녀를 알아보았다."(573) 이제 모종의 행동을 앞두고 자유를 향한 결단의 순간이 찾아오는데, 그것은 꿈을 꾸다가 티아를 부르며 벌떡 일어나면서 "마침내 나는 왜 이곳에 끌려왔는지를 알게 되었고 무엇을 해야만 하는지도 알았다"(574)는 자각의 비전으로 연결된다.

자신을 유령으로 보는 대목에서도 그러하듯, 이 소설에서는 눈치챌 수 없을 정도로 많은 투사mirroring의 이미지가 나타난다. 꿈속의 티아는 앙투와네트의 정체성문제에 혼란을 심화시키는 존재로, 비록 티아편에서 적대감을 갖고 있었지만 이제 이 세 번째 꿈에서 앙투와네트는 티아와 강한 동일시를 이룬다. 티아가 어린 시절 "옛날 백인은 흰 검둥이일 뿐이었고 지금은 까만 검둥이가 흰 검둥이보다 낫다"(470)라고 한 말에서 앙투와네트는 백인사회에서의 최하층인 백인크리올은 흑인과 같음을, 즉 서로를 반영하는 거울 같은 존재로 인식하게 된다. 그러므로 앙투와네트가 불타는 쏜필드에서 뛰어내릴 때 손짓하는 티아의 부름에 응답하는 장면을 그려보는 것은 죽음 이후에 그녀의 혼불이 티아가 있는 카리브로 돌아가야 한다는 강력한 의지를 반영한다. 동시에 이것은 앙투와네트가 카리브 식민지 여성으로서의 자기의식과 정체성을 확립하는데 매우 긍정적인 비전으로 해석될 수 있다. 꿈속에서 죽음은 새로운 삶의 시작에 대한 비유이다. 앙투와네트가 꿈에 손필드 홀에서 뛰어내리는 것은 자신의 정체성을 찾고자 죽음을 통과하는 재생의 의미로 볼 수 있다. 그것은 손필드에 유폐된 여성의 육신을 떠난 혼불이 이제 카리브로 향할 것임이 분명하기 때문이다.

앙투와네트의 방화행위를 통해 드러나는 식민사의 실패는 노예제도, 인종착취, 식민화, 가부장제 그리고 성적 착취에 긴밀하게 연결되어 있다. 앙투와네트는 흑백양편으로부터 소외된 존재, 다시 말해 제국주의 공리학이 산출한 인물로 흰 피부의 자메이카 크리올이다. 브론테가 묘사하는 버싸(앙투와네트)는 인간/동물의 경계가 확실치 않은 모습이다: "방의 더 깊숙한 안쪽, 짙은 음영 속에 모습하나가 앞뒤로 달렸다. 그것It이 무엇이었는지, 짐승이었는지 인간인지 알 길이 없었다."(293) 여기에서 "그것"이란 인간이 아닌 타자를 지칭한다. 그 타자는 지옥같은 분위기를 띤 것으로 백인편에서 보면 정복의 대상이자 영혼이 형성되지 않는 존재, 동물이라기보다는 범주적 명령의 테러리즘으로 표상된다. 이처럼 인간의 모습이 아닌 미친 여자로 그려지는 앙투와네트가 이제 손필드 홀의 어두운 통로를 내려가며 불을 지르는 것은 오랫동안 그녀를 감금해온 가부장적 구조에 불을 지르는 혁명적 자세에 다름 아니다. 식민지 여성의 광기를 다룬 한 평론가에 따르면, 『드넓은 사르가소 바다』는 주체의 구성, 혹은 자아창조에 초점을 두는데, 그것은 앙투와네트가 가부장제와 식민주의의 억압적 환경이 주는 소외감 속에서도 말하는 주체로서 자신을 구성하려는 싸움을 통해 스스로 정체성을 세우려는 발전적 과정을 보이기 때문이라고 언급한다(Lawson). 브론테 소설에서의 "그것"은 이제 『드넓은 사르가소 바다』에서 앙투와네트라는 카리브 크리올 여성으로 등장하여 자신의 목소리로 새롭게 탄생된다는 점에서 리스는 제국주의 정치학이 실패한 것임을 여실히 보여준다.

## 포스트식민시대에 영어권 소설의 기폭제가 된 『드넓은 사르가소 바다』

지난 40년 동안 『드넓은 사르가소 바다』는 대단히 다양한 비평적 논의를 일으켰다. 그다지 길지 않은 이 소설에 대한 눈높이가 복잡 미묘할 정도로 높아진 데는 이 소설이 어느 한 문학이론으로 쉽사리 범주화되지 않는다는 점이다. 가장 분명한 현상은 『제인 에어』를 되받아 쓴 『드넓은 사르가소 바다』의 포스트 식민비전이 로체스터와 제인을 중심으로 한 대영제국과 영국문화의 영광을 칭송하던 추세라든지, 서구 여성의 자유주의적 페미니즘의 축복 속에 치장된 일반적 진실들에 도전하게 된 점이다. 다시 말해 이 소설은 주요 현대 문학이론인 모더니즘, 포스트모더니즘, 페미니즘과 포스트식민주의 등에 관심 있는 비평가 모두의 주목을 끌었고 시금석 같은 텍스트로 여겨져 왔다는 것이다.

먼저, 모더니즘과 포스트모더니즘 비평가들은 이 소설의 문학적 시기라든지 스타일에 관한 모종의 흥미로운 질문을 제기해왔다. 『드넓은 사르가소 바다』는 그 배경이 1·2차 세계대전 보다 대략 한 세기 전인 19세기 산업화 이전의 시간과 공간이라는 점을 생각해볼 때, 이 소설에 나타나는 모더니즘과 포스트모더니즘은 의식의 흐름이나 다양한 서술자의 사용에서, 그리고 중심을 해체하여 독자의 공감을 주변부 여성에게로 향하게 하는 기법에서 잘 드러난다. 여기에 19세기 낭만주의 초기의 수사학, 즉 정령이나 초자연적인 미, 그리고 마술 등을 사용하는 마술적 사실주의도 주목을 요한다.

마찬가지로 페미니즘 영역도 『드넓은 사르가소 바다』로 인해 도전을 받게 된다. 현대 페미니스트 비평가들은 영국 고전인 『제인 에어』가 지닌 페미니스트 비전을 재검토하고 이 영국 고전을 되받아 쓰는 『드넓은 사르가소 바다』에서 여성에 대한 경제적, 성적 착취가 가차 없이 드러나는 점에 주목한다. 나아가 이 텍스트에서 제기되는 인종과 노예문제는 『제인 에어』에 대한 종래의 평가를 뒤집기도 한다. 또한 일부 페미니스트 비평가들은 최근의 심리분석 이론을 통해 앙투와네트가 처한 상황과 앙투와네트의 위험한 선택을 이해하는데 있어 페미니즘이론이 매우 유용하다는 것을 인지하게 되었다.

마지막으로, 가장 치열한 논쟁은 포스트식민 이론가들에게서 한층 가열화된다. 1980년대 이후 포스트식민문학이론이 활성화 됨에 따라 영문학분야에서 가장 주목받은 작가 가운데 하나가 리스이다. 포스트식민 비평가들은 작가 리스와 『드넓은 사르가소 바다』를 식민관계에서 해석하기 위해 지형학적, 국가적, 문화적, 혹은 인종적 범주에 넣어 해석한다. 그들은 리스의 개인사, 즉 그녀가 카리브에서 태어났지만 섬 인구의 1% 정도에 해당된 백인 사회내부에 격리되어있다는 사실, 그리고 그녀가 카리브를 17

세에 영구히 떠났다는 점 등을 들어 리스를 카리브 지역, 포스트식민 혹은 "제3세계" 작가들에 관한 글쓰기 모음이나 이론적 논쟁에 포함시킬 것인가에 대해 찬반 논쟁을 뜨겁게 불러일으켰다. 그러한 논쟁의 초점은 이 소설이 백인 크리올 인물에 초점을 맞추기 때문에, 흑인 카리브인들의 경우는 어떠한지, 예컨대 이 텍스트가 유럽 식민지배에 역사적 저항을 인식하고 있는지, 혹은 침묵하고 있는지의 여부에 관심이 쏠리게 되었다. 이처럼 이 텍스트에 대한 광범위한 논의가 여전히 활기차게 진행 중임은 모든 것이 이전보다 훨씬 빠르게 움직이고 민족문학과 문화적 영토에 대한 종래의 개념들이 발빠르게 변화하고 있는 오늘의 지구촌 세계에서 이 텍스트가 일찍이 그 기폭제가 되었다는 사실 때문이다. 무엇보다도 식민주의, 인종억압에 대한 비판적 시각으로 카리브 지역의 문학을 활발히 조명하는 포스트식민문학비평에서 "원주민 문화가 식민주의에 의해 심한 침묵과 모략을 당한 것에 대해 '되받아쓴다'는 대응담론을 구사하는 노력이야말로 포스트식민담론의 첩경이며 이러한 작업은 문화적 헤게모니 밖에서 비판하는 사람들에 달려있음"(Parry)을 상기해볼 때, 『드넓은 사르가소 바다』는 가장 귀중한 텍스트라 할 수 있다.

이처럼 『드넓은 사르가소 바다』는 진실을 파헤치는 일종의 "위험한 서사"이자 권력그룹의 이해를 영속화시키려는 서구의 거짓과 상충하는 텍스트로, 또한 식민주의 충격에서 벗어나려는 유색여성 등장인물들이 백인의 지배권력구조에 대항하는 투쟁사에서 힘을 얻고 있는 서사라는 점에서 그 문학적 성과를 드러낸다. 20세기 후반 영문학을 강타한 포스트식민이론이 등장하기도 전에 괄목할만한 작품을 썼음에도 불구하고 그녀는 평생 영문학뿐만 아니라 주변부 문학권에서조차 주변부적 존재였다. 무명의 그녀가 아주 늦은 나이에 알려지게 되자 영국과 카리브 양쪽은 서로 자신들의 진영으로 그녀를 끌어 들이려 했다. 한쪽에서는 영국의 모더니스트 작가, 다른 한쪽에서는 포스트식민작가로만 접근하려는 자세가 그것이다. 그러나 정작 이들은 피식민/여성/이산민의 시각은 갖추지 못했었다. 앙투와네트나 크리스토핀, 티아가 남성시각과는 다른 여성경험과 여성연결을 통해 확고하고 논리적으로 드러남에 주목하지 않은 것이다. 특히 앙투와네트가 정체성 추구에 있어 카리브 지역에 대한 기억과 그곳 여성들과 연관되는 순화회로가 그것이다.

『드넓은 사르가소 바다』가 출간된 지 몇 년 후, 알바레즈(A. Alvarez)는 『뉴욕타임즈 서평』에서 진 리스를 가리켜 "현존하는 영국의 최고 소설가"로 격찬했다. 그러나 알바레즈의 주장은 리스의 문학적 위상이 당연하다며 그 정당성을 인정하면서도 동시에 리스를 제대로 전달하지 못한 측면이 있다. 실제로 리스는 평생 가난, 소외, 알코올 중독과 병으로 고통스런 삶을 살아왔을 뿐, 아무런 인정도 받지 못했기 때문이다. 그러다가 말년에 이르러서야 겨우 알려지게 되었지만 이는 만시지탄의 일이었다. 88세라는 매우 늦은 나이에 문학에 대한 공헌으로 양국문화를 알리는 빛과 같은 존재로 인정받고 또 대영제국 훈장Commander of Order of the British Empire까지 수여받았다는 점은 아이러니하다. 더욱 아이러니한 것은 리스가 영국과 영국문화를 평생 증오했으며 자신을 한편으로는 추방된 식민주의자로, 다른 한편으로는 영국인의 경멸과 증오의 대상으로 인식했다는 점이다. 결론적으로 리스는 지배적인 전통영문학에 대항하여 반담론적인 대응을 해 온 영어권 소설가로 영국의 지배책략의 여러 가면을 벗겼다는 점은 높은 평가를 받아 마땅하다.

## 참고문헌


Brontë, Charlotte. *Jane Eyre.* New York: The New American Library, 1960

Cader, Angus. *Revolutionary Empire: The Rise of the English-Speaking Empires from the Fifteenth Century to the 1780s*. London: Jonathan Cape, 1981.

Lawson, Lori. "Mirror and Madness: A Lacanian Analysis of the Feminine Subject in *Wide Sargasso Sea*." *Jean Rhys Review*. 4. 2(1991): 19-27.

O'Connor, Teresa F. *Jean Rhys: The West Indian Novels*. New York and London: New York UP, 1986.

Parry, Benita. "Problems in Current Theories of Colonial Discourse." *Oxford Literary Review*. 9(1988): 27-58.

Rhys, Jean. *Jean Rhys: The Complete Novels.* W.W. Norton & Com., Inc, 1985.

Spivak, Gayatri C. "Three Women's Text and a Critique of Imperialism." *Critical Inquiry*. 12. 1(August 1985): 243-261.

Tiffin, Helen. "Mirror and Mask: Colonial Motifs in the Novels of Jean Rhys." *WLWE* 3. 17(April 1978): 328-341.

Vreeland, Elizabeth. "Jean Rhys: The Art of Fiction LXIV." *Paris Review* 21. No. 76(Fall 1979): 219-37.

## 생각해 보기

❶ 로체스터는 앙투아네트가 싫어하는데도 앙투아네트의 이름을 버싸로 바꿔 부른다. 이름 짓기는 권력과 관계가 깊다는 사실에 비춰볼 때 로체스터의 행위는 식민권력의 행사임이 분명하다. 그럼에도 작가는 제2부에서 화자인 로체스터에게 이름을 부여하지 않는다. 또한 제1부보다 훨씬 긴 제2부에서 그가 앙투와네트를 어떻게 취급하고 있는지 비교적 소상히 밝히고 있는데 그의 모습은 오히려 굳어있고 냉담하며 나약한 모습으로 묘사되기도 한다. 이처럼 로체스터를 무명의 상징적 존재로 환원시키는 점과는 대조적으로 제1부와 3부의 화자에게는 버싸가 아닌 그녀의 원래 이름인 앙투와네트를 사용하여 카리브 식민지 여성에게 힘을 실어주려는 작가의 의도는 무엇인지 생각해보자.

❷ 로체스터와 앙투와네트의 서로 다른 문화적, 사회적 배경을 꼼꼼히 살펴보자. 이 둘의 관계가 실패로 끝나는데 이러한 배경들이 그동안 어떻게 작용해 왔는지를 토론하면서 더불어 이 둘의 종교적, 정신적 신념과 자연에 대한 태도에서의 차이점도 밝혀보자.

❸ 광기는 문학에서 흥미로운 주제로, 특히 근대 여성의 광기에 대한 진단은 남성 가부장제에 의해 행해져왔음은 주지의 사실이다. "다락방의 미친 앙투와네트"는 과연 미친 여자인지? 그녀뿐만 아니라 그녀의 어머니에게도 '비정상'의 꼬리표가 붙혀져 집안혈통의 유전인자속에 흐르는 피할 수 없는 질병이라고 진단하는 로체스터는 과연 정당한지? 이와는 반대로 이 소설이 크리올 여성의 고립과 주변의 홀대가 그들의 정신적 건강을 어떻게 저해해 왔는가를 반복해서 보여주는 과정에 주목해보자. 그렇다면 여성의 광기가 단순히 질병이라기보다는 가부장제/인종차별주의와 결합되어 앙투와네트에게 어떻게 위협이 되고 있는지를 연결시켜 토론해보자.

Jamaica Kincaid

# 디아스포라 내부자의 시선과 포스트식민 담론

## — 자메이카 킨케이드의 『루시』

자메이카 킨케이드(Jamaica Kincaid)는 카리브해(The Caribbean)의 리워드 섬군(The Leeward Islands) 중 하나인 엔티가(Antigua)에서 1949년 5월 25일 일레인 신시아 포터 리처드슨(Elaine Cynthia Potter Richardson)이라는 카톨릭 세례명을 갖고 태어났다. 톱니바퀴 모양으로 생긴 엔티가 섬의 주변 둘레는 수많은 만과 아름다운 해안으로 이루어져 있으나, 내륙은 플랜테이션 기간 동안 서구 제국주의에 의해 행해진 무자비한 산림개간으로 인해 울창한 숲이 거의 사라졌다. 사탕수수 경작을 중심으로 농업에 의존하던 엔티가는 20세기 중반부터 현재까지 경제의 절반 이상을 관광산업에 의존하고 있다. 엔티가는 1967년에 자치권을 획득했지만, 1981년까지 영연방국가 중의 하나로 속해 있었기 때문에 하나의 독립된 국가로서의 위치를 확보하지 못했다.

17세에 고향을 떠나 미국 뉴욕으로 이주한 킨케이드는 잡지에 글을 기고하며 전업 작가로서의 삶을 시작하지만, 1973년 집안에서 그녀가 글을 쓰는 것에 대해 인정하지 않자, 일레인이라는 이름을 현재의 자메이카 킨케이드로 바꾼다. 그녀는 1976년부터 1995년까지 『뉴요커』에 정기적인 글을 기고하였고, 『강바닥에서』(*At the Bottom of the River*, 1983), 『애니 잔』(*Annie John*, 1985), 『루시』(*Lucy*, 1990), 『내 어머니의 자서전』(*An Autobiography of My Mother*, 1997), 『작은 공간』(*A Small Place*, 1988), 『나의 남동생』(*My Brother*, 1997), 『나의 정원』(*My Garden*, 1999), 『포터씨』(*Mr. Potter*, 2002) 등의 작품을 출간하였다.

카리브여성 글쓰기의 대표주자인 킨케이드의 활발한 창작활동은 그동안 서구백인남성과 정전의 그늘아래 가리어져 있던 젠더, 클래스, 인종, 주변부, 디아스포라, 망명의 문제를 포스트식민 문학의 관점으로 새롭게 이슈화하는데 기여해 왔다. 무엇보다도 카리브여성 글쓰기(Caribbean Women's Writing)의 도래는 1831년에 출판된 메리 프린스(Mary Prince)의 『메리 프린스의 역사』(*The History of Mary Prince*)를 기점으로 19세기에 시작되었지만, 그 이후 약 150년이 지난 1988년에서야 비로소 캐리비언 여성 글쓰기에 대한 본격적인 연구와 그 성과물들에 관한 공식적인 학회모임이 개최되었다. 대부분의 카리브여성 작가들에게서 고향 섬과 모국은 그들 자신의 어머니나 다른 사람들의 어머니들을 통해서 전통적으로 이어져 내려온 여성 고유의 유산, 문채, 부적, 여성간의 유대를 통하여 복잡하고 심오한 의미들을 함축하고 있다.

예를 들면, 킨케이드에게 영국 제국주의의 식민지배를 받은 아프리카 선조들의 자리였던 엔티가는 양가성을 지닌 전형적인 포스트식민 공간으로서, 식민주의의 정신을 그대로 물려받은 어머니의 공간이자, 현재 식민 이후 카리브의 다양성과 혼종성의 문화를 이어가고 있는 딸의 공간이기도 하다. 킨케이드 작품을 비롯한 카리브여성 글쓰기에서 주로 어머니는 식민지 본국과 동일시되는 존재로서 딸에게 어머니는 극복해야 할 대상이면서, 동시에 모녀간의 유대를 통해 합일과 조화를 이루고자 하는 대상이 되는 양가적인 존재로 재현된다.

• 이 글의 출전

「자메이카 킨케이드의 『루시』에 나타난 탈식민 이산」. 『영어영문학21』. 제19권 2호 (2006): 177~201페이지에서 수정·보완함.

# 디아스포라 내부자의 시선과 포스트식민 담론

## — 자메이카 킨케이드의 『루시』

### 디아스포라의 지형

카리브지역의 프랑스령 마르티니크 출신으로 시인이자 문학비평가인 글리상(Édouard Glissant)은 "관계의 시학"poetics of relation 이론을 통해 그동안 서구가 강요해온 투명성과 보편성의 신화에 맞서서 이 세계의 잠재 가능성을 지닌 복수적 이질성을 드러낸다. 이것은 서구의 기획에 의해 암흑, 불투명, 타자로 규정되면서 주변화된 것에 대한 권리를 회복하고 재탈환하려는 시도이자, 차이와 다양성의 공존이 아니라 쉼 없는 교섭과 상호관계를 통하여 생태미학을 확립하는 것이다. 글리상은 들뢰즈(Gilles Deleuze)와 가타리(Felix Guattari)의 리좀rhizome 개념을 차용하여 전유와 탈전유를 끊임없이 반복하는 사유를 주장하는데, 카리브의 대표적인 열대식물인 맹그로브mangrove에서 들뢰즈와 가타리가 주장한 리좀의 모델을 찾는다. 이 식물은 물과 땅이 공존하는 습지에서 서식하며 뿌리와 줄기가 서로 얽혀있어 뿌리와 줄기의 구분이 모호하다. 따라서 비평가 호빙(Hoving)의 주장처럼, 맹그로브는 땅속 깊이 뿌리를 내린 크고 강한 줄기 몸통으로 된 서구 유럽의 대표적 나무인 오크oak와는 대조적이다. 고정되지 않은 유동적인 움직임들은 절대주의나 민족주의를 벗어나는 행위이며, 결국 이러한 유동성은 고정불변의 정체성이란 있을 수 없다는 디아스포라 담론과 맞닿아 있다.

디아스포라는 원래 '흩뿌리기' 혹은 '씨뿌리기'라는 뜻을 일컫는 그리스어διασπορά에서 유래하며, 민족 고유의 고향 땅을 떠나 세계의 곳곳에 흩어지는 이른바, 산포와 그로 인한 복합적인 문화를 경험하며 살고 있는 사람이나 민족을 언급하는 용어이다. 사프란(William Safran)은 유대인의 경험을 바탕으로 한 디아스포라에 대하여 다음과 같이 정의 내린다. 첫째, 디아스포라는 고향 땅을 떠난 사람들이나 그들의 조상들이 하나의 구체적인 중심으로부터 두 개 이상의 주변 혹은 외국 지역으로 흩어지는 것을 의미한다. 둘째, 디아스포라 경험자들은 지리적 위치와 역사, 문화적 유산들을 포함한 자신들의 고향 땅에 대한 집단적 기억과 비전, 혹은 신화를 유지하고자 한다. 셋째, 그들은 그들이 이주해간 나라로부터 온전한 시민으로 인정받을 수 없다고 믿고 있기 때문에, 그곳의 주류사회로부터 소외감과 단절감을 느끼고, 항상 고국으로 귀향하려는 소망을 꿈꾼다. 사프란은 디아스포라를 경험한 자들의 궁극적 목표를 귀향으로 간주하는데, 이는 포스트식민 디아스포라 여성작가들이 중요하게 다루는 모국과 어머니에 대한 기억과 관련이 깊다. 영어권 카리브 지역의 엔티가 출신인 자메이카 킨케이드(Jamaica Kincaid)의 경우, 그녀의 소설 중에서 유일하게 작품의 배경이 고향 섬 엔티가가 아닌, 미국의 메트로폴리스인 작품이 바로 『루시』*Lucy*이다. 이 작품은 무엇보다도 현재 디아스포라를 경험하고 있는 주인공의 입장에서 서술된 소설로서, 루시Lucy의 시선이 그 누구보다도 날카롭고 예리한 것은 바로 이 같은 디아스포라 내부자의 시선이기 때문이다. 그러므로 이 글에서는 카리브 출신의 대표적인 포스트식민 디아스포라 여성작가인 킨케이드의 『루시』를 통해 여주인공 루시의 포스트식민 디아스포라에 대하여 살펴볼 것이다.

루시가 고향 섬을 떠나 서방의 메트로폴리스로 건너 온 후 첫 1년 동안의 삶을 계절의 순환에 맞춰 그린 이 작품은 교양소설의 형태를 띤다. 비록 1년이라는 짧은 기간이지만 이 기간은 루시가 이민자로서 경험한 디아스포라의 다양한 문화적 지형학을 보여준다. 마리아Mariah의 집에서 그녀의 아이들을 돌보며 하숙생au pair girl으로 머물고 있는 루시는 마리아의 남편 루이스Lewis에게 "불쌍한 방문객으로"(14) 인식되는 "내부에 존재하는 이방인"(Lenz)일 뿐이다. 루시를 둘러싸고 있는 모든 내·외부적 환경 속에서 그녀는 이방인이자 낯선 인물로 여겨지면서 소외감과 이질감을 경험한다. 그녀가 마리아 가족에게서 느끼는 구체적인 이질감은 크게 두 가지 에피소드에서 찾아볼 수 있다. 첫째, 행복하고 평화로워 보이는 마리아의 가족사진에 대한 허구와 거짓이 그것이다. 루시는 그 가족사진을 보면서 그들이 보이지 않는 끈으로 단단히 묶여진 꽃다발 같다는 인상을 받는다. 겉으로 보기에는 단란하고 화목한 완벽한 가정이지만, 그 이면의 허구성은 후에 마리아와 루이스의 별거를 통해서 드러난다. 루시는 마리아 가족의 이면에 숨겨진 허구와 내면에 감춰진 진실을 예리하게 감지한다.

둘째, 식사 도중 루이스가 루시에게 들려주는 그의 삼촌에 관한 에피소드이다. 루이스는 캐나다에서 원숭이를 애완동물로 키우는 자신의 삼촌에 관한 이야기를 들려주는데, 삼촌이 원숭이를 너무 사랑하고 오랫동안 함께 지내서 실제 인간과 함께 지내는 것이 어려울 정도라는 것이다. 백인 남성인 루이스에게 원숭이는 단순히 포유동물에 지나지 않지만, 킨케이드의 글에 나오는 원숭이는 동물 이상의 중요한 의미를 가진다. 킨케이드는 퍼거슨(Moira Ferguson)과의 인터뷰에서 원숭이는 무엇으로든지 변할 수 있는 존재인 "제이블리스"Jablesse가 변한 모습이라고 말한다. 킨케이드의 작품들에 나오는 제이블리스는 처녀로 죽어서 하늘로 올라가길 기다리며 숲에 살고 있는 여자유령을 일컫는데, 그 모습이 변화무쌍하며, 대개 반인반수로 알려지기도 한다. 제이블리스는 산에서 돌아다니기를 즐기고 원하는 것이면 무엇으로든지 변화 가능한 존재로서 눈은 램프처럼 반짝인다. 루시의 어머니가 어렸을 적 숲길을 걷고 있을 때 원숭이에게 던진 돌에 다시 되맞아 이마에서 며칠 동안 쉼 없이 피가 흘러내렸고, 주위 사람들은 그녀가 곧 죽을 것이라 믿었다. 그러나 할머니가 특별히 제조해 준 약 덕분에 루시의 어머니는 회복되었다. 루시의 어머니에게 돌을 던진 원숭이 역시 숲에 사는 영적인 존재인 제이블리스였고, 영적 신앙의 대상을 해치려 했기 때문에 복수를 당한 것이라고 풀이될 수 있다. 원숭이에 대한 루이스와 루시의 서로 다른 시선은 뱀에 대한 시각에서도 서로 상이하게 드러난다.

루이스 삼촌의 원숭이 이야기를 듣고 루시는 마리아와 루이스에게 자신의 꿈 이야기를 들려주며 이에 대응한다. 노란 옥수수 가루가 흩뿌려진 집안 뜰에서 루이스가 벌거벗은 루시를 뒤쫓는 꿈이다. 마리아가 창문을 열고 루이스에게 루시를 붙잡으라며 외치고, 루시는 도망치다 은색과 푸른색의 뱀들이 모인 구덩이 안으로 떨어진다. 뱀은 대개 꿈의 해석에서 성적인 상징물로 간주되고, 이에 대해 마리아 부부는 루시가 프로이트 박사Dr. Freud에게 상담을 받아보아야 한다고 말한다. 대체적으로 정신분석학에서 뱀은 그 모양 때문에 성적인 상징물로 해석되고, 서양문학사에서는 사악함과 간교한 지혜를 의미한다. 그러나 루시의 꿈에 보였던 뱀은 에머리(Emery)에 의하면, 카리브 토속신앙에서 드러나는 뱀신 담발라Damballa를 의미한다. 부두교에서 담발라는 모든 신들 중에서 가장 중요한 로아loa라는 신 중 하나이다. 담발라는 뱀과 연관이 깊다. 담발라는 로아들의 아버지신이기도 하며, 그의 아내는 무지개빛 뱀신인 에이다 웨도Ayida Weddo이다. 담발라가 상징하는 색은 흰색, 은색이다. 에머리는 루시의 꿈에 나오는 뱀이 담발라신이라고 언급했으나, 실제로는 담발라신과 그의 아내, 에이다 웨도를 동시에 나타낸다고 보는 것이 더 타당할 것이다.

이 같은 맥락에서 볼 때, 루시는 꿈 속에서 식민지배자인 마리아와 루이스를 피해 뱀신에게 도피했다고 볼 수 있다. 따라서 루시에게 뱀은 마리아 부부의 판단처럼 성적인 것을 의미하는 것이 아니라, 영혼을 부여받은 의미있는 존재로서 받아들여지고 있다. 그리고 루시는 마리아 부부가 자신에게 중요한 인물들이기 때문에 꿈에 나타났다는 것을 강조하기 위하여 그들에게 이러한 이야기를 한 것이지만, 부부는 이에 대해 전혀 이해하지 못한다. 루시의 꿈에 대해 마리아 부부는 자신들의 지식을 바탕으로 자신들의 시선에서만 루시를 평가하고 단정지으려는 자문화 중심주의에 빠져있다. 그러나 정작 루시는 프로이트에 대한 지식이 전혀 없기 때문에 왜 그들이 자신에게 프로이트 이야기를 했는지조차 모른다. 또 다른 한 가지는 노란 옥수수 가루가 상징하는 것으로서 이것은 서구 열강에 의해 아프리카에서 노예로 끌려와 농장에서 중노동을 강요당한 노예제도의 비참함을 암시한다. 루시의 꿈은 포스트식민 디아스포라 여성인 루시의 시선이 세계에서 가장 부유한 미국의 백인 중산층 부부와 상반되고 있음을 보여준다.

이렇듯 킨케이드의 작품에서는 기존 작가의 글에서 통상적으로 나타나는 문학적 장치와 상징이 다른 방식으로 이해되고 있다. 이 작품의 전반부에서 상당한 부분을 차지하고 있는 눈에 대한 묘사는 그 좋은 예이다. 킨케이드가 사용하는 눈에 대한 은유는 기존 정화 개념과는 다르다(Burrows). 눈은 차가움으로부터 오는 마비의 위험성과 만물을 뒤덮어 삶을 빼앗아 버리는 파괴나 죽음의 가능성을 함께 내포한다. 킨케이드의 작품에서 비는 주로 재생이나 정화의 이미지로 사용되는 반면, 루시가 경험하는 미국의 메트로폴리스에 내리는 눈은 긍정적인 의미가 아니라 주로 마비나 죽음과 같은 부정적인 이미지로 그려진다. 이것은 루시의 고향 섬에서는 볼 수 없었던, 그녀가 처음으로 경험한 낯선 자연현상이라는 것과 관련이 있다.

## 전복과 전유를 통한 제국 되받아 쓰기

마리아는 루시에게 봄이라는 계절이 갖는 열정과 환희, 그리고 서양의 대표적인 봄꽃 수선화를 언급한다. 마리아에게 미풍에 흔들리는 수선화가 만발하는 봄은 삶의 기쁨을 만끽하게 해 주는 계절이지만, 루시에게 봄은 낯설고 지금까지 경험해 보지 못한 기후이다. 또한 수선화에 대한 마리아의 상상력은 자연과 인생을 예찬하는 것으로서,

전형적인 서구 낭만주의적 사고로 일관하지만, 루시에게 수선화는 고향 섬 엔티가의 잔혹했던 영국 식민사와 강압적 영국 식민교육의 잔재를 상기시키는 고통스러운 상징물이다. 루시는 자신이 고향 섬에 있는 퀸 빅토리아Queen Victoria 여학교를 다닐 때, 단 한 번도 본 적 없는 꽃에 대한 워즈워드William Wordsworth의 시 "수선화"를 암송해야했던 시절을 떠올린다. 피식민자가 영국 제국주의의 시를 암송한다는 것은 식민지배자의 혀(언어)를 몸으로 흡수한다는 것과 같은데, 왜냐하면 "암송은 복종에 대한 의례적인 행위"(Tiffin)이기 때문이다. 무엇보다도 서구 제국주의 교육에서 영국시의 암송은 단순한 암송의 차원이 아니라, 암송을 통해서 청중, 교사, 암송하는 학생 모두가 영국인의 일부라는 가정을 받아들이는 것이다. 시를 암송했던 루시는 복종적인 독자의 차원을 넘어서 영국 문학을 무의식적이고 복종적으로 재생산하는 식민지배 담론의 대리인이 되는 것이다. 그리고 이 때 티핀이 서술하듯이, 여성의 몸은 삭제되고, 복종이라는 고전적인 행위classic act 안에서 제국의 목소리가 다시 구체화되는 것이다. 영국식 육체의 움직임, 예를 들어, 억양, 몸짓, 발음, 자세 등을 얼마나 잘 흉내내는가에 따라 시 암송의 성공여부가 결정되는 것이다. 영국 제국주의의 문화를 똑같이 수행해낸 루시의 시 암송은 청중들로부터 박수갈채를 받는다. 이것은 결국 식민문화가 이를 수행하는 행위자뿐만 아니라, 행위자에게 적절한 반응을 보이는 청자들까지 훈육시켰다는 것을 의미한다.

루시는 학교 선생님과 친구들, 그리고 학부모들 앞에서 시 암송을 성공적으로 끝낸 그 날 밤에 수선화 무리들이 자신을 뒤쫓아 오던 악몽을 회상한다. 이후로도 루시는 그녀의 꿈에서 주로 누군가 혹은 무엇인가에 쫓기는 억압당하는 자의 형태로 등장한다. 루시는 수선화 무리에게, 백인 남성 루이스에게, 혹은 말을 탄 수천 명의 사람들에게 쫓긴다. 이것은 제국주의 식민통치와 남성 중심적인 가부장 사회의 억압이 루시의 무의식을 통해 쫓기는 꿈의 형태로 드러난 것이라 볼 수 있다.

수선화에 대한 마리아와 루시의 서로 다른 감정은 그레이트 호수Great Lake로 봄 소풍을 갔을 때 더욱 확연하게 드러난다. 마리아는 루시에게 아름답게 핀 수선화 무리를 보여주기 위해 손수건으로 루시의 눈을 가리고 수선화가 만발해 있는 들판으로 그녀를 데리고 간다. 드디어 마리아는 루시에게 수선화를 눈으로 직접 확인할 수 있는 기회를 준 것에 대하여 기뻐하지만, 루시는 그 꽃들을 보자마자 큰 낫으로 수선화를 모조리 베어내고 싶은 충동을 느낀다. 루시는 수선화를 보면서 영국 제국주의에 정복당한 나라의 비참한 역사를 생각하며 슬픔과 비애를 느끼지만, 마리아는 정복당한 설움이라든지 정복과 식민에 대한 생각을 전혀 할 수 없고 단지 수선화라는 꽃 자체에서 발산되는 아름다움만을 느낄 뿐이다.

> 이 말을 해놓고, 나[루시]는 그녀[마리아]의 사랑스러운 수선화를 그녀가 결코 생각해 보지 못한 환경 속으로 내동댕이친 것에 대해 미안하게 생각했다. 피정복자와 정복자가 있는 환경, 천사의 가면을 쓴 야수와 야수로 그려진 천사가 있는 환경말이다. 나에 대해서 거의 알지 못하는 이 여성은 나를 사랑했다. 그리고 그녀는 내가 그녀 자신 또한 사랑했던 이러한 것–활짝 핀 수선화로 넘쳐나는 숲–을 사랑하기 원했다. 그녀의 눈은 마치 스스로를 방어하듯이, 어떤 기대하지 않았던 힘든 일을 하고 난 후 휴식을 취하듯이, 아래로 향하였다. 이것은 그녀의 잘못이 아니었다. 나의 잘못도 아니었다. 그러나 그녀가 아름다운 꽃들을 보았던 곳에서 나는 슬픔과 비참함을 보았다는 사실은 결코 바뀔 수 없었다. 우리 둘은 동일한 것[수선화]에 눈물을 흘렸지만 서로의 눈물은 결코 동일한 맛을 낼 수 없을 것이다. (30)

수선화는 마리아와 루시 둘 다에게 눈물을 자아내게 하는 요인이었지만, 그들이 흘린 눈물의 의미는 서로 이질적인 것이다. 카리브 작가들과 학자들은 "수선화를 식민주의자들이 떠안아야 할 부담이자 응징"으로, "포스트식민주의에 대한 저항의 형식을 대변하는 것"(Braziel)으로 간주한다. 수선화를 보기 위하여 눈을 가린 채 마리아에게 의존하여 따라가는 루시의 모습은 루시가 마리아의 지위, 비전, 지식을 모두 따라간다는 상징적 의미로 볼 수 있다. 이 장면은 엔티가에서 영국시 암송이라는 복종적인 제국의 문화를 훈육 받았는데, 대도시로 이주해 온 이후에도 백인 여성 마리아에 의해 식민 지배의 문화와 이데올로기를 답습하게 됨을 보여준다. 마리아는 자신의 지식이나 경험만을 확신함으로써 그녀의 특권과 권력을 강화시키는데 루시에게 끊임없이 "경험해 보았니?" 혹은 "본 적 있니?"라는 질문을 던져 루시를 무지하고 경험이 없는 무기력한 존재로 만들고 만다.

뿐만 아니라 루시에게 노란 수선화는 자아도취를 상징하는 나르시스처럼 마리아와 서구 세계를 대표한다. 서구 신화 속의 나르시스가 그러하듯, 서양정신사는 자기도취에 빠진 영혼의 꿈과 동경, 자기 자신에 대한 이루어질 수 없는 사랑에 사로잡힌 영혼의 좌절과 절망의 기록으로 서술된다. 이러한 관점에서 볼 때 마리아 역시 타자를 인정하지 못하는 주체가 끊임없이 자신의 모습에 유혹당하고 반하는 전형적인 나르시스트이다.

이 작품에서 강렬하게 드러나는 색은 노란색인데, 주로 마리아, 수선화, 그리고 노예제도를 상징하는 노란 옥수수 등에서 찾을 수 있다. 마리아를 상징하는 노란색은 지배와 연관성이 깊다. 마리아의 언어와 행동은 루시에게 정복자와 식민주의자에 대한 과거의 기억들을 연상시킨다. 마리아가 장난기어린 어투로, 혹은 "수백만"millions이라는 단어 대신 잘못 말한, 귀염둥이들minions이라는 표현에 정작 루시는 지배dominion라는 단어를 떠올릴 뿐만 아니라, 1791년 노예제도에 반대하여 일어났던 산 도밍고 혁명을 연상한다. 프랑스혁명이 일어났던 1789년을 즈음하여 카리브 지역의 산 도밍고는 프랑스가 지배하고 있던 카리브 지역의 한 식민지였다. 당시 이 섬의 동부는 스페인, 서부는 프랑스령이었는데, 특히 이곳은 유럽 노예무역 최대의 단독 시장이었고 프랑스 해외무역의 3분의 2를 차지하는 경제적 비중을 차지하고 있었다. 2년 뒤인 1791년에 이곳에서 프랑스 혁명의 영향을 받은 흑인 노예들의 반란과 혁명이 일어났다. 즉 산 도밍고에서 프랑스의 혁명정신과 결합한 아프리카의 정치적 축제가 벌어진 것이다. 노예들의 투쟁은 무려 12년간 지속된 역사상 최초로 승리한 노예 혁명이었고, 이들은 프랑스를 비롯해 스페인과 영국 등 당시 최대의 제국주의 국가들의 지속적인 침략을 이겨냈다. 이것은 찢기고 밟히면서 인간 이하의 대우를 받았던 노예 상태로부터 자신들의 운명을 자신들의 손으로 주도해나갈 수 있는 계기를 마련한 대사건으로 기록되었다.

식민지의 개간과 주민들의 억압 및 학대는 식민주의자의 착취행위이다. 이러한 착취의 문제는 비단 식민시대의 일로 끝나는 문제가 아니라 오늘날 경제적으로 윤택한 서구의 제1세계가 제3세계의 열대우림을 파괴하면서 취득한 자원을 통해 부를 축적하고 있기 때문에 결국 선진국들의 부와 복지는 빈곤한 제3세계를 기반으로 이루어졌다 해도 과언이 아니다. 주식을 사서 열대우림을 개간함으로써 자연을 파괴하는 기업에 투자하는 미국인 루이스나 그와 비슷한 부류의 사람들 역시 이러한 착취 행위에 동참하는 것이다. 이에 대해 킨케이드는 아이러니컬하게도 마리아의 딸 루이자(Louisa)의 입을 통해 마리아를 비롯한 백인 중산층의 이중적인 사고방식을 드러낸다. "우리가 지금 살고 있는 이 집이 지어지기 전에 이곳은 어떤 곳이었어요?"(72)라는 루이자의 말은 정작 루시가 마리아에게 묻고 싶었던 질문이다. 아름다운 시골의 자연환경이 개간으로 파괴되어 습지와 야생 동식물들이 사라져가고 있다는 사실에 마리아와 다이나Dinah 및 그들의 주변 사람들은 분노하지만, 결국 그들의 삶의 형태가 자연을 파괴하는데 일조했던 것이다. 마리아는 사라져 가는 자연에 대한 글을 써 그 돈으로 환경보존을 위해 일하는 단체에 기부할 결심을 하는데, 이것 또한 백인 중산층 여성의 안일하고 감정적인 이중적 사고에 지나지 않는다. 루이자의 질문은 킨케이드의 여주인공들이 '아버지의 법' 안에서 공모한 그들의 어머니를 비난하는 것처럼 "본국의 권력과 공모한 마리아의 이중성을 폭로"(Ferguson)한다. 아이러니컬하게도 이러한 이중적인 모성은 식민적이고 가부장적인 헤게모니를 드러낸다.

마리아는 자신이 인디언의 혈통을 물려받았다는 것을 매우 자랑스러워하지만, 루시는 그런 마리아에게서 자기중심적이고 나르시즘적인 태도를 읽는다. 마리아가 루시에게 언급한 "내가 인디언 혈통을 물려받았다는 것을 너에게 얼마나 말하고 싶었는지 몰라"라는 말은 루시에게 미묘한 감정을 불러일으킨다. 루시가 보기에 마리아에게 인디언다운 점은 조금도 엿보이지 않았을 뿐만 아니라 마리아는 자신에게 인디언 피가 섞여있다는 것에 대하여 마치 승리의 트로피라도 소유한 것처럼 말하고 있기 때문이다. 인디언에 대한 마리아의 사고방식은 사냥과 낚시에 능숙하다는 다소 원시적이고 비문명화된 점만을 강조하는 것으로 보인다. 마리아가 보는 인디언은 박물관에서나 찾아볼 수 있는 이미 사라진 인종으로 비춰지고 있다. 그러나 루시에게 카리브 인디언들이란 박물관에 박제되어 있는 존재들이 아니라, 살아있는 존재들, 즉 자신의 할머니와 같은 존재들이다. 마리아의 인디언에 대한 편견이나, 루시를 겉으로는 배려한 듯 하나 결국 열등한 인종의 일부로 간주하는 마리아의 편협한 사고방식으로 인해 루시는 마리아에게 내재하는 공허함을 느끼며, "도대체 어떻게 그럴 수 있지요?"(41)라고 되묻는다.

이 작품에 반복해서 나오는 루시의 "말대꾸 형태의 응답"backchat은 킨케이드 작품의 특징을 엿볼 수 있는 예이다. 대개 재치 있는 이러한 응답은 "부르고 답하기"call-and-response의 형태와 같다. 원래 부르고 답하기는 설교문에서부터 갑작스럽게 끼워 넣는 민담, 블루스, 재즈, 흑인 영가에 이르기까지 수많은 에프리컨 어메리컨African-American의 구전 전통의 형식에서 존재하는 응답식의 형태이다. 문학 텍스트에서 대화와 플롯 구조 둘 다 이러한 부르고 답하기 형태를 제시해주기도 한다. 즉 하나의 장면은 그 전 장면에 대한 주석이 되고, 뒤에 나오는 장면은 앞에 나왔던 장면에 대한 주석이나 응답을 이룬다(Jones). 루시의 경우 마리아의 행동양식에 대하여 부르고 답하기의 형식을 사용함으로써 강력한 저항의 형태를 취하고 있음을 알 수 있다. 킨케이드는 논리적인 전개 방식만이 아닌 시적인 이미저리를 함께 사용함으로써 독특한 흑인 미학의 방식을 잘 드러낸다. 기존 서구의 내러티브는, 나르시스나 에코와 관련된 신화가 말해 주 듯, 자아도취이거나 똑같은 말을 되풀이하는 반복의 형태라고 할 수 있다. 이에 반해 재치 있는 말대꾸나 부르고 답하기와 같은 흑인 미학은 일방적인 사고가 아니라 상호 의사소통하는 교섭의 방식을 취한다. 앞서 살펴보았던 대표적인 서구 제국주의 문화의 한 형태였던 암송이 일방적이고 권위적이었다면, 카리브 지역은 전유와 변종을 통한 저항적인 혼종성의 문화를 지니고 있기에 청중 역시 잘 훈육된, 수동적이고, 기계적인 모습이 아니라, 설명적이고, 해설적이며 상호작용하는 문화를 보여준다. 이처럼 규범화된 틀에 얽매이지 않고 언제든지 자유롭고 즉흥적으로 발화 가능한 문화가 카리브 문학에서 드러난다. 이것은 카리브 지역에서 식민 문화의 모방과 복사의 흔적이 유럽, 아프리카, 아시아 문화와의 섞임을 통해 혼종성으로 확장되고, 이로써 이 지역들이 문화와 문화사이의 교환과 상호작용이 가능한 문화 발생의 교배지 역할을 한 것에 기인하고 있기 때문이다.

루시의 말대꾸는 계속해서 이어지는데, 예를 들어 봄이 오는 길목에 눈보라가 심하게 몰아치던 어느 날 밤, 변덕스러운 날씨에 대한 마리아의 반응을 보고서 루시는 날씨마저도 그녀 자신의 기대에 부응해야 한다는 마리아의 태도에 놀란다. 이 부분에서도 역시 루시의 말대꾸를 엿볼 수 있다. 전술한 바와 같이 말대꾸의 형식이 흑인 미학에서 드러나지만, 루시가 디아스포라를 통해 경험한 바에 의하면, 모든 흑인들에게서 이런 형태를 발견하는 것은 아니다. 오히려 루시는 말대꾸조차하지 못하고 침묵하며 하층 계급으로 살아가는 미국 메트로폴리스 흑인들의 삶을 목격하게 된다. 그레이트 호수로 봄 소풍을 가기 위해 탔던 기차의 식당 칸에서 루시는 두 부류의 사람들을 목격한다. 한 부류는 마리아와 같은 부류의 사람들로 그들은 식사 중인 반면, 루시와 같은 부류의 사람들은 모두 아무런 말도 하지 않은 채 조용히 손님들의 시중을 드는 계층들이다. 그러나 루시는 흑인 급사들을 보면서, 그들은 말대꾸조차도 못하고 침묵으로 일관하는 불쌍한 하위계층이라는 것을 인식한다. 왜냐하면 적어도 루시나 그녀의 친척들은 언제나 말대꾸를 즐기면서 대화를 하거나 자신들의 의사 표현을 하지만, 이들에게서는 그러한 모습마저도 보이지 않기 때문이다.

## 여성 하위주체의 시선과 자유로운 유대

이 텍스트 3장의 시간적 배경은 여름이며 "혀"를 다루고 있다. 이 때 혀는 언어, 모국어, 특정한 언어를 말하는 민족, 입, 혓바닥고기, 입맞춤 등 다양한 의미를 내포한다. 루시는 십대 중반에 태너Tanner라는 소년과 입맞춤을 할 때, 태너의 혀가 어떤 맛인지를 알고 싶어 한다. 여기서 혀는 음식 맛을 보는 단순한 의미로서의 뜻도 있지만, 더 나아가 그 맛이란 사람들이 사용하는 언어와의 연관성이 짙다. 루시는 어렸을 적 삶은 소의 혀 요리를 좋아했는데, 사실 그 요리의 맛을 느끼게 해 주었던 비결은 다양한 재료가 첨부된 양념에 있었던 것이다. 이는 개인마다 다르게 형성되는 습관과 연결되고, 이러한 차이는 미리엄Miriam과 루시가 같은 마리아를 보면서도 느끼는 감정이 서로 다르다는 것에서도 찾아볼 수 있다.

루시는 마리아의 막내딸인 미리엄을 돌보면서 자신의 어머니가 자신에게 사용했던 옛날 방식을 그대로 취한다. 마리아가 미리엄을 위하여 특별히 만들어 놓은 음식을 미리엄이 먹기 꺼려하자, 루시는 그녀에게 그 음식을 충분히 먹으면 다른 사람들이 볼 수 없는 것들을 볼 수 있다며 선의의 거짓말을 한다. 미리엄의 어머니인 마리아의 교육방식이 있는 그대로의 형태를 취하는 직선적이고 사실적인 방법이라면, 루시의 어머니가 루시에게 사용하던 방식은 사물을 있는 그대로 받아들이는 것이 아니라 거기에 상상력과 꿈을 덧입히는 것이다. 마리아는 동화가 아이들에게 사실이 아닌 거짓, 혹은 나쁜 것들을 가르친다고 여겨 아이들에게 동화책 읽어주기를 꺼려한다. 그러나 눈에 보이는 사실만을 믿는 마리아는 외양적인 거짓세계만 접하고 내부에 숨어있는 진실을 파악하지 못한 채, 자신의 믿음에만 집착하여 자아도취에 빠진 전형적인 나르시스트의 모습을 드러낸다.

다섯 살인 미리엄의 눈에 마리아는 무엇보다도 친밀하며 언제나 사랑을 잔뜩 쏟아붓는 아름답고 자상한 어머니로 보이지만, 루시에게 마리아는 "공허한 늙은 여자"hollow old woman(46)로 비춰질 뿐이다. 특히 마리아의 공허함은 남편 루이스와 함께 있을 때 더욱 잘 드러난다. 마리아가 남편의 어깨에 머리를 기대고 있는 모습은 루시에게 진실하지 못한 것untruth(47), 서로에게 보여주기 위한 쇼show의 한 장면으로 여겨진다. 루시는 루이스의 얼굴이 동전이나 우표에 알맞은 모습이라고 생각한다. 루이스의 생기없고 죽어있는 얼굴, 남에게 잘 보이기 위한 얼굴은 마리아와의 무미건조한 결혼 생활의 현실을 잘 드러낸다. 킨케이드의 소설에서 등장하는 남성 인물들은 대개 동전이나 우표에 새겨진 모습에 비유된다. 이는 대개 배금주의나 다른 여성 인물들과의 의사소통이 단절된 모습을 의미한다. 이처럼 킨케이드는 주로 남성인물을 살아 숨 쉬는 인물이라기보다 박제된 모습으로 표현한다. 뿐만 아니라 남성인물들은 주로 부수적인 존재이거나 혹은 전혀 이름을 갖지 못한 엑스트라의 기능만을 할 뿐이다. 이 작품에서 루시와 연관된 몇몇 남성인물들이 나오지만, 그들 역시 루시의 삶에 커다란 영향력을 행사하지 못한다.

이와 달리, 여성인물들은 루시에게 큰 영향을 끼치는데, 그 중 한명이 바로 페기Peggy이다. 루시가 공원을 산책하던 중 우연히 만난 페기는 루시처럼 섬 출신이라는 공통점을 지니고 있다. 그러나 페기는 아일랜드Ireland 출신의 백인여성이다. 페기는 마리아처럼 형식과 질서에 얽매여 있는 나르시스트가 아닌 기존의 가치나 이데올로기를 강하게 거부하며 자유로운 영혼을 가진 방랑자 같은 성격의 소유자이다. 이 때문에 마리아는 루시와 페기의 만남을 꺼려하며, 페기를 자기 집으로 데려오지 말라고 충고한다. 그러나 루시는 페기를 통해 새로운 문화를 접하고, 그 동안 루시가 체험해 보지 못했던 다양한 일탈된 행위들을 즐긴다. 페기는 『애니 잔』*Annie John*에 나오는 빨강머리 소녀the red girl와 비슷한 역할을 하는 인물이다. 그러나 빨강머리 소녀는 제대로 된 이름조차도 부여받지 못하고, 작품의 끝까지 등장하지 못한 채 중간 부분에서 사라져버려 애니와의 결합이나 연대관계에 실패했다고 볼 수 있다. 그러나 페기는 마리아의 집을 나온 루시와 룸 메이트로서 함께 생활한다. 루시와 페기는 서로의 장점과 단점을 모두 받아들이며, 차별이 아닌 차이에 의해 타자를 이해하고 수용한다. 페기와 루시의 결합은 권력을 지닌 백인의 헤게모니와는 거리가 먼 하층계급들 간의, 흑인과 백인의 "새로운 동맹의 가능성"(Burrows)을 제시해 주는 역할을 한다. 루시와 페기의 새로운 결합은 영국의 문화학자 윌리엄스(Raymond Williams)가 주장했던 출현문화로의 첫 발걸음 중 하나로 볼 수 있다. 윌리엄스는 한 사회로 끊임없이 유입되는 새로운 가치, 실천, 의미를 출현문화라고 일컫는데, 지배문화를 대표하는 마리아는 그러한 문화, 즉 루시와 페기의 결합과 동맹이라는 출현문화를 경계한다.

마리아는 페기의 단정치 못한 행동들이 혹시나 그녀의 딸들에게 좋지 못한 영향을 끼칠까 봐 걱정하지만, 사실 그녀의 자녀들에게 진실하지 못하게 대하는 인물들은 오히려 마리아 부부이다. 직접 작은 정원을 가꾸는 루이스는 자신이 아끼는 정원을 망쳐놓은 동물이 바로 아이들과 마리아가 애완용으로 키우는 토끼라고 생각하고 우연한 사고인 것처럼 가장하여 토끼를 차로 치어 죽인다. 토끼의 장례식을 치루는 마리아 가족의 모습은 루시가 지금껏 경험하고 보아왔던 것들 중에서 가장 진실하지 못한 사건 중의 하나이다. 킨케이드의 다른 작품들에서도 볼 수 있듯이, 정원사는 식민지배자나 정복자의 이미지로 그려지고 있다. 그리고 정복자에 의해서 잘 가꾸어진 정원은 대개 자연물인 비나 혹은 동물에 의해서 파괴된다. 루이스의 경우, 딸들이 소중히 돌보았던 토끼마저도 잔인하게 죽일 정도로 비인간적인 모습을 드러낸다. 아내와의 관계도 허위에 가득 찬 것으로, 그녀의 가장 절친한 친구 다이너와의 불륜이 이를 말해준다. 겉으로 위장된 백인 중산층의 화목한 가정의 내면은 이처럼 거짓과 공허함으로 가득 차 있다. 겉으로는 여전히 단란하고 행복해 보이는 마리아 가족의 외출 모습을 보며 루시는 "폐허"(88)를 보고 있는 듯한 느낌이 정확하다고 판단한다.

한편, 페기와 함께 아마추어 예술가 파티에 참석한 루시는 그 모임에서 사진작가인 폴을 만나고 폴과 그의 친구들에게서 기성세대의 이데올로기와 가치에서 벗어나 자유분방하게 사는 모습을 경험한다. 이 예술가 집단의 모임은 루시가 고향 섬에서는 한 번도 경험해 보지 못한 낯선 모임이었으나, 루시는 이 모임에서 소위 예술가라고 칭하는 사람들이 대개 남성 중심이라는 사실을 인식한다. 루시는 폴의 집 창가에 놓인 두 개의 작은 식물들을 보고, 폴이 그것들을 보물처럼 취급하고 있음을 본다. 그러나 그 식물들은 실제로 루시의 고향 섬에서는 쓸모없는 것으로 여겨져 제거되어야 할 잡초에 지나지 않는다. 루시는 이 화분들을 보고 자신이 잡초와 같은 느낌을 받는데, 루시를 향한 폴의 시선은 식물을 가꾸는 정원사의 그것과 일치한다. 폴은 루시를 주체적인 타자로 인식하지 않고 자신이 원하는 대로 가꾸고 지배할 수 있는 존재로 여긴다. 우연의 일치처럼 폴은 화가 폴 고갱Paul Gauguin과 같은 이름을 가졌고, 루시는 마리아와 함께 방문했던 박물관에서 폴 고갱의 그림을 보며 고갱과 자신을 동일시하고자 하는 열망에 사로잡히기도 한다. 즉 늘 과거와 연결된 새로움을 찾는 루시지만 자신이 태어난 곳을 감옥으로 여기며 완전히 낯설고 새로운 무엇인가를 찾아 떠난 고갱의 삶은 그녀에게 동질감을 불러일으킨다. 그러나 루시는 고갱과 자신의 서로 다른 점을 생각한다.

> 그는 부패한 기존의 질서에 반항한 남자로 그려져 있었다. 비록 그가 이른 나이에 죽어서 실패할 운명이었지만 그는 영웅의 냄새를 풍기고 있었다. 나는 남자가 아니었다. 나는 세상의 변두리에서 온 젊은 여성이었다. 그리고 내가 고향을 떠날 때 나의 어깨는 하녀의 신분이라는 덮개로 감싸여 있었다. (95)

고갱이 설령 영웅으로서 패배할 운명을 가지고 태어났을지라도 기성 질서에 대항해 새로운 삶을 개척했지만, 루시는 자신의 현재 모습이 너무 보잘 것 없는 위치에 서 있다는 것을 자각한다. 이러한 루시의 삶은 사진작가 폴과의 만남에서 더욱 두드러진다. 고갱은 타히티Tahiti에 머물면서 그 곳의 원주민 여성인 테후라Tehura를 만나는데, 화가 고갱과 테후라의 관계는 이 작품에서 사진작가 폴과 루시의 관계로 다시 새롭게 재현된다.

고갱의 경우, 청교도 사회에서 금지된 성의 억압에서 벗어나 타히티의 여성들에게서 진정한 섹슈얼리티를 발견하고자 한다. 유럽인이 쓴 여행문학은 인종적 타자간의 성적인 모험을 특징적으로 묘사한다. 유럽 식민주의가 발전하면서 메트로폴리스의 성장과 더불어 서구의 관심은 이국적인 인종적 타자에게로 집중되고, 세상의 변두리에 속해 있던 변방의 타자들은 서구인들에게 황홀한 성적 모험의 대상이자 계몽의 대상이 된다. 또한 변방의 공간은 서구 문명에 의해 사라져 버렸던 원시세계로의 돌파구로 부상한다. 홀콤에 의하면, 여행문학에서 성적인 모험은 타자에 대한 계몽적, 낭만적, 혹은 국제적인 시선으로 연결된다. 이러한 여행문학은 주로 크리스천(Fletcher Christian), 버튼(R. F. Burton), 고갱 등의 글에서 쉽게 찾을 수 있다.

고갱이 쓴 『타히티 기행』이란 책에서 보면 알 수 있듯이, 고갱과 테후라의 관계는 마치 천국에서의 아담과 이브의 모습처럼 서술된다. 그러나 실제로 이 둘의 관계는 가부장적이고 권위적이며 종속적이다. 고갱은 테후라가 자신이 작업을 하거나 명상을 할 때에는 결코 방해하지 않았고, 본능적으로 침묵을 지키면서, 자신을 방해하지 않고 대화할 수 있는 때가 언제인지 정확하게 알고 있었다고 언급한다. 고갱은 테후라의 침묵을 그녀가 본능적으로 타고난 특별한 능력으로 간주하지만, 이것은 고갱의 소리 없는 강요에 의한 것이거나 혹은 언어상의 문제일 수 있다. 고갱의 입장과 시각으로 서술된 글에서 원주민 여성인 테후라는 어디까지나 철저히 목소리를 부여받지 못한 타자화된 하위주체로서 그려지고 있음을 볼 수 있다. 고갱 역시 식민지배자의 위치에서 타자를 바라보고 있으며, 이때의 타자인 테후라는 주체적인 한 여성이라기보다는 원시적인 세계와의 교감을 통해 고갱 자신에게 예술적 영감과 이국적인 신비로움을 경험할 수 있도록 해주는 대상으로 서술되고 있음을 알 수 있다. 모더니즘 예술에서 '토착민의 각인'이 '원시주의'를 암시하는 것과 같은 방식으로 서구 백인인 폴은 카리브 디아스포라 유색여성인 루시에게 매료되고 그녀에게서 '진정한' 예술적 기원을 찾고자 한다.

식민과 피식민, 지배와 종속의 관계였던 고갱과 테후라는 사진작가 폴과 루시의 관계로 다른 시각에서 재현되지만, 루시는 폴에게 종속되거나 지배당하기를 거부한다. 고갱이 테후라의 그림을 그린 것과 동일하게 사진작가 폴은 반라의 루시 사진을 찍어 그녀에게 내민다. 폴이 찍은 허리 위로 벌거벗은 루시의 사진은 고갱이 테후라의 모습을 그린 「그대는 어디로 가고 있는가?」라는 그림을 패러디한 것이라 볼 수 있다. 원래 고갱의 그림에서 테후라는 반라의 상태로 얼굴 크기의 열대과일을 들고 있는 모습을 취하고 있다. 문명에서 벗어나 원시성과 야만성을 되찾고자 했던 고갱의 그림에서 테후라는 원시세계로의 진입을 대변하지만, 그것은 테후라 자신의 목소리나 이상이 아닌 고갱의 시선으로 형성된 것이다. 외견상 테후라의 모습과 비슷하게 루시 또한 반라의 차림을 하고 있다. 폴의 시선으로 포착된 자신의 사진을 보고 루시는 고갱이 테후라를 소유하려 했던 것처럼 자신을 그의 방식으로 소유하려하고 자신에게서 신비로움을 간직한 낯선 이방인의 모습을 찾아내려는 폴의 욕망을 읽어낸다. 그러나 루시는 테후라와는 달리 이러한 폴의 욕망에 응답하지 않고, 그와의 헤어짐을 예견한다.

자기만의 방식을 찾아가는 루시는 메트로폴리스에서 생활한지 1년이 지나 다시 1월이 다가올 때 그 전의 모습과는 전혀 다른 방식으로 새로운 해를 맞는다. 예전의 루시는 부모님에게 복종하고 법과 관습을 존중하는 순종적인 존재였지만, 이제는 새로운 방식으로 자신을 찾아가기 시작한다. 그녀는 "과학자의 방식이라기보다는 화가의 방식으로 자신을 창작"해 나가면서 "정밀함과 계산"이 아닌 "오로지 직관에 의존"함으로써 "기억"과 "분노"와 "절망"을 가진 새로운 디아스포라 주체로서 거듭난다(134). 그러나 루시 자신에 대한 인식 과정은 과거와의 단절이 아닌 과거와의 연결선상에서 이루어진다. 어머니와 고향 섬에 대한 기억은 미국의 메트로폴리스에 와서 루시에게 분노와 절망을 어머니와 함께 공유하고, 고향에 대한 기억을 떠올리며 자신의 과거에 대해 서술하게 한다. 기억 속의 고향 섬은 컬럼버스가 발을 내딛지 않고 오로지 스쳐 지나가기만 했을 뿐인데, 그 전부터 고유한 이름을 갖고 존재했던 수많은 생명체들과 자연 환경이 정복자에 의해서 다시 명명된 곳이다. 그 뿐만 아니라 루시는 학교에 다닐 때, 영국에 관한 노래를 합창단에서 불렀으나 대영제국의 자손임을 강요하는 그런 노래에 저항한다. 그러나 이러한 루시의 반항적인 태도에 대해서 합창단 교사는 루시를 교양인으로 만들려는 그들의 오랜 노력이 결국 헛되었다는 점으로 인해 의문을 가질 뿐, 루시의 반발이 왜 일어났는지에 대한 궁극적인 원인, 즉 식민교육의 폐단을 인식하지 못한다.

루시는 대영제국의 식민교육에 강하게 반발했던 것과 마찬가지로 섹슈얼리티의 문제에 있어서도 능동적인 역할을 수행한다. 여러 남성과의 관계를 통해 주체적 입장을 내보이는 루시의 섹슈얼리티는 다른 여성 등장인물과는 사뭇 대조적이다. 예를 들어, 루시는 폴의 집에서 어항 속 물고기를 보며 고향 섬에 살았던 마이나Myrna라는 또래의 한 소녀를 떠올리는데, 마이나는 어부였던 토머스Mr. Thomas에게 돈을 몇 푼씩 받고 자신의 음부를 만지도록 허락한다. 그러나 이들의 불완전한 관계마저도 고기를 잡으러 나간 토머스의 죽음으로 끝난다. 또 다른 한 가지는 마리아가 어렸을 적 친구의 아버지에 의해 반강제적으로 이루어진 성관계이다. 그는 성불구자로서 자신의 성적 무능함을 어린 마리아의 잘못으로 위장한다. 킨케이드가 섹슈얼리티의 문제를 여성의 독립과 관련지어 서술한 점을 고려한다면, 마이나와 마리아는 주체적인 섹슈얼리티를 확보하지 못한 인물들이다. 루시는 그녀 스스로를 자유로운 주체로 만들어 주는 도구로서 섹슈얼리티를 전략적으로 사용한다. 실제로 메트로폴리스에서 루시는 성적으로 자유를 느끼는데, 섹슈얼리티의 문제가 가부장적이고 권위적인 고향 카리브보다 메트로폴리스에서 훨씬 더 관대하기 때문이다. 여기서 보다 자유로워진 섹슈얼리티의 문제는 복잡한 대도시 문화에 대한 교섭의 장으로까지 확장된다.

고향 섬과 고향에 대한 기억은 매우 중요한 역할을 하는데, 그것들은 그녀의 디아스포라 정체성을 형성하는데 끊임없이 영향을 끼친다. 루시가 디아스포라를 통하여 경험한 백인 문화에 종속되지 않고 그녀만의 독특한 시선을 찾아가는 형태는 그녀의 꿈이 사진작가라는 사실에서도 알 수 있다. 카메라는 있는 그대로의 사물을 재조정하고 생략하거나 혹은 확대하고 축소하는 등 사진작가의 시선에 의해서 자유자재로 눈에 보이는 현실을 재편집하는 기능을 한다(Ferguson). 이제 루시는 카메라를 가지고 기억을 재조정하고, 그 동안 그녀 주위를 감싸 안았던 경계들을 허물어 내는 작업들을 한다. 루시는 카메라를 이용하여 일반 사람들의 모습을 다양하게 찍으면서, 어머니와 딸에 관한 수많은 이미지들을 재구성한다. 메트로폴리스에서 루시가 직접 재구성한 모성은 제국주의에 의해 식민과 피식민으로 강요되었던 엔티가에서의 모성과는 다르다. 이제 루시는 서구 중심적인 지배담론에 의한 문화적 정체성의 형성과 문제점에 접근한다. 그리고 엔티가에서 왜곡된 주체와 모성을 폐기한 루시의 포스트식민적 시선은 사진이라는 작업을 통하여 이루어질 수 있다.

이 소설의 제목이자 여주인공의 이름인 루시는 이 소설을 이해하는데 큰 단서가 된다. 모드가 전해 준 아버지의 죽음을 알리는 어머니의 편지를 읽고 가부장의 죽음으로 인해 루시는 아버지의 언어와 법으로부터 자유로워짐을 느낀다. 사실 루시라는 이름은 아버지의 삶과 밀접한 관련이 있다. 루시의 어머니는 루시를 임신했을 때, 아버지의 애인으로부터 괴롭힘을 당하자 당시에 아기의 존재가 너무 귀찮아 사탄 루시퍼Lucifer를 연상해 이름을 루시라고 지은 것이다. 아버지의 애인에 의한 죽음의 순간을 모면한 루시의 어머니는 모든 고통의 원인이 루시를 가졌기 때문이라고 간주하고 아이에게 악을 상징하는 이름을 부여했지만, 루시는 자신의 이름이 갖는 의미를 실패에서 승리의 기쁨으로 전환시킨다. 루시는 타자성으로서의 루시라는 고유명사를 과감하게 해체함으로써, 행동교섭능력을 지닌 주체로서의 자리매김된다.

루시는 마리아가 건네준 노트에 자신의 이름인 루시 조세핀 포터Lucy Josephine Potter라고 적을 때, 그녀는 이제 페기와 폴로부터도 자유로워짐을 느끼며 앞으로 자신의 고유한 삶을 펼쳐나가겠다는 의지를 보여준다. 노트의 빈 공간에 쓴 진부한 문장에 창피해 하며 흐느끼면서 생긴 눈물 자국이 번져 큰 얼룩을 남기는 에피소드에 대해 날리스(Kristen Nahlis)는 이 작품의 끝부분에 나타나고 있는 얼룩진 페이지는 루시가 자신의 자아에 대하여 글을 쓰려는 시도를 상징적으로 보여준다고 설명한다. 이것은 작품의 앞부분에서 루시가 자신의 미래를 예견하면서 떠올렸던 "회색의 텅 빈"(6) 바다의 이미지, 그리고 마리아가 그녀에게 건네주었던 노트의 "빈 페이지"(163)의 이미지와 연결되는데, 이것은 앞으로 루시가 디아스포라를 경험하면서 스스로 모색해 나가야 할 새로운 가치관과 그것의 실천의 장을 가리킬 수 있을 것이다. 그러나 또 다른 측면에서는 루시가 흘린 눈물은 복종의 행위를 씻어버린다고 볼 수 있는데, 그럼으로써 "카리브 여성의 몸이 서구 제국주의가 심어놓은 서구 이데올로기의 재생산과 복종을 삭제"(Tiffin)한다고 볼 수 있다. 포스트식민 여성 루시는 서로 단절되고 이질적인 요소들이 교섭하는 새로운 공간 미국의 메트로폴리스에서 능동적으로 교섭하고 타협하는 주체적인 대리인으로 거듭난다. 이것은 즉 루시가 고향 섬 엔티가와 어머니라는 과거로부터 새로운 환경인 미국 메트로폴리스와 그 곳의 문화라는 현재에 이르기까지 이 둘을 동시에 "폐기"하고 "전유"하면서, 두 힘 사이에 내재되어 있는 긴장을 "새로운 전유의 형태로 치환"(Oczkowicz)시킴을 의미하는 것이라고 볼 수 있다.

## 참고문헌

고갱, 폴. 『고갱의 타히티 기행』. 남진현 역. 서울: 서해문집, 1999.

Braziel, Jana Evans. "Daffodils, Rhizomes, Migrations: Narrative Coming of Age in the Diasporic Writings of Edwidge Danticat and Jamaica Kincaid." *Meridians: Feminism, Race, Transnationalism* 3.2 (2003): 110-31.

Burrows, Victoria. *Whiteness and Trauma: The Mother-Daughter Knot in the Fiction of Jean Rhys, Jamaica Kincaid and Toni Morrison*. New York: Palgrave Macmillan, 2004.

Emery, Mary Lou. "Refiguring the Postcolonial Imagination: Tropes of Visuality in Writing by Rhys, Kincaid, and Cliff." *Tulsa Studies in Women's Literature* 16.2 (1997): 259-80.

Ferguson, Moira. "A Lot of Memory: An Interview with Jamaica Kincaid." *The Kenyon Review* 16.1 (1994): 163-88.

________. "Lucy and the Mark of the Colonizer." *Jamaica Kincaid*. ed. Harold Bloom. Philadelphia: Chelsea House Publishers, 1998. 51-69.

Glissant, Édouard. *Poetics of Relation*. trans. Betsy Wing. Michigan: The Univ. of Michigan P, 1997.

Kincaid, Jamaica. *Annie John*. New York: Farrar, Straus, and Giroux, 1985.

________. *Lucy*. New York: Farrar, Straus, and Giroux, 1990

Lenz, Brooke. "Postcolonial Fiction and the Outsider within: toward a Literary Practice of Feminist Standpoint Theory." *NWSA Journal* 16.2 (2004): 98-120.

Nahlis, Kristen. "Gender and Exile: Jamaica Kincaid's Lucy." *Modern Fiction Studies* 44.1(1998): 164-83.

Oczkowicz, Edyta. "Jamaica Kincaid's *Lucy*: Cultural 'Translation' as a Case of Creative Exploration of the Past." *MELUS* 21.3 (1996): 143-57.

Safran, William. "Diasporas in Modern Societies: Myths of Homeland and Return." *Diaspora* 1 (1991): 83-99.

Tiffin, Helen. "Cold Hearts and (Foreign) Tongues: Recitation and the Reclamation of the Female Body in the Works of Erna Brodber and Jamaica Kincaid." *Callaloo* 16.4 (1993): 909-21.

Hoving, Isabel. "Remembering Where You Are: Kincaid and Glissant on Space and Knowledge." Thamyris/Intersecting 9 (2002): 125-40.

## 생각해 보기

❶ 영국의 문화이론가인 레이먼드 윌리엄스(Raymond Williams)는 문화를 크게 지배dominant문화, 잔여residual문화, 출현emergent문화로 구분한다. 지배문화는 지배적인 성격을 띠면서 명확한 면모나 특성을 강조하는 것으로서 전통, 제도 등과 연관이 깊다. 잔여문화는 과거에 효과적으로 형성되었지만, 문화적 과정 속에서 여전히 능동적으로 활동하면서 과거 요인에 그치는 것이 아니라 현재를 이루는 유력한 요인으로서 지배문화의 대안적 기능을 한다. 출현문화는 한 사회로 끊임없이 도입되고 있는 새로운 의미 체계, 가치관, 관행, 그리고 새로운 관계나 여러 가지 종류의 관계들이 끊임없이 창출되는 것을 일컫는다. 윌리엄스의 관점으로 『루시』를 분석해 보자.

❷ 킨케이드는 이 소설에서 서구의 작가와 예술작품에 대한 심문과 되받아쓰기를 의도적으로 보여준다. 워즈워드의 명시인 「수선화」, 폴 고갱의 명화 등이 바로 그것이다. 서구 백인 남성의 시선에서 벗어나 타자화되고 주변화된 하위주체의 시각으로 서양 예술작품을 다시 새롭게 해석할 수 있는 작품들에 대해 논의해 보자.

❸ 킨케이드의 작품에서 보이는 성적인 이주와 성적으로 해방된 딸의 모습이나 혹은 성적인 차이에 대한 좀 더 관용적인 양상은 다른 카리브 출신 작가에게서도 찾을 수 있는데, 예를 들면, 실베라(Makeda Silvera)의 단편소설, 「아기」"Baby"의 경우, 카리브 출신의 레즈비언이 성적인 구속이 덜한 캐나다에서 자유를 찾는 것을 알 수 있다. 제3세계 디아스포라 여성 작가들이 섹슈얼리티의 문제를 여성의 독립과 자유를 위한 메타포로서 전략적으로 활용하는 이유는 무엇이라고 생각하는가?

영어권 소설로 읽는 다른 세계들

# 남아시아

Anita Desai

# 사라진 여성들과 인도 민족주의

## — 아니타 데사이의 『낮의 밝은 빛』

아니타 데사이(Anita Desai, 1937- )는 루시디(Salman Rushdie), 고쉬(Amitav Ghosh), 로이(Arundhati Roy) 등과 더불어 대표적인 현대 인도계 영어권작가이다. 데사이는 현대 인도인의 삶을 심리적 측면에서 탁월하게 다루고 있을 뿐만 아니라 스스로를 정치적 작가로 보지 않음에도 소설에서의 사회적 논평만큼은 강력하고 정확하게 전달했다. 그녀가 구사한 작품에서의 이미지와 상징은 매우 세련되었고 특히 시적 산문의 언어야말로 그녀의 강점이라 할 수 있다. 그녀는 일곱살 무렵부터 영어로 작품을 쓰기 시작한 이래 16편의 장편소설과 단편들을 발표했다. 대표작으로 *Cry The Peacock*(1963), *Voices in the City*(1965), *Fire on the Mountain*(1977), *Games at Twilight*(1978), *Clear Light of Day*(1980), *The Village by the Sea*(1982), *In Custody*(1984), *Baumgartner's Bombay*(1988)를 들 수 있다.

인도 무수리(Musoorie)에서 인도 벵골인 아버지와 독일계 어머니 사이에서 태어난 데사이는 집에서는 독일어를, 밖에서는 영어, 벵골어, 우루두어어, 힌두어를 사용하면서 자랐다. "나는 인도를 내 어머니의 눈을 통해 외부자의 시선으로 보았지만 인도에 대한 나의 감정은 이곳에서 태어난 내 아버지를 통해 보게 되었다"고 술회한다. 델리 대학에서 영문학을 전공한 그녀는 자유주의적 페미니즘 전통에 심리 소설을 접목시켜 인도의 여성 문제를 잘 묘파한 작가로 알려져 있다. 포스트식민 비평가인 킹(Bruce King)은 데사이의 소설이 도시 중산층 여성이 자아와 전통적인 가족, 카스트, 사회가 부과하는 인도여성에 대한 요구를 어떻게 조화시킬 것인가를 주제로 하고 있다고 평가한다. 데사이는 1947년 인도가 독립한 이래, 인도사회를 한층 복잡하게 만든 여러 변화와 인도 문화의 복잡한 내용을 포착하려할 때 외부자가 직면하는 문제들을 다루는 문제에 날카로운 안목을 보였다.

20세기 세계백과사전에는 데사이의 소설에 자주 등장하는 여성인물들을 "성스러운 인도 여성의 새로운 영웅이자 철저히 현대적인 모델"이라고 밝히고 있다. 이들은 전통적인 결혼에서도 생존해내면서 자율성을 유지하고 다른 사람들에 대한 배려에 깊이 관여하는 인도의 독립적인 여성들을 말한다. 그렇지만 데사이는 전통관습의 억압으로 인해 자신들의 욕구를 실현할 수 없는 부정적인 면과 자신들의 삶에 목표를 부여하여 새롭게 해방된 여성들이 직면하는 어려움들을 구체화하여 독립적인 여성의 정체성이란 과연 무엇인가를 동시에 제기한다. 특히 해방된 여성의 감정적인 빈곤과 풍요로운 문화 전통의 죽음 같은 문제를 다루면서 끊임없이 실험적인 소설을 선보인다.

『낮의 밝은 빛』(*Clear Light of Day*, 1980)은 작가 자신이 밝힌 대로 자전소설로서 픽션과 역사를 섞어 중산층 힌두가정의 삶을 탐구하는 델리(Delhi)지역에 대한 연구이다. 이 소설은 인도가 독립된 1947년을 기점으로, 독립이전과 이후의 변모를 올드 델리(Old Delhi)를 배경으로 한 가족사의 내러티브로, 다소 서정적이고 섬세한 문체를 특징으로 한다. 데사이는 이 소설을 통해 삶의 원천으로서의 유년기와 기억의 중요성을 탐구하면서 인도의 식민기와 식민후기의 제문제들을 식민후기 공간에서, 주변화된 여성들의 시각으로 접근하는 방법을 제공한다. 오늘날 초남성주의적 민족주의가 전지구화시대의 자본주의와 손잡을 때, 변혁의 걸림돌이 되는 가부장제의 문제점을 직시하게 하게 하는『낮의 밝은 빛』은 인도의 통제적인 사회구조를 공격하여 민족주의 담론과는 '반대방향으로 나아가는' 여성들을 묘사한다는 점에서 문화·역사적으로 특수한 텍스트일 뿐만 아니라 현대 인도의 페미니즘에 대한 중요한 담론으로 간주될 수 있다.

이글의 출전

「민족주의 담론과 성적 주체: 아니타 데사이의『낮의 밝은 빛』」. 『현대영미소설』. 제8권 2호 (2001): 137~160페이지에서 수정·보완함.

# 사라진 여성들과 인도 민족주의
## — 아니타 데사이의 『낮의 밝은 빛』

### 여성은 '민족주의'의 하녀에 불과한가?

오늘날 국제사회에서 폭발적으로 고조되고 있는 민족분쟁이나 한층 기승을 부리고 있는 현재의 자본주의적 전지구화 추세를 감안할 때, 우리가 '보편적으로' 수용하고 있는 '민족주의'에 대한 성격을 규명한다는 것 자체가 쉬운 일만은 아닐 것이다. '민족' 혹은 '민족주의' 담론에 함의된 복잡한 내용들을 파헤치려면 우선 까다로운 담론에 개입하지 않을 수 없고, 또한 정치학과 문화 연구 쪽에서 민족/국가 논쟁이 여전히 활발하게 진행되고 있기 때문에 그러하다. 그러나 더 심각한 문제는 '민족'이라는 개념이 주로 과거 식민체험이나 현재의 신식민적 상황하의 문화정체성 회복의 관점에서 인종간의 충돌로 연결될 뿐, '민족' 내부의 전쟁이라든지 '민족'이라는 개념의 '허구적인 실체'에 대해서는 문제삼지 않는다는 점이다.

대표적인 민족주의 이론가인 앤더슨(Benedict Anderson)은 일관된 뭔가를 상상하고 있는 '민족'이라는 '상상적 공동체'가 민족주의적 신념에서 민족, 인종, 계급의 문제를 그 기저에 중첩, 함의하고 있는 반면, 젠더화된 주체의 문제를 생략하고 있다. 앤더슨의 경우에서처럼 대부분의 민족주의 담론의 전제에서 배제되고 있는 중요한 내용은 '민족 주체'의 형성에 매개되지 않는 공간, 바로 성적 주체이다. 민족주의 이론은 대개 남성적인 것으로서, 미시 정치와 거시 정치를 강제적으로 분리시킨 후 민족과 국가를 명시하여 여기에 '여성'을 예속시켜 나감으로써 여성을 배제하고 어둠 속으로 몰아넣는 위험을 자행하고 있다. 그러므로 '민족'만을 공적 담론으로 하는 이론에 함의된 복잡하고 모순되는 각 사회구성체들 간의 관계에 개입하려는 의도는 중요하다. 앤더슨의 '상상적 공동체'로서의 근대국가의 개념이 인종중심주의임을 지적한 한 포스트식민 여성비평가 프랫(Mary Louise Pratt)은 앤더슨이 근대국가의 개념을 획득하기 위해 '형제애'나 '동지애'같은 용어를 사용한 것은 "근대 국가가 상상하는 것에 들어있는 인종중심주의를 보여주는 것"으로 앤더슨의 주장에서 배제되고 있는 중요한 내용이 젠더임을 밝히고 있다. 프랫의 주장에 의하면, 여성은 '상상적 공동체'를 기술하는 사람들에게 맞지 않다는 것이다. "민족은 그 규정상 상상적 공동체라는 점에서… 여성을 매우 특이하고 항시 불안정한 존재로 자리매김하거나 생산하는데, 민족 구성원으로서의 여성은 남성과 대등한 형제로 스스로를 상상하거나 상상하도록 유도되지 않는다"(Pratt).

인도의 반식민적 민족주의는 영국의 식민 지배로부터의 해방에는 기여하였지만, 그 결과물의 분배에서는 여성을 제외시켰을 뿐만 아니라 여성을 지역 문화의 재현에서 일차적 희생자가 되게 하였다. 남성 민족주의자들은 오히려 식민주의나 자본주의가 여성에게 가해자임을 주장하면서 이 진짜 악당들이 사라지면 자연히 가부장제는 사라질 운명이라고 강변하지만 민족주의나 사회주의적 혁명에 수반하여 완전한 페미니스트 혁명이 실현된 적은 한 번도 없었다. "대부분의 민족주의나 사회주의국가에서 여성에 대한 관심은 기껏 입으로만 떠들어대는 인사치레에 불과한 것이었다. 결국 여성들은 민족주의의 하녀에서 벗어난 적이 한번도 없었다"(McClintock)는 지적은 다시 말해, 민족주의나 민족해방이 여성해방에는 그다지 기여하지 못했다는 의미이다

'하위주체 연구'집단은 마르크스주의와 민족주의 전통이 인도의 역사서술에서 발

전되어온 엘리트적이며 합목적적인 서사라는 점에 명백한 반대를 표명하였다. 하지만 이 연구 집단의 기획이 남성중심적 경향을 띠고 있다고 반박하면서, 이를 페미니즘과 연계해서 대립적인 이론적 틀로 부상시킨 이론가는 스피박(Gayatri Chakravorty Spivak)이다. 스피박은 "하위주체는 말할 수 있는가?"에서 유색여성들의 문제를 누가 주체적으로 담론화하는가라는 이론적 차원에서 제기하고 있다: "여성의 형상은 가부장제와 제국주의 사이, 주체-구성과 객체-형성 사이에서 사라진다. 오염되지 않은 무無로 사라지는 것이 아니라, 전통과 근대화 사이에 사로잡힌 '제3세계 여성'에 대한 장소, 탈공간적 형상화인 폭력적인 왕복운동으로 사라진다"(Spivak 1988).

이데올로기, 주체성, 정치, 국가, 민족, 법의 영역을 비판적으로 다루는 재현이론이 성적주체의 위상을 특수한 담론으로 사용하고 있음에 관심을 촉발시킨 스피박은 특히 모든 담론들은 선택과 배제에 기반을 두므로 필연적으로 불완전할 수밖에 없다고 주장하면서 "하나의 담론이 구성될 때 어떤 것은 생략된다. 하나의 목표가 정의될 때 다른 목표들은 거부된다. 그리고 그 목표들이 무엇인지 아무도 모를 수 있다"고 지적한다(Spivak 1990) 그러므로 침묵당한 영역에서 일어나고 있는 내용에 대해 모든 정보를 회복시켜야함을 강조하는 스피박의 주장은, 오늘날 제3세계 여성의 의식이나 주체의 가정과 구성은 결국 인식론적 폭력이 제국주의나 민족주의 주체 구성으로 편입하였음을 지적하고 있다. 스피박은 포스트식민 지식인이라면 하위주체 여성들이 역사적으로 침묵되어온 점에 대해 말하는 것을 배워야만 비로소 이론의 인식론적 폭력의 다른 계기를 발생시키지 않게 된다고 주장한다.(Spivak 1988) 탈식민비평가 가운데 그녀가 특히 차이의 목소리를 규명한다는 점에서 사이드(Edward Said)나 바바(Homi Bhabha)와 구별된다. 동양에 대한 서구의 재현을 분석한 사이드는 서양은 우수하고 남성적이며 동양은 열등하고 여성적이라는 '서양 대 동양'의 이분법적 처리에 기초하며, 식민과 피식민 사이의 상호작용을 이론화하는 바바는 여성과 남성의 차이를 언급하지 않는데서 볼 수 있듯, 문화적 차이를 무시하고 있다. 바바는 마치 식민/피식민의 상호작용이 문화로부터 완전히 분리되어있는 것처럼 생각한다. 그러나 페미니즘 그 자체에도 이질성이나 차이에 관심을 두려하는 스피박은 사이드나 바바에게서 중요한 역할을 하지 못했던 사회 계급의 차이를 분석대상중의 하나로 삼고 있다.

민족주의 담론에서 남성들에 의해 여성이 이와 같이 쉽게 다루어진다는 사실은 여성문제에서의 정치화의 부재를 의미한다. 이를 분석하는데 차테르지에(Partha Chatterjee)는 민족국가가 지니는 '문제적 틀'이라는 범주를 적용하여 민족주의가 여성문제에 있어 해방이나 해결책으로서 대안이 될 수 없음을 강조한다. 차테르지에는 하위주체로서 여성문제의 출발점이 여성자신들의 역사 이데올로기와는 분리된 채, 서구의 민족주의로부터 '이성'이나 '근대성' 등의 개념을 받아들인 민족주의 지식인들에 의해 문제틀이 형성되었고, 그로 인해 민족/국가는 그 국민들을 완전히 재현할 수 있는 가능성을 왜곡시켜 버렸기 때문에 민족주의 담론은 "결국 여성들에 관한 담론"이며 "여기에서 여성들은 말하지 않는다"고 통찰력있는 지적을 하였다.

민족과 젠더라는 두 대위법적 범주들이 서로 합쳐질 때, '민족'이라는 이데아는 때로는 모호하고 때로는 복잡한 반응을 야기한다(Ray). 민족주의 담론에서 여성이 논의되고 전유되는 방식에서 가장 흔한 예는 민족/국가를 여성에 비유하여 사용하는 경우이다. 인도 민족주의의 주문[힌두교의 주문呪文, mantra]이랄 수 있는 "만세 어머니!Bande Mataram!"는 19세기 말에서 20세기 초까지 제국주의와의 싸움에서 노예화된 '어머니'를 해방시키기 위해 민족주의 엘리트와 대중 모두의 애국심에 호소하는, 풍부한 상징적 의미를 갖지만, 현실의 여성들은 시간과 공간에서 제외되었다. 이와 같이 인도 민족주의는 영제국주의에서 해방된 후 여성의 삶을 신비화하려는 여러 젠더화된 비유를 사용해왔지만, 여성의 현실적 위상은 이것과 매우 동떨어져 있다는 점에서 서로 갈등관계가 된다. 민족주의담론이 젠더화된 이데올로기라는 점은, 여성으로서의 민족/국가'라는 비유, 여성을 자비나 의무에 충실한 이미지로 재현, 혹은 딸과 어머니 역할의 특수한 재현적 효과에 한정시키는 것이 민족주의 담론에서 효과적으로 기능한다는 사실에서 찾아 볼 수 있다. 술러리(Sara Suleri)는 반식민적 민족주의 담론이 "제국주의 행위를 강간의 지형학으로 주로 비유하는데 이러한 비유가 더 이상 여성을 해방시켜주지는 않는다"면서 반식민담론이 젠더를 '여성'으로 합성하려들며 여성의 정형화된 특징인 '여성적' 신비로 '타자'를 감싸려는 욕망을 드러낸다고 경고한다. 이와 같이 이상적인 여성성에 의존하여 이를 과대포장함으로써 남성주의 이데올로기의 우월성을 내세우는 민족주의담론이 성적으로 모호한 입장이라는 점을 불식시키려면, 민족주의 이론 논쟁에 젠더와 성적 주체를 반드시 개입시켜야 한다.

민족주의담론을 교란하고 여성의 (탈)구축을 정치화하는, 사회비판을 구현하는 탁월한 작가로 평가받고 있는 인도 영어권의 대표적인 여성소설가인 아니타 데사이(Anita Desai, 1937- )는 대표작인 『낮의 밝은 빛』*Clear Light of Day*, 1980에서 인도 민족주의 담론에 여성의 문제를 개입시켜 민족주의 담론이 여성 문제를 어떻게 발뺌하는지를 잘 묘사하고 있다. 데사이는 인도의 민족주의가 인도의 식민후기 공간에서 민족 생존의 이름하에 가부장적 기표로 전개되는 과정에서 스스로 평등하고 진보적인 세력으로 어떻게 그 자체를 제시하는가, 그리고 민족/국가, 즉 '상상적 공동체'에 소속되지 못하는 인도여성들의 곤경을 섬세하고 날카롭게 다루고 있다.

## 민족주의에 희생된 여성들: 『낮의 밝은 빛』

『낮의 밝은 빛』은 인도가 독립된 1947년을 기점으로 혼란스런 격동의 역사와 특히 그것이 여성의 삶에 미친 영향을 재현하는데 있어 절제된 표현 뒤에 흐르는 폭력과 착취의 잔혹함에 우리의 주의를 집중시킨다. 다스Das가의 네 명의 자매형제의 성장과 각자의 서로 다른 삶의 관계의 추이는 주로 빔Bim과 타라Tara, 두 자매의 의식의 흐름을 통해 과거와 현재라고 하는 이중의 퍼스펙티브로 전달된다. 가장 초점화되는 인물은 빔으로 유년시절부터 장년에 이르는 그녀의 삶에서 가정이라는 굴레에 묶여 꿈과 희망이 억압되고 좌절됨이 드러난다. 구성상 네 부분으로 나뉘는데, 첫째 부분은 정확하게는 현재적 시점인 1970년대의 여름으로, 둘째 딸인 타라가 올드 델리의 고향집을 방문함으로써 시작된다. 시 교외에 위치한 쇠락한 친정집에는 부모가 죽은 후 지방 여자대학의 시간강사인 빔과 정신 지체자인 막내동생 바바Baba가 있다. 타라의 방문은 독신인 빔에게 즐거운 재회대신에 자신의 과거의 삶이 어떠했는지, 그리고 자신의 꿈이 어떻게 좌절되었지를 상기시킨다.

두 번째 부분은 인도역사와 다스 가의 역사가 맞물리는 부분으로, 빔에게 1947년부터의 회상은 엄청난 폭력과 불안 그 자체이다. 그해 여름 간디의 죽음과, 인도와 파키스탄의 분리 독립, 부모의 죽음이 잇따르고, 장남인 라자가 무슬림 여성과 결혼해서 파키스탄으로 떠나버리고, 타라는 외교관의 아내로 출국한다. 어머니는 모성애가 결여된 허약한 모습으로 오랜 병고 끝에 먼저 세상을 뜬다. 아버지는 커브길을 도는 자동차 문이 열리면서 차 밖으로 튀어나가는 바람에 사망했다고 하지만, 타살 가능성의 여지를 남긴다. 굳이 원인을 따져보자면, 라자가 이웃인 하이더 알리Hyder Ali집에 출입하면서 그 집의 무슬림 사람들과 어울린 사실에서 추적해볼 수 있다. 힌두인과 무슬림의 불화가 격화되는 분위기 속에서 라자가 철없이 무슬림과 왕래하고 그들을 동경한 탓에 주변으로부터 무슬림의 스파이일 것이라는 의심을 산 것이다. 한편, 어머니를 대신하여 자신들을 키워왔던 미라Mira 아주머니도 죽고, 폭동이 넘치는 올드 델리에 빔과 자폐아 남동생 바바만 남겨진다. 세 번째 부분은 더 어린 시절로 돌아가서 빔과 라자가 친하게 어울리며 미라 아주머니의 보살핌을 받았던 시절에 대한 회상이다. 마지막 부분은 다시 현재로 돌아와서 라자의 딸 결혼식에 타라는 떠나고 동생들을 원망하던 빔이 그들과의 재회를 기대하는 것으로 끝난다.

이 소설은 과부인 미라, 전통적인 아내로서의 타라, 그리고 집안을 이끌어가는 여가장으로서의 빔이 보여주듯, 평범한 여성들의 일상 삶에 관심을 보인다. 여기에서 작가는 여성의 재현을 단순화시켜, 전략적으로 본질주의적 정체성을 생산하고 있다. 그리고 이 세 여성의 삶을 통해 드러나는 민족주의 열기, 힌두와 무슬림의 불화, 간디의 피격 사건들은 식민기의 봉건주의, 식민 부르주와의 근대성, 간디의 민족주의, 네루의 근대주의라는 연대기적 진행과 맞물리는 것으로 가부장적 형식이 식민후기에도 여전히 상존하고 있음을 드러낸다. 동시에 빔과 타라라는 두 '딸'들의 '독립적인' 삶도 전세대인 식민기의 미라아주머니의 삶처럼 바뀌어 보이지 않는 것으로 드러난다. 미라에 이어 타라나 빔으로 이어지는 식민후기는 전근대적 요소와 근대적 요소들이 가부장제라는 기제를 통해 복잡하게 얽혀드는 시기이다. 따라서 인도 여성이 주변화되고 그것이 이어지는 문화적 배경을 고찰하려면 여성인물들의 서술을 거슬러 읽을 필요가 있다. 왜냐하면 이 텍스트는 주체의 위상을 창조하는데 있어 내부로부터의 가부장제의 심리적 전기에 맞물리고 있음을 해체하기 때문이다. 데사이는 '침묵화된 하위여성의 주체를 구성하는 가부장적 삶에 대한 글쓰기' 문제를 제기하는데 그 전략을 두 가지로 지적할 수 있다. 첫째, 여성이 정치적 담론에서 재현되는 방식, 곧, 미라같은 여성을 증후적으로 재현하는 이데올로기적 구성, 둘째, 여성들을 규제하는 세력에 도전하고 반발하는 식민후기의 빔과 타라의 주체위상의 구성을 위한 모종의 교섭이다.

이 소설의 특이성은 여성인물들의 재현이 간디의 여성화된 정책과 다르지 않다는데 있다. 대영제국에 저항한 간디의 정책 자체는 여성적인 특징을 지닐 뿐만 아니라 정책에서도 여성의 참여를 허용하였다. 민족투쟁에서 간디가 주로 금식이나 고행, 그리고 기도라는 방식을 취한 것은 가부장적 질서에 자기 고행으로 맞서던 여성들의 문화적 에토스와 일치한다(Nandy). 하지만 현실의 여성은 '가정적인' 존재에 그치고 마는데, 그것은 간디가 여성을 어머니라는 상징과 어머니 역할에 한해서만 공적인 영역에 진출할 수 있다고 생각했기 때문이다. 중요한 사실은 간디적 감성이 "사회적으로 인정되는 남성행위와 여성 행위의 차이"를 주장하는 민족주의자들의 신념의 일부로 수용되어왔다는 점이다(Chartergee). 이와 같이 남성의 육체적 힘에 대비시켜 여성의 내면적 힘을 강조하는 민족주의 지식인들은 본질주의적 여성상을 강화하여 이데올로기를 확립하게 된다.

반면, 『낮의 밝은 빛』은 주요 여성인물의 설정에서 간디의 정책과 노선을 달리하는 모순을 보여주기도 한다. 빔과 미라, 그리고 타라는 여성의 이 같은 종속적인 위상을 아무런 의심없이 받아들이지 않는다. 우선, 빔이나 미라가 미혼이거나 과부라는 사실은 자식이 없어 '민족의 어머니'로 정의될 수 없고, 그 결과 역사의 뒷전에서 침묵할 수밖에 없는 하위주체를 표상함을 알 수 있다. 그럼에도 미라는 민족주의 담론이 언명한 바와 같이 '과부'란 정신적인 영역에서 순결하게 살아야 한다는 금기에 나름대로 저항한다. 미라는 알콜 중독자가 되어 아루증에 시달리다 죽어가기 때문이다. 마찬가지로 빔도 전통과 종교에 뿌리박힌 남성주의 시각에서 본 '여성적인' 이상을 지속적으로 의문시하며 저항한다. 미라의 이야기가 가부장제의 전통적인 구조에 대한 여성 저항의 강한 진술로 읽혀진다면, 빔의 경우는 전복적이고, 자기 말소적이며 가족의 부재를 표상하는 내러티브이다. 이와같이 데사이는 인도의 만연된 억압적 이데올로기를 폄하하기 위해 민족적 여성성에 대립적 이미지를 제시하고 있다.

## 헌신적인 과부와 순종적인 아내: 미라와 타라

먼저 미라의 경우를 보자. 열다섯 살에 과부가 되어 시댁에서 종노릇을 하면서도 시동생들의 성적 노리갯감이 될까봐 노심초사하는 미라에게서 하위주체가 겪는 여러 층위의 억압을 읽을 수 있다. 남편의 죽음을 아내의 탓으로 돌려 학대하는 전통적인 편견은 미라로 하여금 평생 정상적인 삶을 살 수 있는 권리를 박탈한다. 이는 민족주의 담론 안에 내재된 가부장적 기대치를 반영하는 것으로, 식민통치에 합당하도록 여성들이 새로이 정의되고 재구성되는 것을 보여준다. 제국주의 식민담론과 반식민적 민족주의 담론사이에 치열한 경합이 벌어지는 식민적 근대화과정에서 미라의 성적 주체, 목소리, 자신의 실질적 문제들은 실종되고 만 것이다. 그러므로 미라는 민족주의 담론전개를 위한 하나의 근거, 또는 식민지의 표상으로서만 존재할 뿐이다. 여기에 가세한 전통주의 담론은 미라를 한층 희생양으로 만들고 만다.

미라는 먼 친척뻘인 이곳 다스 가에서 지체아인 바바를 돌보고 집안 살림을 떠맡는 하녀겸 대리모로, 평생 집 울타리 밖을 나가본 적이 없다. 그녀는 '미라마시Mira-masi, 미라 아주머니'로만 불리듯, 정체성이 주어지지 않는 채, 주변 사람들의 끊임없는 요구에 부응해야하는 노예의 삶을 살아간다. 그럼에도 미라는 빔과 타라에게 울타리 같은 어머니로 다가온다.

> 그녀[미라]는 아이들에게 변함없이 기댈 의지처였고, 뿌리가 뽑히지 않을 것 같은 나무였다. 자신들의 삶의 중심에서 자라는 나무로 그녀의 그늘에서 자신들이 자라난 것이다. 그녀가 자신들의 어머니가 아니라는 것, 그리고 집을 통제하지 않는 점이 오히려 이상할 정도였다. … 그녀는 피골이 상접했고 앙상한 모습의, 주름 투성이에 생기라곤 전혀 없었다." (110)

미라는 "강한 뿌리와 푸른 가지를 두른 울타리 모습"으로 빔의 기억에 남아있지만, 정작 그녀 편에서 보면 조카들은 그녀에게 너무 많은 것을 요구하고 그녀를 힘들게 하는데, 말하자면 조카들은 그녀를 "먹고 살아온 셈"이다. 미라의 대행적 모성애는, 여성의 모성애야말로 여성 스스로를 구원하고 탈선을 막는 유일한 길이라는 인도 민족주의 통념에 부합한다. 여기에 해방공간으로 이어지면서 미라의 과부의 삶이 죽음으로 마감되는 것은 매우 아이러니한 것으로, 그녀를 통해 하위주체의 침묵이 끝내 발화되지 못함을 볼 수 있다.

아이들에게 신선한 우유를 먹이고자 키우던 흰 암소가 어느 날 밤 우물에 빠져 죽자, 미라는 암소에게서 어둡고 잔인한 운명에 의한 죽임을 당하는 자신을 동일시하는데, 흰 암소와 우물은 전체적으로 중요한 의미를 갖는다. '어머니' 인도를 상기시키는 흰 암소는 힌두전통에서 관례적으로 아낌없이 주는 어머니, 우유를 생산하는 위대한 원천의 상징으로, 미라와 동일시된다. 미라의 흰 옷은 과부의 색깔로 과부의 순결을 상징하며 다스 가에서의 양육자 역할을 상징적으로 보여준다. 그녀는 죽기 직전에 우물에 빠져 죽은 암소를 자주 환영으로 보게 되면서, 자신도 우물에 빠져 죽게 해달라고 절규한다. 또한 그녀의 옷을 갈기갈기 찢는 행위는 그녀를 옭아맨 구속과 착취, 억압을 파괴하려는 욕망을 반영한다. 어떤 장애물도 없이 죽고 싶어하는 미라는 결국 한줌의

재가 되어 강 하귀에 뿌려질 뿐이다.

타라의 경우는, 민족주의 담론이 중산층 여성을 어떻게 가정하고 있는가라는 문제에서 표준적인 여성의 삶을 재현한다. 결혼 후 타라가 대변하는 삶은 여성의 정체성과는 다른, 인도의 전통적인 여성상인 어머니/양육자의 모습과 동시에 남성의 보호를 받는 존재로 재현된다. 그녀에게서 민족주의 담론에 의해 순결하거나 변함없는 '인도성'을 지녀야할 '여성', 여성화된 나라, 즉 '모국'의 상상적 기표를 읽을 수 있다. 다시 말해, 영제국주의에 의해 외적이고 물리적인 침해를 당한 식민지적 상황에서는 내적, 정신적 추구만이 인도를 지킬 수 있다는 통념이 민족주의 담론의 기저에 깔려있다. 그것은 중산층 도덕성을 지닌 여성이 가정을 지키는 것이야말로 내적이고 정신적인 주체로 여긴다는 것이다. 사실을 중시하는 실용주의자로서 전통적인 인도 남성을 재현하는 남편 바쿨이 타라에게 요구하는 것도 이러한 여성상이다.

이와 같이 인도 해방 후 여성권리에 대한 요구들이 민족주의 진영의 도움을 받아 개인적, 정치적 전선에서 모종의 변화를 가져올 것으로 보였지만, 시간이 흐르면서 점차 전략적 이용물로, 가부장적 권력과 민족주의 목표를 공고히 다지는데 있어 효과적으로 이용당하는 과정이 타라를 통해 재현된다. 그러나 타라는 인도 독립이라는 해방공간에서 여성의 모순된 모습을 반영한다. 타라의 내면에 자리 잡고 있는 불안감과 두려움은 바로 남편의 헤게모니에 대한 하나의 소극적 저항으로 볼 수 있다. '자유 인본주의'와 '근대성'을 기표화하는 바쿨은 인도의 전형적인 가부장적 인물이다. 이상적 여성상을 요구하는 바쿨의 요구로 인해 불안해진 타라의 내면에는 나름대로의 자아에 대한 추구, '인도'에 소속감을 느끼고 싶어하는, 그럼으로써 자신이고 싶은 욕망이 잠재되어있다.

## 식민후기 공간에서의 강요된 모성: 주인공 빔

식민공간에서 성이 배제된 채 한없이 희생하는 '이상적' 모성으로서의 미라의 역할은 식민후기에는 부권이 상실되거나 부재한 가운데 기울어 가는 가정을 돌보는 빔의 역할로 이어진다. 그러나 미라와 달리 빔은 현실에서 남성과 동등하게 참여하려는 욕구가 강하다. 빔이 전통을 거부하는 측면은 남성과의 대화에 동등하게 참여해야한다든지, 애완용 동물 사랑이 어머니의 자식사랑에 못지않다고 주장하거나, 담배를 피워 인습적인 여성들과 거리를 두는 등 여러 행실에서 반영된다. 바쿨이 빔의 "근대적인 면모"에 끌리기도 했지만 "남성 권위에 대들만한 여성"(19)으로 여겨져 기피하고, 대신 타라를 아내로 선택한 데서 볼 수 있듯, 빔은 전통적인 여성상과는 거리가 멀다. 바쿨이 빔에게 타라와의 결혼을 허용해달라고 말할 때 빔은 지금이 어떤 세상인가 되물으며, "케케묵은 인도가 아니예요. 독립한 인도지요"(81)라며 '근대적' 인도/남성인 바쿨의 '비근대적' 사고에 대해 냉소적 반응을 보인다. 빔은 인도의 독립이 '새로운 역사' 창조로 이어질 것으로 생각하였다. 그러나 현실은 여성에게 굳게 문을 닫아버렸고, 이러한 느낌은 침체된 올드 델리 집에 갇혀버렸다는 빔의 유폐감에서 구체화된다. 이는 바로 식민후기 공간에서도 아무런 출구가 없는 인도 여성의 현실을 반영한다.

빔을 자기희생적인 가정의 여신으로 이상화하는 인물은 그녀에게 청혼했다 거절당한 뱅갈의사 비스와나Biswana이다. "당신이 왜 결혼하려하지 않는지 이제야 알겠소. 당신은 완전히 남을 위해 살아왔소. 병중인 라자, 나이든 숙모, 전 생애를 당신에게 의존하는 어린 동생을 위해 당신 자신의 삶을 희생하지 않았던가요"라고 위로한다(97). 그러나 빔에게 이 말은 "끔직하고, 너무 무겁게 들려 강철에 각인된 말처럼 들린다"(97). 그가 빔을 민족주의 담론속의 헌신적이고 희생적인 여성의 이미지로 대치하는 데서 그녀가 크게 전율하는 것은 비스와나의 민족주의 상상력, 즉 민족주의 지식인 구성체가 여성의 재현을 어떻게 지배하는가에 대한 것이다.

빔은 아내나 어머니가 아닌 독신녀로 다스 가의 실질적 가모장이다. 똑똑하고 적극적인 빔은 어릴 적부터 꿈과 희망이 거창했다. 그러한 욕망이 정지된 것은 역설적이게도 인도민족주의자들이 인도통합을 이루려고 고심하던 때인, 1947년을 기점으로 해서이다. 가족에게 들이닥친 통제할 수 없는 일들로 다스가가 위기에 놓이게 된 때인

1947년 인도 해방공간에서 빔이 아이러니하게도 좌절되고 마는데서 민족주의 담론과 젠더의 충돌을 볼 수 있다.

> "아니, 내게 유일한 걱정거리는 … 집세를 내야하는 것, 그거야. 그리고 날마다 다섯, 여섯, 일곱 명을 먹여 살려야하고 타라를 결혼시켜야하고 바바를 평생 옆에서 돌봐야 하는 것, 그리고 가족 모두가 다시 잘 되는 것, 그 밖의 것은 잘 모르겠다." (67)

부모의 역할을 자임하여 가정을 지켜나가는 빔과 달리 장남인 라자는 빔의 헌신적인 간호로 회복된 후에도 "힌두와 무슬림은 형제다"라며 인도와 파키스탄의 분리를 거부하고 인도해방공간에서 모범적인 '공인'으로 자기를 세워나간다. 그는 집안이 가장 어려운 시기에 암울한 집안의 모든 일을 빔에게 떠 넘기고, 또 인도가 파키스탄과 분리되면서 폭동이 시작되자 이를 피하기 위해 무슬림 지주이자 유복한 실업가인 알리가의 딸과 결혼하여 장인의 사업과 재산을 이어받아 새로운 생활을 시작한다. 이 같은 라자에게서 이전 세대의 식민 영국과 피식민 인도 관계라는 남성들의 대립은 이제 힌두와 무슬림의 서로 다른 문화의 결합으로 젠더화되어 드러난다. 그것은 라자와 알리의 연대가 동성애적 연속성을 띠는 반면, 빔같은 여성들은 그로 인해 차별되고 폄하되는 대조를 보인다.

아버지의 임종 시, 불타는 델리와 둘로 분할된 인도의 혼란스럽고 우울한 현실에 부표되는 듯한 모습을 그럴 듯하게 가장하면서 장남으로서의 의무를 벗어던진 라자에게서 그의 무책임하고 기회주의적인 속성이 드러난다. 결혼을 통해 재산을 획득한 그는 이후 다스 가와는 거의 절연한 채 자신의 안위만을 위해 살아왔다. 그러나 라자가 자신의 꿈을 펼쳐나갈 수 있었던 것의 이면에는 빔의 희생이 자리잡고 있다. 빔은 라자에게 하등 중요한 존재가 아니다. 라자는 이 시기의 남성들이 장남으로 계승되는 가부장제의 복원과정에서 여성들에게 어떤 도움을 기대했는지를 극명히 보여준다. 그것은 다른 사회에 성공적으로 진입하는 라자 자신을 빔이 보살펴 줘야한다는 어머니 역할의 강제화이다.

그렇다면 식민기의 미라와 독립 후의 빔의 삶에서 어떤 차이와 유사성이 있는지 구체적으로 살펴보자. 우선 그 차이를 보면, 빔은 미라와 달리 교육을 받아 어느 정도 경제적 독립을 이룬 미혼여성이다. 또 빔은 여성을 제한시키는 사회에 갇혀 살면서도 분노를 표현할 줄 아는, 여성을 문화적으로 승인하려하는 점에서 미라와 차이를 보인다. 소설 전체에 드러나는 빔의 분노는 지배적인 가부장사회에 대한 여성의 비극적 저항을 표출한다. 그녀는 "이 집에는 나 말고 아무도 없다"(61)고 왈칵 분노를 쏟아내기도 하는데 그만큼 부모역할, 누이역할에 힘겨워한다. 기본적인 인간적 가치들에 대한 빔의 신념이 흔들리며 뭔가 잘못되어간다고 생각할 때 흙먼지 폭풍은 빔의 내면의 정신상태를 효과적으로 전달한다. "흙먼지는 정원을 온통 잿빛 옷으로 입혀놓았다. 잎 하나하나, 가지마다 흙먼지의 무게로 내리쳐졌다"(147). 전형적인 헌신과 희생의 모성을 재현하는 미라나 순종적 아내상인 타라와 달리 빔은 이러한 여성상과 일정하게 거리를 유지하고 있다. 또한 인도 여성의 대다수가 미라나 타라처럼 목소리를 상실한 채 운명적으로 삶을 받아들일 때, 빔은 가부장적 헤게모니에 대한 저항을 제한된 장소내에서나마 해나간다. 말하자면 빔은 민족주의 담론이 내세우는 이상적인 여성상의 신화를 분쇄시키고 인도여성의 상황을 만드는 가부장적, 사회적 계율을 나름대로 거부하고 있다.

하지만 빔은 점차 문화적, 사회적 소외를 겪음에 따라 민족주의가 내세우는 전통과 문화로부터 벗어나지 못하는 한계를 보이기도 한다. 주지하다시피, 여성억압을 정당화하는 중산층 도덕성과 체통에 대한 서술은 민족주의 담론을 지지 강화하였다. 예를 들면, 빔이 가족이나 친척들의 요구에 부딪힐 때면 자신의 주장을 관철하지 못하고 마비된 모습을 보인다든지, 바바에게 남자란 야망을 가져야한다고 소극성에서 벗어나도록 끊임없이 유도하며 책임감을 갖게 하려는 점, 게다가 그녀 자신도 보호받는 누이로 살고 싶다는 욕망을 보이는 점에서 중산층 의식에 기대고 있음을 알 수 있다. 이와 같이 빔은 때로는 본질적 여성의 기표인양 확대되기도 하며, 때로는 음경없는 가부장적 기표를 대변하는 모순적인 인물로 비친다. 전자는 본질적인 토착성을, 그리고 후자는 국가, 조국애라는 민족주의 담론에서 자신을 보호받을 수 없는 여성의 위상을 기표화 하는데 빔은 양극사이를 오간다.(Ray)

미라 아주머니마저 갑작스레 세상을 뜨자 더욱 고독해진 빔은 자신도 그녀처럼 언젠가 정신이 이상하게 되지 않을까 불안해한다. 그러면서도 자신의 가치관, 삶의 의미나 정체성 추구에 있어 주변과 타협하지 않는다. '극단적인 절망'속에서도 '일반적인 시류'에 거슬리며 살고, 타협과 순응주의에 저항하는 빔은 출구가 보이지 않는 삶이지만 강한 의지와 인간성으로 자신의 삶을 상당부분 지켜나간다. 빔은 의미있는 삶이란 삶에 대한 적극적인 태도를 지닐 때 성취될 수 있다고 여긴다. 비스와스의 청혼을 뿌리친 것도 남은 가족에 대한 책임감을 의식해서이지만 그녀는 결코 환경을 탓하지 않는다. 라자로부터 심한 배신감을 느끼지만 이러한 감정도 숨긴다. 이와 같이 빔은 젠더중립적인 세계에서 나름대로 씨름한 것이다. 반면, 미라는 지배적인 가부장적 이데올로기에 의해 지배되는 수동적이며 비극적인 여성으로 사라져간다.

소극적인 미라와 적극적인 빔과의 차이에도 불구하고 그들의 유사성에 주목할 필요가 있다. 왜냐하면 빔은 미라처럼 전통의 강요를 받지는 않지만 미라와 유사한 궤적을 밟기 때문이다. 즉 여성의 고통, 실패, 소외, 유폐감이라는 점에서 둘은 일치한다. 그러한 점은 빔과 집의 일체화에서 드러나는데, 이는 '집'이라는 공간이 '전통으로의 회귀'에 대한 민족주의 담론의 강제성을 함의하기 때문이다. 민족주의 담론은 인간 생활의 기본적인 것이 여성을 축으로 해서 지속되어야함과 여성의 본질적인 역할이 문화의 뿌리로서의 여성의 힘이라는 점을 내걸어 가부장적 이데올로기를 강화한다. 하지만 빔의 내면상태를 전달하는 퇴락한 가옥은 미라에서처럼 정체된 분위기이자 내적으로는 침체된 삶과 변화하지 않은 환경을 전달한다(Sharma). 그러한 극단적인 예로서, 가족이 자신의 피를 빨아대는 모기처럼 여겨진다든지, 베란다의 깨진 비둘기 알을 보고 가족을 지키지 못한 아버지의 무능함에 대한 분노를 들 수 있다. 빔은 자신이 주변 사람들에 의해 질식되고 자아성취를 이루지 못해 결국 미라처럼 아무도 "기대지 않은 고목"으로 환원되었다고 생각한다(111). 빔은 미라처럼 이제 뚫을 수 없는 누에고치 보호막으로 자신을 감싸 외부세계와 단절된 채 살아간다. 독립 이전의 미라가 전통적인 비가시성으로부터 벗어나지 못하였듯, 비록 교육은 받았다할지라도 비가시적인 주변부적 인물로 머물고 마는데서 유사성을 찾을 수 있다. 빔의 경우가 더 아이러니한 것은 포스트식민 공간에서 가족에 대한 사회적 책임의식으로 인해 여성의 자아실현을 하지 못한다는 점이다. 라자와 달리 결국 그녀는 자신의 목소리를 상실하고 더 이상 상황을 바꿀 수 없는 '과거'라는 화석화된 상태로 빠져들기 때문이다(Afzal-Khan).

## '낮의 밝은 빛'은 어둠의 여성들에게도 비출 것인가?

이 소설의 결말은 가정사의 해결을 빔이 어떻게 욕망하는지를 보여준다. 조화롭게 끝나는 결말은 상처투성이의 인도 역사와 개인사에서 여러 갈등해소에 대한 대안으로 본질적인 가족의 정체성을 주장하는 민족주의적 신념에 기반을 둔다. 빔은 그간에 겪은 마음의 상처가 자기의 사랑이 불완전하기 때문이라며, 라자를 수용해야겠다고 결의하는 대목에서 '낮의 밝은 빛'이 비쳐나온다(177). 표제의 상징성은 여기에 근거한다. 그러나 과연 빔이 주변의 모든 이들을 다 같이 환하게 볼 수 있는 그러한 '낮의 밝은 빛'을 찾을 수 있을까? 바꿔 말해, 여성으로서 빔이 민족에 소속감을 느껴 마침내 모든 종류의 어둠으로부터 완전히 자유로움을 느껴 '낮의 밝은 빛'처럼 성적 주체를 확립할 수 있는 것일까? 독자는 자아를 깊게 바라보는데서 나오는 빔의 평화로운 느낌을 전달하려는 텍스트의 결말이 텍스트 전체를 통해 빔이 대항해서 싸웠던 어려운 문제들과 상실감으로 대치될 수 없음을 인식하게 된다. 왜냐하면 소설의 결말은 미라와 빔의 곤경을 괄호로 묶어버리기 때문이다. 바꿔 말해, 소설 마지막에 빔에게 남아있는 것은 상실감이지 가족의 화해라고는 볼 수 없다. 쇠락한 다스 가에 남은 빔은 미라처럼 희생자의 모습이며 이러한 빔의 모습을 통해 정신적인 고양감보다는 미라의 생중사 같은 질식하는 삶이 전달된다. 이와 같이 이 소설 내러티브의 초점화 된 내용은 근대 인도가 여성을 어떻게 착취하고, 또 여성이란 어떤 존재인지를 재현함으로써 억압적이며 확고한 민족주의 담론에 개인적인 젠더 문제를 지속적으로 개입시키는 과정에 관한 것이라고 풀이해 볼 수 있다.

우리는 민족주의 담론의 일정한 역할도 인정하지만 그것의 반페미니즘적 성격을 깊게 파헤쳐볼 필요가 있다. 무엇이 빔과 미라를 희생자로 만들었는가, 그리고 그들을 침묵시키는 억압의 구조는 무엇인가를 중심으로, 이 소설이 함의하는 바가 바로 가부장제를 내장한 민족주의담론임을 살펴보았다. 그 귀결은 민족주의가 결코 여성 해방의 문제를 해결해주지 못한다는 점이다. 그것은 민족주의 담론이 희생자인 여성들의 개인의 인권은 부차적으로 생각한 채, 여성개인의 피해를 탈젠더화하며 독립이후의 인도국민통합의 수단으로 삼았다는 점에서 나타난다. 이 소설에서 보듯, 세 여성의 삶은 결과적으로 인도라는 민족/국가에 의해 대표/표현되지 않는다.

빔과 미라, 그리고 타라는 비록 민족투쟁에 참여하지도, 그렇다고 여성적 힘을 키워나가는 강한 인물들도 아니지만 이 세 여성을 통해 작가는 여성의 저항이 공식적인 정치구조 밖에서 일어난다 할지라도 그것에 중요한 위상을 부여해야한다는 점을 인식시킨다. 만일 데사이가 식민주의와 민족주의 담론을 진보적 시각에서 다루려했다면 빔을 라자의 보호 하에 피상적으로 발전시켜나가거나, 아니면 여성문제를 민족주의자의 우산 속에 집어넣어 그려나갔을 것이다. 그러나 데사이는 빔과 미라를 민족이라는 '상상적 공동체'에서의 이상적 여성의 이미지에 거슬리는 비극적인 인물로 재생산한다. 그것은 바로 침묵을 강요받고 민족주의적 역사의 교환에 필요한 알레고리칼한 입장이 바로 '여성'이라는 점을 강조하는 것이라 할 수 있다.

# 참고 문헌


Afzal-Khan, Fawzia. *Cultural Imperialism and the Indo-English Novel*. University Park, PA: Penn State UP, 1993.

Anderson, Benedict. *Imagined Communities: Reflections on the Origin and Spread of Nationalism*. London: Verso, 1991.

Chartergee, Partha. *The Nation and Its Fragments: Colonial and Postcolonial Histories*. Princeton: Princeton UP, 1993.

Desai, Anita. *Clear Light of Day*. London: Penguin, 1980.

McClintlock, Anne. *Imperial Leather: Race, Gender, and Sexuality in the Coloial Context*. New York and London: Routledge, 1995.

Nandy, Ashis. *At the Edge of Psychology: Essays in Politics and Culture*. Delhi: Oxford UP, 1980.

Prasad, Madhava. "On the Question of a Theory of (Third World) Literature." *Social Text* 31-32(1992): 57-83.

Pratt, Mary Louis. "Women, Literature and National Brotherhood." *Nineteenth-Century Contexts: An Interdisciplinary Journal*. 18, 1(1994): 27-47.

Ray, Sangeeta "Gender and the Discourse of Nationalism in Anita Desai's *Clear Light of Day*", *Genders* 20 (1994). 96-119.

Spivak, Gayatri C. (1988). "Can the Subaltern Speak?" *Marxism and the Interpretation of Culture*, ed. Cary Nelson and Lawrence Grossberg. Urbana: U of Illinois Press, pp. 271-313.

________. (1990). *The Post-Colonial Critic: Interviews, Strategies, Dialogues*. Ed. Sarah Harasym. New York and London: Routledge.

Suleri, Sara. *The Rhetoric of English India*. Chicago: U of Chicago P. 1992.

## 생각해 보기

❶ 작가는 여주인공 빔을 가족을 위해 평생 희생하는 비극적인 인도 여성으로 묘사한다. 그러나 이 복잡한 가족사의 이야기는 가족에만 그치는 것이 아니라 1947년의 인도-파키스탄 분리 독립에 대한 알레고리로 전달되는데 이점에 대해 함께 알아보자. 또 빔과 타라, 나아가 어머니와 미라 아주머니를 비교하여 식민기와 식민후기 공간에서의 인도여성의 현실을 논해보자.

❷ 빔은 소설 말미에 자신이 가족에 대한 의무감에서 헤어날 줄 몰랐던 점을 깨닫고 자신을 포함해서 가족들을 용서함으로써 현재의 밝은 빛을 취하는데, 이러한 결말이 설득력 있게 다가오지 않는 이유는 무엇인지? 예컨대 소설 초입부에서 빔은 올드 델리를 "거대한 묘지공원이며 모든 집은 하나의 묘이다. 단지 잠들어 있는 무덤일 뿐"이라고 묘사한다. 이러한 죽음의 이미지가 소설 전체에 걸쳐 짙게 전달되어 희망의 메시지를 흐리게 한다. 그 이유는 무엇인가?

❸ 이 소설에서 1부와 4부는 현재의 시점에서, 2부와 3부는 과거를 회상하는 식으로 서술된다. 회상하는 부분에서도 서술은 연대기적인 서술이 아니라 빔과 타라의 기억에 따라 어린 시절의 연상을 통해 사건과 병치시키는 식으로 진행된다. 이 자매의 불편한 관계를 작가가 어떻게 심리적으로 탐색하는지, 이미지와 상징을 관련시켜 생각해 보자.

Ahmed Salman Rushdie

# 이산자의 탈식민적 교섭으로 혼종자아 찾기

## — 살만 루시디의 『악마의 시』

아메드 살만 루시디(Ahmed Salman Rushdie, 1947- )는 식민과 포스트식민 상황에서 인종과 불평등 문제에 대해 끊임없이 이의를 제기한 매우 논쟁적인 인도계 영어권 이산 작가이다. 그는 실제로 영어권 현대 작가 가운데 가장 널리 알려지고 매우 중요한 포스트식민 작가로 평가 받고 있다. 그가 그의 재능을 통해 인정받기 전에 전 세계로부터 유명세를 받게 된 것은 그의 소설『악마의 시』(*The Satanic Verses*, 1988) 때문이었다. 대학에서 역사를 전공한 루시디는 마지막 학기에 이슬람교의 역사에 대해 공부할 기회를 가짐으로써『악마의 시』를 집필 할 토대를 마련했다. 하지만 이 소설이 발표된 후 이슬람 정치 지도자 아야톨라 호메이니(Ayatollah Khomeini)는 그에게 사형과도 같은 파트와(fatwa)를 선언하였고, 이로써 '루시디 사건'과 '표현의 자유'에 대한 논쟁이 전 세계에서 격렬하게 일어났다. 그는 결국 10년 동안 비밀경찰의 보호를 받으며 도피생활을 해야만 했다.

그는 역사에 대한 박학한 지식을 바탕으로 하는 역사서술(historical fiction)과 가르시아 마르케스로부터 차용한 마술적 사실주의(magical realism)를 통해『자정의 아이들』(*Midnight's Children*, 1981)과 같은 걸작을 저술하였다. 루시디는 1981년『자정의 아이들』을 통해 그해 부커상(Booker Prize)을 수상하였으며, 1993년 25주년 부커 오브 부커즈(Booker of Bookers)를 수상하였고, 2008년에는 베스트 오브 부커(The Best of the Booker)를 수상함으로써 한 작품으로 세 번의 부커상을 수상하는 영광을 안았다. 그는 2007년 문학에 공로한 바로 엘리자베스 여왕으로부터 기사 작위를 수여받기도 했다.

인도가 대영제국으로부터 독립하기 2개월 전인 1947년에 봄베이의 한 이슬람 가정에서 태어난 루시디는 이미 출생부터가 그의 소설의 주요 배경을 이루게 된다. 그의 첫 번째 소설『그리머스』(*Grimus*, 1975)는 현실에서 있을 수 없는 환상을 다룸으로써 다음 소설들의 스타일과 형식적 특성의 토대가 된다. 이후 그는 다섯 달에 걸쳐 인도와 파키스탄을 여행한 경험을 바탕으로『자정의 아이들』을 발표한다. 이 소설은 독립 직후 인도의 반식민 민족주의를 비판하고 있다. 뒤이은『수치』(*Shame*, 1983)는 파키스탄의 역사를 소설화한 것으로 파키스탄의 독재정권과 방글라데시의 분리 과정을 보여주고 있다. 그의 네 번째 소설『악마의 시』는 인도 출신 이산자의 관점에서 이산과 억압 그리고 신체적 변신(metamorphoses)을 통해 이산자들의 절충적 혼종자아에 대해 언급하고 있다. 1995년에 출판된『무어의 마지막 한숨』(*The Moor's Last Sigh*)은 스페인 역사와 인도 역사를 병치시켜 힌두 근본주의에 위협받고 있는 인도의 혼종 문화를 다루고 있다. 그 밖의 소설로는『하룬과 이야기의 바다』(*Haroun and the Sea of Stories*, 1990),『그녀의 발아래 대지』(*The Ground Beneath Her Feet*, 1999) 등이 있으며, 평론집으로『재규어의 미소』(*The Jaguar Smile*, 1987),『상상의 조국들: 에세이와 비평』(*Imaginary Homelands: Essays and Criticism*, 1991),『동과 서』(*East, West*, 1994),『인도 문학 50년사 1947-1997』(*Mirrorwork: 50 Years of Indian Writing 1947-1997*, 1997) 등이 있다.

영국에서 미국으로 거주지를 옮긴 후 911사태를 목격하고서 2001년『분노』(*Fury*)를 집필하여 이슬람 근본주의와 테러리즘을 비난하였다. 이 소설이 발표된 후 일부 비평가들은 루시디가 또 다시 논란을 부추기고 있다고 비난하기도 하였다. 그는 미국으로 이주한 후 네 편의 소설 집필을 계획하였는데『어릿광대 샬리마』(*Shalimar the Clown*)가 200년에 그리고『피렌체의 여자 마법사』(*The Enchantress of the Florence*)가 2008년에 발표되었다.

•이 글의 출전

「살만 루시디의 소설에 나타난 탈식민 비전」. 박사학위논문, 2007. 수정·보완함.

# 이산자의 탈식민적 교섭으로 혼종자아 찾기

## ―살만 루시디의 『악마의 시』

### 『악마의 시』와 루시디 사건

살만 루시디(Ahmed Salman Rushdie)의 네 번째 소설 『악마의 시』The Satanic Verses, 1988는 그의 전 작품 중에서 가장 잘 알려진 텍스트이다. 이 소설은 서로 다른 세 가지 이야기로 구성된 것처럼 보이지만 사실은 단일구성으로 이루어져 있다. 한 이야기는 티틀리푸르Titlipur라는 마을에 사는 아예샤Ayesha가 종교 의식을 치르기 위해 그 마을 주민을 이끌고 아라비아 해로 떠나는 이야기이며, 또 한 이야기는 이슬람교의 역사에서 실제 있었던 '악마의 시 사건'이다. 그리고 마지막 이야기는 이 소설의 중심 이야기로서 살라딘Saladin Chamcha과 지브릴Gibreel Farishta의 이야기이다. 이 세 가지 이야기는 전체 9장 중 모든 짝수 장에서 지브릴의 꿈이나 환상을 통해 서로 연결되며, 이 세 이야기 중 단지 한 이야기만 현재를 배경으로 하고 있다. 루시디는 세 이야기가 꿈이나 환상을 통해 연결되고 과거를 배경으로 하는 두 이야기가 현재를 중심으로 하는 이야기와 연결된다는 점에서 이 소설은 3부 구성이 아닌 단일구성이라고 말한다"London Consortium".

이처럼 복잡한 구성은 선과 악, 죽음과 재생 그리고 이산과 혼종자아와 같은 다양한 주제를 다양한 방식으로 연결하기 위한 서사방식으로 볼 수 있다. 루디시 연구가인 브라이언스(Paul Brians)는 이 소설이 크게 세 가지 주제를 다루고 있다고 주장한다. 이 소설은 첫째, 이슬람교의 기원에 대해 풍자적인 시각에서 역사적 재검토를 하고 있으며, 둘째 런던에서 남아시아 이산자들의 중요성을 고찰하고 있다. 그리고 셋째로 인종적, 민족적, 성적 또는 종교적 형태를 비롯한 모든 종류의 광신적인 행위에 대해 항의하고 있다고 주장한다. 등장인물의 이름 역시 이 소설의 세 이야기를 서로 연결시켜주고 있다. 아예샤Ayesha라는 이름은 예언자 마훈드Mahound의 가장 어리고 아름다운 아내의 이름이며, 데쉬Desh의 잔인한 통치자의 이름이며, 나비를 잡아먹는 어린 소녀의 이름이기도 하다. 힌드Hind는 자힐리아의 아부 심벨Abu Simbel의 아내이며, 샨다아르 카페의 여주인이기도 하다. 미샬Mishal은 대지주 미르자 사이드 악타르Mirza Saeed Akhtar 아내의 이름이면서 수피안Muhammad Sufyan의 첫째 딸 이름이기도 하다.

연구가 제인(Madhu Jain)에 따르면 루시디는 『악마의 시』가 출판되기 20년 전 대학에서 이슬람에 대해 공부하던 중 처음으로 이 소설에 대해 구상하였으며, 1984년 초에 집필하기 시작하였지만 마음에 들지 않아 중단했다가 니카라구아 여행 이후에 다시 집필하게 되었다. 1988년 이 소설이 처음 출판되었을 때, 부커상을 수상한 『자정의 아이들』*Midnight's Children*에 깊은 인상을 받은 평론가들로부터 전반적으로 긍정적인 평가를 받았다. 그러나 몇 개월 후 1989년 2월 14일 이란의 정치지도자 아야톨라 호메이니로부터 루시디의 소설은 신성모독이라는 이유로 그에게 '파트와'fatwa라는 사형 선고가 내려진 후, 이 소설은 이슬람권뿐만 아니라 비 이슬람 세계에서도 격렬한 논쟁을 불러일으켰다. 히친스(Christopher Hitchens)에 따르면 루시디 역시 이 소설을 출판하기에 앞서 이 텍스트가 논란을 불러일으킬 수 있음을 예측하였다. 이미 출판된 『수치』*Shame*가 파키스탄에서 힌두 근본주의자들에 의해 판매 금지된 경험이 있었기 때문에 루시디는 사이드(Edward W. Said)에게 자신의 타이핑 된 원고를 보내 조언을 구한 적이 있다. 이런 세계적인 논쟁 때문에 이 소설은 독자들에게 읽혀지기도 전에 가장 널리 알려진 문제작이 되었다. 이 소설이 읽혀지지 않은 데는 각각의 이유가 있다. 루시디에게 적대적인 입장을 취한 이들은 발췌된 사본을 보기 원했고, 그에게 호의적인 태도를 보인 이들에게는 이 텍스트가 그들의 독서 의욕을 쉽게 좌절시켜버릴 정도로 어려웠기 때문이다(Brians).

『악마의 시』가 쉽게 읽힐 수 있는 텍스트였다면 독자들은 이 소설이 이슬람교와 이슬람사회를 모독하고 있는지의 여부를 쉽고 빠르게 밝힐 수 있었을 것이다. 하지만 이 소설은 '악마의 시 사건'이라는 생소하면서도 오래된 이슬람교의 역사를 하나의 소재로 하고 있으며 힌두교의 많은 신들의 이름이 등장하고 로마제국과 영국의 전쟁이 소재로 사용되고 있어서 충분한 배경지식을 갖지 않고는 접근하기 어려운 텍스트이다. 게다가 루시디의 서사기법 역시 정신분열을 일으키는 등장인물의 이야기나 꿈과 환상이 시간과 공간을 넘나들기 때문에 이해가 용이하지 않은 텍스트이다. 또한 논쟁거리들이 서로 얽혀 있어서 한 주제를 선별한다는 것은 매우 힘든 일이다. 루시디는 인도 라지브 간디Rajiv Gandhi 수상에게 보낸 공개서한을 통해 자신의 소설과 자신의 입장에 대해 변호한 바 있다. 그는 자신이 이슬람교를 직접적으로 공격하고 있는 것으로 고소당했지만, 이 소설은 이슬람에 관한 것이 아니라 이주와 변신, 분열된 자아, 사랑과 죽음, 그리고 런던과 봄베이에 관한 것이라고 주장한다. 이슬람교와 관련된 배경인 자힐리아Jahilia는 실제 도시라기보다 물에 의해 무너져 내리는 모래로 만들어진 매우 환상적이고 허구적인 소설의 배경일 뿐이며, 이슬람교와 관련된 스토리 전 과정은 인도 영화배우이면서 정신분열증을 앓고 있는 허구적인 인물의 꿈속에서 일어난 사건일 뿐이라고 밝히고 있다(Rushdie "Open Letter"). 또한 제인과의 대담에서 언급하고 있듯, 그가 등장인물의 이름을 가공하여 이용한 이유는 그의 소설을 역사적 사실과 거리를 두기 위해서였다. 그가 의도한 것은 소설 속의 사건들이 역사적으로 일어났는지의 여부가 아니라, 세상에 새로운 것이 생겨날 때 그것과 타협할 것인지 아닌지 여부이다.

『악마의 시』가 불러일으킨 '루시디 사건'에 대해 알아보는 것은 이 소설과 저자에 대한 우리의 이해의 폭을 넓혀줄 것이다. 잘 알려진 것처럼 『악마의 시』는 주로 몇몇 이슬람 국가들에서 이 소설에 대한 저항을 불러일으켰다. 파트와 선언 이후 그의 목에는 현상금이 내걸렸고 이슬람 국가들에서는 항의 시위가 이어졌다. 연구가 노버트 쉬러에 따르면 이 소설과 관련된 일본인 번역가와 노르웨이의 출판 관계자가 살해되었으며, 판매 서점들에 대한 방화사건이 있었고, 결국 이 소설로 인해 약 60명이 사망하였다. 이러한 제반 사건들을 일컬어 루시디 사건이라 한다. 그렇다면 이 소설이 이슬람 세계에 빠른 속도로 알려져 논란거리가 된 이유는 무엇인가? 그것은 예언자 마훈드의 아홉 명 아내의 이름이 이 소설에서 아홉 명 창녀의 이름으로 불리거나, '악마의 시 사건'을 소재로 하여 성서 코란Qur'an의 절대성을 손상시켰기 때문이다(Galens). 악마의 시 사건은 코란에 있는 한 시와 관련된 사건이다. 이 사건은 9세기경 아랍 역사연구가 알 타바리Al-Tabari에 의해 기록된 것으로서, 예언자는 처음에는 이 시가 알라 신으로부터 전해진 신성한 것으로 인정하였지만 이후 악마로부터 온 부정한 것으로 간주하여 코란에서 영원히 삭제해 버린 사건을 일컫는다(Brennan). 루시디 사건은 정치적 상황뿐만 아니라 문학적 풍토라는 비정치적인 이유와도 관련이 있다. 1988년 9월 영국에서 『악마의 시』가 발표되었고, 그 해 11월 이란의 일간지에 서평이 실렸을 때만 해도 큰 문제가 되지 않았다. 또한 그의 이전 소설이 페르시아어로 번역되어 그 해 번역된 소설에 대해 시상하는 이란의 문학상을 수상한 바 있었다. 그러나 1989년 2월 12일 이 소설이 미국에서 출판되자 상황은 달라진다. 그로부터 이틀 후 호메이니의 칙령이 발표된 것이다. 루이스(Bernard Lewis)는 이 소설이 미국 작가에 의한 미국 소설도 아니고, 인도 출신의 영국작가이며 이슬람 작가의 소설인데도 문제가 된 이유는 미국과 이란 사이의 종교, 군사, 그리고 원유로 인한 정치적 갈등 때문이라고 지적한다. 루이스는 비정치적 이유로 이슬람 문학사에는 소설이라는 장르가 존재하지 않았음을 지적한다. 물론 오늘날 이슬람 사회에서 많은 소설 작품들이 읽히고 있지만 그것은 서양으로부터 수입되어 번역된 것들이다. 하지만 이슬람 문학에는 소설과는 달리 세상을 비판하는 풍자와 패러디라는 문학서사가 있다. 서구의 문학 풍토와는 사뭇 다른 이슬람 사회에서 소설은 허구로서가 아니라 이슬람 사회에 대한 반대와 비판으로 받아들여진다는 데 문제의 심각성이 있다. 따라서 루시디가 이 소설에서 언급한 마훈드와 악마의 시 사건은 이슬람 사회에서 허구로 받아들여지는 대신 이슬람교와 코란의 신성함을 비판하고 부정하는 결과를 초래할 수 있다.

하지만 『악마의 시』는 영국에 거주하고 있는 남아시아와 아프리카 이산자들의 이주와 혼종자아에 대해 심도 있게 다루고 있다. 이 소설이 비록 이슬람교에 대한 종교적 신념과 관습에 대해 말하고 있지만 이것은 복잡하고 암시적인 주제 중 일부에 불과하다. 실제로 이 소설은 영국의 인종차별정책과 런던에 거주하는 남아시아와 아프리카 이산자들의 문화 그리고 인종과 관련된 정체성 문제, 그리고 죽음과 재생을 통한 희망의 비전으로써 혼종자아의 주제를 다루고 있다. 그리고 이 모든 주제들이 살라딘과 지브릴이라는 두 인물이 연루된 여러 사건을 통해 묘사되고 있다. 또한 이 소설에서 언급되는 이슬람교에 대한 에피소드는 이산자들이 직면하는 식민모국의 본질주의와 연관된다. 영국 정부는 이산자들에 대해 인종차별정책을 펼치는데 그 근저에는 영국의 이성중심주의 또는 본질주의가 숨겨져 있다. 루시디는 "나는 늘 '순수'라는 관념이 위험한 것이라고 생각해 왔다. 내 경험에서 어떤 사람들이 '순수'에 대해 말할 때 다른 사람들은 죽어가기 시작했다. 그것이 '인종적 순수'이건 '인종 청소'이건 어떻게 말하건 간에 그것은 매우 위험한 생각이다. 그래서 나는 늘 '불순'을 선호하는 입장에서 글을 써 왔다. 내 경험으로 조금 오염된 것이 아주 깨끗한 것 보다 낫다."("London Consortium")고 말하면서 본질이라고 하는 것이 존재하지도 않으며 본질과 비 본질, 서양과 동양 등의 이분법적 기준은 매우 임의적인 것으로써 본질을 주장할 때 타자는 억압받게 된다고 주장한 바 있다. 따라서 이 글에서는 살라딘과 지브릴이 겪은 이주 경험을 통해 영국 인종주의에 직면한 이산자들의 실상을 살펴보고 새로운 환경에 대한 교섭으로 혼종자아의 추구에 대해 고찰하고자 한다.

## 식민모국의 인종주의와 정체성 분열

인도에서 파키스탄과 영국으로 단순한 이주 경험을 가지고 있는 루시디가 『악마의 시』에서 자신의 경험을 토대로 이주와 혼종자아에 대해 탐구하고 있는 것과 관련해서 일부 비평가들은 출신지와 정치적 희생 이외에는 아무것도 공유하지 않은 루시디가 이산에 대해 이야기하고 있다고 이의를 제기하기도 한다(Sharma). 이는 스피박의 「하위주체는 말할 수 있는가?」에서 제기된 '재현 주체'에 대한 문제와 같은 의미로 볼 수 있다. 극히 일부의 유복한 환경의 지식인이 제3세계 이산자들의 경험을 전달하는 것은 분명 문제가 되지만, 실제로 모든 것을 경험하지 않은 이는 아무런 목소리를 낼 수 없다는 논리 역시 역사 발전과는 거리가 멀다. 다만 루시디의 경우 그가 이산자의 시각에서 영국의 인종주의를 보았다고 하지만 거기에는 계급 간의 격차나 갈등 문제가 빠져 있는 것은 사실이다. 그 이유는 루시디의 신분이 말해 주는 것처럼 하위계층의 삶과는 거리가 있었기 때문이다. 그라스Günter Grass의 메타포 개념, 즉 메타포란 '생각'이 '이미지'로 바뀐 것이라는 설명을 활용하여 루시디는 이산은 평범한 사람들의 일상에서도 일어날 수 있다고 언급한 바 있다. 일반적으로 이산은 제국주의/식민주의의 역사적 결과로서 강제성을 띄고 있지만, 시간이라고 하는 커다란 측면에서 볼 때 모든 사람들은 과거로부터 현재로 이주한 이산자가 될 수 있다. 이런 의미에서 우리 모두는 이산자들이라고 말 할 수 있다(Rushdie *Imaginary Homelands*).

오늘날 보다 좋은 삶의 조건을 위해 영국으로 이주한 남아시아와 아프리카 이산자들에게 변형되고 혼종된 자아가 생성되는 것은 꼭 이주라는 공간상의 이유 때문만은 아니다. 자아의 변형과 혼종이 일어나는 것은 새로운 정착지에서 이산자가 직면하게 되는 불공평한 권력관계 때문이다. 이 소설에서 루시디가 주장하고자 하는 것 역시 불공평한 권력관계에 의한 차별과 배제이다. 루시디가 제시하는 불공평한 권력관계는 영국의 인종주의 바로 그것이며, 인종주의의 핵심은 이산자들을 식민모국인들과는 다른 악마와 같은 존재로 차별하고 배제한다는 데 있다. 이는 아직도 영국이 이산자들에 대해 오리엔탈리즘에서 비롯된 이분법적 가치 기준을 취하고 있음을 보여준다. 이러한 이분법적 사고는 영국인은 이성적이고 본질적인 반면 이산자들은 악마나 비본질적인 존재로 정형화 하는 서구의 이분법적 사고에서 그 근원을 찾아 볼 수 있다. 루시디는『악마의 시』에서 불공평한 권력구조에서 오는 차별과 배제의 매커니즘을 대처(Margaret H. Thatcher) 정부의 인종차별정책에 직면한 이산자들의 정체성 인식과정으로 대신하여 보여주고 있다. 루시디는 자신의 한 에세이"In Good Faith"에서 "이 소설은 뿌리 뽑히고, 분열되고, [. . .] 변형된 이민자[이산자]들의 경험을 통해 쓰여졌다."고 밝힌 바 있다.

살라딘이 처음 영국의 인종주의를 직면한 것은 학창시절 아침식사로 먹은 청어 훈제요리의 경험이다. 그가 작은 가시 때문에 고생하고 있을 때 도와주겠다고 나서는 급우는 한 사람도 없었고 대신 말없이 구경만 할 뿐이었다. 다 먹기 전에는 식탁에서 일어날 수 없었기 때문에 그는 90분에 걸쳐 이 요리를 먹을 수밖에 없었다(44). 이와 같은 호된 경험을 통해 영국은 이주민 살라딘에게 색다른 맛을 보여준 것이다. 하지만 학창시절 영국의 인종주의의 희생자였던 살라딘은 모순되게도 자신을 억압자들과 동일시하며, 인도 출신으로서의 유산을 거부함으로써 소외감을 느끼고 스스로를 증오하게 된다. 배우로 성공한 살라딘이 인도 공연을 마치고 보스탄Bostan호 비행기로 돌아오다 추락 사고를 당하지만 기적적으로 살아나 로사 다이아몬드Rosa Diamond의 집에 머물게 된다. 그러던 중 지브릴은 머리에 후광이 생겨 사람들에게 천사처럼 대접받지만 살라딘은 불쾌한 냄새 때문에 이웃의 신고로 경찰에 체포된다. 그는 블랙 마리아Black Maria라는 경찰차로 호송되던 중 허벅지는 털북숭이고 종아리는 뼈만 앙상한 염소 인간으로 변하기 시작한다(162-63). 봄베이에서 런던으로 돌아온 살라딘이 경찰차 안에서 짐승으로 변하는 모습을 보여준 것은 처음부터 영국 인종주의자들의 눈에 비친 그의 이미지가 마술적 사실주의 기법으로 재현된 것으로 볼 수 있다. 연구가 게일런(David Galens) 역시 살라딘이 염소 인간 또는 악마로 변하고 지브릴이 천사로 변하는 것은 마술적 사실주의의 한 예라고 주장한다. 초자연적인 요소를 사용하는 마술적 사실주의는 이 소설에서 가장 중요한 문학적 장치 중 하나이다. 마술적 사실주의는 저자로 하여금 스토리의 의미를 정교하게 하는데 유연성을 주고, 독자로 하여금 새롭고 다른 방식으로 텍스트의 주제를 생각해 볼 수 있게 해주며, 초자연적인 사건이나 신을 포함한 고전적이고 종교적인 서사 형식을 가능하게 해준다. 이렇듯 살라딘의 육체적인 변신은 살라딘의 무의식적인 자기혐오와 영국인의 아시아인들에 대한 억압을 상징적으로 보여주고 있다.

살라딘은 인도인 혈통으로부터 벗어나려 하면 할수록 자신이 인도인임을 더욱 절실하게 직면하는 아이러니를 겪는다. 그가 영국 경찰의 폭력에 의해 괴물로 변형된다는 것은 그의 '영국화된 영혼'이 파괴된다는 것을 의미한다. 살라딘이 호송차 안에서 자신이 영국 시민임을 주장하지만 경찰은 그를 군화 발로 밟고 폭력을 행사하면서 무시해 버린다. 태어나서 가장 비참하고 우울한 기분을 떨칠 수 없었던 살라딘은 이곳이 영국이 아니라고 생각한다. 살라딘이 그토록 이상화 해 왔던 영국이라는 온전하고 상식적인 나라에서 이런 일들이 자행될 수는 없는 것이다. 영국 경찰의 폭력에 의한 살라딘의 절망감은 영국이라는 살라딘의 이상화된 신념이 붕괴되는 것을 의미한다. 하지만 영국 당국의 비이성적인 행위는 숨겨져 있던 영국 인종주의의 표출이며, 인종주의의 실체에 대한 이산자 살라딘의 응시는 자기 정체성에 대한 인식으로 이어진다. 이산자들은 영국인들의 시각에 의해 정형화 되는 것이며 영국인들과 비슷해질 수는 있어도 동일하게 될 수는 없는 것이다. 소니(Simona Sawhney) 역시 살라딘의 변형 원인을 한편으로는 그가 묘사의 힘에 굴복했기 때문이고, 또 한편으로는 그가 자신에게 보다 안정적인 정체성을 제공해 줄 수 있는 은신처 또는 조국을 버렸기 때문에 더욱 나약해 질 수밖에 없었다고 주장한다.

영국은 이산자들에게 온갖 폭력과 상식에서 벗어나는 일을 자행함으로써 인종차별을 노골적으로 드러낸다. 이산자들은 언제 어떤 일이 벌어질지 모르는 공포의 도시에 살고 있다. 이산자들은 한밤중에 아무런 이유도 없이 자신의 집 유리창이 박살나는 것을 목격할 수 있고, 길거리에서 보이지 않는 손에 떠밀려 넘어질 수도 있고, 가게 안에서 지독한 욕설을 듣고 돌아보면 미소 짓는 얼굴만을 볼 수 있을 뿐이다. 매일 같이 남자애들과 여자애들이 유령들에게 실컷 얻어맞는다(258). 브릭홀Brickhall 지역방범 홍보 위원회에 새로 뽑힌 흑인 위원장에 반대한 이는 모두 백인들이었으며, 18년 동안 영국에 거주하던 존경받는 아시아계 노점상은 15년 전에 제출했던 서류 하나가 불과 48시간 늦었다는 이유로 추방된다. 그리고 50세의 나이지리아 여성은 폭행죄로 기소되었지만 사실은 이 여성이 경찰에게 맞아 의식을 잃었었다(189).

영국의 인종차별정책은 이산자들의 신체에 물리적 힘을 가함으로써 궁극적으로 정신적인 열등감에 시달리게 만드는데, 이는 과거 식민지에서 자행했던 인식론적 폭력과 다를 바 없다. 영국의 인종주의가 이산자에게 가하는 차별과 배제는 부당한 체포, 위협, 폭력, 불법 구금, 여성의 질내 검사나 산후 무단 불임시술, 그리고 주사 피임약 데포 프로베라Depo-Provera 사건 등 알 수 없는 의학실험으로 대표된다(261). 영국의 인종주의는 이러한 물리적 행사를 통해 이산자들의 정신을 피폐화시키고 나아가 자아를 상실시켜 무력한 존재로 만들었다. 핫 왁스 클럽Hot Wax club의 핑크왈라Pinkwalla는 로마 점령기부터 아프리카와 남아시아 출신의 이산자들이 대영제국 건설에 많은 공헌을 하였음에도 불구하고 영국의 인종주의는 이산자들을 이 나라 국민으로 인정하지 않으며, 크림전쟁에서 큰 업적을 세운 메리 시콜Mary Seacole은 흑인이라는 이유로 업적을 인정받지 못했고, 빅토리아 여왕이 압둘 카림Abdul Karim의 지위를 높여주려 하자 대신들은 유색인종인 그를 헐뜯었음을 지적하면서 영국의 인종주의를 비난한다. 핫 왁스 클럽에 있던 사람들은 소리 높여 토처Torture Maggie의 밀랍 인형을 화형에 처할 것을 요구한다.

이 소설에서 토처는 1980년대 영국 인종주의를 대변해주는 대처 수상을 의미한다. 칼리니(Peter Kalliney)의 연구에 따르면 1980년대 대처 정부는 런던의 이스트 엔드East End 지역에서 가장 광범위하고 야심찬 재개발계획을 추진하였다. 영국 정부와 민간인 투자자들이 결합해 만든 개발 회사London Docklands Development Corporation는 강제로 토지를 매입할 수 있는 권한을 가지고 있었다. 이 기업은 런던에서 가장 가난한 지역 중 한 곳인 이 지역에 수 천 가구의 호화 주택과 유럽에서 가장 광대하고 값비싸고 화려한 사무용 건물을 건설하기 위해 강제로 이 지역의 토지를 매입하였다. 대처 정부의 후원을 받은 이 기업은 이산자들이 거주하고 일하는 이 지역을 변형시킴으로써 많은 이산자들의 삶을 서서히 파괴시켰다. 1981년 1에이커에 35,000파운드에 팔리던 그곳 땅은 재개발 때문에 8년 후 450,000파운드에 팔리게 됨으로써 가난한 이산자들은 가족과 함께 살 수 있는 개인소유의 주택을 구입할 수 없게 되었다. 이 소설에서 이스트 엔드 지역은 브릭홀 지역으로 재현되고 있으며 이산자들의 주택문제는 수피안의 샨다아르 카페Shaandaar Café를 통해 재현되고 있다. 샨다아르 카페는 하루에 1인당 10파운드를 받고 5인 가족을 한 방에 투숙시키기 때문에 일주일이면 방 하나에 350파운드라는 수입을 올릴 수 있다. 그 정도의 비용이면 일가족이 거주할 수 있는 괜찮은 아파트 한 채를 빌릴 수 있지만 그런 집은 임시 수용시설로 분류되지 않기 때문에 중앙정부의 지원을 기대할 수 없게 된다. 1980년대 부족한 주택 문제는 중앙정부의 묵인 하에 지역위원회와 일부 유산계급에게 수익성 높은 사업으로 전락함으로써 가난한 이산자들의 삶을 착취하고 있었다.

## 살라딘과 지브릴의 이산자로서 자아 인식의 양상

영국의 인종주의에 의해 이처럼 차별과 배제를 겪은 이산자들은 비로소 자신의 정체성에 대해 인식하기 시작하며 자신의 민족과 문화 그리고 역사에 대해 의식하기 시작한다. 루시디는 『악마의 시』에서 살라딘과 지브릴의 정체성 인식과정을 민족과 문화 그리고 역사에 대한 인식으로 확대하고 있다(Galens). 영국인보다 더 영국적인 사람이 되려고 노력하는 살라딘은 영국 문화에 완전히 동화하려는 욕망을 지닌 인물이고, 반대로 지브릴은 영국 문화나 정체성을 거부하거나 모욕하는 반면 인도인으로서 자신의 정체성을 지키려고 노력하는 인물이다. 영국인이 되기 위해 자신의 뿌리를 단절시키려 하는 살라딘은 문화적으로 종속적인 성향을 보이는 반면, 영국에서도 인도의 가치를 고수하며 영국을 전적으로 거부하는 지브릴은 근본주의자적인 성향을 보인다. 또한 지브릴의 이러한 모습은 독립 직후 외래문화를 무조건 반대했던 인도의 반식민 민족주의와 유사하다. 그러나 이 두 인물 모두 식민 직후의 반식민 민족주의처럼 식민과거에 대한 기억상실에 걸려있다. 식민 직후 식민지인들은 자신에게 불리한 식민과거의 기억을 무의식적으로 망각하려는 경향과 의식적으로 자신들에게 찬란한 문화가 존재했다고 믿는 경향이 있었다.

살라딘이 소외감과 자기 증오감을 느끼는 것은 샨다아르 카페에 거주하는 이산자들을 자신의 동포로 생각하지 않기 때문이다. "당신들은 내 민족이 아닙니다. 나는 당신들로부터 벗어나기 위해 내 인생의 절반을 바쳤단 말입니다."(262) 라고 말했던 살라딘이 그의 정체성을 새롭게 인식하게 되는 계기는 샨다아르 카페에서 이산자들의 실상을 경험한 후부터 이며, 살라딘이 새롭게 정체성을 인식하는 데는 미샬의 도움이 있었다. 영국의 인종주의가 이산자를 악마로 정형화 하려 하였지만 이산자들은 이를 전략적으로 전용함으로써 인종주의를 되받아치고 있음을 미샬의 말, "살라딘(참차) 아저씨, 아저씨는 영웅이에요. 제 말은요, 사람들이 정말 아저씨에게 공감한다는 뜻이에요. 이런 이미지는 백인 사회가 오랫동안 거부하던 것이기 때문에 우리가 오히려 더 쉽게 받아들일 수 있는 거죠. 그걸 점유하고 점거하고 수정하여 우리 것으로 만드는 거예요. 이젠 아저씨가 행동을 생각해 볼 때라고요."(296)를 통해서 알 수 있다. 살라딘은 지금까지 자신을 훌륭한 영국인이라고 생각했지만 샨다아르 카페에 머무는 동안 영국인의 서사에 의해 점점 털북숭이 악마로 변해가는 자신의 모습을 보고 영국인으로서 자신의 정체성에 회의를 갖는다. 살라딘이 미샬의 말에 귀 기울이는 것은 분열된 정체성을 극복하고 새로운 정체성을 향한 저항의 시작이다. 미샬의 주장은 이산자들이 처한 현실의 극복일 뿐만 아니라 생존전략으로써 루시디가 말하고자하는 새로운 것에 대한 절충안이다.

한편 지브릴은 과거와 연결되는 인물로 변화를 거부하며 과거와의 연속성을 지향한다. 지브릴의 원래 이름은 이스마일 나즈무딘Ismail Najmuddin이었는데, 이스마일은 이

브라힘Ibrahim의 번제와 관련이 있으며 나즈무딘은 믿음의 별이라는 의미이다. 그는 자신의 원래 이름을 포기하고 지브릴 파리쉬타라는 대천사의 이름을 갖게 된다(17). 그는 15년 동안 인도 영화계에서 스타덤에 올랐으며 주로 신화를 소재로 하는 영화에서 온갖 종류의 신으로 출연하였다. 루시디에 따르면 지브릴이란 인물은 두 세 명의 실제 인도 영화배우가 합쳐져 만들어졌다. 그 대표적인 배우가 라마 라오Rama Rao와 아미타브 바크찬Amitabh Bachchan이다. 특히 지브릴이 영화 촬영 도중 벼랑에서 떨어진 후 죽을 병에 걸린 이야기는 바로 바크찬의 실화를 소설화 한 것이다. 유명 영화배우 바크찬은 실제로 촬영지에서 사고를 당해 거의 죽어가게 된다. 이 사고는 인도 전 국민을 충격에 빠뜨렸으며 라지브 간디 수상이 이 배우의 병실을 방문하기 위해 해외 일정을 취소할 정도였다. 이 배우와 관련된 사건은 루시디에게 깊은 인상을 주었는데 인도인들에게 그 사건은 마치 실제 신의 죽음과도 같았기 때문이다. 루시디는 이런 인물들을 혼합함으로써 인간과 신 사이의 중간자적인 존재로서 영화배우 지브릴을 만들어 냈다"London Consortium".

지브릴의 본질주의는 그가 꿈에서 만난 망명자 이맘Imam을 통해서도 드러난다. 이맘의 삶은 단지 한 가지 소망뿐이다. 그는 고국으로 돌아가 그의 백성들을 영원이라는 신성한 공간으로 인도하기 위해 역사라는 물리적 시간의 사슬로부터 그들을 해방시켜줄 혁명에 영향을 미치는 것이다. 이맘은 "역사는 피로 빚은 술, 더 이상 마셔서는 안 되는 술이다. 역사란 곧 마취제이며, 악마의, 저 못된 샤이탄의 창조물이자 소유물이며, 모든 거짓말—진보, 과학, 인권—가운데 으뜸가는 거짓말인 바, 이맘은 단호히 그것을 규탄한다. 역사는 '정도'에서 벗어남이며 지식은 망상에 지나지 않음이니, 알라 신이 마훈드에게 마지막 계시를 내리시던 그날 이미 모든 지식이 완성되었기 때문이다."(217)라는 혁명에 대한 자신의 뜻을 빌랄Bilal X에게 말한다. 이맘의 소망은 대부분의 사회에서 신성한 것에 대한 본질이 무엇인지를 간략하게 말해주고 있다. 신성한 것은 역사와 일시적인 것에 저항한다. 이맘이 말하는 역사란 부정적인 의미로써 서양이 내세우는 과학, 진보, 인권을 의미한다. 서양은 이러한 역사에도 불구하고 그들의 삶은 부패하고 방탕

한 것이 되었기 때문에 가장 숭고한 것은 이런 일시적인 것들, 즉 역사와 반대 되는 것으로 그것은 다름 아닌 알라와 코란의 가르침이다. 따라서 역사에 저항하는 것은 신성한 것이 된다. 지브릴 역시 그가 출연한 영화에서 보여주었던 것처럼 신성함과 영원성을 지향하고 있다. 이는 그가 자신의 과거, 즉 인도성Indianness을 본질로 설정하고 있음을 알 수 있다. 또한 아직도 대영제국의 추억을 가지고 이산자들을 대하는 영국의 인종주의 역시 이러한 본질주의로 볼 수 있다. 따라서 이슬람 전통만을 중시하는 이슬람 근본주의나 오리엔탈리즘에 사로잡힌 영국 인종주의는 모두 형태만 다른 본질주의의 망령이다.

지브릴이 예언자 마훈드의 삶에 관한 연속되는 꿈을 꾸게 되고 대천사의 역할을 하게 되는 것은 일종의 변신이다. 이 변신은 그가 벼랑에서 떨어진 후 오랜 병에서 회복될 때 시작되며, 그의 회복은 이슬람교도였던 지브릴이 믿음을 잃게 되는 바로 그 순간에 가능해진다. 지브릴은 앓고 있는 동안 매 순간 신에게 살려달라고 기도했지만 아무런 응답도 받지 못했고 그러던 어느 날 그는 신이 존재하지 않는다는 생각을 갖게 되며 그 순간 지브릴에게 변신이라 할 수 있는 회복이 시작된다(30). 이렇듯 살라딘과 지브릴의 변신은 각자의 신념에 의문이 생길 때 가능해진다. 살라딘은 자신이 과거와 단절되고 완벽한 영국인이 되었다고 생각하던 중 영국 경찰의 폭행과 샨다아르 카페의 이산자들의 실상을 목격하고 영국성Englishness에 대해 의문을 갖게 될 때 염소 모습의 악마로 변한다. 지브릴은 자신의 간절한 기도에 신이 전혀 응답하지 않았기 때문에 신의 존재를 의심하게 되고 꿈을 통해 대천사로 변하게 된다. 루시디는 살라딘과 지브릴의 변형 에피소드를 통해 '본질'의 허구성을 공격하고 있다. 루시디는 이 세상에 본질적인 것이란 존재하지 않으며 오히려 이것이 새로운 것의 탄생을 막는 것으로 보며, 본질주의에 대한 대항서사로 변신의 주제를 제시한다.

오비디우스(Ovid)의 『변신이야기』*Metamorphoses*는 루시디가 가장 좋아하는 저작으로써 『악마의 시』의 변신이라는 주제를 설명하는 데 있어 매우 중요하게 쓰이고 있다. 본질적 중심이 존재하느냐, 존재하지 않느냐 하는 문제를 다루기 위해 루시디는 신체적 변신이라는 상징을 이용하고 있다"London Consortium". 수피안은 루크레티우스Lucretius와 오비디우스의 주장을 바탕으로 변형과 자아의 관계를 설명한다. 오비디우스의 주장에 따르면 어떤 생물이 비록 외적인 변형이 일어난다 할지라도 그 내면에 있는 영혼 또는 본질은 변하지 않는다. 반면 루크레티우스에 따르면 어떤 생물에 변형이 생겼을 때 변형 전의 자아는 이미 존재하지 않는다는 주장이다.

> 그[수피안]는 어색하게 말문을 열었다. "사람의 본질이 변할 수 있느냐 하는 문제는 옛날부터 심오한 논쟁거리였다네. 예를 들자면 저 위대한 루크레티우스는 『만물의 본성에 대하여』에서 이런 말을 했다네 [...] 어떤 생물이든 변화를 일으켜 제 본령을 벗어나는 생물은 [...] 그렇게 함으로써 본래의 자신에게 즉각적인 죽음을 내리는 셈이다'. 그렇지만 [...] 시인 오비디우스는 『변신 이야기』에서 완전히 상반되는 견해를 밝혔다네. 그는 이렇게 단언했어: '무른 봉랍에 [...] 새로운 무늬가 찍혀 그 모습이 바뀌고 예전과는 달라진 듯해도 실은 변함없듯이 우리의 영혼도 [...] 영원히 변함없으며 다만 옮겨 다니는 가운데 끊임없이 변화하는 형상을 취할 따름이다.'" (285)

수피안의 위로는 살라딘이 염소의 모습으로 변형되었지만 인간으로서의 본질은 그대로임을 말하려는 것이었지만, 살라딘의 입장에서 이것은 영국인처럼 되었다고 해서 인도인의 본질이 사라지는 것은 아니라는 것으로 들린다. 수피안의 위로가 오비디우스적 관점이건 루크레티우스적 관점이건 살라딘에게는 결국 자신의 변형을 기정사실로 인정하는 것이며 그가 추구했던 영국적인 정체성은 사라지게 되는 것이다.

과거 영국에 동화하려 했던 살라딘의 의지는 영국의 인종주의정책에서 살아남기 위한 나름대로의 생존전략의 일면으로 볼 수 있다. 하지만 문제는 그가 자신의 과거를 완전히 단절시키려 했다는 데 있다. 이는 루크레티우스의 변형 이야기에서 변형 전의 자아는 더 이상 존재하지 않고 죽게 되는 것처럼 살라딘은 영국에 동화함으로써 이전의 자아를 완전히 단절시키려 했다. 그러나 살라딘이 연극 공연을 위해 잠시 인도를 방문했을 때 자신의 과거가 순간순간 의식 속으로 튀어 나오는 것에서 알 수 있는 것처럼 과거를 완전히 단절시킨다는 것은 불가능한 일이다. 반면 지브릴은 영국에 거주하면서도 영국을 철저히 거부하고 자신의 과거/뿌리에만 집착한다. 이는 그가 부르는 "자신의 신발과 옷이 외제여도 심장은 인도인"(5)이라는 노래에서처럼 변화의 상태에 놓여 있어도 늘 그것을 거부하려는 지브릴의 의지를 반영하고 있다. 이는 오비디우스의 변형 이야기에서 외형은 변하더라도 영혼이나 본질은 변하지 않는다는 주장에서처럼 지브릴은 영국에 이주한 후에도 자신의 인도성을 고집하고 있다. 하지만 오비디우스와 루크레티우스의 주장을 혼합하여 해석할 수도 있다. 변화를 수용하기 위해서는 기존의 자아를 어느 정도 희생시켜야만 가능하며, 이런 희생 과정에서 루크레티우스의 변신이 새로움을 위한 과거와의 단절을 의미한다면, 오비디우스의 변신은 새로움으로 인한 혼란에 대처하기 위한 과거와의 절충 또는 교섭을 의미한다. 이러한 절충과 교섭은 이산자들의 혼종자아 추구로 이어진다.

## 이산자의 절충적 혼종자아

영국의 인종주의로 인해 변형을 일으킨 살라딘과 지브릴이 새로운 이주지에서 생존하기 위해서는 각기 과거나 현재와 교섭하지 않을 수 없다. 이는 오비디우스와 루크레티우스의 주장을 적절하게 혼용하여 받아들이는 일이다. "그[살라딘]는 오비디우스를 토대로 하고 그 위에 루크레티우스를 선택했다. 변하기 쉬운 영혼, 만물의 가변성, 자아, 그 모든 것. 삶을 살아가는 한 존재는 살면서 많이 달라져 '또 다른 존재'가 될 수도 있다. 역사로부터 분리된 개별적인 존재가 되는 것이다. 그는 가끔 은하계의 먼 가장자리에 있는 또 다른 행성 같은 봄베이의 지니 바킬(Zeeny Vakil)을 떠올리곤 했다. 지니, 절충주의, 잡종주의. 이런 사고방식에 대한 낙천주의!"(297) 살라딘이 샨다아르 카페에서 변형을 통해 이산자들의 실상을 목도하고 정체성의 변화를 일으키는 것은 그가 오비디우스를 바탕으로 루크레티우스를 접목시키는 과정으로 볼 수 있다. 이것은 결국 과거와 단절된 채 영국에 동화된 자아에서 이산자들을 이해하고 인도의 전통과 문화를 수용하는 새로운 자아로 변신하고 있는 것이다. 이후 그가 조국으로 돌아와 아버지와 화해하고, 자신의 옛 이름을 다시 사용하며, 여자 친구 바킬과 연인사이로 발전하는 것 역시 살라딘이 과거와 현재 또는 본질과 변형 사이의 교섭을 통해 혼종적인 자아를 형성하였음을 보여준다. 반면 루크레티우스의 입장을 바탕으로 오비디우스의 입장만을 고수하는 지브릴은 혼종이 순수한 본질을 파괴시킨다는 생각 때문에 변화를 거부하고 본질만을 고집함으로써 새로운 혼종자아를 추구하지 못하고 죽게 된다. 다시 말해 지브릴은 종교적 신념을 버리는 변화를 겪었으면서도 여전히 본질에 얽매임으로써 변화를 받아들이지 못하고 정체성의 혼란을 겪게 된다. 지브릴의 여자 친구 알리Allie는 그가 병에서 회복 되었을 때 인생을 바꾸지 않으면 되살아난 것이 아무런 의미가 없다고 말하는데(31), 이것은 혼종자아와 대조되는 본질만을 고수하는 지브릴의 자아는 죽은 것이나 다름없음을 의미한다. 루시디는 자신의 평론집 『상상의 조국들』*Imaginary Homelands*에서 살라딘의 생존과 지브릴의 죽음에 대해 다음과 같이 말한다. "살라딘은 살아남는다. 살라딘은 자신의 단절된 과거[뿌리]로 돌아감으로써, 그리고 더욱 중요하게도 그것을 직면함으로써, 그리고 사랑과 죽음의 진정한 가치를 다루는 법을 배움으로써 자신을 완성시킨다. 그러나 지브릴은 살아남지 못한다. 그는 신의 사랑으로 돌아가지도 못하고 그것을 세속적인 사랑으로 대체하는 데도 성공하지 못한다. 결국 그는 더 이상 자신의 고통을 참을 수 없어 스스로 목숨을 끊는다."(398) 연구가 게일런 역시 지브릴이 결국 정신분열을 일으키고 죽게 되는 이유는 그가 백인성whiteness과 영국성을 나타내는 연인 알리와, 그의 뿌리인 인도의 역사와 문화를 화해시키지 못했기 때문이라고 주장한다.

이렇듯 살라딘이 오비디우스와 루크레티우스의 주장을 적절하게 교섭하여 선택한 것은 변화에 대한 절충적 수용방식으로써 '키메라 접목법'chimeran graft과 유사하다.

『원예가의 세계』에서 그는 '키메라 접목법'이라는 프로그램을 시청하게 되었다. [...] 한 조각의 영국 땅에 단단히 뿌리 내리고 왕성하게 자라나는 키메라. 그것은 엄연히 존재하고 있었다. 그는 저 나무라면 또 다른 접목될 수 없는 어느 머나먼 정원에서 그의 아버지가 잘라버렸던 그 나무를 상징적으로 대신할 수도 있겠다고 생각했다. 그런 나무가 있을 수 있다면 살라딘도 뿌리를 내리고 살아갈 수 있었다. (420)

키메라란 그리스 신화에 나오는 머리는 사자이고 몸은 염소 그리고 꼬리는 뱀인 괴물의 이름에서 그 어원을 찾을 수 있으며, 유전적으로 서로 다른 두 가지 이상의 종으로 구성된 개체를 말한다. 서로 다른 종들이 한 개체를 이루기 위해서는 각각의 종들의 일부는 희생되고 일부가 서로 절충하여야만 가능하다. 어떤 의미에서 이것은 밀알처럼 일부가 죽어서 새로운 생명이 탄생하는 것으로써 죽음과 재생의 의미로 확대 해석할 수 있다. 두 개체가 하나로 되기 위해서는 뿌리나 줄기 중 각각 일부가 죽게 될 때에만 완전한 한 그루 나무가 될 수 있다. 살라딘이 영국인만을 모방하는 것에서 벗어나 자신의 모국과 화해함으로써 혼종자아를 완성하였다면, 영국의 이산자들 중 미샬과 하니프Hanif Johnson는 과거만을 기억하는 부모 세대와는 달리 이산자로서 자신들의 배경을 이해하고, 영국 현실을 받아들인다. 이들은 영국 유색인의 새로운 세대를 대변하며(Sharma), 세상은 현실이며 그곳에서 살아야만 한다는 것을 인식하는 존재들로서, 영국에 뿌리내릴 수 있는 '키메라'들이다. 또한 이들은 살라딘이 꿈에 보았던 미래의 희망을 상징하는 소년의 모습이다. 어느 날 살라딘은 "내가 대견하지 않으세요? 나 좀 보세요. 기쁘지 않으세요?"(425)라고 외치며 자전거를 타는 소년의 꿈을 꾸었다. 이 소년은 성 염색체의 결함 때문에 살라딘이 가질 수 없는 아이이지만 미샬과 하니프를 통해 상징적으로 태어난다. 살라딘이 영국에서 백인 아내와의 사이에서 아이를 가질 수 없었음은 그가 인도를 배제한 친영국적 성향의 정체성만을 고집한 불완전한 자아를 가지고 있음을 상징하며, 살라딘이 꿈속에서 미샬과 하니프의 아이를 보는 것은 이산자의 혼종자아를 실현한 두 사람의 미래를 비유적으로 제시하는 것이다.

이 소설에서 본질/인도성과 변형/영국성의 교섭은 변화가 왔을 때 어떻게 할 것인지의 문제이다. 앞서 살펴본 것처럼 정체성의 분열을 겪은 지브릴과 살라딘은 서로 다른 행동을 보인다. 지브릴은 변화를 거부하고 본질에 얽매이며 살라딘은 변화를 인정하고 본질을 수용한다. 서로 다른 행동에도 불구하고 두 사람이 변형을 겪게 되는 시점은 공통적으로 각자의 신념을 부정할 때이다. 즉, 이산자들이 찾게 되는 혼종자아는 본질/인도성과 변화/영국성 사이의 교섭에 의해서 생겨나며, 이러한 교섭이 있기까지 이산자들은 영국 인종주의에 의해 악마적 존재로 규정됨으로써 상징적 변형을 겪고 이로 인한 자아 인식이 바탕이 되어 혼종자아를 추구하게 된다. 루시디에게 있어서 이산은 역사적 담론이나 이데올로기가 아니라 현실로 자리 잡고 있다. 이산자들은 영국이라는 현실에 적응하고 생존해야만 한다. 따라서 이산자들의 혼종자아란 살라딘이 배제했던 자신의 과거를 인정하는 것이고, 지브릴이 거부했던 자신의 새로운 환경/변화를 수용하는 것으로써, 과거와 현재 그 어디에도 맹목적으로 고착하지 않는 유동적인 진행형의 자아이다.

루시디 역시 한 에세이에서 이 소설이 옛것과 새것의 혼종 문제를 다루고 있음을 다음과 같이 피력한다. “오늘 날 가장 큰 소리로 이 소설에 반대하는 사람들은 다른 문화와의 섞임은 필연적으로 나약하게 되고 자신을 몰락하게 만들 것이라는 의견을 내세운다. 나는 이에 대해 반대 의견을 가지고 있다. 『악마의 시』는 혼종과 불순, 섞임과 변형을 찬양하고 있다. 그리고 이것들은 인류와 문화, 사상과 정치, 그리고 영화와 노래의 새롭고 예상치 못한 결합으로부터 생겨난다. 이 소설은 잡종화를 좋아하고 순수라는 절대론을 두려워한다. 이것 조금, 저것 조금의 잡탕인 혼종은 새로움이 어떻게 세상에 생겨나는지를 보여준다. 집단 이주가 세상에 줄 수 있는 것은 커다란 가능성이며, 나는 이것을 포용하려 노력해 왔다. 『악마의 시』는 융합에 의한 변화 또는 연합에 의한 변화를 보여준다. 이 텍스트는 우리의 혼종자아에 대한 연가이다.”(*Imaginary Homelands*)

참고
문헌


쉬러, 노버트 『살만 루시디와 자정의 아이들』. 이성진 역. 서울: 동인, 2009.

Brennan, Timothy. *Salman Rushdie and the Third World: Myths of the Nation*. New York: St. Martin. 1989.

Brians, Paul. "Annotating *The Satanic Verses*: An Example of Internet Research and Publication." *Computers and the Humanities* 33, (1999): 247-64.

Cavanaugh, Christine. "Auguries of Power: Prophecy and Violence in *The Satanic Verses*." *Studies in the Novel* 36. 3 (Fall 2004): 393-404.

Galens, David. An Offprint Form, *Novels for Students: The Satanic Verses*. Thomson Gale, 2006.

Hitchens, Christopher. "Satanic Curses." *The Nation* (December 22, 1997): 8.

Holmes, Frederick M. "The Postcolonial Subject Divided between East and West: Kureishi's *The Black Album* as an Intertext of Rushdie's *The Satanic Verses*." *Papers on Language and Literature* 37. 3 (Summer 2001): 296-313.

Jain, Madhu. "My Theme is Fanaticism" *The Rushdie File*. Eds. Appignanesi, Lisa and Sara Maitland, Syracuse: Syracuse UP. 1990: 30-32.

Kalliney, Peter. "Globalization, Postcoloniality, and the Problem of Literary Studies in *The Satanic Verses*." *Modern Fiction Studies* 48. 1 (Spring 2002): 50-82.

Lewis, Bernard. "Behind the Rushdie Affair." *The American Scholar* 60. 2 (Spring 1991): 185-96.

Rushdie, Salman. *The Satanic Verses*. New York: Picador. 1997.

________. "Salman Rushdie Talks to the London Consortium about *The Satanic Verses*." *Critical Quarterly*, 38. 2 (Summer 1996): 51-70.

________. "An Open Letter to the Indian Prime Minister," *The Rushdie File*. Eds Appignanesi, Lisa and Sara Maitland, Syracuse: Syracuse UP. 1990: 34-36.

________. *Imaginary Homelands: Essays and Criticism 1981-1991*. New York: Penguin. 1992.

Sawhney, Simona. "Satanic Choices: Poetry and Prophecy in Rushdie's Novel." *Twentieth Century Literature: A Scholarly Critical Journal* 45. 3 (Fall 1999): 253-77.

Sharma, Shailja. "Salman Rushdie: The Ambivalence of Migrancy." *Twentieth-Century Literature* 47. 4 (Winter 2001): 596-618.

## 생각해 보기

❶ 『악마의 시』는 1980년대 영국 사회가 보여주었던 인도와 아프리카 이산자들에 대한 인종차별의 양상을 보여주고 있다. 이 소설에서 영국의 인종차별적인 행태에는 어떤 것들이 있었는지 살펴보고 과거 여러 식민지에서 보여준 영국의 인종차별 양상에 대해 생각해 보자.

❷ 이 소설은 식민모국으로 이주한 이산자들의 바람직한 정체성을 모국의 가치와 이주지의 문화를 접목시킨 혼종자아로 보고, 그 과정이 쉽지 않음을 보여주고 있다. 그렇다면 영국인의 눈에 비친 이산자들의 모습은 어떠할까? 자신의 직업과 복지를 빼앗길 수 있다는 두려움은 없을까? 자신의 두려움을 없애기 위해 물리적, 인식론적 폭력을 행사함으로써 문명인의 명예를 실추시킬 수 있다는 양심의 가책은 없을까? 영국인의 입장에서 이민/이산의 문제에 대해 생각해 보고 다문화사회로 접어든 우리나라에서 결혼이주민 여성과 그 자녀들을 어떻게 이해하고 수용하는 것이 바람직한지 생각해 보자.

❸ 인류는 사회를 이루면서 자연스럽게 권력을 행사하게 되고 권력은 소수자에게 집중되었다. 소수자는 권력을 유지하기 위해 정치적, 경제적, 군사적 정보를 독점하게 되고 대중은 점차 정보에서 멀어지게 된다. 오늘날 정보산업화시대에 정보력을 획득한 소수는 지배자로 부상하고 정보력을 상실한 대중은 비천한 신분으로 전락하는 불공평한 현상이 빈번히 발생하고 있다. 루시디 사건에서 나타난 표현의 자유와 사회적 규범과의 상충에 대해 생각해 보자. 예를 들어 국민의 알 권리와 국가안보 사이의 상충관계에 대해 생각해 보자.

Mohsin Hamid

# 파키스탄 작가가 해석하는
# 9.11 테러와 두 근본주의의 충돌

— 모신 하미드의 『주저하는 근본주의자』

파키스탄 출신의 작가 모신 하미드(Mohsin Hamid, 1971~)는 유년시절을 미국과 파키스탄을 오가며 보내다가 미국에서 대학을 마쳤는가 하면, 2006년에 영국 시민권을 취득하여 현재는 파키스탄과 더불어 이중국적의 상태로 영국에서 거주하고 있다. 서구와 중동의 정치, 문화, 역사를 다양하게 체험한 작가의 이러한 삶은 그의 집필에 직접적인 영향을 미칠 수밖에 없었으며 무엇보다도 그가 서구와 비서구 어느 한쪽에 편협되지 않고 객관적인 서사를 이끌어가는 데 중요한 원동력으로 작용했다. 대립되는 양문화 사이에서 무엇이 편견이었고 불합리한 판단이었는지를 몸소 체험했던 작가의 삶이 어느 한 진영에 극단적으로 반감을 갖게 하거나 무조적적으로 지지를 보내지 않도록 경계시키는 데 일종의 지침 역할을 했기 때문이다.

그는 첫 번째 소설『나방 연기』(*Moth Smoke*, 2000)를 통해 부호들의 탐욕과 타락을 소재로 파키스탄 내부의 모순과 비리를 파헤쳤으며,『주저하는 근본주의자』(*The Reluctant Fundamentalist*, 2007)를 통해서는 9.11 테러사건을 대하는 무슬림들의 내재된 입장이 무엇인지를 조명하였다. 그의 두 소설을 종합적으로 검토해 보면, 그는 서구의 불합리함에 대해서만 목소리를 드높인 게 아니라 자신의 모국에 만연된 비리 역시 폭로함으로써 무슬림 국가의 고질병 역시 파헤쳤다. 하미드가 무슬림 출신의 작가로서 이룬 공헌은 바로 여기에서 드러난다. 그는 파키스탄과 서구가 저마다 민감하게 반응하는 사안 모두를 다룸으로써 독자들이 세계의 현실을 좀 더 구체적이고 객관적으로 접근할 수 있도록계기를 마련해 준 것이다.

하미드가 해외 문단으로부터 이례적인 주목을 받게 된 계기는 특히 두 번째 작품인『주저하는 근본주의자』를 통해서이다. 이 소설은 그동안 미국을 위시한 서구가 주도적으로 해석해 온 9.11 테러 사건에 대해 처음으로 이슬람 출신의 작가가 파키스탄인 주인공을 내세워 테러를 해석하던 기존의 입장을 뒤흔들면서 큰 파장을 일으키게 되었다. 그는 이 작품에서 9.11 사건을 예로 들어 테러에 대한 정당성을 주장하기 보다는 강대국을 표적으로 한 테러가 왜 발생했는지에 대한 의문을 제기하여 약소국을 향한 강대국의 횡포를 들여다보게 했다. 하미드는 이러한 횡포를 주지시키는 것에 이어 무슬림과 이슬람에 대한 공포는 과연 어디에서 기인하는지를 다시 한번 의문시하여 결국 서구는 백인 위주의 신화창조에 주력하면서 비서구를 주변으로 영속화시키고자 했음을 은유적으로 설명하고자 했다.

하미드와 같은 소위 '제3세계' 출신 작가의 활약이 상징하는 바는 영어권 문학의 활발한 출판에 힘입어 다양한 대륙 출신의 작가들이 자신이 속한 국가와 대륙에서 일어나는 불합리한 상황을 식민사와 연관시켜 과거에 부당하게 은폐된 사건을 폭로하고 재해석하면서 자신들의 고유한 문화를 보다 본격적으로 대변하게 된 것이라 할 수 있다. 하미드의 경우만 보더라도 서구가 파키스탄을 포함해 이슬람 문화를 어떻게 격하시켰는지, 그렇게 중첩된 서구의 시선은 비서구인들을 어떻게 부정적으로 정형화시켰는지를 구체적으로 재현하고 있다. 현재 많은 탈식민주의 이론가들이 중심과 주변의 고정된 배치에 이의를 제기하며 재배치 문제의 중요성을 강력하게 논의해왔다면 ,이들의 설득력있는 주장과 맥락을 같이 하여 하미드는 서구를 새롭게 해석하려는 소설을 통해 그 중요성을 피력해왔다고 볼 수 있다.

이 글의 출전

「9.11 테러와 근본주의의 충돌-하미드의『주저하는 근본주의자』」.『새한영어영문학』. 제56권 3호 (2014): 43~65페이지에서 수정·보완함.

# 파키스탄 작가가 해석하는 9.11 테러와 두 근본주의의 충돌
## —모신 하미드의 『주저하는 근본주의자』

### 미국인과 파키스탄인은 9.11 테러에 각각 어떻게 반응했는가?

파키스탄 출신의 작가 모신 하미드(Mohsin Hamid, 1971~ )는 『주저하는 근본주의자』*The Reluctant Fundamentalist*, 2007를 통해 전 세계가 주목한 9.11 테러사건을 중심으로 서구와 이슬람 세계의 충돌을 쟁점화 했다. 미국인과 파키스탄인의 관계를 중심에 둔 이 소설은 출간 되자마자 이슬람과 테러리즘 사이의 인과관계를 단정짓는 헤게모니적 반이슬람 담론을 해체한 텍스트로 거론되면서 주목받았다(Khan). 그 이유는 하미드가 9.11 테러 사건에 대한 파키스탄인의 잠재된 시각을 전개하면서 미국과 파키스탄이라는 두 국가의 관계를 조명하는 데 그치지 않고 소위 '제1세계'와 '제3세계'라는 대조적인 의미망을 포괄적으로 제시했기 때문이다.

『주저하는 근본주의자』의 핵심 장면이자 미국과 이슬람 세계의 대립을 전면에 둔 9.11 테러는 현대 국제사회의 정치적, 이데올로기적 긴장관계를 이례적으로 고조시킨 사건이다. 이는 테러의 위협에 맞서려는 미국인들의 압도적인 지지 하에 반테러법이라는 극단적인 조치를 취한 미국의 대응행위에서 뿐만 아니라 대부분의 국가가 이러한 조치에 동조해 온 사실로 입증된다. 9.11 테러 이후의 국제관계를 심도있게 분석한 파키스탄 출신의 영국 비평가 알리(Tariq Ali)의 견해에 기반한다면, 미국의 경우 테러 공격으로 부시 행정부는 국내와 더불어 국제적인 입지를 강화했고, 유엔의 백지수표와 함께 러시아와 중국의 지원을 확보했으며, 서아시아와 중앙아시아에서의 영향력을 확대하면서 더욱 광범위한 패권을 굳히게 되었다. 달리 말해, 9.11을 기점으로 뒤바뀐 정세는 미국이 테러와의 전쟁을 이슬람에 대한 전쟁으로 연결시키는데 성공했다는 뜻이다. 그러나 테러의 부당성에 많은 국가들이 동조하고는 있지만 강대국 주도하에서 테러에 대한 정의가 성립되는 상황이 과연 타당할 수 있는가에 대한 의문과 회의 역시 확산되어 있다. 국제사회가 테러를 객관적으로 정의하지 못한 주된 이유는 테러가 소수 행위자들의 단순한 분노가 아닌 사회, 문화, 역사, 종교 등의 쟁점에서 비롯된 폭력 현상이기 때문이다. 이것은 특정 집단이나 국가의 입장에서 보면 테러이지만 테러 행위자가 속하는 집단과 국가의 입장에서는 단순히 테러라는 해석을 대입시킬 수 없을 만큼 국제정세는 이미 복잡한 상황에 처해 있다는 의미이다.

테러리즘을 해석할 때 적용되는 이러한 양가적인 입장에 또 다시 정의와 윤리의 문제가 가세하면서 사안이 더욱 미묘해질 때 슬로베니아 출신의 철학자 지젝(Slavoj Žižek)은 예리한 날을 세운 바 있다. 그는 9.11 테러 이후의 세계를 조명한 『실재의 사막에 오신 것을 환영합니다!』Welcome to the Desert of the Real!를 통해 명백한 윤리적 자세나 섣부른 도덕적 추론조차 허용되지 않는 9.11 테러사건을 두고 과연 어떤 입장을 취해야 하는가를 가리켜 "테러리즘에 저항해야 할 필요성을 수용할 뿐만 아니라 테러리즘의 개념을 재정의하고 확장하여 미국을 포함해 다른 서구 국가들의 행위도 거기에 포함시켜야 한다"(Žižek)고 조언한다. 그는 또한 미국에 대한 분노가 미국이 가진 권력의 과잉 때문이 아니라 마치 결여 때문에 형성된 듯한 분위기의 조성은 "9월 11일이 이데올로기적 명분을 위해 이미 전유"(Žižek)된 증거이므로 해석에 주의를 요해야 한다고 지적한다. 지젝이 주장하는 것의 핵심은 미국이 무방비 상태에서 테러에 희생되었다고 강조하는 애국주의 내러티브는 공허하고 자국민의 선동만 유도할 수 있으므로 이제 테러에 대한 논쟁은 전체성과 같은 변증법적 범주에 의존하여 이성적으로 대처해야 바람직하다는 것이다.

테러에 대한 해석이 이처럼 쉽지 않은 현실에서 각각 처한 입장에 따라 테러일 수도, 아닐 수도 있는 상반된 이해를 주제로 희생자와 가해자로 갈리는 세계적 현상을 어떻게 재정의해야 하는지의 문제를 모색하는 소설이 바로 『주저하는 근본주의자』이다. 하미드는 미국과 이슬람이 더욱 이분화 된 9.11 이후의 시점에서 『주저하는 근본주의자』를 통해 그간 미국을 위시한 서구의 불합리한 행위가 은밀한 방식으로 정당화되지는 않았는지, 그럼으로써 서구를 비판하는 목소리가 묵살되지는 않았는지를 환기시킨다. 이러한 문제제기를 통해 작가는 9.11 사건에 반응하는 파키스탄인의 독백으로 근본주의자는 과연 누구이고 '주저하는' 근본주의자는 누구인지, 그리고 누군가를 근본주의자라고 칭한다면 왜 근본주의자가 되어 가는지를 조명하면서 기존의 이슬람에 대한 평가를 반박함과 동시에 "무슬림 '타자'에게 말할 기회를 허용할 공간을 마련"(Aldalala'a)해 간다. 하미드는 이러한 비판적인 전개를 바탕으로 무슬림을 대하는 보편적인 이해와 더불어 정체성에 대한 단일한 해석과 그 강요가 폭력을 낳는 현상을 초점화 해 이슬람이 근본주의로 획일화 된 과정에서 발견되는 세계사적 오류는 무엇인지를 개념화하고 있다.

9.11 사건이 이슬람 세계에 미친 부정적인 결과물 중의 하나는 많은 이슬람권 국가들이 테러 소행국가로 거론되면서 '제1세계'를 향한 '제3세계'의 타당한 저항운동마저 좌절되거나 때로는 불의로 뒤바뀐 것이다. 이러한 현상은 특히 이슬람에 대한 인종적, 종교적 왜곡을 담보하고 무슬림 세계 자체를 부인하도록 종용하면서 문제의 심각성을 드러낸다. 앞서 지젝이 지적한 것처럼 9.11을 기준으로 미국이 순간적으로 희생양으로만 비쳐지면서 불합리하게 흐르는 세계화를 반대하는 주장조차 위험한 저항 행위로 귀결되기도 했기 때문이다. 여기에서 파생된 부작용은 이슬람에 대한 왜곡이 정정되어야 한다는 요청들이 묵살된다거나 무슬림은 극명한 타자의 기수로 고정되는 현상

으로 나타난다. 그간의 역사를 통해 흑인이 단지 인종 차원에서만 타자화의 대상이었다면, 9.11 테러가 이슬람에 대한 편견을 더욱 공고히 한 분기점이 되면서 무슬림은 인종을 포함해 종교와 문화 차원으로까지 공식적인 배제의 대상으로 전락한 것이다.

이렇게 다각적으로 전도된 양상을 감안한다면, "'9/11'의 주요한 결과물이 '위협적인', '공격적인'이라는 낙인과 함께 이슬람과 종교에 대한 부정적인 인식의 확산"(Khan)임을 공유하는 것은 중요할 것이다. 테러 희생자에 대한 애도가 수면 위로 떠오른 상황에서 테러의 주범으로 취급되는 무슬림들이 미국사회의 정체성에 위기와 위협을 가져다 준 장본인으로 지목되면서 무슬림의 정체성은 곤경에 처하게 되기 때문이다. 이러한 과정을 전달하기 위해 작가는 『주저하는 근본주의자』를 통해 미국의 정체성과 이슬람을 대변하는 파키스탄의 정체성이 서로 동화되는 듯하면서도 종국엔 충돌하는 과정을 주인공 찬게즈Changez의 심리로 부각하고 있다. 여기에서 파키스탄인 주인공의 시선에 함축된 하미드의 창작 의도는 무슬림에 대한 그릇된 응시를 포함해 9.11 테러 이후에 더욱 부정적으로 각인된 이슬람 신화를 점검하여 대립되는 두 세계의 정체성을 재상상하는 것이라고 판단할 수 있다.

## 충돌하는 두 세계, 미국과 파키스탄

『주저하는 근본주의자』는 프린스턴 대학을 마친 후 뉴욕의 삶에 동화되어 살던 파키스탄인 찬게즈가 우연히 목격한 9.11 테러사건에 본능적으로 제3세계인의 입장을 드러내는 반전의 과정을 주요한 줄거리로 삼고 있다. 이러한 반전을 소설의 극적인 소재로 삼을 수 있었던 근원은 작가가 미국에서 무슬림으로서 경험했던 자전적인 삶과 무관하지 않다. 이 소설을 통해 그러한 경험을 투영하는 작가는 찬게즈의 문제제기와 인식의 변화를 중심으로 무슬림이 언제부터 어떻게 근본주의자로 낙인찍히면서 본격적으로 주시의 대상으로 전락했는가의 과정을 우회적으로 묘사한다. 하미드는 이와 같은 쟁점을 효과적으로 전달하기 위해 찬게즈가 신분이 불확실한 미국인에게 일방적으로 이야기를 건네는 독백의 방식을 구사하여 파키스탄인의 입장에서 9.11 테러사건을 논의해 간다.

이 소설의 서두는 파키스탄의 한 카페에서 찬게즈가 우연히 만난 미국인에게 말을 거는 장면으로 시작된다. "실례합니다만, 제가 좀 도와 드릴까요? 아, 제가 당신을 놀라게 했나 보군요. 제 수염 때문에 놀랄 필요 없어요"(1)라며 여행객처럼 보이는 미국인을 안심시키는 찬게즈의 첫 대사는 무슬림에 대한 서구의 보편적 인식을 짐작할 수 있는 결정적인 단서이다. 수염은 곧 무슬림, 다시 무슬림은 공포스런 테러리스트나 종교적 광신자로 동일시되는 사유체계는 미국인이 무슬림을 실제로 어떻게 이해하는가에 관한 정형화 된 시각으로서 이슬람에 대한 무의식적인 긴장들을 담고 있기 때문이다. 따라서 두 사람의 대면은 개인적인 차원을 넘어 "미국이 이슬람이라는 타자에 대해 느끼는 두려움을 통해 국가 차원의 태도가 어떠한 상태에 있는지를 실감있게 보여주고 있다"(Aldalala'a). 비슷한 맥락에서 하미드는 한 인터뷰"Seven Questions: Reluctant Fundamentalism."를 통해 무슬림에 대한 막연하고도 일반화 된 불신과 두려움이 어느 정도인지를 교통사고에 빗대어 "3,000명의 미국인들이 9.11 사건 때 사망했고 3,000명 정도가 이라크에서 희생되었으며 매년 42,000명 이상의 미국인들이 교통사고로 죽는다. 그런데 우리는 무슬림을 보면서 공포를 느끼지만 우리는 자동차를 볼 때는 그러한 공포감을 느끼지 않는다. 무슬림에 대한 그러한 유형의 반응을 낳는 것은 바로 이렇게 과장된 공포라는 것이 문제"라고 설명한다.

하미드의 인터뷰 내용과 소설 속의 "수염을 기른 남성"은 무슬림을 불안과 공포를 주는 이슬람 근본주의자로 등식화하는 행위가 이데올로기적 기호작용으로서 실체와는 상관없이 이미지가 실재를 압도하는 상징체계의 모순을 지적한다. 소설에서 찬게즈가 바로 그러한 모순을 직시하면서 "수염"의 연쇄반응으로 불안감을 내비치는 미국인에게 두려워 할 필요 없다고 알리는 행위는 "수염"이 본질적으로 이슬람 급진주의자의 기표signifier가 될 수 없음을 강변하는 것이다. 따라서 서두의 첫 고백은 『주저하는 근본주의자』가 "이미지와 사고, 기표와 기의signified 사이의 불일치와 패러독스"(Aldalala'a)의 문제를 설득력 있게 전개하는 소설임을 말해 준다. 하미드는 패러독스를 구사함으로써 개념을 정의하는 행위가 때로는 객관적인 범주를 설정하기에 앞서 이미 의미의 훼손을 주도한다고 전제한다. 작가가 이러한 관계에 주목한 이유는 기표와 기의가 일치하지 않고 어긋나면서 허구가 진리로 탈바꿈할 수 있듯이 서구가 이슬람 세계를 해석할 때도 비슷한 잣대를 적용하지 않았는지를 반문하고자 했기 때문으로 보인다.

찬게즈는 놀란 미국인에게 자신은 과거에 미국사회의 엘리트였고 뉴욕의 세련됨과 부유함에 감탄했던 만큼 "미국을 사랑하는 사람"(1)이라고 소개한다. 자신을 알리는 과정에서 고백 내용은 과거 시점이지만 현재의 고백 장소가 파키스탄의 라호르인 점으로 파악컨대, 이 소설은 회상으로 전개되며 공간적 배경은 과거의 뉴욕과 현재의 라호르이다. 고백을 따라 찬게즈가 뉴욕에 살았던 과거 시점으로 돌아가면, 그는 대학 졸업 후 기업의 재정을 감정하는 언더우드 샘슨Underwood Samson 회사에 취직했고 회사가 강조한 "근본적인 것에 집중하라"라는 방침에 따라 "재정 위주의 사항"(98)에만 집중한 결과 사장인 짐Jim으로부터 능력을 인정받아 승승장구했다. 미국에서 성공하자 이때부터 찬게즈는 뉴욕을 자신의 고향일지 모른다고 착각할 뿐만 아니라 가끔씩 방문하는 파키스탄이 불편해 질 만큼 미국에 대한 노스탤지어에 사로잡히게 된다.

따라서 찬게즈가 미국에 동화될수록 파키스탄에 거리를 두려는 욕망은 자연스럽게 커질 수밖에 없으며 그렇게 때문에 두 국가의 정체성은 대립의 구도를 취한다. 바로 이러한 특징 때문에 두 도시는 소설의 단순한 배경이 아니라 서구와 비서구를 대변하는 메타포이다. 라호르는 무굴제국 시기에 막강한 권력을 과시하던 파키스탄의 중심지였다는 점에서 과거의 부귀영화와 몰락한 제국을 상징한다면, 뉴욕은 팽창하는 제국의 도시로서 현재의 번영과 문명을 상징한다. 여기에서 두 도시는 제국이라는 공통 분모와 함께 현재와 과거의 전도된 권력의 양상을 함의하면서 모든 제국의 행보처럼 파키스탄의 라호르가 그랬듯이 미국의 뉴욕 역시 내리막길에 들어설 운명을 예고한다.

이 소설에서 두 도시가 오직 자본을 기준으로 번영 아니면 몰락으로 판가름되는 것에 비춰 볼 때 파키스탄의 찬란했던 역사와 문화를 지우는 결정적인 주체는 빈곤이다. 그리고 경제 위주의 기준으로부터 누구도 자유롭지 못한 정황은 파키스탄이 한때 문명국이었을 지라도 현재 미국과 대조되면 빈곤한 이미지만 두드러진 결과, "당신 나라에 머무는 동안 그러한 대조가 나를 힘들게 했어요"(34)라는 찬게즈의 수치심으로 토로된다. 특히 그가 뉴욕의 고층 빌딩에서 본 "전망의 위력"(34)에 자신도 모르게 위축된 사실은 찬게즈 역시 자본을 최우선에 둔 가치관에 편승한 상태를 증명한다. 게다가 그는 모국이 미국과는 그렇다 치더라도 가난한 필리핀과 대조될 때조차 초라하게 비칠 때 수치심이 극에 달했다면서, 그럴 때마다 수치심의 근원인 파키스탄적인 특성을 "옷, 비용 계정, 무엇보다도 동료들"(71)로 가린 채 "내 위엄이 허용하는 한, 좀 더 미국인처럼 행동하고 말하려 했다"(65)고 회고한다. 미국인을 흉내내는 데 성공한 덕분에 백인들은 그를 가까이 두려 했고 그럴수록 그는 더욱 미국인처럼 행세하려 했으며 그 결과 찬게즈는 입사한 지 얼마 되지 않아 프린스턴 대학의 부유한 동료들과 아테네로 여행을 갈 만큼 친밀해진다. 그런데 백인들이 그를 상대하는 표면적인 이유가 "이국적인 친분"(17)인 듯하지만 그들이 찬게즈의 이국성을 거부감 없이 수용하게 된 기저에는 명문대 졸업장과 유망한 회사의 직원이라는 두 명분이 무슬림이라는 인종을 압도해 준다는 암묵적인 사실이 숨어 있다.

한편 아테네에서 백인들의 부유함을 함께 누리던 찰나에 그는 매력적인 백인 여성 에리카Erica에게 반하게 된다. 찬게즈와 같은 대학 출신인 그녀는 지식과 부유함에 아름다움까지 갖춘 여성으로, 작가가 에리카의 이름을 미국사회의 알레고리로서 '아메리카'America를 염두에 두고 지었음을 감안하면 그가 그녀에게 매료된 것은 뉴욕의 고층 빌딩이나 세련됨에 동화된 측면과 비슷하다. 두 사람이 가까워지면서 찬게즈는 에리카의 집에 초대받아 그녀의 아버지를 만나게 되는데 그와 대화를 나눈 후에 미국이 파키스탄에 대해 실질적으로 어떻게 인식하는지를 처음으로 깨닫는다. 찬게즈는 에리카의 아버지가 "뉴욕의 코스모폴리턴적 성향"(48)으로 다른 세계를 평가하리라 기대했지만 파키스탄에 "부패", "독재"(54), 그리고 "근본주의"(55)라는 꼬리표를 붙여가며 이질적인 대상으로만 치부했던 것이다. 파키스탄을 대하는 그의 이러한 태도에는 이슬람을 유독 부정적으로 인식하는 서구 유럽인의 전형적이고도 터무니없는 시각이 투영되었다고 볼 수 있다. 비서구인의 타자성은 역사를 통해 서구인의 정체성과 대조되면서 늘 비정상적인 것으로 구분되어 온 사실에 근거할 때 이슬람을 부정적으로 이해하는 그의 어조에는 서구가 비서구의 모든 민족과 문화를 능가한다는 식의 "전형적인 미국식 우월감"[55]이 명시되었기 때문이다. 따라서 이 소설에서 그의 시선은 근본주의자란 서구인에게 비친 무슬림 뿐만 아니라 중의적인 차원에서 무슬림에게 비친 미국인 역시 해당되며 그러므로 후반부에 드러나듯 근본주의의 개념 역시 재정립되어야 한다는 작가의 요청을 반영하고 있다.

## 9.11을 기점으로 달라진 무슬림의 정체성

에리카의 아버지가 미국인의 전형적인 인식체계를 반영한다면 에리카가 찬게즈를 사랑하면서도 차츰 실패하는 정황은 미국이 '제3세계'를 조건짓는 방식을 구도화 한다. 가령 그가 에리카의 죽은 연인 크리스Chris를 흉내 내지 않고서는 두 사람이 육체관계마저도 불가능한 것은 미국사회의 정신적 토대이자 노스탤지어를 암시하는 크리스의 존재를 찬게즈가 결코 대신하거나 능가할 수 없다는 현실을 담고 있는데 이는 미국사회가 찬게즈와 같은 제3세계 출신의 이민자를 온전히 수용하지 못하는 상황을 역설적으로 설명한다. 미국은 그간 다문화사회를 표방하면서도 통제의 논리와 모호한 기준을 내세워 국가 정체성과 소속의 경계를 규정함으로써 이민자를 새로운 주체로 쉽게 허용하지는 않았던 것이다. 이러한 해석을 확장하면, 작가가 크리스와 에리카 부녀에 빗대어 비판하려고 했던 것은 "미국이 스스로 설정해 놓은 자유 인본주의를 국가적 이미지로 내세운 탓에 마치 유동적인 정체성을 허용하는 듯 보였을지 모르지만 사실은 그렇지 않은 현실"(Reed)이라 유추해 볼 수 있다.

이민자를 다루는 미국의 국가적 방침에 대한 비판에 이어 에리카 부녀를 통해 진단해야 할 점은 미국사회의 주류에 속하는 그들이 찬게즈와 같은 이방인을 현재 어떻게 사유하고 있으며 앞으로 어떻게 사유해야 하는지에 관한 문제이다. 이 사안은 전지구적으로 중요하게 대두되는 이방인에 관한 주체성의 문제로 볼 때, 이들을 새로운 세계를 제시하는 대상으로 재해석할 것을 촉구한다. 이방인을 이러한 정의에 대입시킨다면, 미국을 대변하는 에리카 부녀가 인지하지 못한 것은 결국 '이방인이 갖는 가능성'이다. 그들은 찬게즈로 대변되는 이슬람을 자신들과 공존할 수 없는 정체된 존재로 한정시켰다는 점에서이다. 인도출신의 철학자 센(Amartya Sen)은 흔히 보편화 된 이러한 정황을 우려하면서 다원적인 정체성을 수용하는 것이 왜 중요한지를 설득력있게 주장해 왔다. 그는 "무슬림의 다원적 정체성과 그들의 이슬람 정체성을 혼동하는 것은 단순히 서술상의 오류로만 끝나지 않고 우리가 사는 불안정한 세계의 평화정책에 심각한 영향을 미친다"(Sen)고 설명하는데 그러한 우려의 상황은 바로 찬게즈를 대하는 에리카 부녀의 태도에 나타난다. 즉, 그들에게 찬게즈는 개별적 정체성이 고려되지 못한 무슬림에 불과하며 그러므로 심지어 그의 프린스턴 대학 졸업장마저도 미국인이 아니면 배제되는 무슬림 정체성을 더욱 부각시킨다.

두 국가 사이에서 동화와 갈등을 되풀이 할 무렵, 찬게즈는 충격적인 두 사건에 직면하면서 파키스탄과 미국을 기존과 달리 사유하는 인식의 전환점을 맞는다. 그 첫 번째는 이 소설의 주제를 재현하는 핵심적인 사건으로서 그가 사업차 필리핀 마닐라에서 머물렀던 마지막 날, 호텔방에서 텔레비전을 보던 중 우연히 뉴욕의 무역센터 빌딩이 무너지는 장면을 목격한 순간과 그에 대한 반응이다. 찬게즈가 이 사건을 접할 당시만 해도 여전히 미국에 동화되었던 점을 고려하면, 테러 행위 자체가 충격적인 만큼 그의 예기치 못한 반응 역시 충격적이다. 테러에 대한 그의 즉각적인 반응은 경악이 아니라 공교롭게도 "미소"였으며 자신도 모르게 "그 비극에 대해 무자비하고 비인간적인 반응"(79)을 보였기 때문이다.

"나는 텔레비전을 켰고 처음에는 영화가 나오는 것이라 생각했어요. 그런데 계속 보았을 때, 그것은 영화가 아니고 뉴스라는 사실을 알게 되었어요. 뉴욕의 무역센터 쌍둥이 빌딩이 하나씩 무너졌어요. 그리고 그때 나는 미소를 지었어요. 그래요, 혐오스럽게 들리겠지만 나의 첫 반응은 놀랍게도 흐뭇하다는 것이었어요." (72)

그의 "미소"는 그동안 표명되지는 않았지만 미국을 향한 동경의 이면에 반감 역시 잠재해 있었으며 미국이 다른 나라에 관여하면서 "세계에 행동하는 방식에 늘 분개"(156)했었다는 증거이다. 그런데 바로 여기에서 유념해야 할 부분은 분개의 한 방식인 찬게즈의 "미소"가 "공격의 희생자들"(73)인 미국인이 아니라 주변국을 희생시킨 국가 차원의 미국을 향했다는 것이다. 따라서 그의 반감은 개인적 차원의 비이성적인 분노가 아니라 자본주의 실현을 최우선에 두며 다른 국가에 악영향을 끼친 미국 근본주의에 대한 '제3세계'의 분노라 할 수 있다. 말하자면, 초강대국의 서열에 오른 미국이 세계화를 주도하면서 범했던 과오에 대한 제3세계적 반응이다. 이러한 의미에서 찬게즈가 테러에 에두름 없는 환희로 응답하면서도 동시에 스스로의 반응에 놀라는 장면은 테러 사건에 함의된 긴장만큼이나 극적이다.

찬게즈의 이야기에 목소리가 없는 채로 그야말로 혐오스러운 듯 주먹을 쥐며 반응하는 미국인에게 그는 자신이 "반사회적 인격장애자가 아니고", "다른 사람들의 고통에 무관심하지도 않다"(72)고 응수한다. 즉 자신은 전혀 냉혹하지 않는데도 "무고한 수천 명이 죽어가는 것에 만족했을 때는 심히 당혹스러웠다"(73)는 것이다. 따라서 미국에 분명히 동화되어 보이던 찬게즈가 무역센터 빌딩의 붕괴에 주저없이 "미소"와 "즐거움"으로 반응하는 것은 빌딩이 무너지는 것을 미국의 우월감이 무너지는 것으로 동일시한 탓이라 판단할 수 있다.

나아가 찬게즈는 자신이 "미국 대학 출신이고 미국 여성을 사랑하고 있었으면서도"(73) 내면에서는 "왜 미국이 피해입기를 바랬는가?"(73)를 스스로에게 되묻고 있으므로 대단히 역설적이다. 고백에 드러나듯, 그의 "미소"에 내재된 감정의 본질은 "상징성에 사로잡힌 채", "누군가가 그렇게 눈에 보이게 미국을 무릎 꿇게 했다는 사실"(73)에 대한 만족감이다. 이러한 노골적인 이야기에 미국인이 분개하는 태도를 보이자, 찬게즈는 오히려 조롱하는 어조로 "당신은 미국 무기가 적의 건축물을 폐허로 만들어 버리는, 최근에 상당히 유행하는 비디오클립을 보면 즐겁지 않나요?"(73)라며 그를 더욱 강도높게 추궁하기까지 한다. 그는 자신이 무너지는 쌍둥이 빌딩에 "미소"로 화답했듯이 미국 역시 자신들의 최첨단 장비로 "장비도 변변치 않고 잘 먹지도 못하는 아프간 부족"(99)을 공격할 때 오락물을 감상하듯 "미소"짓지 않았는지를 신랄하게 조소한다. 이는 미국이 자국의 이익을 우선한 쇼비니즘에 사로잡혀 '주저없이' 제3세계를 폐허로 만든 당사자이면서도 왜 주변국을 나무라는가에 대한 비난어린 반문이다.

그런데 바로 이 지점에서 그의 가치관을 흔든 결정적인 축은 9.11 테러 사건 자체라기보다는 사건 직후 미국이 무슬림을 대하는 태도의 변화라는 사실에 주목할 필요가 있다. 미국이 무슬림을 테러리스트로 지목하면서 찬게즈 또한 예외 없이 "수군거림과 응시의 대상"(130)이 됨에 따라 그의 국가적, 인종적, 문화적 권리에 대한 어떠한 주장도 미국이라는 공간에서는 무력해지게 되었다. 그렇기 때문에 찬게즈는 더 이상 성공한 엘리트가 아니라 미국의 국가 정체성을 기준으로 할 때 다른 무슬림처럼 '타자'에 불과하다. 그 예는 찬게즈가 마닐라에서 업무를 마치고 미국행 비행기에 올라탔을 때 승객들이 그를 노골적으로 경계하는가 하면, 뉴욕 공항에 도착 하자마자 경비대에게 끌려가 알몸 수색을 당해야 했던 치욕스런 경험으로 구체화된다. 그의 모든 수모는 9.11을 기점으로 무슬림이 잠재적인 위협의 존재에서 표면화된 위협의 존재로 부상했음을 입증한다. 이것은 9.11 공격이 아프가니스탄, 파키스탄, 사우디 아라비아와 같은 지역을 극악무도한 폭력과 종교적 근본주의, 그리고 각종 범죄들로 연상짓게 하여 또 다시 세계의 가장 위험한 국가들의 반열에 오르게 했기 때문이다(Khan).

9.11 사건과 관련된 찬게즈의 또 다른 변화는 개인을 넘어 국가 정체성 차원으로 확장되면서 노스탤지어의 대상이 미국에서 파키스탄으로 바뀌는 과정으로 나타난다.

이것은 "9.11 테러가 찬게즈의 아메리칸 드림에 치명적인 균열을 주는 사건으로 작용"(Khan)한 탓이다. 그런데 다행히도 그가 미국사회의 이방인으로 전락하고 동시에 '아메리칸 드림'에서 깨어난 사건은 파키스탄을 왜 그렇게 수치스럽게 여겼는지를 그에게 반성하도록 만든다. 그 결과 찬게즈는 고향은 그대로인데 자신이 변해서 "외국인의 시선"으로, 그것도 "단순한 외국인이 아니라 비정하고 오만한 미국인의 시선"(124)으로 모국을 평가했음을 고백하기에 이른다. 따라서 이제 그는 미국인이 아닌 파키스탄인의 시선으로 고향집의 "장엄함"과 "독특한 매력"(125)을 음미하는 주체로 변모해 간다. 찬게즈가 자신이 누구이며 현재 어디에 위치하는지를 깨닫게 된 계기는 테러 사건 이후 무슬림이라는 이유로 수치와 차별을 경험했던 순간들이다. 달리 말해, 9.11로 인한 미국인들의 냉소, 그리고 이것이 야기한 '아메리칸 드림'의 균열은 찬게즈에게 미국에서 "마침내 꿈을 이뤘다"(178)는 환희의 고백을 정정하게 하고 모국의 문화적 유산을 재정의해 보도록 부추긴 것이다.

주지했듯이 9.11 테러사건과 그로 인한 미국인들의 배타성이 그를 각성하게 한 첫 번째 사건이라면 두 번째 사건은 칠레의 벨파라이소에서 언더우드 샘슨 회사의 평가 대상이 된 출판사의 대표, 후앙 바우티스타Juan Bautista와 그의 대면이다. 바우티스타는 '제3세계인'의 입장에서 중세의 예니체리Janissary에 관한 역사를 들려줌으로써 찬게즈가 개인적, 국가적 정체성을 동시에 회복하도록 도와 준 장본인이다. 그에 따르면, 예니체리는 "오트만 제국에 의해 납치된 기독교 소년들로서 무슬림 군대에서 훈련되고"(151) 이슬람교로 개종된 상비 보병군단이다. 그들은 무분별한 복종과 헌신으로 "자신들의 문명을 파괴하기 위해 싸웠고"(151) 이슬람 제국에 봉사했지만 어린 나이에 납치되었기 때문에 그 행위가 조국을 배반하는지를 감지하지 못했다. 바우티스타의 설명을 듣는 순간 찬게즈는 자신이 고국을 등지고 샘슨 회사와 미국을 위해 충성한 "근대의 예니체리"(152)였음을 깨닫는다.

그 결과 찬게즈 자신은 그동안 "미국이 내 혈족의 나라를 침략하고 조국이 전쟁의 위협에 직면하도록 공모"(152)했다면서 더 이상 미국 근본주의에 동조하지 않기 위해 회사를 떠나기로 결심한다. 그는 미국이 양산한 이데올로기가 그토록 전 세계를 관통할 수 있었던 주된 수단이 바로 "원조와 제재를 번갈아 하는", "재정"(158)을 통한 지배라는 구체적인 터득에 이를 만큼 발전한 것이다. 이를 바탕으로 찬게즈는 자신이 헌신했던 "근본적인 것"fundamentals이 무엇인지를 고민하게 되면서 "미국이 제3세계, 특히 이슬람 문화권에 권력을 행사하기 위해 자신들이 비난해 온 바로 그 근본주의의 이념을 오히려 적극 수용한 국가"(Reed 10)임을 깨닫게 된다. 찬게즈의 결정적인 변화를 예고하는 "근본적인 것에 집중하는 나날들이 끝났다"(153-54)라는 선언은 "파키스탄에 충성하지 못한 데서 형성된 자기혐오가 자신을 무슬림 근위병으로 여기게"(Khan) 한 심리와 결부되어 있다. 9.11 사건이 미국의 실체를 가늠하게 한 중요한 계기이듯이 "칠레에서의 경험은 찬게즈의 변화를 야기한 촉매"(Aldalala'a)로 작용한 것이다. 따라서 주인공의 관점의 변화는 그의 파키스탄성Pakistaniness이 미국사회에 위협이나 불화를 가져오는 대상의 근원으로 가시화된 사실을 터득하면서 시작되었다고 볼 수 있다. 이러한 주인공의 각성과정은 『주저하는 근본주의자』를 무슬림 청년이 무슬림에 대한 차별을 목격하면서 식민주의를 반대하는 근본주의자로 성장하는 과정을 조명하는 텍스트"로 정의할 수 있는 구체적인 이유이기도 하다(Khan).

## 서구 근본주의에 대응하는 무슬림의 '주저하는' 근본주의

서구와 동양의 문화적 주도권의 형태는 일찍이 그람시(Antonio Gramsci)의 헤게모니 개념에서 설명되어 왔다. 기존의 헤게모니의 범주보다 더 포괄적인 해석을 요구한 그람시의 헤게모니는 정치적 성격에 한정되지 않고 문화적 권력관계까지 함축하는 데 의미가 있다. 그에 따르면 전체주의 사회가 아닌 이상 불평등의 관계나 특정 집단이 다른 집단에 영향력을 발휘하는 형태는 존재할 수밖에 없으며 그 과정에서 형성된 집단, 국가, 문화를 장악한 권력으로서의 헤게모니는 "'지배'와 '지적·도덕적 지도'라는 두 가지 방식으로 나타난다"(Gramsci). 그람시는 후자인 "지적·도덕적 지도"란 정치사회를 포함한 일반 시민사회에서 효력을 발생할 수 있도록 일련의 협상을 통해 대중들의 자발적인 동의를 창출해 냄으로써 완성된다고 본다. 그러므로 두 문화 간의 헤게모니는 일상의 문화에서 작동된다는 것이다(Gramsci). 그런데 이렇게 완성된 헤게모니는 피지배층의 저항 행위를 반영하는 대항 헤게모니를 수반하는 속성 탓에 또 다른 저항에 의해 재구성되고 그럼으로써 능동적인 변화에 늘상 노출되는 지점에서 최종적인 개념은 완성된다.

헤게모니에 함축된 이러한 특징은 근본주의 개념의 태동과 변형에서도 예외가 아니다. 현재 통용되는 근본주의의 개념 역시 서구가 다양한 관계망을 통해 이데올로기적 동의를 창출함으로써 근본주의에 관한 한 패권을 유지해왔다는 측면에서이다. 이를 논의하기 위해서는 앞서 테러리즘에 대한 정의와 마찬가지로 근본주의 개념 역시 정의하는 것이 쉽지 않다는 사실을 전제할 필요가 있다. 우선 '근본주의'는 서구와 동양을 막론하고 대부분 국가의 정치, 사회, 문화, 종교 등에 걸쳐 다양하게 나타나는 현상이지만 '근본주의'라는 이름을 걸고 본격적으로 시작된 운동은 사실상 19세기 말에서 20세기 초 기독교와 성서의 권위를 변호하기 위해 정확한 사실에 근거하여 성경을 해석하자는 미국의 프로테스탄트 운동과 맥락을 같이 한다. 문제는 미국에서 일종의 종교운동으로 시작한 근본주의 운동이 성경 이외의 권위를 인정하지 않는 경직성에 사로잡혀 새로운 가치나 문화에 반발하게 되면서 폐단을 보였다는 데 있다. 그리고 그 무렵부터 근본주의의 의미가 종교에 국한되지 않고 점차 모든 영역의 극단적인 현상을 통칭하면서 왜곡이 일어났는데 그 중에서도 특히 이슬람을 향한 왜곡이 극에 달하면서 문제의 심각성은 대두되게 되었다. 즉, 미국과 기독교 우위의 헤게모니는 정보나 매체의 영향력, 그리고 재정의 힘을 통해 '동의'를 이끌어 내면서 부정적인 의미로서의 근본주의를 기독교가 아닌 이슬람 근본주의로 환원시킨 것이다. 그 결과 '근본주의는 곧 이슬람'이라는 현재의 등식이 성립되었고 서구 중심의 가치체계에 도전하는 이슬람은 세계의 평화를 위협하는 세력으로 간주될 수 있었다.

그람시의 주장에 대입해 볼 때, 근본주의의 개념이 변형된 것 역시 헤게모니의 산물이지만 한편 기존의 지배 헤게모니, 즉 서구의 기독교는 권력을 재구축하려는 대항 헤게모니인 이슬람의 도전에 필연적으로 열려 있다. 이러한 맥락으로 헤게모니 이론을 근본주의 용어에 이어 다시 『주저하는 근본주의자』에 적용해 보면, 찬게즈가 무슬림으로서 겪는 모멸은 국가적·문화적 헤게모니가 작용한 결과이지만 그는 언제든지 이 고정된 관계를 재창조하려는 대항 헤게모니의 주체로 부상할 수 있다. 그리고 이 대항주체가 이슬람 근본주의에 대한 낙인이 단지 헤게모니의 불합리한 결과물임을 직시한 이상, 그에게 가장 절박한 문제는 다름 아닌 서구 근본주의에 대한 거부이다. 거부의 구체적인 형태는 찬게즈만의 '독자적인' 근본주의로 표명되며, 그것은 바로 서구 근본주의에 맞서는 일종의 대안으로서의 '주저하는' 근본주의이다.

그렇다면 소설의 주제와 관련한 문제제기로서 왜 찬게즈는 '철저한' 근본주의자가 아닌 '주저하는' 근본주의자의 길을 선택한 것인가? 미국생활을 통해 추정컨대, 그는 종교나 국가에 연연한 근본주의자의 조짐이라고는 전혀 보이지 않았으며, 더구나 무슬림이라는 이유로 직접적인 차별을 경험하지 않았기 때문에 근본주의자가 될 필요조차 없었던 인물이다. 그러나 9.11 사건을 축으로 세계가 무슬림에 대해 얼마나 배타적인지, 그럼으로써 제3세계의 정체성은 제1세계에 의해 어떻게 균열되었는지를 터득하면서 평범한 청년은 본의 아니게 서구 근본주의에 반대하는 '주저하는' 무슬림 근본주의자로, 파키스탄을 옹호하는 민족주의자로 선회하게 된다. 말하자면 그가 근본주의자가 된 계기는 무슬림에 대한 서구의 적개심을 목도한 후라는 점에서 자발적이 아니라 수동적이지만 동시에 그의 '주저함'은 서구에 대한 저항을 담보하므로 능동적이다. 이러한 견해에서 "미국에 대한 찬게즈의 '주저하는' 증오는 위기의 시점에서 시작되었다"(Khan)고 볼 수 있으며 그러므로 그를 '철저한' 근본주의자가 아닌 '주저하는' 근본주의자로 정의할 수 있다.

서구에 대한 대항으로서의 찬게즈의 근본주의는 "문화에 대한 등질적 인식, 즉 대중매체를 통해 유포되는 서양적 목표, 가치, 믿음의 식민화에 대해 저항할 수 있게 하며 그러므로 혼성적 문화와 글로벌 정체성 그리고 문화의 등장을 통해 새로운 양식의 대항적 정체성이 출현"(Sharp)하고 있음을 증언하다. 그러한 사례로서 '주저하는' 근본주의자로 선회한 그에게 얼마나 큰 변화가 일어났는지는 고향으로 돌아가겠다고 결심할 때 뉴욕을 달리 대하는 태도에서 결정적이다. 찬게즈가 과거에 뉴욕을 에베레스트 산의 위대함마저 압도하는 도시로 여겼다면 이젠 쇠퇴한 제국의 도시로 인식한다. 그리고 그가 '주저하는' 근본주의자로서 보이는 일차적인 내면의 변화는 고의적으로 수염을 기르는 이차적인 외면의 변화로 이어진다. 과거에는 최대한 미국인처럼 보이기 위해 수염을 정리했었다면 이제 그는 "항의의 형태", "정체성의 상징"(130)을 이유로 무슬림처럼 보이기 위해 수염을 기른다. "수염을 기른 채 고향으로 되돌아 간 행위 자체는 찬게즈가 미국으로부터 육체적으로 거리를 두고 있음을 상징"(Khan)하므로 더 이상 미국에 동화되고 싶지 않은 심리와 부합된다. 이는 9.11 테러가 무슬림을 향한 미국의 태도만이 아니라 미국을 대하는 무슬림의 태도도 변화시켰음을 반영한다.

뿐만 아니라 그의 각성은 제3세계와 미국을 함축하는 국가적 차원의 알레고리인 그와 에리카와의 관계에도 영향을 미치게 됨에 따라 두 사람을 소원해지게 만든다. 에리카의 경우, 테러를 정점으로 내적 분열이 심화되는 변화에 주목해 볼 때, 그녀가 자살을 시도하고 행방불명되는 징후는 "노스탤지어에 의존하는 에리카와 미국의 병리상태"(Reed)를 함축하면서 9.11 이후 거대 제국의 몰락을 상징한다. 죽은 크리스에 집착하며 "위험한 노스탤지어"(115)에 빠진 에리카의 내적분열은 패권주의가 절정이던 시기에 사로잡힌 미국의 국가적 처지와 흡사하기 때문이다. 그러한 에리카를 포함한 미국에 심리적, 육체적 거리를 두게 된 찬게즈는 이제 자유 인본주의를 강조했던 미국사회가 윤리적 차원과는 거리가 먼 국가임을 폭로하는 데 전념한다. 그의 폭로행위는 파키스탄으로 돌아가 대학에서 반미에 대한 강의와 미국의 외국인 정책에 대한 항의로 확장되는데, 이는 '주저하는' 근본주의자로서 보이는 구체적인 실천행위라 할 수 있다.

미국 생활과 확연히 대조되는 찬게즈의 모국에서의 활동들을 고려한다면, 파키스탄의 카페에서 서두를 여는 "아 제가 당신을 놀라게 했나 보군요"(1)라는 첫 장면은

9.11 사건 이후 정체성에 변화가 일어난 시점에서 그가 과거를 회고한다는 사실을 시사해 준다. 이때 사건의 전모는 그의 고백으로만 드러나므로 미국인을 단순한 여행객인지 아니면 무슬림 근본주의자를 암살하기 위해 나타난 비밀요원인지 끝까지 단정할 수는 없다. 다만 이 소설이 서구와 이슬람의 대치를 전경으로 삼는다는 점에서 두 사람의 조우를 근본주의자와 잠재적인 암살자가 테이블의 양편에 있는 상황으로 견줄 수 있다. 미국인은 소설의 첫 장면에서 그랬듯이 마지막에 이르러서도 파키스탄인 웨이터가 다가올 때 여전히 불안해 한다. 그러자 찬게즈는 미국인에게 의미심장한 속내를 털어놓는데 다음은 9.11 테러 순간에 대한 주인공의 즉각적인 반응에 이어 다시 한번 『주저하는 근본주의자』의 핵심적인 주제를 부각시키는 극적인 대목이다.

> "그런데 그들이 당신에게 해를 끼치려는 게 아니니, 염려하지 말아요. 말할 필요조차 없이 분명한 것은 우리가 당신네 미국인들을 모두 변장한 암살자라고 상상하면 안 되듯이 당신네들도 우리 파키스탄인들을 모두 잠재적인 테러리스트라고 상상하면 안 된다는 것이에요." (183)

그는 미국이 제3세계를 "잠재적인 테러리스트"로, 제3세계가 미국을 "변장한 암살자"로 몰아세우는 각자의 반응이 결코 서로 다르지 않다는 역설을 통해 과연 누가 근본주의자이고 누가 테러리스트인가에 대해 이미 대립을 가정한 서구담론의 허구적인 전략을 교란해 간다. 그러므로 굳이 제3세계만을 궁지로 몰아서는 안 된다는 찬게즈의 강변은 이 소설이 무슬림 사회의 특성과 차이를 쉽게 제거해버리는 9/11 이후의 수사학을 비난하는 텍스트임을 확인시켜 준다. 9.11 이후 무슬림을 인식하는 더욱 경직된 시선, 이것이 9/11 이후의 주된 수사학이기 때문이다.

한편 에리카와 테러사건을 통해 겪는 찬게즈의 심리적 혼란과 인식의 반전이 미국을 등진다는 사실을 명백히 하더라도 현실적으로 그의 정체성은 이미 두 국가를 기반하는 점 역시 비중 있게 거론되어야 할 부분이다. "나는 내가 어디에 속하는지 확신할 수 없었어요. 뉴욕인지, 라호르인지, 둘 다인지, 아니면 어느 쪽도 아닌지"(148)라는 고백처럼 그의 정체성은 두 국가 사이에 있는 무슬림 디아스포라의 처지를 조명해 준다. 무슬림 디아스포라로서의 찬게즈의 정체성은 모국과 이주해 온 공간 사이에서 "이민자들이 이전부터 지녀왔던 총체적이고 고유한 특성에 균열이 생기고 분열"(Awan)된 상태를 투영하고 있어서이다. 즉 이주, 이민자는 정착한 국가의 문화와 접촉하여 그 국가에 매혹되면서도 반감을 갖는 상반된 감정을 겪으면서 찬게즈처럼 다문화 정체성이 가져다 주는 딜레마에 처할 수밖에 없다.

찬게즈처럼 경계에 선 타자로서의 삶이 『주저하는 근본주의자』를 통해 재현하는 가치는 바로 이 지점에서 드러난다. 그의 혼종된 정체성은 이주라는 문학적 수사를 통해 고국의 가치를 재평가하게 함으로써 "이주와 회귀의 경험과 함께 초국가적 주제에 대한 아이러니컬한 깨달음을 표현하는 매개"가 되기 때문이다(Aldalala'a). 이는 정체성의 결정주의적 속성을 비판하고 동시에 현대의 복잡한 혼종성을 전면에 걸쳐 강조하면서 개인이나 국가의 정체성은 고착될 수 없다고 보는 바바(Homi Bhabha)의 주장을 뒷받침해주는 적절한 사례이기도 하다. 정체성의 속성은 '결정불가능성'에 있으므로 혼종성이말로 모든 경계를 흐리게 하는 저항의 장치로서 세계를 이분화하여 이해하는 식민주의적 논리에 맞서 가치의 치환을 일으키는 주체적 영역을 차지한다는 측면에서이다(Bhabha). 따라서 찬게즈의 혼종성은 결국 이분화 된 권력의 축을 무너뜨리는 데 기여하므로 충분히 긍정적일 수 있다. 하미드는 이 소설에서 그러한 예를 실감나게 보여주기 위해 찬게즈를 파키스탄에서만 살았던 인물이 아니라 미국의 문화 역시 체험해 본 인물로 설정하고 있다. 즉, 작가는 혼종성의 긍정성과 중요성을 드러내기 위한 일종의 전략으로, 두 국가 사이에서 갈등을 겪는 찬게즈를 제3세계의 입장을 일방적으로 드러내는 우매한 인물이 아닌 최소한의 객관성을 견지한 인물로 그린 것이다.

지금까지 보여준 하미드의 서사는 그가 왜 이 소설에서 시종일관 대화가 아닌 독백장치를 구사했는지에 대한 작가로서의 최종적인 의중을 드러낸다. 미국인에게 일방적으로 찬게즈의 이야기를 듣게 하는 전개방식은 상대의 반응을 허용하지 않음으로써 궁극적으로 상호적인 대화를 불가능하게 하는 장치이며 반박할 수 없는 미국인의 처지는 찬게즈의 위치와 극명히 대조된다. 이것은 작가가 일종의 담론 전쟁에 가세하면서 세계의 독자들을 향해 9.11과 관련하여 미국을 포함한 서구 쪽의 이야기는 지금까지 실컷 들었으니, 이제는 제3세계에서 그걸 어떻게 보느냐를 들어 볼 때가 되었다고 권하는 것으로 볼 수 있다(왕은철). 작가가 모든 이야기를 전달하는 주체의 위치를 파키스탄인에게 부여하여 그를 주변화시킨 미국으로 하여금 제3세계의 이야기를 꼼짝없이 듣도록 설정한 것이다. 대화의 주체를 파키스탄인으로 설정한 것에 이어 하미드는 미국인이 그러한 서사를 들어야 하는 공간 역시 뉴욕이 아닌 라호르로 설정함으로써 미국이 더 이상 파키스탄의 우위에 설 수 없는 양상과 주인공의 국가적 정체성이 재편되는 방식을 환기시킨다.

## 무슬림이 갖는 오명에 저항하며

살펴본 것처럼 이 소설은 찬게즈의 독백과 함께 9.11 테러 사건 이후에 보이는 의식의 변화를 제3세계의 반응으로 확대하여 구체화하고 있다. 그중에서도 하미드는 찬게즈가 두 근본주의의 본질적인 의미에 접근하게 함으로써 그동안 근본주의를 독점적으로 해석한 서구 이데올로기에 본격적으로 반박하게 한다. 작가는 반박의 과정에서 주인공이 발견한 서구 근본주의의 모순을 작게는 재정확보를 최고의 가치로 둔 샘슨 회사를 통해, 크게는 자본 이데올로기로 제3세계에 부당한 권력을 행사한 미국을 통해 거듭 조명한다. 이러한 전개과정에 비춰볼 때 『주저하는 근본주의자』는 비록 개인의 고백서사라는 형식을 취하지만 식민주의 프레임으로 구축된 이슬람의 정형성을 소거하려는 텍스트라는 점에서 결국은 정치적, 역사적 맥락으로 읽어야 할 집단서사임을 알 수 있다.

하미드는 주인공의 거듭되는 각성과 반박을 전개해 이슬람 근본주의를 정의하는 서구 근본주의의 오류는 무엇인지, 그리고 이슬람 근본주의자와 '주저하는' 근본주의자는 왜 탄생하게 되는지를 끊임없이 반문하고 있다. 이를 위해 작가는 미국 스스로가 자신들 내부에 각인된 근본주의로 비서구를 재단한 과오는 돌아보지 못한 채 무슬림은 곧 반反사회적 근본주의자라는 등식을 거의 신화 수준으로 왜곡했으며 그 왜곡의 주체는 늘상 미국과 같은 경제적인 강자였음을 찬게즈의 목소리로 들려 준다. 즉, "강대국의 이익에 희생당하는 제3세계의 울분에 찬 목소리"(왕은철)를 투영하는 찬게즈의 독백은 미국과 서구가 이슬람 국가에 테러리스트들의 본거지라는 오명을 남긴 행위에 대해 끊임없이 반박해야 할 이유를 설명해 준다. 따라서 하미드의 견해에는 9.11 테러를 자행한 이슬람 근본주의가 용서받지 못할 행위라면, 테러에 선행하여 일찌감치 무슬림을 악의 전형으로 내 몬 서구 근본주의 또한 같은 선상에서 평가되어야 하지 않는가라는 항의가 함축되어 있다.

바로 이러한 특징 때문에 『주저하는 근본주의자』는 경직된 서구 근본주의에 대한 일종의 대항서사라는 점을 부인할 수 없으며 서구가 자신들의 행위가 근본주의의 선상에 있음을 간과한 채 이슬람을 근본주의로 낙인찍는 데 반기를 든 텍스트라 할 수 있다. 그러나 이러한 해석에서 주의를 요하는 점은 『주저하는 근본주의자』를 통해 전달하려는 하미드의 집필 목적이 서구에 반감을 갖도록 한 데 있지 않고 세계에 만연된 문화적 편견의 틀을 약화시키는 데 있다는 것이다. 그러한 의도는 이 소설이 국제적인 위기의 순간에 문학적, 정치적으로 개입하는 내러티브가 사회적으로 구축된 테러리스트/테러 대상, 무법/질서, 중심/주변부와 같은 이분화 현상을 해체시키는 데 주력했다는 점에서 찾을 수 있다(Khan).

이러한 맥락에서 하미드는 『주저하는 근본주의자』를 통해 두 근본주의의 충돌 자체를 강조하거나 제3세계의 손을 무작정 들어주기 보다는 이데올로기의 배치에 불과한 서구와 비서구의 견고한 대립의 틀을 무화시키는 데 비중을 둔다고 볼 수 있다. 그럼으로써 작가는 서구와 비서구가 저마다 '근본주의'라는 병을 앓는 정황에서 다른 진영에 대해 비이성적인 적개심을 갖기보다는 찬게즈와 같은 대응 차원의 '주저함'을 발전시키는 것이 얼마나 중요한지를 강조하고 있다. 즉 하미드는 이 소설에서 비록 무슬림의 목소리에 무게를 실어주는 가운데 이슬람 근본주의와 미국 근본주의의 미묘한 충돌을 주되게 거론하고 있지만 결국 두 진영 모두 서로의 근본주의에 대해 지나친 자기확신을 갖는 것은 시대착오적이라는 점을 부각시킨다고 볼 수 있다.

## 참고 문헌

왕은철. 「우아하고 오싹한 소설」. 『주저하는 근본주의자』. 모신 하미드. 왕은철 역. 서울: 민음사, 2012. 161-69.

Aldalala'a, Nath. "The Reluctant Fundamentalist: The Re-territorialisation of the Encounter between America and Its Muslim 'Other(s)'." *Transnational Literature* 5.1 (2012): 1-13.

Ali, Tariq. *The Clash of Fundamentalisms*. London: Verso, 2003.

Awan, Muhammad Safer. "Rise of Global Terror and (Re)formulations of Muslim Identity Since September 11." *The Muslim World* 94.2 (2004): 1-33.

Bhabha, Homi K. *The Location of Culture*. New York: Routledge, 2004.

Gramsci, Antonio. *Selctions from The Prison Notebooks*. New York: International, 1999.

Hamid, Mohsin. *The Reluctant Fundamentalist*. New York: A Marine Book, 2008.

________. "Seven Questions: Reluctant Fundamentalism." *Foreign Policy Magazine*. Foreign Policy Group, 18 Apr. 2007. Web. 27 Jan. 2011.

Khan, Gohar Karim. "The Treatment of '9/11' in Contemporary Anglophone Pakistani Literature: Mohsin Hamid's The Reluctant Fundamentalist as a Postcolonial Bildungsroman." *eSharp* 17 (2011): 84-104.

Reed, Wayne. "Resisting Dominant Fixed Identities in Jasmine and The Reluctant Fundamentalist." *Plaza: Dialogues in Language and Literature* 1.1 (2011): 8-14.

Sen, Amartya. Identity and Violence: The Illusion of Destiny. New York; Penguin, 2006.

Shamsie, Muneeza. "Introduction: Duality and Diversity in Pakistani English Literature." *Journal of Postcolonial Writing* 47.2 (2011): 119-21.

Sip, Daniel. *Literature and Cultural Diplomacy: An Essay on Cultural Readings*. New York; Penguin, 2013.

Žižek, Slavoj. *Welcome to the Desert of the Real!: Five Essays on 11 September and Related Dates*. New York: Verso, 2002.

## 생각해 보기

❶ 우리나라에서는 무슬림에 대해 실제로 어떻게 인식하고 있는지 각자의 의견을 교환해 보도록 하자. 교환한 의견을 바탕으로 우리사회가 9.11 테러를 기점으로 이슬람 국가와 문화에 대해 더욱 부정적으로 인식하게 되었는지, 아니면 주인공 찬게즈처럼 미국이 국제사회에서 특히 약소국인 '제3세계'에 부정적인 영향력을 행사한 사실에 공감을 표명하는 계기가 되었는지를 구체적으로 토론해 보자. 이와 접목하여 다른 문화, 다른 종교, 다른 인종을 바라보는 우리의 시각은 획일적이지 않은지, 특히 백인과 백인문화를 획일적으로 선호하지는 않았는지를 다양한 사례를 들어 반문해 보고 나아가 '다른 문화'를 부정적인 편견으로 대하는 경우가 있었는지, 그렇다면 이슬람문화 다음으로 편견으로 대하는 국가와 문화의 사례가 있었는지를 이야기해 보자.

❷ 세계의 분쟁들 중에서 9.11 테러사건처럼 서구와 동양이 저마다 다른 시선으로 해석하고 있는 국가 간의 분쟁사건이 있다면 어떤 경우가 있는지를 대륙별로 찾아보고 그것에 대한 원인과 그 평가방식이 과연 타당한지를 논의해 보자. 더불어 국내에서 일어난 역사적 분쟁사건 중에서도 9.11 테러와 비슷하게 그 평가가 상반되는 사례가 있는지를 이야기해보고 대립의 각을 세우는 양 진영의 입장은 어떤 정치, 문화, 역사적 배경을 바탕으로 형성되었는지를 살펴보도록 하자.

❸ 이 소설의 주인공 찬게즈를 여전히 미국에 동화된 사람인지, 아니면 파키스탄에 대한 주체성을 완전히 회복한 사람인지에 대한 의견과 그 이유를 서로 토론해 보도록 하자. 그리고 '이민자의 시대'라 불리는 현 시점에서 이민자 2세대, 3세대가 자신들이 정착한 국가의 정체성보다 부모와 그 이전 세대의 모국에 관한 정체성을 유지하는 것이 과연 더 중요한 것인지에 대해 각자의 생각을 교환해 보자.

영어권 소설로 읽는 다른 세계들

# 캐나다

William Ormond Mitchell

# 같은 공간, 다른 운명

## — W. O. 미첼의 『누가 바람을 보았는가』에 나타난 캐나다 프레어리 바라보기

캐나다 중서부의 광활한 평원지역을 일컫는 프레어리(prairie)를 배경으로 한 작품들을 주로 다룬 소설가이자 극작가인 W. O. 미첼(William Ormond Mitchell, 1914-98)은 루디 위비(Rudy Wiebe), 마거릿 로렌스(Margaret Laurence), 로버트 크뢰치(Robert Kroetsch) 등의 작가들에게 많은 영향을 주었다. 캐나다인들에게 미첼은 "캐나다인들의 삶과 정신 속에서 '현존'하는 작가이자, 신출내기 지역 작가들의 강사이자 친구로서 프레어리를 대표하는 아이콘"으로 알려져 있다. 미첼은 캐나다 중서부의 사스캐치원(Saskatchewan)주의 웨이번(Weyburn)에서 유년시절을 보냈고, 마니토바대학과 앨버타대학에서 공부한 후 약 2년간 교직에 몸을 담은 후 본격적으로 글쓰기에 몰입하였다. 미첼의 대표작인 『누가 바람을 보았는가』(*Who Has Seen the Wind*)는 1947년에 출판된 이래로 약 80만 여권이 판매된 캐나다 고전에 해당한다. 또한 미첼은 *The Kite*(1962), *The Vanishing Point*(1973), *How I Spent My Summer Holidays*(1981), *Since Daisy Creek*(1984), *Ladybug, Ladybug*(1988), *According to Jake and the Kid*(1989), *Roses are Difficult Here*(1990), *For Art's Sake*(1992)라는 소설들과 *Back to Beulah*(1978), *For Those in Peril on the Sea*(1982)라는 희곡들 이외에 다수의 라디오 및 텔레비전 극본을 집필하였다.

미첼 소설의 요점은 인간에 관한 질문이다. 미첼의 작품은 신비롭고, 에고이스트적이고, 시인들로 가득 차 있는데, 그의 작품에서 가장 훌륭한 인물은 바로 이 세 가지 요소를 모두 결합시켜 놓은 인물이다. 미첼에게 광활한 프레어리에서 똑바로 서있는 사람은 근본적으로 사상가이다. 그는 우주에서 자신만의 진정한 삶의 의미를 추구하고, 성찰하기 위하여 자신이 속한 주변 환경을 애정 어린 시선이자 때로는 예리하고 날카로운 비판적 시선으로 바라보는 인물이다. 프레어리 위의 인간은 내부로 향할 뿐만 아니라, 주변환경의 광활함을 마주한다. 하늘과 수평선을 향한 시선은 인간의 이해력을 넘어선 무한한 자연을 바라보는 인간의 감성과 지성에 대한 은유이다. 미첼의 소설에서는 대개 프레어리의 침입자인 인간이 그의 신체적 노출에 완벽하게 무관심하다가 점차 명상과 성찰을 함으로써 자신을 둘러싼 프레어리 자연과 그 곳에서 생활하는 자신의 공동체를 인식하는 과정을 그리고 있다.

캐나다 프레어리 소설은 비유럽적인 낯선 풍경 안에 널리 퍼진 기본적으로 유럽사회에 관한 내용을 다룬다. 즉 아메리카 대륙으로 이민을 온 유럽인들이 캐나다라는 낯설고 신기한 풍경 안에서 정착하면서 그들에게 닥친 두 가지의 중요한 장애물 즉, 새로운 땅과 구대륙에서 건너온 오래된 문화 간의 충돌에 기반한다. 캐나다의 이국적이고 낯선 자연환경은 구대륙에서 건너온 이민자들에게 기회와 희망의 땅이자 동시에 두려움과 공포를 수반하는 양가성을 지닌 공간이었다. 그들이 난생 처음 마주한 캐나다의 자연환경은 이렇게 양면적인 모순을 내포하며, 희망과 절망, 창조와 파괴의 잠재력을 동시에 지닌다.

캐나다 소설에서 묘사된 프레어리 위의 인간은 두 가지의 특성, 무방비 상태와 텅 비어있는 주위에 대한 인식으로 정의된다. 광활한 프레어리의 한 중앙에 있는 한 개인의 기본적인 이미지는 캐나다의 프레어리 소설을 묘사하는데 도움이 된다. 땅의 지시에 반응한다는 것은 곧 자연이 인간의 대립자이자 동시에 함께 공존하면서 인간과 자연/땅이 깊은 유대감을 갖는다는 것을 의미한다고 볼 수 있다. 광활한 프레어리의 한 중앙에 서 있는 인간은 신의 힘에 의해 경외시되고, 심지어 공포를 느낄지도 모르지만, 인간이 느끼고 깨닫는 신은 언제나 지극히 개인적인 신이라는 것을 캐나다 프레어리 소설에서 찾을 수 있을 것이다.

• 이 글의 출전

「캐나다 프레어리 공간과 운명: W. O. 미첼의 『누가 바람을 보았는가』」. 『용봉인문논총』 제38집 (2011): 35~59페이지에서 수정·보완함.

# 같은 공간, 다른 운명

## —W. O. 미첼의 『누가 바람을 보았는가』에 나타난 캐나다 프레어리 바라보기

### 공간의 힘, 여기가 어디인가

캐나다 소설은 유럽과 아메리카 사이 그 어딘가에 존재한다. 일반적으로 문학작품이 "내가 누구인가"라는 정체성을 확인하기 위한 글쓰기의 일종이라고 볼 수 있지만, 캐나다문학은 정체성의 문제보다는 "여기가 어디인가"라는 공간의 문제를 먼저 언급한다. 그만큼 캐나다문학은 공간에 대한 인식과 고유한 지역이 담고 있는 문학적 특수성을 고려하지 않을 수 없다. 지역문학regional literature에서 공간의식은 종종 모방적 사실주의의 지배적인 요소와 목가적이고 전원적인 충동의 병치를 통해 환기된다. 이때 목가적인 충동은 해당지역의 민중문화뿐만 아니라 더 넓은 의미의 전통문화에 그 뿌리를 두고 있는데, 이상화된 풍경과 그에 걸맞는 등장인물, 지역사회내의 사회적, 도덕적 규범과 질서의 재현양식은 사실주의적이면서 동시에 아카디아를 향한 강한 욕망을 드러낸다.

전통과 보수를 상징하는 구대륙과 자유와 프론티어 정신의 모체인 신대륙의 절묘한 만남을 통해 이루어진 공간, 캐나다는 정신적으로는 유럽전통을 지향하지만, 물질적으로나 지리적으로는 신대륙의 새로운 자연에 적응할 수밖에 없는 위치에 서 있다. 따라서 캐나다문학을 조금이나마 제대로 이해하기 위해서는 앞서 언급했듯이, 정체성의 문제를 논하기 전에 공간, 즉 현재 처해있는 장소의 문제를 논하는 것이 선행되어야 한다. 왜냐하면, 공간을 정의하기란 쉽지 않은 일이지만 자신이 속한 공간을 제대로 인식하는 일이야말로 내가 누구인가에 대한 질문에 최초로 다가서는 첫걸음에 해당되기 때문이다. 다시 말하자면, "'당신의 장소'를 안다는 것은 당신이 누구인지를, 타자들에 의해 당신이 어떻게 정의되는지를, 그리고 당신 주변 세상과 당신의 관계를 인식한다는 것을 의미"(Keahey)하기 때문이다.

캐나다의 광활한 공간 중에서도 서부의 평원지역인 프레어리prairie는 "약속의 땅"promised land으로써 묘사되는데 특히 19세기 중반부터 제1차 세계대전까지의 기간으로 이 시기는 캐나다에서 프레어리를 중심으로 농업이 정착되는 시기였다(Francis). 19세기 중반에 캐나다를 확장하려는 일련의 사람들은 새롭게 창조된 캐나다 정부에 북미대륙의 위대한 국가로서 미국을 견제하기 위하여 1869년에 허드슨 베이사Hudson's Bay Company로부터 캐나다의 북서부 땅을 구입하라고 압력을 가하기 시작했고, 캐나다 정부는 차례로 모피무역 지배권에서부터 광대한 농업 거주 구역에까지 확장하기에 이르렀다. 무엇보다도 "약속의 땅"으로서의 프레어리는 세계의 변방지역에서 건너온 수 백만 명의 이주민들을 유혹하기 위하여 종종 사용되었던 문학작품에서 주로 인용되었다. 성경에 나오는 "약속의 땅"처럼 캐나다의 서부 프레어리는 선택받은 사람들이 구세계의 억압과 구속에서 벗어나 행복과 번영을 누리며 만족스러운 삶을 사는 우유와 꿀이 흘러넘치는 땅으로서 묘사되었다. 계약직 노동자의 신분, 생산성 없는 토지, 견디기 힘든 노동, 산업화된 도시에서의 삶의 열악한 조건, 종교박해, 신분상승의 제한 등 닫힌 기회로부터 벗어날 수 있는 기회의 땅이 바로 캐나다의 서부 프레어리였다.

캐나다 서부에서 미래를 찾고자 했던 사람들의 욕망과 꿈은 다양했지만, "약속의 땅"인 프레어리의 이미지는 크게 세 가지의 이미지로 요약된다. 첫째, "아카디아적인 파라다이스, 자연적이고, 소박하고, 평화로운 안식처로서 유럽, 미국, 캐나다 동부의 도시들과 산업화된 사회의 억압과 스트레스로부터 벗어나고자 했던 개인들이 안식과 평화를 찾기 위한 공간"(Francis)으로서 그려진다. 이때는 대개 에덴동산으로서 서부 프레어리가 묘사되는데, 땅이 주는 풍부함과 거주민들에게 자비와 풍요로움을 선사한 신과 함께할 수 있는 자연의 아름다움을 간직한 지역으로서 간주된다.

"약속의 땅"으로서의 서부 프레어리의 두 번째 이미지는 다른 어떤 곳보다도 완벽한 사회가 창조될 수 있는 공간으로서 그려진다. 이러한 이미지는 사회의 복음전도자들에 의해서 매우 강력하게 채택되었는데, 이들은 "종교가 원칙적으로 개인적인 관심이 아닌 사회문제에 깊게 관여해야한다는 입장을 고수"(Francis)했다. 복음전도자들은 서부 프레어리가 새로운 예루살렘이자 지상에 있는 신의 왕국이 될 곳이라고 믿었다. 서부 프레어리는 오직 덕이 있고, 도덕적으로도 올바른 지역이기에 여기에 사는 주민들은 이곳이 그들을 완벽한 개인으로 변화시킬 수 있는 능력을 지닌 공간이라고 믿었다. 따라서 일단 종교적인 변화를 이룬 사람이라면 조화롭게 서로 협력하면서 개인적인 이익을 넘어서 공동체의 선을 바탕으로 도덕적이고 윤리적인 가치를 공유하면서 살 수 있는 곳이 바로 서부 프레어리였다.

서부 프레어리에 대한 세 번째 이미지는 사회에 반대되는 개인에 맞춰진 것으로서 "세속적인 속성"(Francis)을 띤 것이었다. 이러한 이미지는 서부 프레어리를 백지상태로 간주함으로써 개개인이 자신만의 성공, 부, 행복을 얼마든지 이룰 수 있다는 개인의 희망과 의지를 수반한 것이었다. 이 세 번째 신화는 캐나다 동부와 구세계에서 그들의 성공을 가로막았던 특권과 전통의 제한으로부터 자유로운 지역이라는 것을 강조했다. 즉 프레어리는 누구든지 개인의 의지와 노력 여하에 따라 얼마든지 성공할 수 있는 기회의 땅으로서 묘사되었다. 특히 서구의 언론들은 이러한 관점을 매우 강조했고, 그 덕분에 유럽인들은 구대륙을 떠나 신대륙으로의 이민을 주저 없이 감행할 수 있었다.

이 같은 맥락에서 이 글에서는 더글러스(Douglas Francis)와 키찬(Chris Kitzan)이 언급한 프레어리에 관한 세 가지의 이미지를 확대 발전시켜 실제 캐나다 프레어리 공간을 배경으로 쓰여진 캐나다 문학에 적용시켜 보고자 한다. 하나의 문학 작품에서는 프레어리라는 동일한 공간이지만, 각각의 등장인물에 따라 같은 공간에서 각자 서로 다른 방식의 삶을 살아가는 개인들의 상황을 고려하여, 개인의 안식과 평화를 제공하는 파라다이스로서의 프레어리, 개인의 가치와 행복보다는 공동체의 윤리만을 내세우는 프레어리, 그리고 토포필리아topophilia적 운명으로서의 프레어리로 나누어 분석하고자 한다. 특정한 장소와 그곳의 정체성에 대한 의식을 수반하는 토포필리아는 물질적인 환경과 인간 사이의 모든 감정적인 연관성을 포함하는 것으로써, 여기서는 자연과 문화의 복합적인 통합체의 장소로서 캐나다 프레어리를 향한 장소애를 의미하는 것으로 간주할 것이다.

공동체와 특정한 공간인 프레어리 사이의 관계를 통해 문학작품이 어떻게 공동체와 프레어리의 정체성을 강화시키며, 이 둘의 관계 속에서 프레어리 풍경을 향한 등장인물들의 자연을 향한 믿음과 가치가 어떻게 표출되는지를 살피는데 그 의의가 있을 것이다. 따라서 캐나다 프레어리 문학을 대표하는 동시에 종종 "캐나다의 『허클베리 핀』"(Harrison)으로 칭송받는 W. O. 미첼(Mitchell)의 소설, 『누가 바람을 보았는가』*Who Has Seen the Wind*, 1947를 통해 서부 프레어리가 에덴동산으로 또는 공동체의 윤리를 가장한 황무지로, 그리고 토포필리아로 어떻게 구체적으로 드러나는지 살펴볼 것이다. 즉 유년시절의 순수함에서 프레어리의 경험과 성숙함을 향해 점차 어른의 세계로 입문하는 주인공 브라이언 오코널Brian O'Connal이 서부 프레어리의 서로 다른 운명을 어떻게 전유하고 재창조하는지 분석할 것이다.

## 에덴동산으로서의 프레어리

평화롭고 소박한 삶의 안식처이자 모든 생명의 모태인 프레어리에 대한 묘사로 시작되는 미첼의 소설, 『누가 바람을 보았는가』의 첫 페이지를 읽는다면 누구나 고요하고 평화롭게 보이는 아름다운 한 폭의 풍경화를 상상하게 될 것이다. 자연을 상징하는 가장 최소한의 것들이 나열된 공간, 끝없이 펼쳐진 하늘과 땅이 멀리서 서로 만나 하나의 지평선을 만들어내는 모습이 그려지면 어느덧 삶과 죽음, 생명의 탄생과 쇠락은 결국 동전의 앞뒷면처럼 함께할 수밖에 없다는 소박하면서도 때로는 너무 진부해 우리가 미처 깨닫지 못한 진리가 불현듯 떠오를지도 모른다.

> 자연이 지닌 최소한의 공통분모이자 가장 필요한 최소한의 조건인 하늘과 땅, 그리고 서스캐처원 프레어리가 여기에 있다. 프레어리는 마을을 감싸고 돌며 하늘 끝 저 멀리까지 뻗어 나가고, 낮은 관목 숲과 야생 장미 덩굴을 한데 모아놓기도 하고, 늦은 유월의 태양 아래서 아른아른 빛나기도 하면서, 어김없이 찾아올 바람을 기다리며 거기 누워 있었다. 바람은 처음에는 길게 자란 풀숲을 부드러운 손길로 쓰다듬어 생명을 불어넣다가, 뜨거운 돌풍이 되어 검은 흙먼지를 길을 따라 늘어선 언덕과 담장 위에 쌓아 놓기도 했다. (3)

프레어리의 평화로운 모습을 더없이 고즈넉하게 만들어준 바람은 부드러움을 주는 동시에 어느 순간 매서운 돌풍으로 바뀌기도 하지만, 아직 네 살배기인 어린 브라이언에게 프레어리에서 부는 바람은 지평선 위에 걸린 구름에 생명을 불어넣기도 하고 자신의 얼굴과 머리칼을 살포시 부비는 따뜻한 기운을 간직한 살아있는 존재이다(16). 프레어리와 바람은 브라이언의 다양한 주변 상황에 따라 포근한 어머니의 품처럼 때로는 공포를 유발하는 거칠고 혹독한 자연의 일부로서 재현된다.

프레어리 자연을 직접 경험하고 인식하는 브라이언의 태도에서 작가인 미첼의 글쓰기 의도를 읽어낼 수 있는데, 그는 단지 이 작품이 독자들에게 현실의 가장자리에서 아른거리는 목가적 꿈을 상기시키면서 완전히 노스탤지어적인 시선으로 뒤돌아보는 시간이나 자연을 그리고자 시도한 것이 아니라는 것을 알 수 있다. 오히려 미첼은 다양한 자연환경의 변화를 거침없이 보여주는 프레어리를 통해 브라이언이 자연을 향한 경이로움과 존경심이라는 복잡 미묘함을 재현한다. 따라서 이상화된 전원풍의 접경지대로서의 프레어리는 이 작품의 전체적인 주제라고 볼 수 없다. 그럼에도 불구하고, 몇몇 등장인물들에게 프레어리는 이상화된 공간, 즉 파라다이스 그 자체로서 재현되는데, 이러한 인물들로는 유년시절의 브라이언, 어린 벤Young Ben, 세인트 새미Saint Sammy에게서 찾아볼 수 있다.

브라이언이 마을에서 만난 첫 번째 친구가 폽시Forbsie라면, 프레어리에서 만난 친구는 벤이다. 프레어리에서 우연히 낯선 소년, 벤을 만난 브라이언은 그의 갑작스런 등장에도 전혀 놀라지 않고 오히려 벤의 출현을 프레어리의 동물들인 "땅다람쥐gopher, 매, 잠자리"와 마주하는 것을 당연한 것처럼 여길 뿐만 아니라, 영 벤에게 "이게 너의 프레어리지, 그렇지 않니?"(17)라고 물으며 그를 프레어리의 주인으로 받아들인다. 마을이 아닌 프레어리에서 나고 자란 어린 벤은 또래의 그 누구하고도 친하지 않으며, 항상 말없이 프레어리를 자기 집처럼 돌아다닌다. 브라이언과의 첫 만남에서도 벤은 역시 아무 말도 하지 않은 채 유유히 부드러운 발걸음으로 프레어리를 가로질러 사라질 뿐이다. 멀리 사라져가는 벤이 있던 곳에서 순간 바람이 멈추더니 나비 한 마리가 날아오르는 것을 본 브라이언은 "신이 소년의 프레어리를 틀림없이 좋아할 것"(17)이라고 생각한다. 강렬한 햇빛, 감지할 수 있는 고요함, 한 마리 나비의 출현은 모두 한 순간의 표현이고, 인간이 신과 접촉할 때 느낄 수 있는 것처럼 브라이언 역시 점차 이러한 찰나적 순간들을 인식할 것이다. 브라이언이 비록 이 사실을 깨닫지 못한다고 할지라도 이러한 경험은 "신의 계시"(Ricou)와 연관 깊다. 더 나아가 벤은 프레어리 그 자체이기도 하다. 왜냐하면, 어린 벤은 야생 닭, 영양, 코요테와 같은 동물의 이미지로 묘사될 뿐만 아니라, 벤에게 프레어리는 거주지이자 프레어리의 동물들과도 조화를 이루고 동물들을 돌보는 공간이기도 하다. 프레어리에서 서식하는 동물들의 보호자이자 지킴이인 벤의 모습은 꼬리 잘린 땅다람쥐 에피소드에서 더욱 확연히 나타난다.

학교에 들어간 브라이언이 친구들과 함께 프레어리에서 뛰어놀며 즐겁해 놀던 중 우연히 땅다람쥐를 보는데, 이때 브라이언의 친구인 아이크Ike가 땅다람쥐를 잡아서 꼬리를 잡고 빙빙 돌려 잔인하게 꼬리를 떼어낸다. 잔인하게 잘린 꼬리 때문에 땅다람쥐는 고통스러워하며 도망치고, 이를 본 벤은 달아나는 땅다람쥐를 뒤쫓아 가 "자비롭게 짓눌러"(163) 압사시킨 후 아이크를 실컷 때려눕힌다. 프레어리 동물들의 수호자인 벤은 땅다람쥐의 아픔을 마치 자신의 고통처럼 느껴 안락사를 시킨 것이다. 아이크가 땅다람쥐를 없애야할 프레어리의 해충으로만 생각했다면, 벤은 그것을 프레어리 환경의 일부인 소중한 생태계를 이루는 생명체이자 자신의 동료로서 간주하고 있음을 볼 수 있다. 그러나 이 땅다람쥐 에피소드를 제대로 이해하기 위해서는 당시의 시대상황과 캐나다인들이 프레어리를 대표하는 땅다람쥐를 어떻게 인식하는가를 알아볼 필요가 있다.

이를 위해서는 먼저 당시 캐나다 정부가 프레어리 전역에 널리 퍼져있던 땅다람쥐를 박멸시키고자 했던 대대적인 프로젝트에 관한 설명이 전제되어야 한다. 땅다람쥐는 프레어리에서 농사짓는 농부들에게 애써 가꾼 농작물을 파헤치고 파괴시키는 해충에 불과한 악적인 존재였다. 현재에도 캐나다 서부의 광활한 프레어리 지역에서는 농사꾼의 방해물이자 적수인 땅다람쥐를 사냥하고 없애는 데 총력을 기울이고 있는데, 19세기부터 20세기 중반까지도 땅다람쥐들의 농작물 습격은 수확량 획득에 큰 손해를 입혔고, 당시에 프레어리 거주자들이 땅다람쥐 꼬리를 가져오면 한 개당 몇 센트씩 보상해 주었다. 이 작품에서 언급된 아이크의 행동을 생명체에게 가하는 비도덕적이고 잔인한 행위로 간주하기 이전에 아이크가 왜 그런 행위를 했는가에 대한 분석이 선행되는 것 역시 이 작품을 제대로 분석하는 데 많은 도움이 될 것이다. 아이크의 행위를 경제적이고 실용적인 측면에서 분석해보자면 지극히 정상적이고, 경제적인 이익을 수반하는 동시에 해충과 같은 땅다람쥐를 제거해 주기 때문에 프레어리에서 농사를 짓는 농부들에게는 매우 이로운 도움을 주는 권장해야 할 행동인 것이다. 물론, 도덕적이고 생태학적인 관점에서 보자면 아이크의 행위는 지극히 이기적이고 폭력적이다.

여기서 땅다람쥐 에피소드를 통해 좀 더 알아볼 점은 프레어리를 상징하는 이 땅다람쥐가 문학작품이나 사회문화적인 맥락 안에서 어떻게 재현되고 인식되고 있는가의 문제이다. 시대에 따라, 그리고 인간의 유용성과 목적에 따라 프레어리의 대표적인 상징물인 땅다람쥐는 다양하게 해석된다. 사실 북미산 땅다람쥐는 프레어리 문학과 대중 문화에서 반복적으로 등장하지만, 그만큼 비평적인 관심을 받지는 못했다. 그러나 이 땅다람쥐에 대한 재현을 살펴보면 대개 인간과 자연환경 간의 투쟁으로 그려지고 있음을 알 수 있다. 종종 이것은 "시골과 도시, 경작과 보존, 프레어리 거주자와 관광객, 심지어 토착민 문화와 정착자/식민지배자 문화 간의 투쟁"(Calder)을 은유적으로 드러내는 데 사용된다. 땅다람쥐는 캐나다의 대표적인 프레어리 아이콘이지만, 시대에 따라 다양한 해석의 프레임을 갖는다.

땅다람쥐에 대한 재현은 특히 지역 담론을 환기시키는데, 농부들에게 땅다람쥐는 박멸해야할 위협의 대상인 해충 그 자체다. 그러나 환경보호론자들에게 땅다람쥐는 프레어리 생태계의 필수적인 일부분이고, 골프 코스를 만들기 위해 프레어리가 필요한 개발업자에게는 반드시 제거되거나 통제되어야 할 장애물이며, 캐나다의 토착민인 퍼스트 네이션First Nation에게는 전통적으로 내려온 식량이자 그들의 민담에 자주 등장하는 중요한 캐릭터이면서 동시에 땅다람쥐의 털은 추위를 막기 위한 의복의 재료이기도 하다. 이렇듯 땅다람쥐는 프레어리에 서식하는 설치류의 한 개체이지만, 이 동물을 바라보고 인식하는 다양한 사람들에 의해 그 쓰임새와 가치가 각자 다르게 드러난다. 무엇보다도 땅다람쥐는 프레어리에서 직접 농사를 짓는 농부들에게 가장 적대적인 적이자 그들이 힘들게 가꾼 농작물을 파괴하고 병들게 만드는 악의 요인 그 자체일 것이다. 그러나 이와는 정반대로 환경보호론자들이나 퍼스트 네이션에게 땅다람쥐는 생태계의 일부로서 없어서는 안 될 귀중한 생명체이자 따뜻한 털과 음식을 제공하는 식재료이자 의복의 재료로써 쓰이기 때문에 삶의 방식에 직접적으로 연관된다.

화자는 브라이언이 "어린 벤이 한 행위에 대해 정의감, 공정성, 완벽함을 느꼈고, 사실 벤이 한 일은 자신이 꼭 하고 싶었던 일이었다"(165)고 언급한다. 어린 벤의 행위는 브라이언을 보호하려는 행위의 일종으로 간주될 수 있다. 왜냐하면, 학교에서 브라이언은 땅다람쥐 그룹의 일원이었고, 어린 벤은 "거칠고 자연스러운 공평무사함"을 공유한 인물이기 때문이다. 자연을 향한 불필요한 잔인성에 대한 인간의 응보는 고상한 자연적

도덕질서의 관점 내에서 수용되어야 할 것이다.

프레어리를 하늘에서 내려온 지상의 천국으로 인식하는 또 다른 인물은 바로 프레어리 한 가운데에 버려진 낡은 피아노 상자 안에서 사는 노인 세인트 새미이다. 세인트 새미는 "동방에서 오신 주님을 찬양하세. 그분의 목소리는 저 보리밭을 어루만지는 바람이라네! 난 주님을 부른다네"(247)라고 소리치며 프레어리를 주님의 집으로 자신을 그런 프레어리를 감시하고 지키는 수호자로서 인식한다. 브라이언이 친구들과 함께 세인트 새미를 찾아가 천국에 대해 물었을 때 그는 아이들에게 주님이 이 세상의 모든 것을 창조해냈지만, 마을을 가리키며 어떤 이들은 이러한 영광을 전혀 알지 못한다고 은유적으로 말한다. 세인트 새미에게 프레어리야말로 지상에 내려온 신의 천국이지만, 지역민들이 거주하는 마을 공동체는 신의 올바른 뜻을 제대로 해석하지 못한 공간이다.

지역주민들에게 세인트 새미는 단지 프레어리에 사는 미친 노인에 불과하지만, 신의 종인 새미는 사악한 농부 벤트 캔디Bent Candy에게 신의 위대한 힘이 어떤 것인지 실제로 증명해준다. 벤트 캔디는 새미가 키우는 말들을 욕심내며 날마다 그를 찾아와 자기에게 말들을 팔라고 부추기며, 말들을 팔지 않을 경우, 당장 프레어리를 떠나라고 강요한다. 사람들에게도 욕심쟁이로 소문난 벤트 캔디는 흉년이 든 농부들의 땅을 헐값에 사들여 자기 땅을 계속 넓혀 아마를 재배했고, 그때마다 운이 좋게 그의 곡물에는 적당한 비가 내려 충분한 이익을 남겼기에 사람들은 그를 '아마의 왕'(330)이라 불렀다. 그러나 주님의 수호자인 세인트 새미의 예언대로 폭풍우가 덮쳐 벤트 캔디에게 위기가 닥친다. 한바탕 폭풍우가 휘몰아 친 후 세인트 새미와 브라이언은 얼마 전까지 벤트 캔디의 새 헛간이었던 건물이 완전히 폐허가 된 광경을 목격한다. 새미의 예언처럼 "신의 심판은 캔디에게 상처를 주기에 충분"했다. 마침내 벤트 캔디는 새미의 얼굴을 보며 자기가 심은 아마 밭이 물이 부족해 바싹 말라버린 모습을 떠올리고, 가뭄과 우박, 밀 흑사병이 자기 농장에 피해를 주었던 기억을 되새기며 새미에게 자신의 땅에서 머물러도 좋다고 허락함으로써 공동체와 프레어리의 일원으로서 새미를 받아들인다.

앞서 살펴보았듯이, 어린 시절의 브라이언과 영 벤, 그리고 세인트 새미에게 프레어리는 신의 존재를 느낄 수 있고, 계시를 받게 만드는 곳이다. 에덴동산으로서의 프레어리를 인식할 때 가장 중요한 것은 프레어리와 더불어 그 곳에서 불어오는 바람을 인식하는 것이다. 신과 바람은 매우 유사한 성격을 지니는데, 신처럼 바람 또한 보이지 않고 "사방에 있는 유비쿼터스적 존재"(Ricou)로서 만질 수 없지만 강렬하게 느낄 수 있다. 브라이언이 신이나 바람을 눈으로 직접 볼 수 있는 것은 아니지만, 바람은 나뭇잎을 흔들리게 만드는 것처럼 자연의 사소하고 섬세한 세부사항 하나하나에 영향을 끼치며, 때로는 거대한 폭풍우를 몰고 와 세인트 새미의 소원을 들어주는 신의 현현을 구체적으로 재현해내기도 한다.

## 공동체 윤리를 가장한 종말론적 황무지로서의 프레어리

캐나다인들은 자연에 대해 두 가지의 감정을 가지는데, "성스러운 어머니로서 마주하는 자연에 대한 신념"과 도저히 빠져나올 수 없는 "무기력한 감옥으로서의 느낌"이 서로 교차한다(Atwood). 성스러운 어머니로서의 자연은 풍요로운 대지가 주는 수확의 기쁨과 그 대지 위, 즉 어머니의 안락하고 포근한 품안에서 생명을 유지하는 모든 동식물의 삶의 근원지로서의 환경을 의미한다. 반면 무기력한 감옥으로서의 자연이란 농작물을 말라 비틀게 만드는 가혹한 가뭄, 대지의 토양을 무섭게 날려버리는 매서운 바람, 모든 생명체를 꽁꽁 얼게 만드는 혹독한 추위로 인해 그 어떤 생명도 척박하고 비도덕적인 자연환경 앞에서는 꼼짝없이 굴복할 수밖에 없는 종말론적 운명체의 모태이다.

애트우드(Margaret Atwood)가 자연을 무기력한 감옥으로 설명하는 것과 달리 프라이(Northrop Frye)는 자연을 공포로 간주하는데, 여기서 공포란 위험이나 불편함의 공포, 혹은 자연의 신비를 의미하는 것이 아니라, "영혼에 대한 공포"를 일컫는다. 즉 영미의 문화와 전통으로부터 분리된 고립된 공동체로서 느끼는 외부세계에 대한 공포를 말한다. 캐나다의 자연환경은 집단으로부터 떨어져 나가 스스로 개인화되었다고 느낄 때 감지되는 공포로서 인식된다. 공동체와의 단절은 여러 가지 의미로 해석되는데, 예를 들면, 애버크롬비 부인Mrs. Abercrombie처럼 엄격한 규범과 몰인정한 도덕률로 공동체에 피해를 끼친다고 간주되는 벤 부자와 같은 인물들을 철저하게 소외시켜 자신의 공동체 밖으로 몰아내는 극단적인 행태를 낳기도 한다. 애버크롬비 부인이 인식하는 장소와 공간에 대한 정체성은 벤 부자나 브라이언이 느끼는 것과 매우 대조적이다. 그녀에게 공동체는 공동체의 법질서가 허락하지 않는 행동을 결코 용서하지 않고, 항상 질서정연함을 유지하기 위하여 가난하고 소외된 이웃을 공동체의 일원으로 끌어안기 보다는 거리낌 없이 배제시키고 내쫓음으로써 자신이 속한 사회를 모범적으로 만들고자 한다.

브라이언과 영 벤, 세인트 새미가 프레어리를 신의 현현을 경험할 수 있는 공간으로서 인식한다면, 이들과 정반대의 사고를 하는 애버크롬비 부인과 포웰리Powelly 목사는 마을 공동체의 질서와 선을 가장 우선시하는 인물들이다. 벤과 새미가 길들여지지 않은 자연상태 그대로에 가깝다면, 애버크롬비와 포웰리는 사회질서와 규약, 종교적 제약에 얽매여 주변부에 살고 있는 아웃사이더들의 삶을 전혀 고려하거나 배려하지 못한다. 그들의 관심거리는 오로지 지역 공동체에 해를 끼치지 않고, 공동체내의 옳지 못한 규범과 질서마저도 철저하게 준수하길 바라며, 만약 공동체의 구성원으로서 인정받지 못한 사람이 있다면, 가차 없이 감화원에 보내거나 다른 곳으로 내보내길 원한다. 특히 애버크롬비 부인은 은행장인 남편과 더불어 지역사회에서 권력을 행사하는 지도층에 해당한다. 그녀는 지역사회를 위해 항상 자신이 최선을 다하고 있다고 여기지만, 그녀는 자신의 아집과 편협한 편견에 갇혀 권력을 마음대로 휘두르며 비윤리적인 행위를 일삼는다. 애버크롬비 부인은 포웰리 목사가 부임하기 전에 지역사회 교회를 담당했던 히슬롭Hislop 목사와 의견대립으로 잦은 충돌이 있었고, 결국 히슬롭이 마을을 떠나게 만든 장본인이었다. 그 후 교회 목사로 부임한 포웰리는 애버크롬비와 유사한 사고를 지닌 인물로 이 둘은 마을을 기독교 교리에 걸맞고 공동체의 윤리와 가치를 잘 보존하기 위하여 그들의 뜻에 어긋난 행동을 하는 사람이라면 누가되었든지 간에 과감하게 처벌하고 소외시키는데 앞장선다.

예를 들면, 애버크롬비 부인이 지역사회에서 제대로 뿌리내리지 못하고 결국에는 자살로 생을 마감하는 중국인 이민자 가족을 철저하게 소외시키는 행위를 들 수 있다. 그녀는 자신의 딸, 매리얼Mariel에게 학교에서 웡Wong 남매와 어울리지 말라고 충고하는데, 매리얼은 같은 반 친구들을 부추겨 아무도 웡 남매의 생일파티에 참석하지 못하게 만든다. 애버크롬비 부인 뿐만 아니라, 마을 사람들은 대체적으로 웡 일가를 마을의 천덕꾸러기로 간주하고, 웡이 아편 중독자라고 모함한다. 웡은 아내가 죽은 후로 마치 세상이 뒤바뀌어 자신에게서 모든 것을 앗아가 버린 듯이 금욕주의자처럼 변해 버렸고, 카페 주방의 어두컴컴한 고요 속으로 칩거하다 결국에는 자살한다. 웡의 자살에는 마을 사람들의 이기적이고 편협한 선입견이 한몫을 했고, 여기에 어른들의 잘못된 판단을 자식들에게까지 강요함으로써 아이들마저 또래 친구들에게 따돌림 당한 것이 크게 작용한 것이다. 부모를 잃은 탕Tang과 부이Vooie는 결국 먼 곳에 사는 친척에게 따로따로 위탁되어 고아처지와 다름없는 상황에 치닫는다. 그러나 마을 사람들 중 그 어느 누구도 웡 일가 사건에 대한 반성이나 후회를 하지 않는다. 이러한 이기적인 모습은 바로 지역공동체 윤리를 가장한 편협하고 왜곡된 이기주의가 작용하기 때문이다.

애버크롬비 부인과 포웰리 목사에 의해서 배척당하는 또 다른 가족은 바로 벤 일가이다. 사회화가 전혀 되지 않아서 선과 악에 대한 개념조차 애초에 갖지 못한 벤 부자는 마을이나 학교에서 늘 골칫거리이다.

> 벤 일가같은 사람들은 과연 어떤 도덕적인 기준을 가지고 있는 것일까? 그런 사람들은 규칙이라는 것에 대해서는 전혀 알지 못했다. 다른 사람들에 대해서도 전혀 생각해 본 적이 없었다. 그런 사람들은 가을 밤 프레어리에서 울부짖는 코요테나 초록색만 눈에 보이면 일단 달려들고 보는 메뚜기들, 프레어리의 표면을 갈라지게 만드는 뜨거운 햇빛과도 같이 선과 악에 대해 무지했다. (110-11)

아버지 벤과 아들 벤은 프레어리에서 바람만큼이나 자유롭게 행동하지만, 마을 공동체와 학교에서 요구되는 규율화와 훈육 방식에는 전혀 적응하지 못한다. 무덤 파는 일을 담당하는 아버지 벤은 사람들의 죽음에 관여하는 인물로서, 제대로 된 가정을 꾸리기 위해서 저축을 한다거나 자식을 교육시킨다거나 하는 일에는 전혀 관심이 없다. 오로지 아버지 벤의 관심거리라고는 돈이라도 몇 푼 생기면 선술집으로 달려가 곤드레만드레 술을 마시는 일이 전부였다. 특히 음주법이 강화되어 개인이 사적으로 술 만드는 일이 법으로 강력하게 금지되자, 그는 마구간에서 아무도 모르게 밀주를 담궈 몇몇 이웃에게 판매한다.

포웰리 목사는 아버지 벤이 교회의 수위로 근무하게 된 이후로 가슴속에서 들끓는 증오를 다스리기 위해 애를 써야만 했고, 밀주를 담그는 벤을 체포하지 않고 봐주는 경찰이자 소방관업무를 담당하는 해리스Harris에게 자신의 임무를 충실히 수행하라고 충고한다. 그러나 시간이 흘러가도 벤의 아버지가 법의 심판을 받지 않자, 설교 시간에 연단에 서서 마을의 오물 수거를 담당하는 부서와 소방 업무를 담당하는 부서에 대해 '공동체의 신앙 다음으로 공동체의 청결', '준비되지 않은 소방관에게 지옥의 불길이' 같은 주제로 직접적인 비난을 쏟아내기 시작했다(191). 포웰리 목사의 이러한 행위는 사실 공동체의 선을 위한 것이라기보다는 단지 눈엣가시 같은 아버지 벤을 공동체에서 몰아내기 위한 시도로 해석된다. 더군다나 처음에는 벤 부자가 교회에 나와 예배를 보기 시작했을 때, 포웰리는 그동안 그 누구도 벤을 교회 안으로 들이는데 성공하지 못했는데, 그 어려운 일을 자신이 해냈다는 사실에 가슴 뿌듯해 하며 목사의 임무를 성실히 수행해 낸 자신을 매우 자랑스러워했지만, 점차 벤 부자가 자신의 마음에 들지 않는 행동들을 일삼자 본인의 임무를 행하는데 방해꾼이라는 생각이 깊어지면서 아버지 벤에게 엄격한 법의 잣대를 들이대고자 한다.

애버크롬비 부인과 포웰리 목사는 겉으로는 마을 공동체의 질서와 안정을 위한 조치인 것처럼 윙 일가와 벤 일가를 공동체 구성원으로부터 소외시키고, 법 집행으로 처벌하지만, 이들의 내면은 사실 이기주의와 편협함으로 가득 차 있고, 이것이 바로 "이 마을을 위협하는 사악한 힘"(68)이자, 공동체의 윤리를 가장한 종말론적 비도덕성의 실체라고 간주할 수 있을 것이다.

## 토포필리아적 운명으로서의 프레어리

어린 브라이언이 흙바람이 남긴 환경적인 파생물에 대해 거의 영향을 받지 못하지만, 이와 반대로 브라이언의 삼촌이자 농부인 숀Sean은 이러한 자연물의 인과관계를 예리하게 인식하고 있으며, 자연피해를 예방하기 위해 여러 가지 수단을 강구한다. 숀 오코널이 구사하는 거칠고 꾸밈없는 언어는 복음주의적이고 예언적인 수사를 구사하는 인물, 세인트 새미와 대조를 이루지만, 미학적인 측면에서 보자면, 숀은 프레어리 자연을 적절히 활용할 줄 아는 생태학적 인물이다. 형 제럴드Gerald와의 대화에서 숀은 흙바람으로 인한 땅의 침식을 막기 위한 방법을 강구하려하지 않는 다른 농부들의 태도에 좌절한다. 숀은 "바람과 가뭄을 막을 수 있는 계단식 토양 경작법을 이용해 작물을 심어야 한다"(24)고 외치지만 그의 말에 귀 기울이는 주민들은 아무도 없다. 그는 한 가지 농작물에 의존하기 보다는 농사가 다양화되기를 원한다. 뿐만 아니라, 겨울철이 되면 다른 농부들이 모두 돈을 벌기 위해 서부해안가로 떠나 봄이 되면 프레어리로 다시 돌아오기보다는 일년내내 프레어리를 지키며 그 곳에서 무엇인가를 얻어내기 위하여 혹독한 겨울철에도 끊임없이 프레어리에 투자하기를 원한다. 이러한 숀의 진보적인 사고와 농사법은 그저 안일하게 날씨와 프레어리의 운명에 맡기며 흉작과 실패를 거듭하면서 다음 해에 농사가 나아지기만을 기원하는 여타의 농부들의 모습과는 상반된다.

숀은 프레어리가 날씨와 계절에 따라 어떻게 변하는지를 끊임없이 연구하며, 어떤 방식으로 땅을 활용하고 재생시켜 농작물을 수확하고, 가축들을 어떻게 기를 것인가에 대해 지속적으로 고민한다. 숀 역시 세인트 새미처럼 "'하느님의 포도밭을 지키는 파수꾼"(24)이지만, 그 대응 방법에 있어서는 새미와 확연한 차이를 보인다. 앞서 살펴보았듯이, 새미가 프레어리를 지키고 보호하기 위하여 어떤 구체적인 행동을 하는 것은 아니다. 새미는 그저 예언자처럼 신을 향해 기도하고 아이들에게 성경이야기를 비롯한 신의 전지전능함과 사악한 사람들에게 벌을 내리고야마는 인과응보적인 측면에 대해서 말로서만 강조할 뿐이다. 세인트 새미가 구체적인 행위보다는 말을 통한 복음주의적 성격이 강한 반면, 숀은 실제로 프레어리에서 농사를 짓고, 가축을 기르고, 가뭄과 폭풍, 만연해있는 흙바람과 강추위를 통제할 수 있는 과학적인 방법들을 모색해 프레어리를 더욱 기름지고 풍성하게 만든다.

이러한 숀의 직접적인 행동과 그에 따른 결과를 통해 그가 프레어리 자연을 실제로 얼마나 사랑하고 잘 보존하기 위하여 애쓰는지 알 수 있다. 앞서 언급했던 것처럼, 숀은 개인의 의지와 노력에 따라 거칠고 황량한 프레어리를 기회의 땅으로 탈바꿈시킨다. 여기서 숀이 프레어리를 얼마나 사랑하고 아끼는지 알 수 있는데, 프레어리를 향한 그의 진정한 토포필리아적인 행위는 세인트 새미와의 차이점에서 뿐만 아니라, 벤트 캔디와의 차이에 의해서 더 뚜렷하게 나타난다.

숀의 자유주의적인 입담과 생태학적인 예지력을 지닌 농사법은 벤트 캔디의 방법과는 대조적이다. 견고한 도덕적 예의바름을 강조하는 침례교도 장로인 캔디는 농부로서 그의 재정적인 성공뿐만 아니라, 종교적 도덕적인 견고함을 지닌 인물로 총평이 나 있다. 벤트 캔디의 농사법은 숀에 의해 강력하게 비판받는다. 앞서 언급했듯이, 캔디는 프레어리의 "불경한 인물"(267)로서 묘사되고, 대량으로 농사를 짓기 때문에 파산한 동료 농부들의 땅을 헐값에 모조리 사들이는 등 땅으로부터 빠른 이득을 내기위해 수탈도 마다하지 않는다. 캔디의 입장에서 보자면, 그는 자연을 얼마든지 통제하고 지배하는 능력을 지니고 있다. 캔디는 성공하기 위하여 더 철저히 땅을 관리하고, 신의 섭리에 의해 축복받음으로써 더 굳건하게 성공할 수 있다고 확신한다. 그에게 독실한 믿음은 경제적이고 생태학적인 행동과는 관련 없이 더 많은 이익을 창출해낼 수 있는 원동력으로 작용한다. 그러나 숀은 믿음보다는 직접적인 행동에 더 많은 중요성을 부여한다. 결과적으로 공동체내에서 널리 퍼진 상반된 견해에 대한 논쟁이 거세진다. 캔디는 신의 축복을 받은 인물이고, 농부로서의 그의 성공은 적절한 날씨와 연관된 행운에 의한 것이라는 암시를 나타낸다. 숀과 캔디의 대조를 통해, 미첼은 효과적으로 캔디뿐만 아니라, 포웰리 목사와 사회적으로 영향력있는 애버크롬비 부부를 통해 구현된 종교적인 타당성의 과장된 사고를 무효화시킨다.

이러한 대조는 숀이 강을 이용한 지역 관개농업 관련 프로젝트를 벤트 캔디에게 언급할 때 가장 명확하게 나타난다. 공동체 댐 프로젝트 참여를 반대하는 캔디의 단호한 거절은 숀의 협력정신을 가로막는 방해물이다. 숀은 캔디에게 자연환경의 변화무쌍함을 있는 그대로 수용하면서 운명으로 받아들일 문제가 아니라는 것을 상기시킨다. 숀의 환경에 대한 신랄한 장광설은 계단식 농법의 미덕과 잔디를 심어 바람으로부터 유실되는 토양손실을 줄이는 토양 경작법을 찬양하고 있다. 그러나 숀은 마침내 캔디가 설득당하지 않을 것이라는 것, 즉 그가 농사를 더 잘 짓기 위한 실제적인 방법을 모색하기 보다는 온통 종교적인 활동에 골몰해 있음을 깨닫는다. 아무리 숀이 관개농법의 중요성과 환경 친화적인 농사법의 중요성을 역설해도 기도회와 집사모임에 갈 생각에만 몰두해 있는 캔디에게는 무용지물인 셈이다. 숀은 기도 모임을 위해 걸음을 재촉하는 캔디에게 "당신 영혼은 타락했어. 당신 트랙터가 내뿜는 연기보다도 더욱 검은 영혼! 빌어먹을 어두운 영혼!"이라고 소리지른다. 사실, 종교적인 위선의 관점에서 비추어 보면, 자연 앞에서 벤트 캔디의 궁극적인 몰락은 어떻게든 해석되어져야만 한다. 숀에게 전혀 도움을 주지 않는 캔디의 이기적인 모습은 앞서 살펴본 세인트 새미와의 관계, 즉 벤트 캔디의 악과 탐욕으로부터 세인트 새미를 구원하기 위하여 신이 회오리바람을 일으켰을 때 정의의 모습으로 신이 복원됨으로써 새 헛간과 농작물을 폭풍우에 빼앗기는 결과로서 드러난다.

숀은 사람들이 자연에 대한 실제적인 지식을 얻을 수 있는 자신만의 능력을 인식하기를 원하고, 더 나아가 지식의 관점에서 제대로 행동하기를 원하지만, 결국 숀의 성공 역시 제한적일 수밖에 없다. 그러나 삼촌의 부족한 면은 그의 조카인 브라이언을 통해서 보완되는데, 숀의 정신을 물려받은 브라이언은 "흙 박사"(372)가 되기 위하여 더 많은 것을 공부하기로 결심한다.

> "브라이언이 흙 박사가 되고 싶다고 말하더군요."
>
> "흙 박사라구요!"
>
> "브라이언은 도련님이 프레어리가 아프다고 말한 것을 들었더군요. 명백히 도련님은 브라이언에게 녹병에 대해 이미 어떤 조치를 취했다고 말한 적이 있을 거예요. 1935년 같은 녹병은 더 이상 일어나지는 않는다고 말이지요. 브라이언은 새로운 밀 종자에 대해서도 언급했지요. 러시아에서 개발한 다년생 밀 말이에요." (372)

숀은 형수인 매기Maggie에게 브라이언의 학교성적을 물어본 후 대학진학에 관해 좀 더 얘기를 해보자고 말한다. 브라이언이 대학에 진학한다면 프레어리 자연과 사람들 간의 역동적인 관계에 대해 더 배울 것이고, 이러한 것에 관심 있는 사람들끼리 생태학적인 의견을 교환하는 중요한 계기를 마련하게 될 것이라고 조언한다. 이는 곧 브라이언의 땅에 대한 관심이 황폐한 토양을 비옥하게 만들어 줄 수 있는 희망적인 메신저라는 것을 의미한다.

러시아에서 개발한 "새로운 밀"에 대한 브라이언의 언급은 그 시대에 농학 지식에 관한 관심의 증거이다. 1935년 깜부기병의 여파로 농작물이 폐허가 되었을 때 당시 프레어리에서 주로 경작되던 마퀴스 밀Marquis wheat의 지배는 막을 내렸고, 캐나다 서부 프레어리 환경에 걸맞는 새로운 품종이 나타나기 시작했다. 브라이언의 농작물에 관한 관심은 정부정책과 농업에 기반한 대학과의 연합을 반영하는 것으로써, 땅과 농작물, 그리고 과학적인 지식의 결합은 프레어리 농업의 발전과 번영을 예견케 한다.

브라이언이 점점 더 농학에 관심을 가지고, 프레어리가 비옥해져가는 과정은 벤 부자가 사회화되기 보다는 점차 자연화되어 가는 것과 좋은 대조를 이룬다. 왜냐하면, 벤 부자의 자연화는 도덕적이거나 교육적이거나 혹은 사회화되는 것과는 거리가 멀기 때문이다. 자연과의 결합은 오히려 이성보다는 본능에 충실한 행위이며, 부드러움과 잔인함이라는 변화무쌍한 자연현상과 연결된다. 씨 뿌리는 사람으로서 성경의 은유를 환기시키는 역할을 담당하는 디그비Digby 교장은 프레어리 공동체를 지속시키는 자발적인 가치가 벤 부자를 통해 이루어지길 바라는데, 무엇보다도 "자연적인 감정"을 동반하지 않은 채 적절한 사회적 가치를 소유할 수는 없다. 애버크롬비 부인과 같은 인물은 공동체내에서 자원봉사정신을 잘 보여주는 나무랄 데 없는 신임을 보여주고 있음에도 불구하고, 그녀는 타자를 위한 공감과 동정심이 결여되어 있다.

미첼은 브라이언을 통해 벤 일가나 애버크롬비 일가에게서 나타나는 극단적인 사고를 지양하고 사회적이고 자연적인 가치 모두를 조화롭게 재현해낸다. 즉 삼촌 숀을 통해 농업을 향상시킬 수 있는 과학적인 방법, 즉 자연을 지혜롭게 다룰 수 있는 능력과 외할머니에게 구현된 강력한 역사의식을, 어머니 매기를 통해서는 조화로운 인간관계를 확립할 수 있는 방법을, 아버지이자 약사인 제럴드를 통해서는 치유의 방법을, 그리고 디그비 교장에게서 철학적 이해력을 배운다. 브라이언을 둘러싼 공동체 사람들이 각자 갖고 있는 특성들이 어린 브라이언의 눈과 귀를 통해 학습되고, 그의 정체성을 찾아 나서는데 조력자의 역할을 하고 있다. 브라이언에게 프레어리와의 관계는 단순히 프레어리 위에서 수면을 취하고 일을 열심히 함으로써 배양되는 문제가 아니다. 다시 한번 말하자면, 비현실적인 꿈을 창조함으로써 만들어지는 것도 그러한 꿈들을 실제적인 것으로 구체화시키지 못할 때 즉각 포기함으로써 형성되는 것 또한 아니다. 대신, 프레어리 장소와의 의미심장한 관계가 실용적인 배움, 상상력을 행사하고 호기심을 표현해내는 방식, 프레어리 환경에서 지속적으로 가장 잘 살 수 있는 방법을 모색하기 위하여 더 넓은 세상과 의미심장한 대화에 관여함으로써 연마될 수 있을 것이다.

프레어리 풍경을 향한 브라이언 자신만의 태도는 소설 전체에서 변화를 겪는데, 이것은 매우 중요하다. 브라이언과 자연과의 관계가 처음에는 완전히 사적이고 신비론적인 영적 교감의 순간을 통해 강조되지만 점차 시간이 흐를수록 더 넓은 공동체적이고 지적인 주제로 나아가면서 자신만의 감정을 찾아 나선다. 흙 박사가 되겠다는 브라이언의 결심은 성숙함과 책임감의 표현으로써 자아중심적인 세계에서 타자와 더불어 사는 공동체를 향해 한 발자국 내딛고, 토포필리아적 운명으로서의 프레어리를 적극 수용하겠다는 의지의 표명이다.

## 프레어리의 힘, 같지만 또 다른 공간 만들기

브라이언은 자연적이고 문화적인 역사를 모두 지닌 심오한 지도의 일종으로서 프레어리를 인식한다. 브라이언에게 프레어리는 단순한 자연 혹은 평원 그 자체가 아니라, 자연과 사회, 인간과 그 위에 뿌리를 내리고 생존하는 사람들의 모든 문화를 아우르는 인식소의 일종으로 다가오는 것이다. 브라이언이 프레어리의 풍요로운 땅을 감상하는 것은 다층적 관점에서 이해될 수 있는데, 프레어리에 의존해 살고 있는 동식물과 사람들을 위해 비옥한 땅이 유지될 수 있을 때, 비로소 프레어리가 가족이야기, 물질적 잔존물, 개인적 상실의 연대기적이고 지속적인 저장소로서 뿐만 아니라, 생태학적 건강함의 유기체적인 물질의 원천으로서 지속될 수 있다.

어린 나이에도 불구하고, 브라이언은 학술적인 지식과 농업 실행의 풍요로운 공존상태를 보다 성숙한 태도로 이해하면서 자연과 농업에 대한 이론과 실제 모두를 두루 섭렵하는 조화로운 인간이 되어 가는데, 이때 그에게 프레어리는 창조와 파괴, 상상력의 공간이자 스스로의 직접 경험을 통해 삶의 현실을 점차 인식하도록 만든다(Harrison). 브라이언은 동물과 가족의 여러 가지 탄생과 죽음의 형태를 경험하면서 삶과 죽음의 경계를 가로지르는 경험을 한다. 브라이언의 삶과 죽음에 대한 끊임없는 관심과 의구심은 소명의식과도 연결되며, 이러한 그의 경험은 실용적인 방법으로 환경을 바라보는 역할을 한다. 제대로 된 농업을 하기 위해 농학교육을 계속 받겠다는 그의 결심은 마침내 프레어리를 더 자세히 알고 더욱 사랑하는 방법 그 이상을 의미한다.

미첼의 작품은 프레어리 공간 그 자체에 집중하면서, 프레어리를 기반으로 하는 삶이 정치적, 경제적, 종교적, 그리고 환경적인 내러티브로 확장되면서 브라이언의 시선을 통해서 어떻게 드러나는가를 잘 보여준다. 프레어리 풍경은 등장인물들이 어떻게 그것을 인식하느냐에 따라 에덴동산이나 묵시록적 황무지, 또는 토포필리아적인 운명을 지닌 공간으로도 재현될 수 있다. 그럼에도 불구하고, 화자의 언급처럼 단순하지만 불변의 진리에 해당되기에 누구에게나 똑같이 적용되는 공통점은 바로 "사람들은 영원토록 태어나고, 영원토록 죽고, 결코 다시 돌아올 수 없으며, 아버지들은 죽고 아들들이 태어난다"(310)는 것, "다른 해가 또 오고, 그리고 다시 끝난다"(378)는 반복의 연속이라는 점이다. 그러나 반복성이라는 고리타분함에 미리서 짓눌리고 좌절할 필요는 전혀 없다. 지젝(Slavoj Zizek)은 우리들이 잘못 이해하고 있는 개념, 즉 반복이 죽음을 의미하고, 생명이 다양성과 놀라운 변화들을 의미한다는 사고를 버려야 하며, 사실 가장 위대한 경이로움이나 창조 섭리의 최고의 증거는 같은 것이 계속해서 반복되는 것이라고 주장한다. 다시 한번 말하자면, 단조로움이야말로 가장 뛰어난 특별함이며, 반복은 가장 뛰어난 창조적인 노력을 요구할 수밖에 없다(Zizek). 삶과 죽음의 순환 및 사계절의 순환은 이 세상에서 가장 단조로우면서도 가장 반복적인 패턴의 연속성이자 동시에 가장 특별하고 숭고한 의미를 지닌다. 브라이언이 인식한 삶과 죽음의 순환 및 끊임없이 지속되는 반복성은 지젝의 주장처럼 "최고의 경이로움"을 깨닫게 만드는 원천인 것이다.

# 참고 문헌


Atwood, Margaret. *Survival: A Thematic Guide to Canadian Literature*. 1972. Toronto: McClelland & Stewart Inc, 2004.

Calder, Alison. "Why Shoot the Gopher? Reading the Politics of a Prairie Icon." *American Review of Canadian Studies*. Autumn 2003. web. 16 Jan. 2011. <http://findarticles.com/p/articles/mi_hb009/is_3_33/ai_n29051562/>.

Francis, R. Douglas, Chris Kitzan. *The Prairie West as Promised Land*. Calgary: U of Calgary P, 2007.

Frye, Northrop. *The Bush Garden: Essays on the Canadian Imagination*. 1971. Concord: House of Anansi P, 1995.

Harrison, Dick. *Unnamed Country: the Struggle for a Canadian Prairie Fiction*. Edmonton: The U of Alberta P, 1977.

________. *Intimations of Mortality: W. O. Mitchell's* Who Has Seen the Wind. Toronto: ECW P, 1993.

Keahey, Deborah. *Making it Home: Place in Canadian Prairie Literature*. Winnipeg: The U of Manitoba P, 1998.

Mitchell, W. O. *Who Has Seen the Wind*. 1947. Toronto: McClelland & Stewart Ltd, 2000.

Ricou, Laurence. *Vertical Man/ Horizontal World: Man and Landscape in Canadian Prairie Fiction*. Vancouver: The U of British Columbia, 1973.

Tuan, Yi-Fu. *Space and Place: The Perspective of Experience*. Minneapolis: U of Minnesota P, 1977.

Zizek, Slavoj. *The Puppet and the Dwarf: the Perverse Core of Christianity*. Massachusetts: MIT P, 2003.

## 생각해 보기

❶ 이푸 투안에 의하면, 공동체와 장소 사이의 관계는 사실 매우 밀접해서 공동체가 장소의 정체성을, 장소가 공동체의 정체성을 강화시키며, 이 관계 속에서 경관은 공통된 믿음과 가치의 표출이자, 개인 상호간의 관계맺음의 표현이다. 이러한 문제와 관련하여 미첼의 소설에서 프레어리가 지니는 의미에 대해 논의해 보자.

❷ 미국 서부 역사가인 하워드 라마는 "자연과의 투쟁을 지나치게 강조하면 개척자 정신은 찬양받지만, 삶의 구조의 중대한 요소, 즉 직업, 가족, 민족성, 종교, 동료와의 관계, 레저 등 자아실현을 위한 가장 중요한 의미들이 묵살된다"고 주장한다. 미첼의 소설에서 인간과 자연의 투쟁은 어떻게 재현되는가?

❸ 프레어리 문학 텍스트에 대한 환경론자들의 독해방식은 종종 젠더의 편향성을 드러내기도 한다. 즉 사소하고 문화적으로 부적절한 것으로서 여성인물의 집안 살림과 연관된 지식은 그 가치를 하락시키는 반면, 필수적이고 영웅적인 것으로서 남성인물의 하찮은 투쟁은 진실된 것이라고 해석하는 경향이 있다. 이러한 견해에 대해 논의해 보자.

Thomas King

# '진짜 원주민' 찾기

## — 토마스 킹의 『푸른 초원, 흐르는 강물』과 정형화

토마스 킹(Thomas King)은 1943년 미국 캘리포니아주에서 체러키(Cherokee)족 출신 아버지와 그리이스/독일계 어머니 사이에서 태어났다. 미국에서 교육을 받았으며 1980년 캐나다로 이민을 갔다. 캐나다 알버타주의 레쓰브리지 대학교(University of Lethbridge) 원주민 학(Native Studies)과 교수를 맡으면서 쓰게 된 그의 첫 소설『메디슨 강』(*Medicine River*, 1989)은 캐나다 CBC-TV에서 영화화되어 방송되었다. 두 번째 소설이며 캐나다 총독상 후보에 올랐고 소설부문 캐나다 작가상을 받았던『푸른 초원, 흐르는 강물』(*Green Grass, Running Water*, 1993)은 첫 번째와 더불어 캐나다의 대학에서 교재로도 자주 채택되고 있다. 전자가 원주민의 정형화를 해체하고 정체성을 정립하기 위한 첫 번째 단계를 나타내었다면 후자는 그 다음 단계에 해당한다고 할 수 있다. 단편 모음집인 *One Good Story, That One*(1993)은 베스트셀러가 되기도 하였다. 미국 미네소타 대학교(University of Minnesota)의 북미 원주민학과 학과장을 역임한 바 있고 현재는 캐나다 그웰프 대학교(University of Guelph) 영문학과 명예교수이다. 캐나다에서 민간인이 받을 수 있는 최고위의 훈장인 캐나다 훈장(Order of Canada)을 받은 바 있다.

원주민 출신인 그는 원주민 문제에 관심을 쏟아왔고 그의 소설은 지배적인 백인문화에서 원주민으로 산다는 것이 어떤 의미인지를 탐구해 왔다. 하지만 그는 단순히 원주민적인 것을 백인의 영향으로부터 따로 떼어내거나 원주민의 삶을 신화화하지 않는다. 그 자신이 백인과 원주민의 혈통적 배경을 가지고 있기 때문인지 그는 원주민적인 경험을 혼종적인 것으로 본다. 그는 주로 그가 10년 동안 함께 살았던 캐나다 남부 알버타 주의 블랙풋족에 대해서 쓰지만, 다양한 원주민 종족의 전통을 참고하고 있다. 또한 어느 정도 서구 소설전통에 토대를 두고 있으면서도 서구의 정전을 무너뜨리는 시도를 하고 있다. 그의 글쓰기는 우스꽝스럽게 풍자적이다. 그는 원주민의 삶에 대한 백인과 원주민 양쪽 모두의 오해를 유머러스하게 찾아내어 그에 대한 정정을 시도한다. 독특하게도 그의 산문에는 구전의 전통(oral tradition)이 살아있다. 이처럼 원주민에 대한 주변화, 정형화 등의 현상을 해학적인 방법으로 지적하고 그에 대한 교정을 시도하는 그는 현재 살아있는 최고의 북미 원주민 작가 중 한명으로 꼽히고 있다.

킹의 작품은 오랜 동안 백인 주도로 이루어져 온 원주민에 대한 왜곡된 재현의 역사를 인식하고 그것에 저항하며, 그것을 정상상태로 되돌려놓으려는 시도를 한다. 그는 인종차별주의 사회에서 원주민들이 겪는 차별과 고난에 주목한다. 그렇다고 해서 원주민을 단지 희생자로만 묘사한다든지, 원주민을 오로지 지배문화와 관련하여서만 정의하지 않는다. 그는 원주민 개인과 그가 속한 공동체 사이의 관계 묘사에도 집중함으로써 작품이 복잡성(complexity)을 상실하는 것을 경계한다. 무엇보다도, 킹은 백인문화가 창조하고 오랫동안 유지해 온 문학적 게임의 룰을 따르지 않고 원주민적인 방법으로 그 룰을 재창조하려 한다. 이를 위해서 그는 구전을 사용하고, 구약의 창조설을 고쳐 쓰거나, 반식민주의적 패러디를 제시할 뿐만 아니라, 코요테같은 초자연적 존재를 등장시켜 과감하게 인과성과 개연성을 파괴하기도 한다. 그럼에도 불구하고 이러한 전복과 파괴가 항상 따뜻한 유머를 동반한다는 것은 그만의 독특한 장점이라 할 수 있을 것이다.

이 글의 출전

「『푸른 초원, 흐르는 강물』에서 '진짜 원주민'의 문제」. 『현대영미소설』. 제17권 1호 (2010): 2~27페이지에서 수정·보완함.

# '진짜 원주민' 찾기
## — 토마스 킹의 『푸른 초원, 흐르는 강물』과 정형화

### 원주민 작가가 '진짜 원주민' 문제를 만나다

식민지는 크게 두 종류로 분류될 수 있다. 먼저 제국의 국민이 대거 이주 및 정착하여 식민지를 형성하는 경우이다. 영국인들이 정착한 북미, 호주, 뉴질랜드 등이 그 예가 될 것이다. 이와 달리, 인도의 경우에서 볼 수 있듯이 소수의 제국 관리들만이 이주하여 그들에 의해서 다수의 식민지인들이 통치되기도 한다. 첫 번째의 경우, 다수의 유럽의 백인들이 이주하여 정착한 소위 '식민지 정착자의 나라'settler nation가 되는데, 이때 백인들은 자주 그 땅에 이전부터 살고 있던 원주민들을 폭력적으로 추방하고 제거하였다. 그리하여 캐나다, 호주, 뉴질랜드의 인디언 원주민들과 남아프리카의 흑인 아프리카인들에게 이런 고통스러운 과거의 경험은 트라우마가 되었다. 이들은 오랫동안 백인 작가 및 독자에게 투명인간 같은 존재였을 뿐만 아니라 정형화된 모습으로만 나타났다. 이러한 문제를 바로 고치는 것은 원주민 작가들의 몫이라 할 수 있는데 그러한 작가들이 많지도 않았거니와 설령 있었다 하더라도 작품이 영어로 출판되기가 쉽지 않왔다.

『푸른 초원, 흐르는 강물』은 원주민 작가가 이 문제를 다룬다. 하지만 직설적이거나 논리적이 아니어서 처음 읽는 독자는 이내 혼돈에 빠지기 쉽다. 구전口傳 같은 방법을 사용함으로써 그 동안 익숙해 왔던 전통적인 서구소설의 서술 방법을 전복시킨다든지, 코요테 같은 트릭스터Trickster 인물과 네 명의 신비로운 원주민 존재들을 등장시켜 작품의 리얼리즘적 세계를 위협한다든지, 원주민의 창조설화와 북미 식민화의 역사를 서구의 기독교 창조론 및 소위 '문명화' 과정과 뒤섞어 제시하고 있기 때문이다. 그렇다고 해서 킹이 제기된 문제들에 대한 해답을 분명하게 제시하고 닫힌 결말로 작품을 마무리하는 것도 아니다. 그는 직접 가르치는 것보다 독자 스스로 깨닫게 하는 편을 택한다. 그의 소설이 방향을 가리켜주고 오솔길을 내 줄 수 있지만 그 오솔길을 따라 가면서 해석하는 것은 독자의 몫이다. 오웬스(Owens)가 적절하게 표현하듯이, "전통적인 원주민 문학에서 독자를 놀리고 괴롭힘으로써 깨달음에 이르게 하는 것이 트릭스터의 역할이라면", 킹이 바로 그의 소설을 통해 그러한 일을 하고 싶어 하기 때문이다. 그것은 지배문화에 의해 정형화된 원주민의 이미지를 교정하려는 그의 시도에서도 마찬가지이다. 이러한 시도는 작품의 곳곳에서 드러나고 있지만 작가는 문제와 답을 분명하게 언어로 표현하는 대신 위에서 말한 여러 혼돈스러운 전략을 통해 독자 스스로 깨닫게 한다.

'진짜 원주민'real Indian의 문제는 피상적으로 보았을 때 단지 사라진/사라질 (것으로 간주된) 인종에 대한 호기심의 문제와 다름없는 것처럼 보일 수 있다. 또한 북미에서처럼 유전자 검사와 문서상의 증거를 통해 원주민 혈통을 조사함으로써 해결될 수 있는 과학적인, 법적인 문제로 전락될 수도 있다. 하지만 킹은 작품을 통해 독자로 하여금 이러한 인식이 원주민에 대한 몰이해에서 나온 것임을 자각하게 한다. 사실상 이 모티프는 작품 전체에서 다른 모티프들과 긴밀하게 연결되어 있고 그 중요성은 킹의 독특한 방식으로 강조되고 있는 듯이 보인다.

## 야만적인 '진짜 원주민'의 이미지와 그 전복

피어스(Roy Pearce)는 1609년부터 1851년까지 원주민들에 대한 백인들의 지배적인 태도를 연구한 사람이다. 그의 저서 『미국의 야만인들』*The Savages of America: A Study of the Indian and the Idea of Civilization*, 1953에 따르면 백인들은 야만을 넘어 문명이 진보한다는 믿음을 견지하고 있었다. 백인 철학자들, 탐험가들, 여행가들, 식민지 관료들, 선교사들 등에 의해 형성된 원주민에 대한 개념은 유럽에서 이민 온 백인들이 일상적으로 경험하는 프런티어의 삶과 일치했고 이것이 19세기 백인들의 사고를 형성했다. 이 긴장과 적대의 시기에 백인들은 원주민에 대한 인종차별적인 이미지를 갖게 되었고 쿠퍼(James Fenimore Cooper)는 그의 소설을 통해 이러한 이미지를 대중화함으로써 영원히 지워지지 않는 원주민의 모습을 남기게 되었다. 백인들은 야만인이자 이교도인 원주민이 소멸의 운명을 타고났다고 보고 정복을 통해 그들의 땅을 길들이고 기독교로의 개종을 통해 이들의 영혼을 구원하려 하였다. 흥미롭게도 킹의 작품에서 쿠퍼의 유명한 주인공 내티 범포Natty Bumppo의 패러디된 이름으로 등장한 내스티 범포Nasty Bumppo는 원주민에 대한 낭만적인 이미지를 통해 정형화된 '진짜 원주민'의 모습을 제시한다. 그는 원주민들이 "예민한 후각"(*G* 392)을 지니고 있다고 한 후 다음과 같이 말한다.

> 원주민들은 빨리 달릴 수 있어요. 원주민들은 고통을 참을 수 있어요. 원주민들에게는 신속한 반사작용 능력이 있어요. 원주민들은 말을 많이 하지 않아요. 원주민들은 시력이 좋아요. 원주민들의 몸은 민첩해요. 이것이 모두 원주민들에게 천부적인 것이죠, 내스티 범포가 말한다.
> 흥미있군요, 늙은 여자가 말한다.
> 백인들에게는 인내심이 있어요. 백인들은 정신적이죠. 백인들에게는 인식력이 있어요. 백인들은 철학적이고요. 백인들은 세련되었어요. 백인들은 감수성이 예민해요. 이 모든 것이 백인들에게 천부적인 것이죠, 내스티 범포가 말한다.
> 그래서 백인들은 우월하고 원주민들은 열등한 것이군요, 늙은 여자가 말한다.
> 정확하게 맞혔어요. 질문 없죠? 내스티 범포가 말한다. (*G* 393)

내스티 범포는 백인과 원주민을 이분법적으로 분류한 후 확실하게 둘 사이에 우열을 가린다. 그는 "백인들은 우월하고 원주민들은 열등하다"는 말을 듣자 학생에게 확신에 차서 대답하는 선생처럼 단정적으로 긍정한 후 이 진술에 대해서 더 이상의 의문이 있을 수 없다는 듯이 자신 있게 대화를 끝낸다. 그의 표현 중에 이 모든 것이 백인들에게 혹은 원주민들에게 "천부적"인 것이라는 주장은 이러한 열등성 혹은 우월성이 타고난 것이라는 인종에 대한 본질주의essentialism적 시각을 드러내는 것이라고 할 수 있을 것이다. 또한 범포는 인디언들에게는 주로 몸과 관련된 기능이 발달되어 있고 백인들에게는 영혼 및 두뇌와 관련된 기능이 발달되어 있다고 함으로써 원주민이 야만인이고 백인은 문명인이라는 것을 암시한다. 뿐만 아니라 "원주민들은 고통을 참을 수 있다"고 하면서 백인들은 "감수성이 예민하다"든지 "인정이 많다"(*G* 393)고 하는 것은 실제로는 타인의 고통에 둔감하면서도 스스로를 동정적인 존재로 보는 백인 중심주의적인 시각을 노정한다.

"죽은 개 카페"Dead Dog Café라는 음식점을 운영하는 원주민 라티샤Latisha는 백인들의 이러한 정형화된 이미지를 이용하여 장사를 한다. 백인 관광객들은 원주민을 직접 만나 볼 목적으로 버스를 대절하여 알버타Alberta주의 블로섬Blossom으로 모여든다. 그들에게 제공되는 메뉴를 보면, "금일 특별식 개고기, 사냥개 버거, 강아지 잡탕, 핫도그hot dogs, 세인트 버너드종 멜트"(*G* 109) 등이다. 음식점은 그 입구가 스튜냄비 속에 든 개의 모습을 네온사인으로 밝히고 있을 정도로 현대화되어 있음에도 불구하고 관광객들은 '진짜 원주민'과 문화를 발견하고 싶어 한다. 관광객들을 대표하여 지넽Jeanette은 "다른 사람들이 당황스러워서 물어보기 힘든 질문", 즉 진위 여부를 묻는 질문을 라티샤에게 던진다. "사장님이 [진짜] 원주민이라고 생각해도 되겠지요?"(*G* 130). 이는 원주민 "전통 음식 중 하나"(*G* 132)인 개고기를 전문으로 파는 식당의 주인이 가짜 원주민으로 판명된다면 서로가 난처하게 될 것이기 때문이다. 은연중 '진짜 원주민'은 전통적인 원주민 문화와 밀접한 관련이 있다는 사고방식을 드러내는 부분이다. 이어서 그녀는 라티샤가 "인디언 보호구역에서 태어났는지"를 물음으로써 본격적으로 '진짜 원주민'인지의 여부를 가리기 위한 심문에 들어간다(*G* 133). 다른 관광버스가 들어오고 라티샤가 그 버스에서 내린 관광객들에게 이 근방에 관광거리가 많다고 하자 한 관광객은 "우리가 정말로 보고 싶은 것(관광하고 싶은 것)은 [진짜] 원주민들입니다"라고 함으로써 원주민이 백인의 응시의 대상, 관광의 대상으로 전락하였음을 확인시켜준다. 백인들은 그들의 응시의 대상이 자신들보다 열등한 이국적인 타자이기를 바란다. 라티샤는 그런 관광객들을 겨냥하여 식당의 내부 장식을 그들이 보고 싶어 하는 모습으로 꾸민다. 그리하여 "백인 남성들이 죽은 코끼리를 지켜보며 서 있거나, 사자의 머리를 들고 있거나, 생선을 한 줄로 엮은 긴 줄을 든 손을 쭉 뻗고 있거나, 혹은 양 손에 몇 마리씩의 오리를 들어 올리고 있는 사진들"에서 백인을 원주민과 바꾸어 붙여놓았다(*G* 109). 백인들은 야만인으로서의 원주민을 만나고 싶어 하고 라티샤는 개고기를 먹는 야만인이라는 정형화된 이미지에 맞추어 메뉴와 내부 장식을 결정했다. 특히 벽에 걸려 있는 사냥하는 원주민의 모습은 관광객들이 원하는 원주민의 이미지와 일치한다. 하지만 흥미로운 것은 그 사진들이 원래는 백인 남성들의 사냥 낚시 사진들이었고 단지 원주민과 개가 바꿔치기 되었을 뿐이라는 점이다. 이는 로우슬리(Lousley)가 지적하듯이 백인 남성의 사냥과 그 문화에 내재되어 있는 제국주의에 대한 패러디로 볼 수 있을 뿐만 아니라, 원주민의 천성으로 돌리고 있는 야만성이 임의적인 것이고 나아가서는 백인들의 것일 수도 있다는 점을 암시하고 있다고 할 수 있다.

백인의 야만성에 대한 원주민의 인식은 역사에 대한 원주민의 시각에서도 엿볼 수 있다. 백인들은 콜럼버스Christopher Columbus를 찬양하지만 원주민들은 그를 "학살자"로 지명하고(Fitzgerald), 신대륙을 발견한 대신 자신들의 터전을 "침입한" 자로 보는 것과 같은 이치이다(Mihesuah). 이와 관련하여 『푸른 초원, 흐르는 강물』의 후반부에 지진이 시작되려 할 때 원주민들과 함께 사라졌던 3대의 자동차가 댐 위에 다시 나타나서 인공호수에 떠다니는 것을 주목할 필요가 있다. 많은 비평가들이 지적하듯이, 이 자동차들은 콜럼버스의 3척의 배에 대한 패러디로서 원주민의 소원을 반영하듯 댐이 무너지면서 휩쓸려가 세상에서 사라지게 된다. 또한 백인들이 기리는 추수감사절도 원주민들에게 청교도들의 야만성을 상기시킨다. 원주민들은 백인들의 생존을 도와주었음에도 불구하고 청교도들은 원주민 조상들을 사냥하여 대량 학살하였다고 보기 때문이다(Mihesuah). 백인들의 야만성은 작품에서 캘거리 대학교 원주민 역사학 교수로 나오는 원주민 출신 알버타Alberta Frank의 강의의 한 대목에서도 적나라하게 드러난다. 그녀는 백인들이 "이 마을에서 저 마을로 다니면서 조직적으로 집을 불태우고, 말을 죽였으며, 음식 공급을 끊었고", 그리하여 원주민들이 기아와 심한 추위로 인해 마침내 항복하게 되었음을 설명한다(*G* 18). 19세기 말에서 20세기 초에 걸쳐 이루어졌던 원주민에 대한 핍박과 강제적인 조치는 이 작품에서 원주민의 터전에 댐을 건설하려는 백인들의 시도를 통해 현재에 다시 재현되고 있다.

한편, 백인 관광객들이 라티샤가 진정한 원주민인지를 의심하는 것은 그녀가 그들이 영원히 기억하고 있는 원주민의 이미지에 들어맞지 않기 때문일 것이다. 댐 전문가인 백인 시프톤Sifton도 같은 이유 때문에 원주민으로서의 엘리Eli의 정체성을 문제 삼는다. "차를 몰고 다니고, 텔레비전을 시청하며, 하키 경기를 보러 다니는" 사람이 어떻게 원주민일 수 있으며, 더욱이 "대학 교수"라는 직업은 전통적인 인종적 이미지와 전혀 어울리지 않는다는 항변이다. 뿐만 아니라 시프톤은 영어를 유창하게 하고 텔레비전을 파는 직업을 가지고 있는 것도 원주민으로서 결격사유에 해당한다고 주장한다(*G* 141). 시프톤은 원주민들을 과거의 현상으로 보고 연구하는 인류학자들과 같다. 이러한 인류학자들에게는 더 이상 '진짜 원주민'이란 존재하지 않는다. 그들은 이미 사라졌고 현재는 다만 백인문화에 동화된 원주민들만이 있을 뿐이다(Talamantez). 시프톤을 포함한 백인들은 '진짜 원주민'들을 "역사의 일부분"(Fitzgerald)으로 간주하는 것이다.

## 살아있으면서도 멸종된 '진짜 원주민'

여치Yuchi 원주민 종족에 속한 학자인 그라운즈(Richard A. Grounds)는 어느 날 도서관의 백과사전에서 자신의 종족이 멸종되었다extinct다는 글을 읽고 대경실색하게 된다. 그가 놀란 이유는 크게 두 가지 일 것이다. 첫째, 주요 문헌에서 엄연히 현재 살아있는 사람들을 더 이상 존재하지 않는 집단으로 간주하고 있다는 점이다. 이와 관련하여 그는 1986년에 나온 웹스터 사전*Webster's Third New International Dictionary*에서 "extinct"에 대한 새로운 정의, 즉 "원래의 형태로 더 이상 존재하지 않는"that no longer exists in its original form이라는 정의를 발견한다. 그리고 그에 따른 예문으로 "현재 원주민 보호구역에 살고 있는 멸종된 원주민 종족들"members of an extinct Indian people now living on a reservation이 제시되어 있음을 본다. 그는 어떻게 "현재 살고 있는"now living 존재가 "멸종된"extinct 것일 수 있는지 강하게 의문을 제기한다. 그는 이러한 현상에 이 종족을 포함한 모든 원주민들과 그 문화가 사라지기를 바라는 지배세력의 욕망이 반영되어 있다고 본다. 그가 놀란 두 번째 이유는 "멸종된"extinct이라는 형용사가 보통 동물, 화산, 생물 등에 대하여 사용되는데 인간 집단에 대해서 사용되었다는 점 때문이다. 이는 원주민을 인간 이하의 야만인으로 보았다는 것을 암시한다.

1992년에 개봉된 영화 『라스트 모히칸』*The Last of the Mohicans*의 마지막 대사에서 백인 주인공 호크아이Hawkeye의 양아버지는 자신이 "모히칸족의 마지막 사람인 칭가치국Chingachgook"이라고 선언함으로써 한 원주민 종족의 소멸을 암시한다. 하지만 1826년 원작자인 쿠퍼가 낭만화한 원주민을 묘사한 이래로 많은 세월이 흘렀지만 아직도 모히칸족은 계속 살아있다. 백인의 문명은 "모든 원주민들은 어쨌든 사라질 운명이라는 신화"에 의존하여 원주민들을 조상들의 땅에서 몰아내었다(Grounds).

알버타는 강의에서 미국 군대는 고분고분 하지 않은 원주민들을 감옥에 집어넣었다고 말한다. 강의가 끝날 때쯤 학생 한 명이 손을 들어 질문한다. "한 가지만요. 그 원주민들은 어떻게 되었어요?"(*G* 21). 그리고 다음 페이지에서 이어지는 문장은 "그 나무들은 어떻게 되었는가"(*G* 22)의 질문이다. 여기서 나무들이란 문명에게 자리를 내어준 채 잘려나간 나무들을 가리키므로(Lousley), 결국 원주민들에 대한 은유가 될 것이다. 이에 대한 답변은 4명의 신화적인 원주민들을 가둔 정신병원 원장이며 백인 제국주의자로 나타나는 조 호바(Joe Hovaugh: 기독교의 여호와를 패로디한 사람) 박사에게서 들을 수 있다. 그는 정신병원을 탈출한 네 명의 원주민들에 대해서 형사 세레노Sergeant Cereno에게 다음과 같이 답한다.

> "태초에 이 모든 것은 땅이었지요. 비어있는 땅. 내 증조부께서 구세계로부터 여기로 오셨지요. 그분은 소위 복음주의자이셨어요. 그 분이 그런 일로 돈을 버신 것은 아니죠. 그 당시에 복음주의에는 돈이 별로 없었어요. 지금과는 전혀 달랐지요. 그 분은 부동산으로 돈을 버신 거지요. 이 땅을 원주민들로부터 사셨어요."
> "[탈출한] 그 원주민들로 부터요?"
> "아니, 아니오. 그 분은 지역 원주민 종족으로부터 땅을 사셨어요. 지금 그 종족은 <u>멸종</u>extinct되었지요, 아마."
> "그게 언제였죠?"
> "1876년."
> "그런데 원주민들은요?"
> "아마 병으로 다 죽었지요."
> "그 원주민들 말고 [탈출한] 원주민들 말예요."
> "물론 말씀드리죠. 자, 옛날 기록을 보면 그들은 1891년 1월에 도착했어요."
> 세레노 형사는 한 손을 들어 올리며 천정을 바라보았다.
> "그렇다면 이 원주민들이 최소한 101세가 되잖아요." (필자의 밑줄, *G* 95-96)

조 호바 박사는 이 땅이 "비어있는 땅"empty land이었다고 함으로써 원주민 문화의 공백을 공식화하는 듯 한 발언을 한다. 뿐만 아니라 그는 그의 증조부에게 이 땅을 매매했던 원주민들은 모두 사멸되었다고 함으로써 종족의 사멸이 현실화되었음을 암시한다. 여기서 비어있는 땅이라는 것과 그 땅에 원주민들이 살고 있었다는 것 사이에는 괴리가 있다. 콜럼버스가 발견했다고 믿는 신대륙은 사실은 비어있는 새로운 땅이 아니라 이미 원주민들이 살고 있는 땅이었음을 자인하는 것이다. 또한 "태초에"In the beginning라고 표현한 것은 미국의 건국과 관련하여 믿는 신대륙 발견이 이 작품에서 반복적으로 나오는 창조 이야기들 혹은 설화들 중의 하나에 불과한 것이라는 것을 보여준다. 1876년에 땅을 샀다는 것은 같은 해 캐나다에서 통과된 원주민 법Indian Act을 가리키는 듯하다. 이 법과 함께 원주민들은 캐나다의 법에 매이게 됨으로써 정부를 통하지 않고서는 땅을 매매할 수 없게 되었기 때문이다. 원주민들이 멸종되었다고 말하는 것은 보호구역에 있는 원주민들이 '원래의 형태로 더 이상 존재하지 않는' 사람들, 즉 '진짜 원주민'이 아니라는 것을 강변하는 것이다. 또한 앞에서 언급한 강의에서 알버타는 1874년부터 군대가 원주민들을 보호구역으로 강제 이주시켰다고 했는데 그렇게 해서 남겨진 땅에 백인들이 들어왔을 때에는 '비어있는 땅'이었을 것이고 그것은 1876년쯤이었을 수 있다. 작품의 원주민들이 그들을 수감하는 정신병원으로 들어온 것은 1891년 1월이다. 그런데 이 시기는 "원주민 역사상 최악의 재난"(Hirsch)이 일어났던 때라는 것을 주목할 필요가 있다. 원주민들에 대한 알려진 마지막 대량학살인 운디드니Wounded Knee에서의 학살은 1890년 12월 29일에 일어났고, 1891년 1월에 2주간에 걸친 저항으로 인해 지치고 굶주린 생존 원주민들이 백기를 들고 돌아왔다(Hirsch). 이러한 역사적 사실에서 백인의 지배 문화가 원주민들을 자신들의 사회에 강압적으로 동화시키려 했고, 또한 동화된 원주민은 '진짜 원주민'이라 할 수 없기 때문에 원주민은 멸종되었다는 논리를 내세운 것을 알 수 있다. 이러한 그들의 입장은 시프턴의 말, 즉 "20세기에 원주민들이 돌아다닐 거라고 누가 추측이나 했겠느냐?"(*G* 141)는 말에 요약되어 있다. 정신병원은 동화, 혹은 적응하기를 거부하는 원주민들을 가둔 곳인데 이곳을 탈출한 네 명의 원주민들은 서구 문화의 시각으로 인해 왜곡된 원주민의 이미지와 문화 등을 회복시키고자 한다. 엄밀하게 따져보면 100세를 훨씬 넘긴 원주민 노인들이 아직도 살아있다는 사실은 원주민 멸종의 신화를 뒤집어엎고자 하는 작가의 의도를 반영하는 듯이 보인다.

이처럼 원주민을 멸종된 인종으로 간주함으로써 '진짜 원주민'은 과거에만 존재한다고 생각하는 것은 "과거에 병적으로 초점을 맞춤으로 인해 살아있는 사람들을 미라mummy로 만드는 것"(Grounds)이라 할 수 있을 것이다. 이 논리대로라면 '진짜 원주민'

은 시간이 흘러도 변하지 않은 존재이어야 하고, "재건할 수 없는 역사의 유물"이 아니면 결코 원주민이라 할 수 없는 것이다(Garroutte). 킹은 『푸른 초원, 흐르는 강물』에서 이처럼 과거에 고착된, 정형화된 원주민의 이미지를 전복시키고자 한다. 킹의 공격 목표는 "정형화 그 자체뿐만 아니라 정형화의 원인이 되는 무비판적인 이분법적인 생각"이다(Hirsch). 예를 들면, 와일(Herb Wyile)도 지적하듯이, 알버타의 아버지 아모스Amos는 처음에 아내에게 욕을 해대는 애처로운 술주정뱅이로 나오지만 이러한 정형화된 원주민의 인상은 이야기가 진행되며 독자의 생각 속에서 수정된다(*G* 119). 아모스는 백인 중고차 상인에게 사기당한 친구의 앙갚음을 해주며, 경건한 댄스 의상이 경찰에 압수당한 후 더럽혀진 채 돌려받았을 때 의분을 보이는 마을의 경찰 역할을 수행하기 때문이다. 킹은 이렇듯 교묘하게 왜곡된 원주민의 이미지를 수정함으로써 원주민과 백인에 대한 이분법적 사고방식을 해체한다. 정형화를 하는 집단은 정형화의 대상이 되는 집단에 대해서 우월의식을 느낀다(Mihesuah)는 점과 정형화는 "일종의 인종차별"(Mihesuah)이라는 점을 고려해 볼 때, 킹의 이러한 작업은 차별을 가하는 지배문화에 대한 도전이라 할 수 있을 것이다.

## 정형화된 패자 이미지로부터의 탈출

원주민에 대한 왜곡된 이미지의 수정은 탈출한 네 명의 원주민들이 주도한다. 그들은 "세상을 올바르게 잡기 위해" 병원에서 나왔다. 세상이 왜곡된 이유는 원주민들에게 백인들의 권위를 강요한 결과이다(Lamont-Stewart). 그들의 임무는 할리우드 서부영화의 결말을 바꾸는 것을 통해 가장 잘 설명된다. 영화사는 백인대중이 보고 싶어 하는 방식으로 원주민을 그려냄으로써 많은 이익을 남긴다. 그렇기 때문에 서부영화에서 주인공으로 나오는 존 웨인John Wayne은 항상 이기고 반면에 원주민은 예외 없이 패자가 된다. 원주민은 폭력, 빈곤, 알코올과 밀접히 연결되어 있고, 항상 "패자"의 자리에 서

있다. 변호사 찰리Charlie Looking Bear가 자신의 종족인 원주민들로부터 거리를 두는 것은 바로 "패자"의 낙인으로부터 벗어나기 위해서이다(Hirsch). 그의 아버지 포트랜드Portland Looking Bear는 서부영화에서 원주민 역을 맡은 몇 안 되는 원주민 배우들 중 한 명이었다. 하지만 그의 코가 원주민의 정형화된 코보다 작았고 그에 대한 해결책으로 제시된 고무 코rubber nose를 붙이기를 거부하여 그는 원주민의 배역을 이탈리아인에게 빼앗기고 이후 고단한 삶을 살아가지 않으면 안 되었다. 여기서 눈여겨볼 대목은 백인들은 원주민보다 이탈리아인에게 더 진정한 원주민의 정체성을 부여했다는 점이다. 그것은 물론 대중의 의식 속에 고정되어 있는 원주민 코의 크기 때문이지만, 흥미로운 점은 "지배적인 인종 집단인 백인들이 누가 원주민이고 아닌지를 결정하는 중요한 역할을 한다"는 것이다(Fitzgerald). 어쨌든 아들 찰리는 그런 굴욕적인 삶을 살아 온 아버지 같은 "패자"의 이미지, 원주민의 또 다른 정형화된 이미지로부터 벗어나기를 바란다. 이렇게 왜곡된 원주민의 이미지를 바로 잡기 위하여 네 명의 원주민들은 전자제품 가게에서 비디오를 통해 상영되는 서부영화의 결말을 수정한다. 이 수정된 영화에서 총탄이 영원한 승자였던 존 웨인의 가슴과 가죽 재킷을 관통하자 항상 패자였던 원주민들이 승리자가 된다. 이 영화에서 추장으로 등장하는 찰리의 아버지는 처음으로 할리우드 감독의 지시를 받지 않은 채 백인들을 물리치게 되고, 찰리는 그런 아버지에 대한 자부심으로 가득 차서 "아빠, 다 무찔러버려요"라고 소리 지르게 된다(*G* 322). 그동안 세대에서 세대로 이어지면서 백인들의 지시를 받아 정형화된 역할만을 수행해 온 원주민들의 모습과는 전혀 딴판인 아버지의 새로운 모습 때문이다.

포트랜드 못지않게 영원한 패자의 낙인이 찍힌 사람이 있다면 동화된 원주민의 전형이라 할 수 있는 라이오넬Lionel Red Dog일 것이다. 네 원주민들이 병원을 탈출한 동기 중의 하나는 바로 그의 삶을 새롭게 해주기 위해서였다. 그동안 그는 가는 곳마다 곤경에 처하는 삶을 살아왔다. 이제 40번째 생일을 맞이하는 그는 전망이 없는 직업에서 헤어나지 못하고 있고 알버타와 결혼하기를 원하지만 그녀를 설득하지 못하고 있는 실정이다. 그에게 미래는 어둡기만 하고 호전될 가능성은 전혀 보이지 않는다. 이러한 그를 변화시키기 위해서 네 명의 원주민들은 상황을 설정한다. 라이오넬은 보호구역에서 원주민의 전통적인 태양 춤Sun Dance 축제를 이용하려 하는 기회주의적인 백인 사진기자에 맞서 블랙풋족의 문화적 전통의 가치를 적극적으로 보호하게 된다. 라티샤의 백인 남편 조지 모닝스타George Morningstar가 태양 춤 축제의 사진을 찍어 규칙을 위반하자 엘리가 카메라에서 필름을 제거하려 하고 이를 조지가 제지하려 하자 라이오넬이 몸으로 대담하게 그를 막아선다. 그의 인생 처음으로 그는 어떤 가치를 위해서 스스로 용기 있게 나서는 모습을 보인 것이다. 이것은 포트랜드가 영화에서 정형화된 원주민의 모습에서 벗어나 '카우보이'들을 물리치는 것과 유사한 장면이다. 또한 네 원주민들은 라이오넬의 생일선물로 그의 영웅이었던 존 웨인의 자켓을 선물한다. 그런데 그에게 주어진 재킷은 수정된 영화에서 총탄이 뚫고 지나간 구멍 난 옷이다. 그렇다면 이 옷의 선물에는 어떤 의미가 있는 것일까? 먼저 의복을 입는다는 것은 정체성과 밀접한 관련이 있음을 주목할 필요가 있다. 원주민의 총탄에 의해 구멍이 뚫린 백인 영웅의 옷을 생일날에 입는다는 것은 백인문화에 동화되는 대신 그것에 저항하는 새로운 사람으로 태어난다는 암시인 듯이 보인다. 라이오넬은 문화제국주의의 선봉에 선 할리우드에서 제작한 서부영화의 영향으로 영원한 승자인 백인 영웅, 존 웨인을 숭배해 왔고 그가 승리한 전쟁터에서 입은 옷을 입기를 원해왔지만 —비유적으로 표현하면, 백인 같은 사람이 되기를 원해왔지만— 이제 그 백인 영웅의 패배를 상징하는 옷을 입게 된 것이다. 물론 이 모든 것이 네 원주민들이 라이오넬의 삶을 바꾸기 위해서 연출한 것이고 이후 라이오넬이 얼마나 변했는지는 작품에 확실하게 나와 있지는 않다. 다만 작품의 결말 부분에서 댐이 무너지고 엘리가 지키고자 했던 오두막이 파괴된 후 라이오넬은 오두막을 다시 짓는 일에 동참하고 "그 오두막에서 한 동안 살겠다"고 함으로써(*G* 423), 최소한 가족과 원주민 종족, 나아가서는 그 집단의 가치관을 중시하는 모습을 보인다. 이는, 골드만(Mariene Goldman)이 찰리, 알버타, 라이오넬로 대표되는 젊은 원주민 세대에 대해 지적하듯이, 몇 세대에 걸쳐 백인들이 시키는 대로 판에 박힌 역할을 맡아옴으로써 방향감각 혹은 목표를 상실한 삶을 살았던 젊은 원주민들의 모습에서 벗어나 어느 정도 변화된 자세를 보여준 것이라고 하겠다(*G* 28).

## ♣ 엘리의 '진짜 원주민' 되기

라이오넬이 존 웨인에 대한 환상을 품었고 백인이 되고 싶었듯이, 그의 외삼촌 엘리도 그보다 먼저 그런 꿈을 꾸었었다. 이런 맥락에서 노마Norma가 남동생인 엘리와 조카 라이오넬의 유사성을 열거하는 것은 주목할 만한 가치가 있다. 노마는 라이오넬을 보면 그의 외삼촌 엘리가 생각난다는 말을, 라이오넬의 표현대로라면, "최소한 수백 번"(*G* 62) 혹은 "4, 5백번 정도"(*G* 342)했다. "엘리 외삼촌도 너처럼 대학을 갔지. 단지 외삼촌은 박사학위를 받고 졸업했다는 점이 다르긴 하지만 말이다. [ . . .] 꼭 너처럼, 외삼촌은 옷을 잘 차려입었지. 구두를 광을 잘 내서 내려다보면 거기에 하늘이 비칠 정도였어. [ . . .] 네 삼촌은 백인이 되기를 원했어. 꼭 너처럼"(*G* 36). 엘리 자신도 라이오넬에게 "내가 네 나이였을 때 난 너와 많이 비슷했지"(*G* 342)라고 고백한다. 둘의 닮은꼴은 작품의 말미에서 엘리가 죽은 후 라이오넬이 새로 지은 오두막에서 "외삼촌 엘리처럼"(*G* 423) 살고 싶다고 하는 부분에서 다시 한 번 부각된다. 엘리는 토론토에 가서 영문학 교수가 되었고 백인 여자와 결혼하였다. 그는 어느 날 태양 춤 축제에 "흰 셔츠와 바지, 그리고 환상적인 구두"를 신고 백인여자를 데리고 나타났다(*G* 62). 그가 되고 싶었던 백인에의 열망이 백색의 옷과 백인 아내의 모습으로 가시화되어 나타났는지 모른다. 라이오넬도 비록 사회적으로 인정받는 직업을 갖지는 못했지만 물질주의와 소비문화 사회를 단적으로 나타낸다고 할 수 있는 전자가게에서 텔레비전 세일즈맨으로 일함으로써, 백인 문화에 깊숙이 들어가 있음을 보여준다. 혹은 둘은 지배문화의 논리를 내재화해서 "검은 피부"로 상징되는 자신들의 열등성을 극복하기 위해 "백색의 가면"을 쓰고자 했는지 모른다.

그런데 그런 엘리가 은퇴한 후 조상의 땅으로 돌아왔다. 그는 원주민의 땅에 어머니가 손수 지은 오두막으로 돌아와서 백인문화에 홀로 맞서는 "영웅"이 된 것이다(G 62). 어떻게 이렇게 극적인 전환이 일어나게 되었는지에 대해 엘리는 분명하게 밝히지 않는다. 다만 태양 춤 축제로 라이오넬을 태워 데려가는 길에 그는 조카에게 자신이 원주민들과 전통을 떠나 백인으로 살아왔던 삶이 잘못되었다는 것을 넌지시 암시한다. 그에게 "원주민 구역 너머의 세상은 넓고 할 일은 많은 것처럼 보였지만"(G 342), 그것은 잘못된 생각이었다(G 343). 그가 조카에게 묻는 질문, "내가 왜 고향으로 돌아왔는지 말했던가?"에 대한 답은 텍스트에 나와 있지 않다. 라이오넬도 "외삼촌은 태양 춤 때문에 고향으로 돌아오신 것도 아니고 외할머니가 돌아가셔서 그런 것도 아니라고 말씀하셨어요"(G 421)라고 밝힌다. 노마의 말대로 그의 귀향은 그의 마음이 시키는 대로 한 것이지, 단순히 태양 춤이라는 행사에 매료되어서도 아니고 오랫동안 찾아뵙지 못한 어머니와 관련된 감정 때문만도 아닐 것이다. 그것은 다분히 자신이 누구인가를 깨닫는 것(Hirsch), 즉 그의 정체성과 관련되어 있을 것이다. 비록 엘리 자신은 오두막에 혼자 살고 있는 자신을 "원주민이 되고 싶었던 백인" 쏘로우Thoreau에 빗대어 생각해 보기도 하지만, 후자가 그러한 삶을 단지 "사회적 실험"으로 생각하고 그렇게 심각한 태도로 감행한 것은 아니었다든지, 그런 삶이 단지 어느 정도 여유로운 중산층이 도시를 떠나 자연에서 바람이나 쐬는 것이었다는 점에서 그의 입장과 다르다(G 285). 그의 귀향은 쏘로우의 실험과 달리 심각한 것이었기 때문이다(G 285).

그것은 그가 홀로 댐과 그것이 상징하는 서구의 거대 권력에 맞서는 것이었다. 댐은 백인의 과학과 기술이 집약된 것으로 원주민들이 보호하고 싶어 하는 땅과 환경을 해친다. 그는 그랜드 벌린 댐Grand Baleen Dam의 방수로에 위치해 있는 어머니의 오두막집이 파괴될 계획으로 있다는 것을 알자 공권력에 맞서 땅문서를 양도하기를 거부한다. 댐의 기능은 엘리의 저항으로 인해 정상화되지 않는다. 비록 인생의 후반부에 감행한 일이기는 하지만 그는 목숨을 걸고 그가 그 동안 속해 왔고 나아가서 건설하는 데 일조하기까지 했던 서구문명과 맞서고 있다. 결국 코요테의 도움으로 댐은 파괴되고 강은 옛날의 흐름을 되찾게 된다.

여기서 주목할 점은 댐이 원주민의 '멸종'에 대한 백인들의 욕망이 현실화된 것이라는 점이다. 백인들이 개발이라는 이름으로 원주민 지역에 건설하고 있는 댐은 서구의 과학 문명을 상징하는 것으로 원주민의 자연을 위협하는 존재이다. 무엇보다도 심각한 것은 댐이 완성된 후 강물이 흘러내리지 않으면 미루나무가 죽을 것이고 그렇게 되면 원주민의 전통문화인 태양 춤 행사에 필요한 미루나무를 구할 수 없게 되며 자연히 행사는 사라지게 된다는 것이다(*G* 376). 결국 댐의 건설, 다시 말해서 백인에 의한 자연의 개발은, 블랙풋 원주민의 문화를 금지하는 것과 같은 효과를 나타낸다고 할 수 있다. 원주민 문화의 소멸은 곧 원주민의 소멸과 밀접한 관련이 있음은 말할 필요가 없을 것이다. 왜냐하면 한 원주민의 표현대로 "축제는 [원주민을] 독특한 정체성을 가지는 존재로 만드는 일부분이기" 때문이다(Garroutte). 따라서 댐은, 앞서 알버타가 강의에서 언급했듯이, 원주민을 강제 이주시키기 위해 그들에게 폭력적으로 작전을 개시했던 것과 맥을 같이 하고 있다고 볼 수 있다. 그들은 또다시 원주민을 그들의 땅으로부터 몰아내어 그곳을 "비어 있는 땅"으로 만들고 거기에 댐이 상징하는 과학과 문명을 채우려 하는 것이다. 이것은 원주민들이 기독교적인 토양의, 자본주의/상업주의에 뿌리를 둔, 제국주의적/가부장적 서구 문화에 의해 서서히 자신들의 모습을 상실해가는 과정을 단적으로 보여주는 예라고 할 수 있다. 엘리는 자신도 모르게 역사 속의 '진짜 원주민'처럼 자신들을 멸종시키려 하고 있는 백인의 세력에 맞선 것이다. 강물을 막음으로써 나무를 죽이는 것은 그 동안 문명화나 개발의 이름으로 백인들이 원주민의 터전에 감행해 온 일이었다. 백인 제국주의를 대표하는 조 호바 박사가 책상에 앉아서 병원 정원을 내려다보며 기뻐하는 장면(*G* 16)은 성경에서 여호와가 에덴동산을 보고 "좋았더라" 라고 한 것을 패러디 한 것으로, 이 정적인 에덴동산의 이미지는 "생태학적인 파괴와 토착종 저항의 폭력적인 역사"를 은폐하고 있다(Lousley). 아내가 그에게 선물했던 "식민지풍의" 그 책상은 아내가 경매를 통해 구해 "표면을 벗겨내고 수선한 후 블론드(금발)색으로 칠한"stripped, repaired, stained blond 것이다(*G* 16). 호바 박사는 그만큼 거대한 나무판을 발견해낸 아내의 안목을 칭찬했다. 그 책상은 그에게 "그루터기까지 잘린 나무"를 상기시켰다(16). 앞에서도 언급했듯이 나무는 원주민에 대한 은유이고, 잘린 나무로 만들어진 책상은 "식민지시대의 삼림벌채와 이와 연관된 원주민의 박해, 이주, 강제적인 동화의 기억"을 품고 있다(Lousley). 그의 아내가 책상을 구한 후 "표면을 벗겨내고", "블론드 색으로" 칠했다는 대목에서는 백인들이 원주민의 문화와 정체성을 벗겨내고 백인 문화에 동화시키려고 했음을 읽을 수 있다. 그러한 강제 이주 과정에서 권력에 저항한 원주민들이 이 호바 박사가 운영하고 있는 정신병원에 감금되어 있었던 것인데, 세월이 흐른 후 이제 엘리가 태양 춤의 나무를 그루터기까지 잘라내려고 하는 공권력에 저항하고 있는 것이다. 그것은 다른 측면에서 보면 "모든 원주민들은 어쨌든 사라질 운명이라는 신화"에 대한 도전이며 '진짜 원주민'의 존재를 과거사로 돌리려고 하는 백인 문명에게 현재에도 원주민 문화를 지키기 위해 저항하는 '진짜 원주민'이 존재한다는 것을 보여주는 것이라 하겠다. 그리고 그의 뒤를 이어 그를 닮은 라이오넬이 그 자리에 설 것이라는 것은 충분히 예측해 볼 수 있고, 이것은 작가 킹이 '진짜 원주민'은 백인들의 위협에도 불구하고 계속 존재할 것이라는 것을 주장하는 것으로 볼 수 있을 것이다.

## 왜 인종성은 불변이라고 하는가

대부분의 원주민들은 그들에게 주어진 "특정한 땅에 대한 강한 소속감"을 느낀다(Talamantez). 원주민들에게 땅과 정체성은 사실상 동일한 것이라고 할 수 있을 정도로 불가분의 관계를 맺고 있는 것이다(Garroutte). 따라서, 비록 엘리가 왜 그 땅으로 돌아왔는지를 명백하게 밝히고 있지는 않지만 그가 원주민 문화의 중요성을 이해하고 있다는 점에서 그의 귀향이 그의 정체성과 무관하지 않다는 것을 알 수 있다. 특히 원주민들의 땅에 대한 관계는 마치 "어머니와 자식" 같은 관계이어서(Mann) 그들이 문자적으로 그 땅으로부터 태어났다고 믿는 것은 주목할 만한 가치가 있다. 엘리가 돌아온 고향의 땅은 어머니의 오두막이 있던 곳으로 그 땅은 그에게 곧 어머니나 다름없었기 때문이다. 원주민은 그러한 땅을 성스럽게 여기고(Mann), 그 지역 동식물의 생태 환경을 보호해야 했다(Talamantez). 당연히 과학과 기술, 물질주의가 땅과 그 지역의 동식물에게 해를 끼칠 때 원주민이 이에 저항하는 것은 이상한 일이 아닐 것이다. 그런 점에서 엘리가 댐의 개발에 맞선 것은 그가 '진짜 원주민'의 태도를 보여준 것이라고 할 수 있다. 이는 정형화된 이미지가 원주민으로서의 그의 진정성을 판단할 기준이 될 수 없다는 것을 보여준다. 왜냐하면 그 이미지는 고정된, 불변의 것으로 과거에만 존재하는 것인데 인간과 문화는 끊임없이 변하기 때문이다. 산도발-산체스Sandoval-Sanchez는 이처럼 진위 여부를 따지는 것의 위험성은 "그 문화를 무역사적, 무정치적 영역에 묶어둠으로써", "정형화에 개방하는 것이고", "진행 중인 역사적 과정과, 문화적 창의성 및 사회적 변화 사이의 타협을 무시하는 것"이라고 하면서, 진정성authenticity이란 "사회적 문화적 구조물"social and cultural construction로 볼 것을 요청한다. 핏제랄드Fitzgerald 역시 인종성을 불변의, 객관적인 것으로 보는 것은 인종에 대한 19세기적 정의에 토대를 둔 것으로 인종은 "사회적, 정치적, 법률적 구조물"이라는 현재의 개념과 완전한 대조를 이룬다고 지적한다. 이와 같은 과거의 인종 개념으로 보면 원주민은 영원히 인종적인 서열에서 하위의 종속적인 위치를 벗어나지 못할 것이다. 엘리가 저항하고 있고 이 작품의 작가가 도전하고 있는 것은 단순히 정형화가 아니라 바로 이러한 인종적 서열화의 현실일 것이다.

## 참고 문헌

Fitzgerald, Kathleen J. *Beyond White Ethnicity: Developing a Sociological Understanding of Native American Identity Reclamation*. Lanham: Lexington Books, 2007.

Garroutte, Eva Marie. *Real Indians: Identity and the Survival of Native America*. Berkeley: U of California P, 2003

Goldman, Mariene. "Mapping and Dreaming: Native Resistance in *Green Grass, Running Water*." *Canadian Literature* 161/162 (1999): 18-41.

Grounds, Richard A. "Yuchi Travels: Up and Down the Academic Road to Disappearance." *Native Voices: American Indian Identity & Resistance*. Ed. Richard A Grounds, George E. Tinker, & David E. Wilkins. Lawrence: UP of Kansas, 2003. 290-317.

Hirsch Bud. "Stay Calm, Be Brave, Wait for the Sign": Sign-offs and Send-ups in the Fiction of Thomas King." *Western American Literature 39* (2004): 145-75.

King, Thomas. *Green Grass, Running Water*. Toronto: HarperCollins, 1994.

Lamont-Stewart, Linda. "Androgyny as Resistance to Authoritarianism in Two Postmodern Canadian Novels." *Mosaic* 30.3 (1997): 115-30.

Lousley, Cheryl. "'Hosanna Da, Our Home on Natives' Land': Environmental Justice and Democracy in Thomas King's *Green Grass, Running Water*." *Essays on Canadian Writing* 81 (2004): 17-44.

Mann, Henrietta. "Earth Mother and Prayful Children: Sacred Site and Religious Freedom." *Native Voices: American Indian Identity & Resistance*. Ed. Richard A Grounds, George E. Tinker, & David E. Wilkins. Lawrence: UP of Kansas, 2003. 194-208.

Mihesuah, Devon A. *American Indians: Stereotypes & Realities*. Atlanta: Clarity Press, 1996.

Owens, Louis. *Mixedblood Messages: Literature, Film, Family, Place*. Norman: U of Oklahoma P, 1998.

Pearce, Roy. *The Savages of America: A Study of the Indian and the Idea of Civilization*. Baltimore: Johns Hopkins UP, 1953.

Sandoval-Sanchez, Alberto. "Paul Simon's *The Capeman*: The Staging of Puerto Rican National Identity as Spectacle and Commodity on Broadway." *Latino/a Popular Culture*. Ed. Michelle Habelle-Pallen and Mary Romero. New York: New York UP, 2002. 147-61.

Talamantez, Inés. "Transforming American Conceptions about Native America: Vine Deloria, Jr., Critic and Coyote." *Native Voices: American Indian Identity & Resistance*. Ed. Richard A Grounds, George E. Tinker, & David E. Wilkins. Lawrence: UP of Kansas, 2003. 273-89.

Wyile, Herb. "'Trust Tonto': Thomas King's Subversive Fictions and the Politics of Cultural Literacy." *Canadian Literature* 161/162 (1999): 105-24.

## 생각해 보기

❶ 백인들은 원주민의 야만성을 믿지만 원주민 작가는 오히려 백인들의 야만성을 드러낸다. 이러한 차이는 역사인식에서도 드러나는데, 예컨대 백인들은 콜럼버스(Christopher Columbus)를 신대륙 발견자로 찬양하지만 원주민들은 그를 침입자로 본다. 한국의 역사와 관련하여 이러한 인식의 차이가 드러나는 예를 이야기하여 보자. 두 시각 중 어느 쪽을 지지하는가? 이유는?

❷ "진짜 한국인"의 정형화된 고정된 이미지는 무엇이고 그 이미지와 다르게 변화된 한국인의 이미지는 무엇인가? 누가 혹은 어떤 집단이 주로 갇혀있는 고정된 한국인의 이미지에 집착하는가?

❸ 인종성과 문화는 변화한다고 하는 주장에 동의하는가? 과거와 현재에 인종과 문화를 고정된 것으로 보는 예를 들어보자. 다문화주의 사회로 발전해 가는 우리나라의 현실과 관련하여 그러한 현상이 가져오는 문제점도 이야기하여 보자.

Margaret Atwood

# 여성의 역사 다시 쓰기

## — 마가렛 애트우드의 『눈 먼 암살자』

캐나다에서 태어나 토론토 대학과 하버드 대학에서 영문학을 전공한 마가렛 애트우드(Margaret Atwood)는 총 20편이 넘는 소설과 시집, 단편 모음집, 아동문학 작품, 수많은 에세이들과 리뷰, 그리고 문학 및 문화비평서들을 세상에 내놓았다. 애트우드는 캐나다 출판 산업에서 '애트우드 산업'과 '애트우드 현상'이라는 말이 있을 정도로 세계문학 시장에 큰 영향을 준 작가로 우리 시대의 중요한 문학적 기록자 중의 하나라 말할 수 있다. 그녀의 작품 중 『핸드메이드 이야기』(*The Handmaid' s Tale*, 1985)가 1990년에 영화화 되고 세계 각국에서 30여개 언어로 번역되어 출간되면서 베스트셀러 작가로 명성을 얻게 된 애트우드는 2000년에 출간한 『눈 먼 암살자』(*The Blind Assassin*, 2000)로 부커상(Booker Prize)을 수상하면서 캐나다를 대표하는 작가로 자리 잡게 된다.

애트우드가 작품 활동을 시작할 무렵인 1960년대 말의 캐나다는 미국과 구별되는 독자적인 국가적 정체성 확립을 선도할 작가를 절실히 요구하고 있었던 시기였다. 이에 애트우드가 캐나다 문학 전반을 대표하는 작가 중 하나로 분류되지만 이를 비판하는 캐나다 내부의 목소리도 분명 존재한다. 캐나다 남성작가와 남성 문학 비평가들은 애트우드가 캐나다 출신 작가라는 언급 없이 미국 작가 속에 포함되어 미국문학 교과과정에서 다루어지는 것을 비판한다. 즉 이들은 애트우드의 문학이 과연 캐나다의 정체성을 충분히 의식하는 가운데 이를 작품을 통해 구현하고 있는가라는 점에 회의적인 입장을 보인다는 것이다. 하지만 애트우드의 소설은 정체성 형성과정에서 나타나는 인간의 권력관계에 주목하면서, 부모와 자식 사이, 남녀 사이 또는 동성 친구 사이에서 발생하는 불평등하고 폭력적 측면을 지닌 권력의 문제를 다루고 있으며, 이를 통해 애트우드는 직간접적으로 그녀의 작품에서 항상 캐나다란 무엇이며 캐나다인이란 무엇인가에 대한 탐색을 모색한다.

특히 애트우드 스스로 자신은 페미니스트가 아니라 말하고 있음에도 불구하고 그녀의 작품은 가부장제의 문화적 코드에 종속되어 상처 입은 여성의 모습을 여과 없이 드러내 줌으로써 서구의 남성중심 문명 담론이 여성을 어떻게 배제시키며 권력의 변두리로 밀어냈는지를 보여준다. 그녀의 작품에서 드러나는 여성의 일반화에 대한 애트우드의 저항은 여성의 삶의 방식을 결정하는 개개의 역사와 문화의 중요성에 대한 그녀의 인식에서 비롯된다. 또한 애트우드는 그녀의 작품에서 권력에 대한 인간행동의 복잡함과 특이성을 재현하고 있다. 애트우드는 권력에 대한 변증법과 이데올로기의 구조에 대한 분석에 관심을 가지고 있으며, 언어의 역동적인 힘에 관심이 있는 작가라 할 수 있다. 즉, 애트우드는 그녀의 작품에서 여성 문제 뿐 만이 아닌 인간제반의 문제에 대한 세밀한 묘사를 통해 독자 일반의 사고의 변화를 유도하고 있다는 점이 돋보인다.

애트우드는 그녀의 작품에서 캐나다와 캐나다의 정체성, 여성의 문제 이외에도 미국과의 관계, 환경문제, 인권문제 등의 다양한 주제를 폭넓게 다루고 있으며, 현재 국제사면위원회, 캐나다 작가협회, 민권운동연합회 등에서 활발하게 활동하고 있다. 애트우드의 대표작품으로는 『핸드메이드 이야기』와 『눈 먼 암살자』외에 『떠오르기』(*Surfacing*), 『신탁 여인』(*Lady Oracle*), 『고양이 눈 구슬』(*Cat' s Eye*), 『일명 그레이스』(*Alias Grace*), 『오릭스와 크레이크』(*Oryx and Crake*), 『홍수』(*The Year of the Flood*) 등이 있다.

• 이 글의 출전

「역사 다시 쓰기-『눈 먼 암살자』에 나타난 주체성 회복 전략」. 『영어영문학21』. 제27권 3호 (2014): 210~29페이지에서 수정·보완함.

# 여성의 역사 다시 쓰기

## ― 마가렛 애트우드의 『눈 먼 암살자』

### 캐나다의 문학적 정체성에 대해 묻기

일찍이 미국과 더불어 개척이민국으로 시작된 캐나다는 처음에는 프랑스의 식민지였다가 영국의 식민지로, 그리고 영국으로부터 독립하자 이번에는 미국의 경제적 식민지로 변화하면서 끊임없이 국가적 정체성의 위기를 겪어 온 독특한 나라이다. 그래서 캐나다는 역사상 정치적, 경제적, 문화적 측면에서 한 번도 중심이 되어보지 못하고 언제나 주변에 머물러 왔다는 점에서, 캐나다 문학 비평가이자 전기 작가인 스타웍(David Stouck)은 캐나다 인들에게 문학적 상상력이란 전통적으로 인간 경험의 가능성보다는 오히려 인간경험의 한계적 측면에 더 초점을 맞춘다고 분석한다. 문학사적으로 보았을 때에도 캐나다 문학비평가인 드보락(Marta Dvorak)이 정리한 캐나다 문학사 계보를 통해 알 수 있듯이, 1930년대에 이르러 캐나다 국가의식이 작품 속에 나타나기 시작했지만 그마저 시집에 국한되었고 1960년대에 이르러서야 비로소 미국문학과 구별되는 포스트 모더니즘적 소설들이 해외시장으로 진출하면서 캐나다 문학의 분류가 형성되었다고 볼 수 있다.

영국의 전식민지로서 그리고 미국의 거대한 문화에 노출되어 있는 주변국가로서 캐나다는 그 두 중심문화와 연결되어 있으면서도 동시에 영미문화와의 거리 두기를 요구하기 시작한다. 즉 영미문화를 전면부정하고서는 존재할 수 없는 나라인 캐나다는 그럼에도 불구하고 그 지배문화와 중심문화를 해체하고 거기로부터 벗어나려는 경향을 보인다. 캐나다에서 태어난 문학이론가인 린다 허천(Linda Hutcheon)은 이런 캐나다의 상황을 매우 '포스트 모던적'이라고 규정하며, 특히 포스트모던 리얼리즘을 강조한다. 그녀는 인터뷰에서 캐나다 문학의 지배사조는 언제나 리얼리즘이었고 포스트모더니즘은 그런 리얼리즘의 한계를 비판하지만, 캐나다 문학은 리얼리즘을 버리지는 못하고 리얼리즘의 강렬한 힘을 빌려 당시의 지배문화를 비판하면서 등장했다고 주장한다. 그래서 캐나다에서는 리얼리즘과 포스트모더니즘이 이상적으로 결합되어 포스트모던 리얼리즘이 산출되었다(김성곤).

1960년대 이후의 캐나다 문학을 대표하는 작가 중 하나인 마가렛 애트우드(Margaret Atwood, 1939- ) 역시 이러한 포스트모던 리얼리즘 작가라 할 수 있다. 애트우드는 미국에서 공부하던 중 사람들이 자신의 조국인 캐나다에 대해 아무것도 모른다는 것을 인식하게 되면서 미국과 별개로 캐나다라는 나라를 정의할 수 있는 무언가가 필요하다는 것을 인식하게 된다. 유럽이나 미국과 구별되는 캐나다 정체성을 모색하고 확립하는 데 주력해 온 애트우드에게 '캐나다인이라는 것은 무엇이며 캐나다는 무엇인가'라는 질문은 지극히 중요한 문제일 수밖에 없다. 애트우드의 『생존: 캐나다 문학의 주제 연구』*Survival: A Thematic Guide to Canadian Literature*, 이후 『생존』으로 표기함는 이러한 문제인식에서 출발한 책이라 할 수 있다. 애트우드는 『생존』에서 캐나다 문학 작품을 분석하는데, 캐나다의 문학작품에서 그려지는 주인공은 생존자로 살아남지만, 패배자 혹은 실패자로서 재현된다고 말한다. 결론적으로 애트우드에게 캐나다의 문학작품의 등장인물들은 모두 자신은 희생자이지만 자신이 그것에 관해 할 수 있는 것은 아무것도 없다는 생각에서 자유롭지 못하다는 것이다.

『생존』은 출판되자마자 격렬한 비판을 불러일으켰는데, 캐나다 내에서 『생존』은 캐나다문학에 대한 경멸이자 도전으로 받아들여졌기 때문이다. 하지만 애트우드의 글쓰기는 그동안 거의 전무하다시피 했던 캐나다 문학비평에 대해 주의를 환기시켰고 캐나다인들의 정체성을 확립하는 중요한 계기를 마련했다. 또한 『생존』의 출판 이후 캐나다 내에서 캐나다 문학의 정체성에 대한 활발한 논의가 진행되었다는 것은 매우 고무적인 현상이라 할 수 있다.

애트우드의 열 번째 소설이자 부커상Booker Prize 수상작이기도 한 『눈 먼 암살자』*The Blind Assassin*에서는 우선 실패자로 재현되는 여성인물들이 자신들의 한계를 그대로 받아들이는 수동적인 모습을 보인다. 하지만 애트우드는 『눈 먼 암살자』에서 수동적인 실패자로 재현된 여성인물들의 모습만을 보여주는 것이 아니라 인간의 인식구조와 사회구조 속에 숨어 있는 젠더와 정치권력, 그리고 그것들을 극복할 수 있는 언어의 가능성을 탐색한다. 애트우드는 이 세상이 정치적인 권력의 이데올로기에서 자유로울 수 없다는 것을 밝히면서 정치란 권력이라고 주장한다. 애트우드는 항상 권력의 정치학의 형태로 해석하고 있는 남성과 여성사이의 관계, 여성의 삶, 여성의 몸과 환상, 여성의 정체성 추구와 더불어 캐나다의 국가적 정체성을 구현하고자 하는데, 그녀는 『눈 먼 암살자』에서 캐나다 사회 내에 개인과 국가의 정체성 형성을 방해하는 감시체계가 있음을 주장한다. 프랑스 구조주의 철학자 미셸 푸코(Michael Foucault)에게 권력의 행사 조건은 지속적이고 철저하며 어디에나 있고 또한 모든 것을 가시적으로 만들면서 자신은 보이지 않는 상태이다. 이는 한 마디로 표현하자면 권력이 행사되려면 지속적이고 철저한 감시수단이 존재한다는 말과 일맥상통한다. 우리가 살고 있는 현대에도 그 감시망은 미세하고 보이지 않을 뿐 존재하고 있다. 『눈 먼 암살자』의 주인공인 아이리스Iris나 로라Laura는 스스로 인식하든, 그렇지 못하든 캐나다 사회의 지속적이고 철저한 감시수단, 즉 영국적 교육에서 비롯된 가부장적 관습과 체계에 노출되어 있다.

캐나다 문학 비평가인 스타웍은 캐나다 작가들이 영국과 미국이라는 벗어날 수 없는 두 중심문화의 그림자 혹은 감시체계에서 그들의 문화적 정체성을 추구하는 과정에 주목하였다. 스타웍에게 있어 캐나다작가들의 작품에서 두드러지는 특징은 자아인식과정이며, 그로 인해 작가들 자신의 이해능력 및 비판능력을 갈망하게 되었다고 밝히고 있다. 이 자아인식의 과정은 『눈 먼 암살자』에서도 역시 진행되며 이 자아인식 과정의 서술은 주인공의 현재와 과거가 번갈아 병치되는 방식으로 진행된다. 인물들의 과거에 대한 기억과 성찰이 포함된 이러한 자아인식의 과정은 주인공이 현재의 삶을 살아내기 위한 생존의 방편이 되고, 동시에 이들로 하여금 내면의 변화를 겪게 만든다. 그런데 이러한 자아인식 과정 중에 여주인공이 주로 회상하는 과거는 역설적으로 고단한 현실을 위로해 줄 수 있는 추억으로 남겨질 만한 즐거운 기억이 아니라 오히려 잊고 싶은 괴로운 기억이다. 이것은 애트우드가 『생존』에서 캐나다사람들이 할 수 있었던 것은 오직 견뎌내고 참아내야 하는 생존뿐이었다고 주장한 것을 상기시킨다. 이런 희생자로서의 모습은 그대로 『눈 먼 암살자』에 투영되며 그것은 눈앞에 보이지 않는 가부장적 사회의 체계가 소설 속의 여성인물들을 사로잡고 있는 것으로 해석될 수 있다.

하지만 『눈 먼 암살자』에서 희생자로서 재현된 아이리스는 그 모습으로 멈춰 있지 않고 긍정적으로 변화하려 한다. 이런 그녀의 모습은 영국과 미국이라는 보이지 않는 거대한 권력이 캐나다를 사로잡고 있는 상황에서 스스로의 가시성과 정체성을 회복하고자 하는 캐나다의 모습과 겹친다고 할 수 있다. 무엇보다도 캐나다 사회와 역사가 아이리스를 눈멀게 하는 상황 속에서 아이리스가 생존해 나가며 자신의 목소리를 내는 과정 및 묻혀버린, 그리고 잘못 알고 있는 자신의 역사를 재구성하는 과정을 분석하는 것은 『눈 먼 암살자』를 이해하는 데 필수적이다. 그 과정은 아이리스의 캐나다인으로서 그리고 여성으로서의 주체성과 정체성이 회복될 수 있는가 하는 것과도 밀접하게 관련되기 때문이다. 그러한 역사 재구성의 과정을 분석하기 위해서는 우선 『눈 먼 암살자』 내에 존재하는 「눈 먼 암살자」라는 소설을 왜 아이리스가 써야만 했는지, 왜 그 소설은 아이리스가 아닌 로라의 이름으로 출판되어야만 했는지, 또한 "눈멂"의 진정한 의미가 무엇인지 살펴보는 과정이 중요하다.

## 『눈 먼 암살자』의 서술구조가 가지는 의미

『눈 먼 암살자』를 읽어나가면서 독자들은 다소 난해함을 느끼게 되는데, 그 이유는 첫째, 이 소설이 바로 삼중액자 형식으로 된 서사구조이기 때문이며 둘째, 사적 서술과 교차하는 공적 문서(신문 기사와 잡지 기사, 그리고 공식 서한)를 통해 사실과 허구 사이의 경계를 허무는 두 가지의 서술방법을 사용하고 있기 때문이다. 더 나아가 동시대 가족 구성원 중 유일한 생존자인 아이리스가 죽은 자들을 기념하고 자신을 돌아보기 위해 쓴 회고록 형식의 소설인 『눈 먼 암살자』는 단순히 아이리스 혼자만의 역사가 아니라 그녀의 회고록 속에서 나타나는 이십 세기의 캐나다 역사를 다층적 서술구조를 통해 효과적으로 드러내고 있다. 이러한 이유로 이 소설은 문학이론가인 린다 허천이 명명한 역사와 허구의 경계 허물기를 통해 역사 재구성의 행위를 문제시하는 글쓰기인 사료편찬적 메타픽션historiographic metafiction장르에 속한다고 할 수 있다. 허천은 어떠한 역사적 자료도 사실 우리들이 재구성할 수 있는 과거이고 어떠한 역사적 서술도 실은 특정 역사가의 관점에 의해 지배된다고 보고 있다. 이런 관점에 비추어 본다면 우리가 진실로 알고 있는 공식적 역사도 실상 지배계급의 진실들을 지지하는 역사가의 관점에서 비롯될 수 있다는 것을 알 수 있다. 『눈 먼 암살자』에서 드러나는 지배계급의 공식적 역사와 아이리스가 회고록형식으로 쓴 개인적인 역사는 다르기 때문이다.

『눈 먼 암살자』는 세 개의 서술 및 공적문서의 삽입이라는 복잡한 구조를 통해 한 가족의 성쇠와 국가의 역사 및 정치적 상황이 긴밀하게 얽혀 있음을 보여주며 이 세 가지의 형식과 내용은 교묘하게 교차하여 작품의 주제를 드러내고 보완하고 있다. 우선 첫 서술 구조는 전체 틀을 이루는 아이리스의 회고록으로 나머지 두 서술 구조가 그 안에 포함되어 있다. 첫 서술은 아이리스가 회고하는 자신과 가족의 이야기로 이 작품의 가장 중요한 사건이라 할 수 있는 로라의 죽음으로부터 시작한다. 아이리스는 가상의 장소인 포트 타이콘드로가Port Ticonderoga와 실제 캐나다 토론토Toronto를 배경으로 펼쳐지는 기존의 상류층 집안과 신흥 상류층 집안의 성쇠를 그려낸다. 특히 각 집안의 운명은 두 번의 세계대전, 경제 대공황, 스페인 내전과 같은 국내외의 정치적 · 경제적 · 이념적 변화와 밀접하게 연관되어 있다. 두 번째 서술은 아이리스의 동생인 로라의 이름으로 사후 출판된 「눈 먼 암살자」라는 소설이다. 이 소설은 상류 사회의 여성으로 추정되는 여성인물과 현재 도망중인 공산주의자 남성인물간의 적나라한 밀애를 다루고 있는데 이 남녀는 첫 서술구조와 연관되어 있음이 분명함에도 불구하고 그 실체가 정확하게 드러나지 않아 소설을 읽는 독자들의 궁금증을 증폭시킨다.

세 번째의 서술은 「눈 먼 암살자」내에서 그 남성인물이 여성인물에게 들려주는 공상과학 이야기이다. 지구상에는 존재하지 않는 우주의 다른 행성을 배경으로 펼쳐지는 이 이야기는 작품과 아무 상관도 없어 보이지만 실은 빈부격차, 자본주의의 타락, 전쟁의 잔인함 등 현실에 대한 신랄한 비판을 담고 있으며 이를 통해 작품의 정치적 파장을 증폭시킨다. 애트우드 비평가 스테인(Karen F. Stein)은 이 세 번째의 서술이 전체소설을 아우르는 자신의 정체를 숨기는 것, 눈멂, 희생, 그리고 침묵의 모티브에 초점을 맞추고 있다고 밝히고 있는데, 그러한 점에서 『눈 먼 암살자』에서 중요한 위치를 차지한다고 볼 수 있다. 또한 위선, 계급갈등, 경제적 불공평에 사로잡혀 있는 가상의 도시 포트 타이콘드로가는 그 당시 토론토의 모습을 그대로 재현하는 역할을 하고 있다. 이 세 가지의 서술을 기본으로 텍스트 중간 중간 아이리스 가족에 관한 신문기사들과 편지, 화장실 벽의 낙서 등이 삽입되어 있다.

이와 같이 크게 본 세 가지 서술구조의 이점 중 하나는 하나의 서술구조가 밝히지 못했던 것이 다른 서술 구조에서 표현되고 있다는 점이다. 「눈 먼 암살자」에서는 역사적 배경이 전혀 드러나 있지 않고, 다만 남자가 쫓기는 상태에 있다는 사실과 그가 어떤 먼 곳에서 벌어지는 두 전쟁에 참여하여 전장에서 사망한다는 사실만 암시될 뿐이다. 그가 참여한 전쟁이 스페인 내전과 제2차 세계 대전이라는 사실은 아이리스의 서술에서 밝혀진다. 한편, 아이리스의 서술에서 전쟁이 아이리스의 집안의 사업 및 국가 간 관계의 측면에서 그려진다면 「눈 먼 암살자」에 나타나는 전쟁은 참혹함과 비참함에 초점이 맞추어진다. 또한 아이리스의 1인칭 시점으로 제시되는 회고록 내에서 그녀 자신은 존경할 만한 상류층 여성으로 묘사되어 있지만 실제 그녀의 생활은 가난하며 결혼한 이후에는 경제적으로는 부유할지 모르지만 행복한 결혼생활이 아니다. 『눈 먼 암살자』의 이러한 "중국식 상자chinese box 구조"는 사실과 허구에 관한 경계를 흐리고 하나의 사건에 대한 다층적 시각을 제공하여 텍스트의 의미를 불명확하게 한다. 이런 구조는 우리가 지금까지 자명하다 생각해 온 것이 사실이 아닐 수도 있다는 의심을 하게 만든다. 또한 『눈 먼 암살자』는 아이리스와 그녀의 여동생 로라의 여성적 희생을 세 번째 서술 구조인 공상과학 이야기에 등장하는 희생 제물로 바쳐지는 소녀들의 희생과 연관시킴으로써 여성들은 계속해서 문화적이고 역사적인 폭력의 희생자가 되고 있음을 밝히고 있다.

이러한 『눈 먼 암살자』의 여러 겹의 서술구조는 아이리스 자신이 죽음으로부터 생존하여 존재할 수 있기를 바라는 욕망이 텍스트에 반영된 것이라 할 수 있다. 지배계급을 위한 역사가 진정한 역사로 받아들여지는 사회에서 그것에 반하는 진실을 그대로 드러내 보이면 그 사회에서 인정을 받을 수 없다는 것을 깨닫게 된 아이리스가 교묘하게 여러 겹의 서술구조를 사용하여 공식적 역사가 얼마나 허구일 수 있는지를 보여주고 있는 것이다. 이와 같은 아이리스의 독특한 방식의 자아재현은 곧 그녀 자신의 정체성 형성의 방식이기도 하다. 또한 이와 같은 세 가지 서술은 아이리스 개인적 트라우마에 대한 기술이자 트라우마를 벗어나고자 하는 아이리스의 시도라 할 수 있다.

## 캐나다의 가부장제 사회로 인한 눈멂

『눈 먼 암살자』에서 "눈멂"은 실제로 눈이 멀었다는 물리적인 의미와 현실을 제대로 보지 못한다는 비유적인 의미로 사용되는데 이 "눈멂"이 중요한 이유는 이 소설에서 가장 중요한 사건이라 할 수 있는 로라의 죽음이 바로 이 "눈멂"과 연관되어 있기 때문이다. 『눈 먼 암살자』에서 눈이 먼 인물은 세 번째 서술인 공상과학 이야기의 인물, 아이리스의 아버지인 노벌 체이스Captain Norval Chase, 그리고 아이리스 자신이다. 공상과학 소설에서 자이크론Zycron의 도시 사키엘-노른Sakiel-Norn은 계급사회로 이 도시는 노예 어린이들의 섬세한 손끝만이 직조할 수 있는 카펫에 의존하여 번성하여 왔다. 그러나 가혹한 노동으로 인해 어린이들은 끝내 눈이 멀게 된다. 공상과학 이야기에서 암살자의 역할을 수행하는 남성은 이 어린 노동자 출신으로 물리적으로 눈이 먼 인물이다. 또한 제1차 세계 대전 때 전쟁에 나갔다가 두 형제와 한 눈과 다리 하나를 잃고 귀향한 아이리스의 아버지 체이스 대위는 상처 입은 몸과 마음을 가지고 있는 사람이다. 체이스 대위는 좋은 언니가 되어야 한다는 것을 빌미로 아이리스에게 사랑하지도 않는 사람과의 결혼을 강요하며, 리처드Richard Griffen의 진면목을 전혀 인식하지 못하는 "눈 먼" 상태를 보인다. 결국 전쟁으로 인해 한쪽 눈을 잃어버린 체이스는 자신의 두 딸을 죽음의 구렁텅이에 몰아넣는 "눈 먼 암살자"로서의 역할을 수행한 것이다.

아이리스 역시 "눈 먼" 인물로 정의될 수 있다. 아이리스는 아버지와 어머니가 자신에게 부여했던 좋은 언니라는 역할을 유지하기 위해 리처드와 결혼해야 하는 상황에 직면한다. 아이리스가 리처드와 결혼했을 때 그녀는 남성의 폭력과 여성의 무기력함의 악몽 같은 세계로 들어가게 된다(Tolan). 그녀와 리처드의 결혼 생활은 겉으로 보아서는 평온하고 모든 것이 제자리에 놓여 있는 질서 있는 삶이지만, 그 삶의 표면 아래서 세련된 방식으로 아이리스에 대한 리처드의 폭력이 용인되고 진행되고 있었기 때문이다. 이러한 상황 속에서 아이리스는 "눈 먼" 상태를 유지하며 스스로 그 눈 먼 상태를 벗어나려 노력하지도 않는 수동적 모습을 보인다. 아이리스가 『눈 먼 암살자』에서 이런 "눈 먼" 상태를 유지하는 이유는 기본적으로 가부장적 사회와 그 사회가 부여한 역할에 충실하고자 하기 때문이다. 이십세기 초반 캐나다를 지배하고 있었던 가부장제 문화의 산물인 아이리스에게 여성의 몸 즉 그녀의 몸은 물물 교환되고 구입되고 소비되는 상품 가치를 지니고 있는, 남성의 소유물과 같은 것이다(Tolan). 당시 여성들은 "집안의 천사"가 되어야 한다는 빅토리아 시대의 이데올로기를 가지고 있었고, 아이리스와 로라의 유모였던 리니Reenie는 그녀들에게 여성의 역할이란 의존적이고 이타적이고 순수하며 가족에게 헌신하는 것이라는 것을 가르친다. 아이리스의 아버지 역시 아이리스가 열세 살이 되자 깔끔함, 복종, 침묵, 드러나지 않은 섹슈얼리티의 가치를 요구한다. 결국 아이리스는 자신의 몸을 남성의 소유물로 여기며 아버지가 정해준 대로 결혼을 한 뒤 자신을 리처드에게 희생한다. 아이리스는 분명 발언권이 없는 타자로서의 전형적인 역할을 수행한 것이다. 결국 아이리스는 리처드의 폭력에 굴복함으로써 가부장제라는 신화와 가부장제에 바탕을 둔 교육에 의해 정당화된 희생자가 되어 버린 것이다. 하지만 몇 년 후 그녀는 거래행위로서 자신의 결혼이 지니는 진면목을 깨닫는다. 아이리스는 리처드가 생각하는 자신과의 결혼은 "하나 가격으로 둘을 얻는", "그야말로 노래 한 곡조 값밖에 되지 않은"(505), 염가거래였음을 깨닫게 된다.

『눈 먼 암살자』에서 신흥부자로 등장하는 리처드는 정치적으로 보수적이며 개인적으로는 자신의 목적을 위해서라면 수단과 방법을 가리지 않는 폭군으로 묘사된다. 리처드가 아이리스와 결혼하고자 하는 이유는 그녀의 가문의 지위를 얻어 정치적으로 성공하고자 하는 욕망 때문이다. 파산 직전인 아버지의 권유와 집안의 몰락에 대한 두려움을 이기지 못한 아이리스는 자이크론의 카펫을 짜는 어린이들처럼, 그리고 희생 제물로 바쳐지는 어린 소녀처럼, 어쩔 수 없는 선택으로 리처드와의 결혼을 결심한다. 리처드와의 결혼생활은 리처드의 폭력으로 인해 아이리스의 몸에 든 멍 자국으로 상징되며, 그 멍 자국은 아이리스의 결혼생활이 겉으로 보이는 것처럼 행복한 생활이 아니라는 일종의 암호로 기능한다. 아이리스의 몸은 이제 그녀 자신의 몸이 아니라 누군가가 쓰고, 다시 쓰고, 지워버리는 하나의 물건과 같은 것이 되어버린다.

아이리스가 리처드와의 결혼 이후 소녀에서 어른으로 변하면서 이제 그녀를 규제하고 관리하는 응시의 주체는 이제 그녀의 몸을 소유한 리처드와 판옵티콘Panopticon과도 같은 감시체계의 책임자라 할 수 있는 위니프레드Winniefred로 옮겨간다. 판옵티콘은 벤담Bentham이 고안한 감옥의 한 종류로, 이 감옥 구조 안에서 감시인은 정면으로 모든 죄수들을 바라볼 수 있지만 각방 죄수들은 다른 죄수들과 감시인을 볼 수 없는 상태로 살아가게 된다. 리처드로부터 청혼을 받은 날 아이리스는 토론토의 한 호텔 침대에 누워 이 판옵티콘의 죄수들처럼 그녀 스스로는 볼 수 없는 어떤 존재가 자신을 관찰 하는 것 같은 느낌에 사로잡힌다.

> 마치 로열 요크 호텔의 반구형 천장이 비틀려 열리고, 번쩍이는 장식이 달린 하늘의 공허한 표면 뒤 어딘가에 위치한 사악한 존재가 나를 내려다보는 듯한 느낌이었다. 그것은 무표정하고 빈정대는 듯한 탐조등 같은 눈으로 내려다보고 있는 신이었다. 그는 나를, 나의 곤경을, 내가 그에 대한 신앙을 갖는 데 실패한 것을 관찰하고 있었다. 내 방에는 바닥이 없었다. 나는 허공에 매달려 있었고 이제 막 떨어지기 직전이었다. (228)

바로 이러한 시선이야말로 아이리스로 대변되는 타자를 전유하려는 가부장적인 남성적 시선이라 할 수 있다. 아이리스는 리처드의 집에서 어느 누구도 믿지 못한다. 리처드의 여동생 위니프레드는 초대받지 않음에도 불구하고 수시로 리처드의 집을 드나들며 아이리스에게 판옵티콘의 감시자와 같은 역할을 수행한다. 위니프레드는 어린 소녀들을 잡아먹는 뱀파이어로 기능하는 여자 악당이다(Tolan). 아이리스는 위니프레드가 리처드와 자신의 결혼을 진행했던 것을 기억하며 그녀는 정말로 매음굴 안주인이었고 포주였다고 생각한다. 그래서 위니프레드는 세 번째 서술구조인 공상과학 이야기에서 가장 높은 가격을 제시하는 사람에게 제물로 바쳐지는 눈 먼 처녀를 팔아넘기는 악랄한 대제사장과 겹친다. 즉 위니프레드는 적당한 가격으로 아이리스를 사들인 것이다. 여성의 몸은 교환가치가 있는 상품 그 이상도 그 이하도 아니었던 셈이다.

정신 의학자 허먼Judith Herman은 가정 안에서 여성과 아동이 당하는 속박은 사람들이 쉽게 알아차릴 수 없는 것이며 한 남성의 가정은 그의 성역이기 때문에 그 가정이 여성이나 아이들에게는 감옥일 수 있다는 사실을 사람들은 이해하지 못한다고 지적한다. 결국 가부장적 사회에서 리처드의 가정은 그의 성역과 다름없었기 때문에 사람들은 리처드의 가정에서 폭력이 행사되고 있다는 사실을 알지 못했고, 그 안에서 살고 있었던 아이리스나 로라도 자신이 희생자라는 현실을 알아차리지 못했다. 아이리스와 로라는 그의 폭력에 결국 굴복하는 것 이외에는 다른 대안을 찾지 못한 것이다. 아이리스는 "거대한 사기의 희생자, 그와 동시에 그 하수인, 그것이 바로 그녀 자신"(320)이라는 것을 깨닫는다. 그녀의 일은 "다리를 열고 입을 닫는 것이었을 뿐이다"(337). 그녀는 오직 리처드의 성적 대상일 뿐, 자신의 목소리를 내는 것은 허락받지 못했다. 그녀가 할 수 있는 일은 오직 침묵뿐이었다.

앞서 언급했지만 아이리스에게 로라의 자살은 스스로를 이해하고 회고록을 쓰게 된 계기가 된다. 소설의 말미에 이르러 독자들은 아이리스가 인지하지 못한 상태에서 그녀의 남편인 리처드가 계획적으로 그리고 반복적으로 로라를 성적으로 이용했음을 알게 된다. 아이리스는 그건 모두 바로 자신의 두 눈 앞에서 일어난 일이며 어떻게 그녀 자신이 그렇게 눈이 멀 수가 있었는지 자책한다. 결론적으로 아이리스는 리처드가 로라를 괴롭히는 것을, 리처드와 로라는 알렉스가 사랑한 여성은 로라가 아니라 아이리스라는 것을 서로 몰랐으며, 이것은 그들 모두의 "눈멂"에서 비롯된다고 할 수 있다. 다시 말해 로라는 리처드의 성적제물이 되었고, 그것을 보지 못했던 아이리스의 눈멂, 주변상황에 대한 아이리스의 인식능력의 결여로 인해 로라는 자신의 삶을 내려놓을 수 밖에 없었던 것이다.

## 여성적 힘의 재현: 비판적 글쓰기를 통한 역사 재구성

프랑스 출신의 대표적인 페미니스트 비평가인 식수Helene Cixous는 「메두사의 웃음」"The Laugh of the Medusa"에서 "너를 써라. 너의 몸은 반드시 들려야 한다"라고 여성들에게 촉구한다. 식수에게 여성의 몸의 욕망이나 욕구의 억압은 직접적으로 여성 언어의 억압과 연관된다. 『눈 먼 암살자』에서 아이리스는 피와 잉크를 연결 짓는 몸 내부의 이미지를 가지고 그녀의 개인사를 서술해 간다. 그녀는 로라를 기념하는 행사에서 "오래된 상처는 찢어져 벌어졌으며, 눈에 보이지 않는 피가 흘러나온다. 나는 이제 텅 비어 버릴 것이다"(41)라고 선언한다. 저자인 아이리스와 그녀의 몸은 하나의 이미지로 연결되기 시작하며 이 각각의 이미지는 여성의 힘과 자기희생에 관한 설명이다. 애트우드 비평가 톨란(Fiona Tolan)이 지적한 대로 이 소설은 여성의 몸, 여성의 희생, 그리고 여성적 힘의 재현과 관련되어 있다. 여성의 몸과 여성의 희생과정을 보여 준 애트우드는 이제 여성적 힘의 재현을 아이리스의 글쓰기를 통해 실현한다. 아이리스가 회고록을 쓰게 된 목적은 그녀 자신의 오래된 상처인 로라를 드러내는 것이라 할 수 있다. 이제 아이리스는 로라의 자살 이후로 눈 먼 상태에서 벗어나 결혼식 당시의 자신보다 스스로를 더 선명하게 볼 수 있는 상태로 변모하게 된다. 아이리스는 자신이 눈 먼 상태에 있었고, 위험을 보지 못했으며, 볼 수 있는 눈은 가지고 있었을지 모르지만 진실을 보는 눈은 없었다는 것을 인식한다. 그녀는 자신도 모르게 그 눈 먼 상태로 로라를 사실상 죽음에 이르게 한 "눈 먼 암살자"였음을 깨닫게 된다.

여성의 현실은 개인적 삶의 영역에 숨겨져 쉽게 드러나지 않는다. 정신의학자 쥬디스 허먼은 여성들이 당한 폭력이나 억압은 사회적으로 인정된 현실의 바깥영역에 자리 잡고 있어 그들의 경험은 말하기가 금지된 것이라 밝힌다. 아이리스와 로라 역시 이전의 여성들처럼 말하기가 금지된 채로 침묵만을 강요당해 왔다. 하지만 애트우드는 아이리스의 손을 빌려 이전 세대 여성들의 이러한 잃어버린 목소리와 묻힌 삶의 회고록을 다시 쓰고 있는 것이라 할 수 있다(Bouson). 물론 아이리스는 가부장적 사회와 그 사회가 그녀에게 부과한 여성의 정체성으로 인해 아무것도 보지 못하는 눈 먼 상태로, 자신과 알렉스와의 관계를 밝힘으로써 로라가 자살한 원인을 직접적으로 제공한 것은 사실이다. 하지만 『눈 먼 암살자』에서 아이리스는 스스로 눈 먼 상태를 벗어나 자신이 누구인지를 확실하게 인식하기 시작한다. 그녀는 과거의 불행한 기억에 머물러 슬퍼하고 정체해 있는 것이 아니라 스스로의 한계를 인정하고 질문을 던지며 평가하는 자세를 보인다.

특히 아이리스는 로라가 보낸 암호 같은 메시지를 이해할 수 있는 유일한 인물이다. 로라는 아이리스의 결혼식 사진에서 각 인물들에게 색을 입혀 아이리스에게 코드화된 메시지를 보낸다. 애트우드 비평가 스테인은 고딕전통에서의 여성은 보통 순진하고 남성섹슈얼리티에 의해 위협을 당하는 존재로 여겨지며, 여성과 남성은 천사와 악마, 얼음과 불의 대조적이고 이분법적인 이미지를 통해 묘사된다고 설명한다. 로라는 이런 대조적이고 이분법적인 고딕 이미지를 사용하여 아이리스에게 진실을 전달하려 한다. 그녀가 아이리스의 결혼식 사진에서 리처드의 손과 머리주변을 타는 붉은 색깔로 칠해 버린 것과 아이리스의 얼굴을 춥고 비오는 날의 유리창처럼 부옇게 만들어 버린 것은 바로 이러한 고딕 이미지를 사용하여 결국 아이리스가 리처드에게 위협을 당할 것이라는 것을 암시하는 것이다. 또한 아이리스의 얼굴을 거의 알아볼 수 없게 만들어버린 것은 바로 리처드의 만행을 알아보지 못하는 눈멈을 말하는 것이다. 결국 아이리스에게 리처드와의 결혼생활은 "검은 색으로 완전히 뒤덮여 가장 깊고 검은 밤"(451) 같은 것이 될 것임을 암시하고 알려주는 존재는 로라라 할 수 있다.

로라는 암호와도 같은 유품을 남기고 결국 그 암호를 해독한 아이리스의 손을 빌어 진실을 전한다. 아이리스가 리처드의 실상을 알게 된 결정적인 단서는 바로 로라가 자살한 이후 로라의 공책에 쓰인 암호 같은 글이다. 로라는 지배자인 남성의 언어로 표현할 수 없었던 자신의 상황을 암호로 표현한다. 로라가 리처드의 만행을 직접적으로 서술하지 않았지만 "닉시호", "취한", "X", "O", 그리고 "거절"이란 단어들을 통해 자신이 겪은 만행이 리처드와 연관되었음을 밝힌다. 특히 "닉시호"는 아이리스가 예전에 리처드와 로라가 타고 외출했던 배를 기억하게 하는 이름이며, "취한"이란 단어는 항상 리처드가 아이리스와 성적 관계를 맺을 때마다 했던 말이었다. 결국 이 사태는 아이리스의 "바로 눈앞에서" 벌어진 일이었으며 그녀는 스스로 눈이 멀었음을 자각하고 인정한다(500). 그녀는 로라의 자살 이후로 그녀의 무지와 침묵을 거부하고 이제 앎과 행동을 선택하는 단계로 나아가게 된다.

『눈 먼 암살자』에서 가장 주목할 점은 자신의 몸과 그 희생을 인식한 아이리스가 여성적 힘에 대한 새로운 인식을 얻고 글쓰기를 시도한다는 것이다. 식수는 「메두사의 웃음」에서 여성들이 역사와 문학 분야에서 남성학자들이 침묵시켜왔던 자신의 목소리를 재주장할 필요성을 역설하면서 글쓰기는 변화의 가능성이며 전복적인 사고를 위한 도약판으로 기능할 수 있고, 사회적 문화적 구조를 변화시키는 전초운동이라고 지적한다. 노년에 이르러 자신의 삶을 회고하는 글을 써 나가며 아이리스는 로라가 남긴 이 암호 같은 무언의 메시지를 차츰 이해하기 시작한다. 로라의 자살 이후 공식적으로 그녀는 잊힌 존재이지만 "나를 기억해 다오"라는 죽은 로라의 외침을 아이리스는 결코 놓치지 않는다.

> 공식적으로 로라는 그늘 속에 가려졌다. 몇 년이 더 흐르면 마치 그녀가 전혀 존재하지 않았던 것처럼 될 것이다. 나는 침묵을 맹세하지 않았어야 했다고 자신에게 말했다. 나는 무엇을 원했던가? 많은 것을 바란 것은 아니었다. 일종의 기념비 같은 것. 그렇지만 결국 생각해 보면 기념비란 견뎌 낸 상처를 기념하는 것에 불과한 것이 아닌가? 견뎌내고 혐오한. 기억이 없다면 복수도 없을 것이다.
> *우리가 잊지 않도록. 나를 기억해 다오. 쇠약한 손으로 네게 던진다.* 목마른 유령들의 외침.
> 죽은 자를 이해하는 것처럼 어려운 일은 없다는 것을 나는 알게 되었다. 그러나 그들을 모른 체하는 것보다 더 위험한 일은 없다. (508)

아무것도 할 수 없었던 아이리스는 애트우드가 『생존』에서 밝힌 것처럼 그저 견뎌내고 혐오한 기억밖에 없다. 하지만 로라를 기억 속에서 사라지게 할 수 없고, 또한 아이리스 자신과 로라의 가려진 역사를 드러내기 위해 아이리스는 자신이 쓴 소설을 로라의 이름으로 출판한다.

애트우드는 『죽은 자들과 타협하기』*Negotiating with the Dead*라는 평론집에서 모든 종류의 내러티브적 화술은 죽음, 유한성에 대한 두려움과 매혹에서 비롯된 것이라고 말하며 글쓰기에서 살아남는 것은 바로 이야기를 말하는 목소리라고 밝히고 있다. 아이리스의 글쓰기 역시 죽음과 밀접하게 관련되어 있으며, 이 이야기를 말하는 목소리는 바로 아이리스의 목소리이다. 애트우드는 또한 『제 2의 단어들』*Second Words*에서 글쓰기라는 것은 죽은 사람에게 삶을 되돌려주고 그들 자신에게 결핍되어 있는 사람들에게 목소리를 가져다줌으로써 그들로 하여금 자기 자신을 위해서 말할 수 있도록 하는 것이라고 설명한다. 다시 말해 역사에서 잊히고 사라졌던 로라는 아이리스의 소설에서 다시 태어나며, 아이리스의 소설은 끊임없이 로라로 하여금 자신의 목소리를 가지고 자신에 대해 말할 수 있도록 말을 걸어준 것이라 할 수 있다.

「눈 먼 암살자」에서 무명의 남성은 자신이 소설을 쓰는 목적이 바로 "사람의 삶을 정말 있는 그대로 써내는 것"이라 말하면서 "체제, 조직이 작동하는 방식, 그것이 조금이라도 생명력이 남아 있는 한 우리를 계속 살려두는 방식, 그것이 우리를 어떻게 소모해 버리고, 기계의 부품 혹은 술주정뱅이로 만들어 버리고 이런저런 방법으로 쓰레기 속에 우리를 거꾸로 처박아 버리는지를 폭로하는 것"(280)이라 밝히고 있다. 결국 아이리스의 글쓰기는 캐나다의 남성 중심적 사회가 자신과 로라를 어떻게 억눌렀으며 그래서 자신들의 역사는 침묵 속에 감추어질 수밖에는 없었다는 것을 폭로하는 것이라 할 수 있다. 이것이 바로 아이리스가 이 회고록을 쓰는 목적이자 자신이 쓴 「눈 먼 암살자」를 로라의 이름으로 출판하는 목적이다. 다시 말해 아이리스의 회고록은 권위적이고 가부장적인 체이스와 그리픈Griffen가족사의 내러티브에 도전할 뿐만 아니라 그 내러티브의 중심을 뒤흔드는 포스트모던 적인 대체서사로 결국 아이리스 자신과 로라의 역사에 대한 소유권을 주장한다(Tolan). 과거시제로 기술된 아이리스의 글쓰기와는 달리 「눈 먼 암살자」는 현재로 서술되며 여러 장면들은 교묘히 오버랩 된다. 로라가 아니라 아이리스를, 혹은 둘 다, 혹은 모든 여성을 상징하는 「눈 먼 암살자」의 그녀는 남성 중심적 역사의 판옵티콘에서 벗어난 세계에서 서로 합류한다.

「눈 먼 암살자」의 화자의 목소리는 『눈 먼 암살자』에 삽입된 신문 및 잡지기사, 그리고 공식 서한 등의 객관적이고 공적인 기록들이 은폐하는 진실을 드러내주는 역할을 한다. 예를 들어 신문이나 잡지기사에서 리처드와 아이리스는 매우 다정한 이상적인 상류층 부부의 모습이지만 「눈 먼 암살자」에 나오는 불륜 관계의 남녀는 이 객관적 언어로 묘사된 부부의 생활과 큰 대조를 이루며, 애정 없는 결혼에서 탈출하고자 하는 아이리스의 모습을 전달하고 있다. 즉 아이리스는 회고록에 자신의 소설 「눈 먼 암살자」를 덧붙임으로써 공식적 언어에 대항하고 있는 것이다. 또한 『눈 먼 암살자』는 이런 개인적 역사 이외에도 캐나다의 국가적 역사의 이면 또한 보여주는데, 「눈 먼 암살자」의 그는 전쟁이란 것이 실은 우리 시대의 평화를 위한 것이 아니라 자본가들이 돈을 벌기 위한 목적으로 사용된다고 비판한다. 이러한 비판 내용은 실제 공식적 언어라 할 수 있는 신문기사에서 실린 일자리와 부를 창출해 내는 것으로 관심사를 돌려야 한다는 리처드의 연설에서 잘 드러난다. 즉 아이리스의 글쓰기는 독자에게 역사를 새로운 관점으로 재구성하게 만드는 기회를 제공한다.

『눈 먼 암살자』에서 여러 가지의 역할을 수행하는 「눈 먼 암살자」는 우선 아이리스와 알렉스 사이의 사랑에 대한 기록이고, 리처드로 대표되는 남성 중심적 억압과 폭력에 대한 복수이이다. 또한 아이리스에게 있어 로라를 기념하기 위한 것이며. 지배자의 글을 지우고 자신의 목소리를 기록하는 행위이다. 아이리스는 회고록을 쓴 이유를 본인이 기억한 것들, 그리고 본인이 상상한 것들을 기록한 것이라고 생각한다(512). 아이리스는 글쓰기라는 것이 오른손의 검지에서 흘러나오는 잉크의 긴 두루마리처럼 나타나는 것이며, 왼손은 그것을 지우는 것이라고 말한다(283). 오른손을 지배자와 현재 받아들여지고 있는 하나의 권력체계로 본다면, 권력적인 오른손이 쓴 글은 지배자의 글쓰기이고, 그런 글쓰기를 왼손으로 지우는 것은 지배자의 글을 지우고 그 동안 발화할 수 없었던 자신의 목소리를 드러내는 과정이라 할 수 있다. 이 책은 아이리스가 말한 대로 바로 "왼손잡이 책"(513)이다. 왼손을 사용한 글쓰기는 지배자의 억압을 벗어나는데 사용될 수 있는 것으로, 「눈 먼 암살자」의 여성주인공이 남성주인공의 이야기를 수동적으로 듣는 입장에 있었다면, 그 「눈 먼 암살자」의 작가인 아이리스는 그녀의 회고록에서 남성의 이야기를 망라하면서 분명한 주체적 위치를 확고히 하게 된다(Tolan). 아이리스는 이 소설의 세 번째 서술 구조인 「눈 먼 암살자」내 과학소설에서 혀가 잘린 채로, 다시는 발화할 수 없는 말들을 가득 안고 있었던 소녀들과는 달리 이제 자신의 목소리와 자기재현의 권리를 되찾는다. 결국 『눈 먼 암살자』는 아이리스의 역사 다시 쓰기로 지배담론을 전복하고 있는 것이라 할 수 있다.

## 읽는 행위는 쓰는 행위와 같다: 텍스트의 생명

아이리스의 글쓰기는 그것을 읽어줄 독자를 분명히 상정함으로써 그 발화행위의 의미를 더욱 증폭시킨다. 아이리스의 독자는 넓은 의미에서 이 소설을 읽는 이들이지만 아이리스가 염두에 두고 있는 독자는 사브리나Sabrina임이 분명하다. 아이리스의 생존해 있는 단 한명의 혈육인 사브리나는 아이리스에게 있어 에이미Aimee의 죽음 이후 미래로 연결된 마지막 생물학적 연결 끈이며, 그녀의 가족에 대한 특정한 상황을 이해할 수 있는 사람이기에 그녀의 회고록을 들어주기에 적합한 인물이다. 현재 아이리스에게 무엇보다 중요한 것은 사브리나와의 화해이다. 사브리나는 개인적으로 아이리스의 개인 역사의 살아있는 후예로 그녀와 화해하지 않는 이상 아이리스의 정체성 역시 계속 불안정할 수밖에 없기 때문이다. 화해를 위한 첫걸음이 바로 회고록을 쓰는 것이라 할 수 있다.

물론 위니프레드가 사브리나에게 어머니인 에이미Aimee를 죽게 한 장본인이 아이리스라고 의도적으로 알려주었을 것이며, 더욱이 충격적인 회고록 내용으로 인해 사브리나가 그 원고를 읽은 후 없애버렸을 수도 있기 때문에 아이리스는 사브리나가 자신이 물려준 트렁크를 거부할 수도 있다고 생각한다. 그러나 이 책이 세상에 나왔다는 것은 사브리나가 트렁크를 열었다는 것을 의미하기에 외할머니인 아이리스의 메시지를 긍정적으로 받아들였음을 짐작할 수 있다. 아이리스가 회고록에서 사브리나의 조부가 리처드가 아니라 알렉스Alex임을 밝히는 것은 외손녀를 억압적 가족사에서 벗어나 자신을 재창조하게 하려는 시도이며 사브리나가 원고를 파기하지 않고 출판하여 그 책을 우리가 읽고 있다는 것은 사브리나의 미래와 더 나아가 그녀가 대표하는 미래의 세대에게 희망적 메시지를 던져주는 것이라고 볼 수 있다(Bouson). 또한 아이리스의 이름으로 사브리나가 회고록을 출판한 것은 사브리나의 증언이 공적 영역으로 들어갈 수 있다는 점을 의미하기 때문에 왜곡된 역사를 수정할 수 있는 가능성을 제시한 것이라 할 수 있다(이귀우). 사브리나는 바로 애트우드가 말하는 "이상적 독자"이며 "읽는 행위는 쓰는 행위와 같다"는 그 말을 직접적으로 행동으로 보여준 인물이다(*Negotiating*).

아이리스는 자신이 미처 자각할 수 없었던 과거의 상처를 글쓰기를 통해 사브리나에게 전달한다. 아이리스는 사브리나에게 "어떻게 그녀가 이 자리에 와서 나의 이야기를 듣게 되었는가"(521)에 대한 실마리를 제공하여 사브리나가 그녀 자신의 정체성을 구성할 수 있기를 바란 것이었다. 왜냐하면 아이리스와 사브리나가 정체성을 얻기 위해서는 캐나다 사회가 그들에게 부여한 역할로 인해 감추어지고 침묵된 그녀들의 삶을 밝히는 절차가 필요하기 때문이다. 이에 사브리나는 외할머니인 아이리스 뜻을 받들어 회고록, 「눈 먼 암살자」, 과학소설, 신문기사 등 여러 형태의 기록들을 단지 순서대로 펼쳐놓은 것이 아닌 유기적으로 조합시킴으로써 단순한 한 개인의 회고록이 아닌 비판적 글쓰기로 재창조하고 있다. 소설이 진행되면서 다층의 서술구조는 한 여성의 정체성 회복의 전략으로 통합되어, 아이리스는 이제 죽음으로부터 벗어나, 『눈 먼 암살자』라는 텍스트가 그녀가 "생존할 유일한 장소"(521)임을 밝히고 있다. 다시 말해 아이리스와 사브리나는 『눈 먼 암살자』라는 텍스트를 통해 자신의 왜곡된 역사를 재구성함으로써 자신들의 잃어버린 역사를 되찾게 되는 것이라 할 수 있다. 이제 그들의 묻혀 있었던 역사는 그들만의 역사가 아닌 캐나다 전체 역사의 공식적 영역으로 들어가게 된다.

참고
문헌


김성곤. 「린다 허치언 Lidna Hutcheon-포스트모더니즘과 캐나다 문학」. 『외국문학』. 28 (1991): 126-39.

이귀우. 「증언의 화자와 청자: 『눈 먼 암살자』의 아이리스와 사브리나」. 『영미문학 페미니즘』. 14.1 (2006): 99-120.

Atwood, Margaret. *Negotiating with the Dead*. Cambridge: Cambridge UP, 2002.

________. *The Blind Assassin*. New York: Anchor, 2000.

________. *Second Words: Selected Critical Prose*. Boston: Beacon, 1982.

________. *Survival: A Thematic Guide to Canadian Literature*. Toronto, Ontario: M&S, 1972.

Bouson, J. Brooks. "'A Commemoration of Wounds Endured and Resented': Margaret Atwood's *The Blind Assassin* as Feminist Memoir." *Critique* 44.3 (2003): 251-69.

Cixous, Helene. "The Laugh of the Medusa." Trans. Keith Cohen and Paula Cohen. *Signs*. 1.4 (Summer, 1976): 875-93.

Dvorak, Marta. "Fiction." *The Cambridge Companion to Canadian Literature*. Ed. Eva-Marie Kroller. London: Cambridge UP, 2004. 155-77.

Foucault, Michael. *Discipline and Punish: The Birth of the Prison*. trans. Alan Sheridan. New York: Vintage, 1979.

Herman, Judith. *Trauma and Recovery*. New York: Basic Books, 1992.

Hutcheon, Linda. *A Poetics of Postmodernism: History, Theory, Fiction*. New York: Routledge, 1996.

Stein, Karen. F. "A Left-handed Story: *The Blind Assassin*". *Margaret Atwood's Textual Assassinations: Recent Poetry and Fiction*. Ed. Sharon Rose Wilson. Columbus: The Ohio State University, 2004. 135-53.

Stouck, David. "Notes on the Canadian Imagination." *Canadian Literature*. 54 (Autumn, 1972): 9-26.

Tolan, Fiona. ""Was I My Sister's Keeper?": *The Blind Assassin* and Problematic Feminism." *argaret Atwood: The Robber Bride, The Blind Assassin, Oryx and Crake*. Ed. J. Brooks Bouson. London: Continuum, 2010. 73-87.

## 생각해 보기

❶ 이 소설의 주인공인 아이리스와 로라의 이야기는 캐나다의 역사에 대한 알레고리적 측면을 지닌다고 할 수 있는데, 이 두 인물의 역사가 캐나다의 역사와 함께 어떻게 설명되어 있는지 찾아보고 이야기해보자. 더불어 아이리스와 로라의 관계에 대해 심도 있게 생각해 보자.

❷ 이 소설의 여러 겹의 서술구조는 내용을 난해하게 만드는 단점도 있지만 분명 장점도 존재한다. 세 겹의 서술구조, 특히 과거와 현재를 넘나들며 허구와 사실의 경계선에 존재하는 서술구조의 장점에 대해 더 자세히 생각해 보자.

❸ 소설에서 중요한 위치를 차지하는 세 번째 서술구조인 공상과학소설의 내용은 사회 지배층의 타락, 빈부격차 등 여러모로 현재 우리가 살고 있는 사회의 모습과도 비교될 수 있다. 그렇다면 공상과학소설에서 우리가 살고 있는 현대 사회를 어떤 식으로 투영하는지 자세히 살펴보자. 또한 알렉스로 추정되는 무명의 그는 공상과학소설에서 자이크론의 눈먼 암살자와 말 못하는 혀가 잘린 소녀의 탈출에 대한 결론을 맺지 않고, 지노어의 도마뱀 인간이라는 다소 황당한 이야기를 써서 출판한다. 그 이유는 무엇이며 이런 시도를 한 애트우드의 의도는 무엇인지 생각해 보자.

영어권 소설로 읽는 다른 세계들

# 호주, 아일랜드

Sally Morgan

# '아버지들'에 대해 이야기 하기

## — 샐리 모건의 『나의 자리』가 내파하는 호주 국민서사

오늘날 가장 널리 알려진 호주 원주민 작가로 손꼽히는 샐리 모건(Sally Morgan)은 1951년 호주 서부 지역에 위치한 퍼쓰(Perth)에서 애버리지니 혈통의 어머니와 백인 아버지 사이에서 태어났다. 백인 중심의 호주 사회에서 기본적인 시민권조차 부여받지 못했던 원주민들의 처지를 누구보다 잘 알았던 모건의 할머니와 어머니는 어린 시절 그녀 가족이 애버리지니 혈통을 지니고 있다는 사실을 철저히 숨겼다. 샐리 모건의 글쓰기의 출발점은 이처럼 한 편으로는 호주의 백인사회가 은폐시켰고 다른 한편으로는 애버리지니 스스로가 억눌러왔던 애버리지니들의 문화적 유산과 정체성을 자각하고 이를 되찾으려는 노력에 기반한다. 이와 같은 모건의 의식적인 글쓰기는 그녀의 대표작『나의 자리』(*My Place*)에 가장 잘 나타나 있다. 모건은『나의 자리』에서 '생애 쓰기'(life-writing)라는 자전적 형태의 글쓰기와 구술 기록 등을 통해 자신과 어머니, 할머니로 이어지는 모녀 3대의 삶을 기록함으로써 20세기 초, 중반까지 호주의 백인들에게 철저히 묵살 당해왔던 애버리지니의 삶을 공식적으로 가시화시킨다.

모건의 글쓰기는 단순히 모녀 3대의 자전적 생애 서술이라는 차원을 넘어, 백인 정착민들이 호주 땅을 식민지화하기 훨씬 이전부터 존재해왔던 애버리지니의 역사와 문화적 유산을 회복함으로써 호주 역사'다시 쓰기'를 시도하는 매우 정치적인 작업이다. 이와 같은 글쓰기는 필연적으로 현재의 백인 중심의 호주사회가 성립되어 온 과정의 이면에 존재하는 불법과 강탈의 역사, 애버리지니에 대한 인종적 학대라는 수치스럽고 어두운 과거를 드러내는 과정과 맞물릴 수밖에 없기 때문이다. 즉,『나의 자리』에 서술된 어머니 글래디스와 아서 삼촌의 이야기는 호주의'도둑맞은 세대(The Stolen Generation)가 겪었던 수용소에서의 생활과 원주민 문화 말살의 경험을 생생히 전하고, 할머니 데이지의 이야기는 백인 농장주들이 저질렀던 성적 유린과 노동력 착취를 증언함으로써 백인 사회가 어떤 방식으로 원주민의 삶을 파괴했는지를 폭로한다.

모건은 글쓰기 외에도 원주민의 문화적 전통에 기반한 미술 활동을 펼치고 있으며, 대표작으로는『나의 자리』외에 그녀의 할아버지의 삶을 기록한『와나머라가니아: 잭 맥피이야기』(*Wanamurraganya, the story of Jack McPhee*)가 있다. 어린이 문학에도 관심을 기울여 다섯 권의 책을 출간하였다.

• 이 글의 출전

이혜란,「'아버지들'에 대해 이야기하기-샐리 모건의『나의 자리』가 내파하는 호주 국민서사」.『영어영문학21』. 제27권 2호 (2014): 127~46페이지에서 수정·보완함.

# '아버지들'에 대해 이야기 하기
## — 샐리 모건의 『나의 자리』가 내파하는 호주 국민서사

### 애버리지니 '생애 쓰기'로서 『나의 자리』

캐나다, 뉴질랜드와 더불어 대표적인 백인 정착식민지들 가운데 하나인 호주에서 '애버리지니'Aborigine라 불리는 원주민들의 글쓰기 역사는 그리 길지 않다. 기원전 4만여 년 전부터 호주 땅에 거주했던 것으로 알려진 원주민들은 오랫동안 구전 전통을 유지해 왔고, 때문에 그들의 글쓰기가 출판물의 형태로 영어 독자들에게 처음 알려진 것은 20세기 초반 들어서이다. 그러나 호주 원주민들의 글쓰기가 이처럼 더디고 드물게 된 원인은 200여 년에 걸친 백인들의 호주 식민화 과정에서 원주민의 언어와 문화가 의도적으로 배제당한 정황과 더욱 깊은 관련이 있다. 특히, 1901년 호주연방의 출범 이래 국가정책으로 표방되었던 '백호주의 정책'White Australia Policy 및 1920년대에서 1960년대 사이에 집중되었던 원주민 동화정책은 이러한 상황을 더욱 악화시켰다. 1960년대 중, 후반에 이르러서야 당시 유럽과 미국을 중심으로 진행된 국제적인 민권운동의 열기와 원주민들의 권리 투쟁에 힘입어 호주에서 원주민의 시민적 지위가 보장 되었고, 이후 원주민의 변화된 정치적 입지에 힘입어 케이스 워커(Kath Walker/Oodgeroo Noonuccal), 콜린 존슨(Colin Johnson/Narogin Mudrooroo), 잭 데이비스(Jack Davis)와 같은 원주민 작가들이 대거 등장하게 되었다(괄호 안 뒤쪽은 각각 애버리지니 이름).

호주 원주민 문학의 대표작으로 꼽히는 샐리 모건(Sally Morgan)의 『나의 자리』*My Place* 역시 1970년대 후반 들어 양적, 질적으로 더욱 성장하게 된 원주민 작가들의 글쓰기 흐름의 한가운데 있다. 특히 호주에서만 50만 부 이상이 팔리고 수십 개국에서 번역, 출판 되는 등 『나의 자리』가 거둔 대중적 성공은 이 작품을 호주 원주민 문학의 획기적 지표가 되는 작품으로 부상시켰다. 모건의 『나의 자리』는 '생애 쓰기'life-writing라는 자전적 형태의 글쓰기를 통해 당시까지 호주 백인들에게 거의 알려지지 않았던 애버리지니의 삶을 공식적으로 가시화시킨 작품으로서 그 의미가 크다. 모건은 『나의 자리』를 통해 자신과 그녀의 어머니, 할머니로 거슬러 올라가는 모녀 3대의 삶을 기록함으로써 그간 백인 중심의 호주 역사에서 철저히 배제되고 누락되었던 호주 땅의 원주민으로서 애버리지니의 존재를 가시화시키는 것은 물론, 이들 원주민 공동체의 문화와 전통에 대한 자신의 "귀속감"sense of belonging을 적극적으로 주장한다.

무엇보다 모건이 작품을 통해 정면으로 제기하는 '원주민성'Aboriginality에 대한 주장, 어머니 글래디스Gladys와 아서Arthur의 이야기에서 드러나는 소위 '도둑맞은 세대'The Stolen Generation의 구체적 증언 등은 호주의 백인 중심의 역사서술 이면에 존재해 온 수치스러운 역사에 대한 '다시 쓰기'이기도 하다. 특히, 글래디스와 아서의 이야기는 백인 남성과 원주민 여성 사이에서 태어난 혼혈아들을 그들의 원주민 어머니에게서 빼앗아 고아원 등의 수용시설에 강제로 거주시켰던 원주민법Aborigines Act의 피해 당사자들의 이야기로서, 그들 '도둑맞은 세대'가 겪었던 수용소에서의 생활과 원주민 문화 말살의 경험을 생생히 전하며, 할머니 데이지의 이야기는 백인 농장주 가족에게서 겪었던 성적 유린과 노동력 착취를 증언함으로써 백인들의 호주 식민화가 어떤 방식으로 원주민의 삶을 파괴했는지를 매우 압축적으로 묘사한다.

이처럼 모건의 글쓰기는 모녀 3대의 자전적 생애 서술이라는 단순한 의미를 넘어선다. 모건은 호주 원주민의 정체성 탐색을 그 주요 모티프로 삼고 원주민의 역사 복원을 통한 호주 역사 '다시 쓰기'를 시도함으로써 『나의 자리』를 호주 사회에서 매우 커다란 정치적 의미를 지니는 텍스트로 만든다. 그러나 다른 한편에서, 『나의 자리』는 그 커다란 대중적 성공에도 불구하고(혹은 어쩌면 바로 그 이유 때문에), 원주민 작가 및 비평가들의 비평적 논란을 불러일으켰다. 예컨대, 대표적인 원주민 작가 중의 한 사람인 콜린 존슨(머드루루 나로긴)은 『나의 자리』가 "한 개인의 이야기"에 그치고 있으며, 텍스트 내에서 애버리지니 공동체에 대한 관심은 부차적인 것으로 다루어지고 있다는 점을 지적한다. 이는 모건의 글쓰기에서 나타나는 인종적, 문화적 정체성에 대한 주장이 과거 지향적 서사를 중심으로 전개되면서, 원주민들이 겪고 있는 현재의 문제들과 연결되지 못하는 점을 지적하는 것이다.

특히, 『나의 자리』가 주장하는 '원주민성'은 강한 의혹의 대상이 되었는데, 애버리지니의 정체성이 마치 하루아침에 획득될 수 있는 성질의 것인 양 다루어진다는 것이다. 또 그녀의 정체성 찾기 여정이 사회, 정치적 의미를 갖지 못한 개인적 차원으로 그치고 있으며, 통합적이고 완결된 자아를 위해 애버리지니 조상들과 전통을 끌어들이고 있다는 비판 등을 받기도 했다. 『나의 자리』를 둘러싼 이와 같은 논란들은 원주민의 정체성 문제나 역사 '다시 쓰기'의 문제가 여전히 호주의 원주민 사회에서 현재적 논쟁을 불러일으키고 있음을 말해주며, 동시에 이 작품이 지니는 '문제적 위치'를 드러내준다.

한편, 『나의 자리』라는 텍스트가 지니는 문제적 위치는 이 텍스트를 호주 사회 전체의 맥락에서 살필 때 더욱 분명해진다. 즉, 이 작품이 출간되던 당시 호주 사회의 구체적인 정황에서 이 텍스트가 어떤 의미를 부여받았고 어떤 효과를 산출하였는지를 보다 폭넓은 관점에서 살펴볼 필요가 있다. 1987년 『나의 자리』가 출판되던 당시는, 1788년에 시작된 백인들의 호주 이주 200주년을 맞이하여 이를 경축하려는 국가적 분위기가 무르익어 가던 시점이다. 당시 집권당이던 노동당 정부는 성숙한 독립국가로서 호주의 위상을 확립하고 국민적 통합을 이루어내려는 의지를 강하게 드러내었고, 이는 과거의 부당한 백인 중심주의 정책과 동화주의 정책에서 벗어나 다문화주의Multiculturalism를 정부의 공식 슬로건으로 표방하는 것으로 가시화되었다.

사실, 이 같은 호주정부의 입장 변화는 문화적 다양성이라는 현실을 인정하고 자유주의적 다원주의 국가로 호주를 재구성하는 것이 백인의 유형식민지로 출발했던 호주의 어두운 과거와 결별하고 국가정체성을 보다 분명히 하는 데 도움이 된다는 판단에서 비롯된 것이었다고 볼 수 있다(Gunew). 그리고 국민국가로서 호주의 위상을 보다 분명히 하는 데 있어서 원주민의 역사를 호주 국민국가의 테두리 안으로 포함시켜야 할 필요성 역시 제기되었다. 역사학자 애트우드(Bain Atwood)에 의하면, "분명한 국가정체성에 대한 의식"을 필요로 했던 호주 민족주의가 "태고성, 본원성, 원시성" 등과 같은 맥락에서 호주 원주민의 존재를 부각시키고 원주민의 문화적 전통에 의존함으로써 이를 호주 국민국가의 틀 안으로 끌어들일 필요가 있었다는 것이다.

이와 같은 역사적 정황은 『나의 자리』가 출간되던 당시 이 텍스트가 호주의 백인 사회에서 불러일으켰던 찬사와 대중적 인기를 더욱 설득력 있게 설명해준다. 자신의 뿌리와 가족의 역사를 더듬어가는 모건의 서사는, 한편에서는, 그동안 알려지지 않았던 애버리지니 사회에 대한 백인 사회의 호기심을 충족시켜주었으며, 다른 한 편에서는, 잊고 있던 오래된 과거를 거슬러 올라가 자신들의 역사와 정체성을 재구성하고자 했던 백인 독자들의 욕망을 대리 충족시키는 서사라는 측면에서, "많은 호주인들이 기다려왔던 바로 그 책"(Webby)이 되었다. 여기에, 『나의 자리』가 백인 독자층에게 이처럼 무리 없이 받아들여진 또 다른 원인으로, 모건 자신을 대변하는 소설의 중심 화자 샐리가 혼혈 3대로서 대도시에서 성장했고 고등교육과 기독교 신앙을 통해 상당부분 백인 문화에 동화된 인물이며, 따라서 원주민 사회와 백인 사회 사이에서 적절한 통역자의 역할을 수행하고 있다는 점을 들 수 있다. 예를 들어, 샐리의 할머니 데이지를 평생 하녀로 부렸으며, 어린 글래디스를 수용시설로 보낸 백인 농장주의 아내 앨리스Alice에 대해 샐리는 그 시절의 오스트레일리아 사회가 지금과는 매우 달랐을 것이기 때문에, 그녀의 태도를 1980년대를 사는 지금의 관점에서 평가한다는 것은 불공평하다고 한다.

백인들의 과거를 오늘 날의 관점에서 평가하는 것이 불공평하다는 비교적 관대한 화자의 이와 같은 서술은 모건의 글쓰기를 백인 주류 독자층이 무리 없이 받아들일 수 있는 편안한 것으로 만들어, 결국 위협적이지 않은 원주민성의 주장을 통해 백인 사회와의 "동화주의적 화해"assimilative reconciliation를 지향하는 효과로 귀결된다는 비판을 피하기 어렵게 했다(Renes). 다시 말해, 호주 사회를 애버리지니의 관점에서 쓴 책이 없다는 점에 문제를 제기하며, 호주 역사의 '다른 이면'에 대해 쓰려고 했던 모건의 글쓰기는 결국 백인 중심의 통합을 도모하는 호주 국민서사의 커다란 프로젝트 속으로 손쉽게 흡수될 수 있는 온순한 서사로 이용될 위험을 피하기 어려웠다.

## '아버지들'의 이야기로 『나의 자리』 읽기

원주민 서사로서 『나의 자리』는 호주의 국가주의적 국민서사로 매끄럽게 전유될 수 없으며, 오히려 이를 내부로부터 붕괴시킬 곤혹스러운 지점들을 지니고 있다. 그럼에도 불구하고, 앞서 살펴본 바와 같이 이 작품이 호주의 백인 사회가 원하는 방식으로 수용됨으로써 그 정치적 의미를 탈색 당하고 있다는 점은 우리가 관심을 기울여야 할 부분이다. 어떤 측면에서, 다수의 비평가들은 『나의 자리』가 재현하는 원주민성의 문제에만 지나치게 집착하여 텍스트가 풍부하게 드러내주는 호주 역사의 문제적 측면들에 충분히 주의를 기울이지 못한 경향이 존재했다. 더구나 이러한 비평적 접근은, 원주민의 글쓰기 작업을 호주 역사 전체를 근본적으로 성찰할 수 있는 계기로 보다 적극적으로 이끌어내기보다, 이를 원주민의 생애 서사라는 좁은 틀로 접근함으로써 호주 국민서사의 완성을 위해 필요한 퍼즐 몇 조각으로 전유될 수 있는 여지를 제공한 측면이 없지 않다.

사실, 독자들이 원주민 여성 샐리의 '정체성 찾기'라는 다소 단순한 독법으로 『나의 자리』에 접근하지만 않는다면, 백인 중심의 호주 국민서사의 정당성을 근본적으로 훼손시킬 수 있는 문제적 지점들이 이 텍스트 전체를 관통하고 있음을 알 수 있다. 『나의 자리』는 겉으로는 모녀 삼대의 삶을 중심으로 구성되어 있으나, 좀 더 자세히 들여다보면, 이들 세 여성들의 삶에 깊숙이 연루되어 이들의 운명을 결정적인 방식으로 좌우하는 존재들은 후경에 숨어있는 백인 남성들이라 할 수 있다. 이를 테면, 샐리와 그녀의 어머니 글래디스의 삶은 소설의 전반부에서 집중적으로 서술되는 백인 아버지 빌 밀로리Bill Milory와 불가분하며, 무엇보다 할머니 데이지의 삶을 평생 고통스런 '비밀들'로 옭아매고 있는 존재는 백인 농장주 드레이크-브로크만Drake-Brockman이다. 이들 백인 남성들은 세 원주민 여성들의 삶에 있어서 결코 배경으로 존재하지 않으며, 오히려 이들의 삶을 압도적으로 규정했던 호주 백인 사회의 근본적 모순들을 드러내주는 핵심적 고리의 역할을 한다.

우선, 그간의 비평은, 샐리의 백인 아버지 빌에 관한 서술이 작품 전반부와 후반부의 상당부분을 차지하고 있음에도, 제2차 세계대전 참전병으로 전쟁 후유증에 시달리는 빌의 황폐한 삶을 단지 샐리의 어린 시절을 불행하게 만든 배경으로만 언급해 온 경향이 없지 않다. 그러나 빌이 글래디스와 샐리의 삶을 백인 사회와 깊숙이 연루시키는 존재라는 점에서 빌이라는 인물을 보다 눈여겨 볼 필요가 있다. 즉, 빌의 이야기는 호주 국민서사의 구축에 있어서 백인 사회가 다분히 의도적으로 은폐하고 망각해왔던 치명적 요소들을 드러내줌으로써 원주민의 문제를 통해 호주 사회 전체를 조명할 수 있는 중요한 계기를 열어준다.

다음으로 주의를 기울일 인물은 할머니 데이지의 삶을 고통스런 '비밀들'로 옭아매고 있는 백인 농장주 드레이크-브로크만이라는 인물이다. 원주민-백인 1세대 혼혈인 데이지는 자신의 백인 아버지가 드레이크-브로크만이라는 사실은 인정하지만, 딸 글래디스의 백인 아버지, 즉 자신에게 글래디스를 임신시킨 백인 남성에 대해서는 이를 "무덤까지 가져갈"(428) 비밀로 선언하며 실제로 죽을 때까지 침묵으로 일관한다. 이 작품이 과거의 비밀들을 하나씩 파헤쳐가는, 이른바 탐정 소설의 측면을 지닌다고 본다면, 데이지의 철저한 침묵은 사실상 『나의 자리』의 서사를 영원히 미완 상태로 남겨둠으로써 작품의 독해에 있어 적지 않은 난관으로 작용한다. 그러나 다른 한편에서, 글래디스의 백인 아버지가 누구인지 결코 말할 수 없다는 바로 그 지점에서 『나의 자리』는 원주민의 역사를 호주 백인 남성들의 존재와 깊숙이 연관시켜 주는 결정적 서사를 제공한다고 할 수 있다. 다시 말해, 역설적으로 데이지의 침묵은 그 '말하지 않음'으로 인해 백인 아버지들의 존재를 텍스트의 핵으로 부각시킨다고 할 수 있다.

이상에서 살펴본 바와 같이, 『나의 자리』는 원주민-백인 혼혈 태생인 세 모녀의 '백인 아버지들'에 대한 이야기로 새롭게 읽힐 수 있으며, 이와 같은 초점의 이동은 원주민 텍스트로서 『나의 자리』가 제기하는 호주 역사의 문제적 국면을 새롭게 열어젖힌다. 즉, 이와 같은 독법은 『나의 자리』의 화자가 탐색하는 원주민성과 원주민 정체성의 회복이 다소 자기 선언적이고, 그래서 다소간 추상적이며 공허한 것으로 느껴지는 문제점을 해소하고, 이 문제를 호주 백인 사회 전체의 역사와 결부된 문제로 확장시킴으로써 호주 원주민 문제가 지니는 복잡한 측면들로 접근할 수 있게 한다.

무엇보다 『나의 자리』를 세 모녀의 백인 아버지들의 이야기로 접근하는 것은 원주민의 역사 증언을 통해 호주 백인 남성들의 실체를 드러내줌으로써 호주의 국민서사가 균열 없는 매끄러운 서사로 결코 완성되지 못하도록 하는 효과를 산출한다. 호주의 국민서사에서 가장 중요한 존재는 드레이크-브로크만 같은, 초기 개척신화의 주인공인 백인 농장주들이며, 또한 샐리의 아버지 빌처럼 1, 2차 세계대전에 참전하여 국민국가로서 호주의 존재성을 세계에 확인시킨 재향군인 남성들이다. 그러므로 이들이 호주 역사의 이면에서 원주민들의 삶과 어떻게 연루되어 있는지를 규명하는 것은 호주 국민서사의 주인공들인 이들 백인 남성들의 실체를 드러내어 이를 그 출발점에서부터 뒤흔들어 놓는 가장 강력한 정치적 계기를 만들어 줄 수 있다.

## 홀로코스트와 대면한 자의 '진짜 이야기'

『나의 자리』의 전반부를 차지하는 중심 화자 샐리의 어린 시절에 대한 서술은 아버지 빌에 대한 기억이 그 대부분을 차지한다. 제2차 세계대전에 참전한 후 살아 돌아온 빌은 글래디스와 결혼하여 샐리를 비롯해 다섯 아이를 두었지만, 그의 삶은 여전히 전쟁에 강박되어 있고 병원과 집을 반복적으로 오가는 황폐한 것으로 묘사된다. 전쟁에 대한 기억을 떨칠 수 없었던 빌은 결국 전쟁 후유증을 극복하지 못하고 어린 샐리와 아이들을 남겨놓고 자살로 삶을 마감한다. 어린 샐리에게 남은 아버지에 대한 기억은 그가 입원해있던 병원의 차가운 금속성의 느낌과 그의 발작 증세 때문에 한밤중에 동생들을 데리고 이웃으로 피신을 가던 우울한 풍경들이 전부이다.

독자가 빌에게 무슨 일이 있었는지를 좀 더 자세히 알게 되는 것은 작품 후반부에 등장하는 어머니 글래디스의 이야기를 통해서이다. 글래디스가 요약하는 빌의 이야기에 따르면, 빌은 제2차 세계대전에 연합군 측에 가담한 호주군의 일원으로 참전하여 끔찍한 전투를 경험하다가 독일군의 포로로 나치의 수용소에 수감되기까지 한다. 그런데 전쟁 중에 숱한 고비를 넘기며 끝까지 살아남았던 빌의 강인한 정신력을 파괴했던 것은 바로 이 나치 수용소에서의 경험인 것으로 드러난다. 글래디스에 의하면, 빌의 "진짜 이야기"는 이 수용소에서의 경험과 관련이 있는데 빌은 결국 아무에게도 자신의 이야기를 털어놓지 못하고 죽음에 이르게 된다.

어쩌면 빌의 이야기는 샐리의 불행했던 어린 시절을 드러내주는 주요한 배경에 그칠 수도 있다. 그러나 빌의 이야기는 호주의 과거사 가운데 비교적 최근의 사건들과 연관되어 있다는 점에서 작품에 충분히 서술되지 못한 호주 백인 사회의 내면을 들여다볼 수 있는 중요한 단서가 된다. 다시 말해, 빌이 아직 원주민들이 시민적 권리조차 보장받지 못한 시기에 혼혈 원주민 여성과 결혼했다는 사실, 또 호주 백인 남성으로서 제2차 세계대전이라는 굵직한 사건을 경험했다는 점은 그가 당시 호주 사회의 여러 측면을 이해하는 데 많은 단서와 시사점을 제공해주는 인물임을 짐작케 한다.

빌이 백호주의 정책이 여전했던 시기에 왜 혼혈 원주민인 글래디스와 결혼했는지에 관한 부분은 충분히 설명되지 않는다. 다만, 글래디스는 결혼 당시 빌에게 자신이 애버리지니라는 사실을 밝혔지만 "상관없다"고 했다고 회상한다. 하지만 글래디스는 빌이 결혼 후에 변했다고 진술하는데, 이는 글래디스의 원주민 삼촌 아서가 찾아왔을 때 냉정한 태도를 보이며 그를 만나고 싶어 하지 않는 빌의 태도에서 단적으로 드러난다. 글래디스는 빌이 다른 인종에 대해서는 편견 없이 행동했지만 유독 애버리지니들에게는 다른 태도를 보였다고 한다. 애버리지니들에 대한 빌의 태도 변화는 특히 데이지를 대하는 것에서 두드러지게 나타나는데, 아이들을 보살피기 위해 한 집에 살게 된 데이지를 교묘한 방법을 써서 밀어내려 한다거나, 글래디스가 집에 없을 때면 빌이 데이지를 "빌어먹을 깜둥이"a bloody nigger라고 불렀다는 사실은 매우 충격적이기까지 하다. 빌이 글래디스가 애버리지니라는 사실을 알고도 기꺼이 결혼했다는 점, 다른 인종들에 대해서는 편견을 가지지 않았다는 점 등으로 미루어 본다면 데이지에 대한 빌의 이와 같은 잔혹한 태도를 이해하기 어려운 것이 사실이다.

빌의 애버리지니들에 대한 이와 같은 이중적 태도는 어떻게 설명될 수 있을까? 어린 샐리는 데이지를 거부하는 빌의 태도에 대해 "그[빌]는 낸[데이지]에 대해 뭔가가 있었다"(49)라고 회상한다. 그가 데이지에 대해 가지고 있었던 감정의 실체는 과연 무엇이었을까? 빌은 죽는 순간까지 "자기 안에 있는 것"을 말하지 못하거나 혹은 말하지 않음으로써 전쟁이 파괴해버린 자신의 내면을 회복할 수 없었던 인물이지만, 글래디스가 전하는 이야기는 이러한 의문점들에 접근 할 수 있는 중요한 단서들을 제공한다. 글래디스에 의하면 빌의 전쟁이야기 가운데 가장 끔찍했던 것으로 언급되는 것은 바로 나치의 포로수용소에서의 경험이다.

> 빌이 거친 몇 개의 수용소 가운데 어느 곳이 유대인 강제 수용소 근처였는지는 모르겠다. 빌은 그곳이 아주 끔찍했다고 말했다. 거기서 나는 냄새와 하루 종일 들려오는 비명 때문이었다. 사람이 내는 소리라는 것을 아는데

도 학대받는 동물 소리처럼 들렸다. 정말로 섬뜩했다. 포로수용소의 상태도 형편없었지만 유대인들이 당하는 일은 생각만 해도 몸서리가 쳐졌다고 했다. (359)

얼핏 보아, 빌이 전쟁 후 겪었던 고통을 일반적인 전쟁 후유증으로 생각할 수도 있으나, 호주 백인 남성으로서 그가 놓여있었던 구체적 상황을 염두에 두고 빌이라는 인물을 읽는다면, 독자는 빌이 제2차 세계대전과 나치의 유대인 수용소에서 느꼈던 끔찍한 공포의 실체에 좀 더 구체적으로 접근해 볼 수 있다.

양차 세계대전은 애초에 영국의 유형식민지로 출발했던 호주가 1901년 연방정부를 수립하고 독립된 국가로서 자신의 위상을 재확인하며 국가적 정체성을 정립해가는 도정에 있어서 매우 중요한 계기였다. 그러나 다른 한편에서, 호주 백인 남성들의 참전 경험은 호주 사회를 밖으로부터 객관적으로 인식할 수 있는 계기가 되었을 터였다. 즉, 이런 정황은 빌이 수용소에서 나치의 유대인 인종학살의 현장을 목격하게 되는 순간에 느꼈던 공포가 어쩌면 호주 백인들의 원주민에 대한 "인종 청소"(이석구)로 점철된 호주의 역사와 나치가 자행하는 홀로코스트의 현장을 오버랩 시킬 수밖에 없었던 순간들로 인해 더욱 배가되었을 것이라는 점을 짐작케 한다.

호주 땅에서 200여 년에 걸쳐 백인 식민지화가 이루어지는 동안 호주 원주민의 상황은 유럽에서 수 세기 동안 유대인들이 겪었던 차별과 박해의 상황에 비해 결코 덜한 것이 아니었다. 이는 데이지의 증언에서 직접적으로 드러난다. 백인 농장주 가족에게 노예처럼 예속되어 어린 글래디스를 수용시설에 빼앗겼던 데이지는 항상 백인들에게 집과 아이들을 뺏길지도 모른다는 두려움에서 벗어나지 못하는데, 그녀의 지나친 경계와 두려움을 이해하지 못하는 샐리에게 데이지는 "우린 유대인들과 다름없는 사람들이야. 우리 스스로를 돌보지 않으면 안 돼"(130)라고 주장한다. 애버리지니가 호주 사회에서 "비천한 사람들 가운데서도 가장 비천한 사람들"(378)이라 말하며 원주민의 처지를 유대인과 동일시하는 데이지의 인식은 당시 그들이 겪었던 인종적 차별과 박해의 정도를 헤아릴 수 있게 한다.

빌의 심리 상태를 미루어 짐작해보자면, 전쟁에서 돌아 온 그가 원주민 혈통을 지닌 글래디스를 결혼 상대자로 선택하는 것과, 1세대 혼혈로서 비교적 뚜렷한 원주민의 인종적 외모를 가진 데이지를 받아들이지 못하는 태도는 전혀 모순되거나 이중적인 태도가 아니다. 빌 자신의 의식의 표면에서 그는 결코 인종차별주의자가 아니었기에 글래디스와 결혼할 수 있었지만, 그에게 끔찍했던 전쟁의 기억과 유대인 강제수용소의 기억이 떠오를 때마다 그는 호주의 역사가 공공연히 은폐해왔던 원주민에 대한 차별과 학대의 역사와 대면하지 않을 수 없었다. 다시 말해, 나치와 파시스트들로부터 자유민주주의 세계를 지켜내기 위해 전쟁에 참여했던 호주 백인 남성 빌은 아이러니컬하게도 그가 맞서 싸웠던 적들이 자행하는 인종학살의 현장에서 호주 백인들의 역사와 대면하게 되는 것이다. 그리고 이러한 대면의 기억을 더욱 끔찍하게 만들어주는 것은 데이지가 더욱 강하게 환기시키는 현재 호주 원주민들의 존재이다.

글래디스에 따르면, 전쟁의 기억에서 벗어나지 못했던 빌이 결정적으로 자신의 삶을 놓아버리게 되는 계기는 자신을 처참히 망가뜨렸던 나치 친위대 장교가 전후에 호주에 숨어들어와 거리를 활보하고 있는 것을 목격하게 되면서이다. 전후에 많은 독일군들이 유럽을 탈출하여 국적을 속이고 호주로 건너왔고, 그들이 호주 백인 사회의 일원으로 정착했다는 사실은 유형식민지로 출발하여 이후 철저한 백인 중심주의 정책을 통해 국민국가 형성의 기반을 구축한 호주 백인 사회의 뿌리와 실체를 단적으로 드러내준다. 빌을 견딜 수 없게 했던 것, 그가 글래디스에게 결코 할 수 없었던 '진짜 이야기'의 핵심에는 호주 사회의 과거와 현재를 구성하는 이와 같은 곤혹스러운 진실이 자리한다. 빌이라는 인물에 대한 이와 같은 접근은, 호주 백인들의 무의식 속에 존재하는 호주 식민역사의 추악한 기억들을 들추어내고 호주 국가 성립의 정당성을 근저에서 뒤흔듦으로써, 『나의 자리』라는 원주민 텍스트가 호주 국민서사의 일부로 매끄럽게 전유되는 것을 어렵게 한다.

## '비밀'과 '침묵하기'가 드러내 주는 것

『나의 자리』는 사실상 '말하기'와 '글쓰기'가 지니는 힘을 보여주는 "증언 담론적 문학텍스트"(차희정)라고 할 수 있다. 그러나 샐리는 할머니 데이지의 침묵을 끝내 깨뜨리지 못함으로써 그녀가 『나의 자리』에 온전히 담고 싶어 했던 애버리지니의 서사를 완결하지 못했다고 볼 수 있다. 자신의 삶을 비교적 정돈된 형식으로 기꺼이 증언하는 아서와 글래디스와 달리, 데이지는 끝까지 '말하기'를 거부한다. 데이지는 죽음을 앞둔 순간에 이르러서야 샐리에게 자신의 이야기를 들려주지만, 이는 "무덤까지 가져가야 할"(428) 말할 수 없는 비밀을 제외한 것으로서 샐리가 갈망하던 핵심적 내용에 대해서는 침묵으로 일관한 채 죽음을 맞이한다. 여기서 주목해야 할 점은, 데이지가 무덤까지 가져간 이 비밀의 한 중심부에 데이지, 글래디스, 샐리로 이어지는 모녀 3대의 가족 계보 형성에 결정적인 역할을 한 이들의 백인 남편과 백인 아버지의 존재가 있다는 사실이다.

마치 정교한 퍼즐 조각을 맞춰가는 것처럼 샐리의 가족사를 하나씩 추적해감으로써 애버리지니의 과거를 재구성하고자 했던 『나의 자리』의 서사는 어머니 글래디스의 백인 아버지가 누구인지를 끝내 밝혀내지 못함으로써 미완의 서사로 남게 되는 셈이다. 즉, 데이지가 가족사의 가장 깊숙한 비밀을 드러내기를 거부하는 가운데 데이지의 죽음은 사건의 한 중심부에서 이야기를 중단시키고 있는 셈이다. 그러나 데이지의 '침묵'은 정말로 '침묵'으로 이야기의 결말을 완결 지어버린다고 할 수 있을까? 흥미로운 점은 데이지가 당시 혼혈아들의 백인 아버지에 대해 "누구인지 모두가 알았지만 겉으로는 모르는 척했다. 모두가 알고 있었다. 알고도 말하지 않는 것이 많았다. 진실을 숨겼다"(419)고 말함으로써, 마치 자신의 비밀과 이에 대한 침묵이, 공공연히 알려진 사실임에도 이를 그저 자신의 입으로 도저히 말할 수 없는 곤경으로부터 기인한다는 것을 암시하고 있다는 점이다. 사실 『나의 자리』를 읽어가는 동안 독자들 역시 데이지의 백인 아버지가 누구이며 글래디스의 백인 아버지가 누구인지를 짐작할 수 있게 되지만, 그래서 결국 그 두 사람이 동일한 인물이며 그와 데이지가 근친상간으로 연루되어 있다는 충격적인 결론에 도달할 수밖에 없지만, 데이지의 완강한 침묵 탓에 이를 '겉으로는 모르는 척'할 수밖에 없다는 사실이다.

앞서 살펴본 것처럼, 샐리의 백인 아버지 빌이 끝내 말하지 못한 이야기가 호주 역사가 은폐하고 있는 '진짜 이야기'로서 오히려 역설적인 방식으로 더 많은 것을 말해주고 있는 것처럼, 데이지의 침묵 역시 드레이크-브로크만으로 대표되는 호주 백인 개척민 남성들에 관해, 그리고 그들이 자랑스럽게 내세우는 호주 개척시대의 역사에 대해 훨씬 더 많은 것들을 말해주고 있다. 사실상 데이지의 '비밀'과 그녀의 '침묵'은 역설적인 방식으로 데이지라는 여성에게 가해졌던 백인 남성들의 성적 학대와 착취, 이들이 버리고 망각해 온 원주민-백인 간 사생아들의 존재에 대해 이야기하고 있으며, 나아가 백인들의 호주 개척의 역사가 위대한 국민국가 건설의 역사가 아닌, 무법적 강탈과 부도덕한 폭력의 역사였다는 점을 가감 없이 드러내준다.

드레이크-브로크만 같은 '호주 건국의 아버지들'에 해당하는 초기 백인 개척민 남성들의 강탈과 폭력의 역사는 무엇보다 아서의 이야기를 통해서도 증언된다. 아서의 이야기는 도둑맞은 세대인 그가 어떻게 수용시설에 끌려갔고, 어떻게 신체적 학대를 이기지 못해 탈출했으며, 가축처럼 일한 끝에 원주민 흑인이 백인들 틈새에서 어떻게 자신의 땅을 소유하게 되었는지를 들려준다. 아서는 "흑인blackfella이 세상에 발붙이는 걸 싫어하는"(247) 백인들 틈에서 필사적으로 자신의 집과 땅을 쟁취해 낸 한 편의 드라마 같은 성공담을 들려주고 있음에도 불구하고, 다른 한편에서, 그의 이야기는 원주민들이 땅을 비롯하여 무엇인가를 소유하는 것을 백인들이 얼마나 극도로 경계했는지를 증언한다. 아서는 백인들이 스스로는 손대기 싫어하는 척박한 땅조차 "그 땅을 원주민들이 갖는 것은 반대한다"(266)고 비판하며, 백인들의 땅에 대한 권리는 원주민들의 땅에 대한 권리를 침탈하여 얻게 된 것임을 분명히 한다.

어떤 측면에서, 『나의 자리』는 '도둑맞은 세대'인 아서와 글래디스의 생생한 증언을 담는 것만으로도 애버리지니들이 침묵을 깨뜨리고 그들 스스로 목소리를 내게 함으로써 그 기록 문학적 의미를 충분히 부여받는다고 할 수 있다. 그럼에도 불구하고 다른 한편에서는, 아서와 글래디스의 이야기를 담고 있는 큰 틀의 서사를 이끌어가는 서술자 샐리는 서사의 흐름을 '원주민성'의 회복이라는 다소 협소한 차원으로 귀결시킴으로써, 결과적으로 자신의 글쓰기가 지니는 정치적 힘을 충분히 부각시키지 못한다고 할 수 있다. 북부의 애버리지니 거주 지역으로 여행을 다녀온 후 글래디스와 샐리가 나누는 다음과 같은 대화는 호주 사회의 원주민들이 겪는 문제를 정체성이나 귀속감의 문제로 협소화시키고 있으며, 이를 다분히 자족적인 차원에서 결론지으려 한다는 인상을 피하기 어렵다.

> "아, 모르겠구나, 샐리." 엄마가 한숨을 내쉬었다. "너무 복잡하구나. 거의 평생 동안 아버지가 누군지 몹시도 알고 싶어 했지. 하지만 이제는 별로 상관없어. 내가 왜 그 사람이 누군지 신경 써야 하는 거지? 그 사람은 나한테 신경 쓴 적도 없는데 말이지."
> "하지만 애버리지니의 현대사가 내내 그래왔잖아요, 엄마. 아이들은 자기 아버지가 누구인지도 모르고 돌아다녔어요. 초기 개척자라는 사람들, 그들이 대답해야 할 것들이 많다고요."
> "그래, 알아. 알아. 하지만 이제 그런 일들에 신경 쓰지 않는 게 더 좋을 것 같구나. 북부에서 만났던 좋은 사람들, 그들 모두가 나를 받아들여 주었어. 그거면 됐어, 충분해. 다른 누구에게 속하고 싶지 않아.
> "나도 그래요. (299)

이와 같은 샐리와 글래디스의 대화는 원주민들이 겪고 있는 현재의 문제를 호주 백인들의 식민지배 역사와 결부시키는 것을 통해 역사 쓰기의 문제를 현재화하고 정치 쟁점화하기보다, 이를 개인의 문화적 귀속성이나 정체성의 문제로 축소시킴으로써 텍스트가 탐색해왔던 '원주민성'의 문제를 다소 공허하고 관념적인 것으로 만들어 버린다. 반면, 글래디스나 아서와 달리 '말하기'를 끝내 거부하는 데이지는 독자들에게 매우 불만족스런 서사를 제공하지만, 아이러니컬하게도, 샐리가 주도하는 서사의 틀에 편입되지 않음으로써 어쩌면 훨씬 더 많은 이야기들이 생산될 수 있는 여지를 남겨놓는다고 할 수 있다. 그리고 이와 같은 데이지의 침묵으로부터 생산될 수 있는 이야기는, 필연적으로, 은폐되고 망각되었던 애버리지니 역사와 깊숙이 연루되어 있는 호주 백인 남성들의 감추어진 이야기를 들추어내는 것일 수밖에 없기에 이는 호주 역사와 국민국가 서사에 치명적인 균열을 만들어내는 뇌관이 될 수밖에 없다.

결론적으로, 데이지의 '비밀'과 그녀의 '침묵하기'는 텍스트가 의도하지 않았던 지점에서 가장 강력한 정치적 힘을 드러낸다고 할 수 있다. 혹자는 데이지가 끝내 자신의 얘기를 모두 털어놓지 않으려 한 것을 "식민적 억압 경험의 잔재"(Griffiths)로 지적하기도 하지만, 데이지는 본능적으로 자신의 삶이 하나의 '옛 이야기'로 역사의 박물관 속으로 안치되는 것을 거부했다고 할 수 있다. 데이지의 비밀과 침묵은 애버리지니의 역사 속에, 나아가 호주의 역사 속에 "거대하고 어두운 심연"을 남겨둠으로써 호주의 역사가 매끄러운 대통합의 서사로 봉합되고 완결되는 것을 방해한다.

## 맺으며

한 비평가는 『나의 자리』를 둘러싸고 진행된 논쟁을 개괄하는 대목에서, 그간의 논쟁의 주요 특징 가운데 하나가 각각의 비평가들이 "샐리 모건에게 그녀가 무엇을 했어야 했는지를 말하고 싶어 하는, 대단히 규범적인" 경향이라고 정리한다(Docker). 이와 같은 비평적 경향은 비평가들이 『나의 자리』가 거둔 상업적, 대중적 성공을 의식하는 가운데, 원주민 문학의 대표작으로서 이 작품의 영향력을 간과할 수 없었기 때문이다. 그러나 충실한 독자로서 비평가가 할 일은 텍스트가 그 자체로 지닌 모순과 불일치, 단절과 침묵의 지점에 주목하고 그것이 지니는 의미를 '현재화' 함으로써, 그것을 이미 독해가 완결된 '정전'으로 가두어버리지 않는 것이다. 『나의 자리』는 그 자체로 과거의 죄의식을 쉽사리 망각 속으로 내던져버리고 애버리지니의 역사를 호주의 국민서사로 통합하고 싶어 하는 백인 사회의 무의식적 욕망을 좌절시키는 모순과 불일치, 단절의 순간들을 적지 않게 내재하고 있다. 앞서 살펴본 바와 같이 서사의 후경에서 그 윤곽을 흐릿하게 드러내는 빌이라는 인물이나 드레이크-브로크만 같은 백인 남성들의 실체를 해명하는 것은 이와 같은 모순과, 불일치, 단절의 순간을 또렷하게 드러내주는 작업으로 그 의미가 크다고 할 수 있다.

발터 벤야민Walter Benjamin은 과거의 진정한 이미지는 현재의 의도된 이미지이며, 이는 "결정적 순간에 역사적 주체에게 예기치 않게 나타나는 과거의 이미지를 붙잡는 것"을 통해 얻어진다고 했다. 모건의 『나의 자리』의 독자 역시 텍스트가 결정적 순간에 드러내는 과거의 진정한 이미지들을 붙잡아야 한다. 그리고 이 순간에 얻어지는 과거의 이미지들을 '바로,' '지금,' 호주 사회 원주민들의 현재적 문제들과 대면시킬 수 있어야 한다. 그럴 때만이 원주민 글쓰기로서 『나의 자리』의 서사를 호주 국민서사가 스스로를 완성하기 위해 필요로 하는 '지배자의 전리품'으로 탈취당하지 않을 수 있다.

## 참고문헌


발터 벤야민. 「역사의 개념에 대하여」. 『발터 벤야민 선집 5』. 서울: 도서출판 길, 2008.

이석구. 『제국과 민족국가 사이에서』. 서울: 한길사, 2011.

차희정. 「호주 원주민의 도둑맞은 세대에 관한 글로컬 증언담론」. 『현대영미소설』 19.3 (2012): 161-82.

Atwood, Bain. "Unsettling Past: Reconciliation and History in Settler Australia." *Postcolonial Studies* 8.3 (2005): 243-59.

Docker, John. "Recasting Sally Morgan's *My Place*: The Fictionality of Identity and the Phenomenology of the Converso." *Humanities Research* 1 (1998): 3-22.

Griffiths, Michael R. "Indigenous Life Writing: Rethinking Poetics and Practice." *A Companion to Australian Aboriginal Literature*. Ed. Belinda Wheeler. New York: Camden House, 2013.

Gunew, Sneja. "Denaturalizing Cultural Nationalism: Multicultural Readings of 'Australia'." ed. Homi K. Bhabha. *Nation and Narration*. New York: Routledge, 1990.

Morgan, Sally. *My Place*. Fremantle: Fremantle Arts Center Press, 1987.

Narogin, Mudrooroo. *Writing From the Fringe: A Study of Modern Aboriginal Literature*. Melbourne: Hyland House, 1990.

Renes, Martin. "Sally Morgan: Aboriginal Identity Retrieved and Performed within and without *My Place*." *Estudios Ingleses de la Universidad Complutense* 18 (2010): 77-90.

Webby, Elizabeth. "Introduction." ed. Elizabeth Webby. *The Cambridge Companion to Australian Literature*. Cambridge: Cambridge UP, 2000.

## 생각해 보기

❶ 샐리 모건이 『나의 자리』에서 주장하는 '원주민성'Aboriginality은 백인의 호주 식민화 과정이 훼손하고 삭제해버린 원주민들의 역사와 전통을 회복하고 자신의 문화적, 인종적 정체성을 새롭게 인식하는 긍정적 측면을 지니는 반면에, 정체성의 문제를 개인의 선택에 의해 획득할 수 있는 어떤 고정된 실체로 본다는 문제의 측면도 있다. 식민 지배를 경험한 민족이나 집단의 구성원이 자신의 인종적, 문화적 정체성을 주장한다는 것은 어떤 의미가 있으며, 이것은 어떤 방식으로 이루어질 수 있는지 생각해 보자.

❷ 호주의 애버리지니 전통 문화가 호주라는 국민국가의 이미지를 형성하는 데 어떻게 이용되고 있는지 알아보고, 이것의 긍정적 측면이나 부정적 측면 등에 대해 생각해 보자.

❸ 『나의 자리』에서 아서와 글래디스와 데이지의 이야기는 1인칭 중심 화자 샐리가 이들 세 사람의 증언을 녹취하여 기록하는 형식을 취하고 있다. 구술 증언의 기록자이자 편집자로서 샐리가 텍스트에 미치는 영향은 어떤 것일지, 그것의 긍정적 측면과 부정적 측면에 대해 생각해 보자.

Patrick McCabe

## 한 아일랜드 아이의 복수
### — 맥케이브의 『푸줏간 소년』

닐 조단(Neil Jordan) 감독의 영화 『푸줏간 소년』(*The Butcher Boy*)과 『플루토에서 아침을』(*Breakfast on Pluto*)의 원작자로 더 잘 알려진 패트릭 맥케이브(Patrick McCabe)는 소위 독립 후 아일랜드 소설 그룹의 한 일원이다. 독립 후 아일랜드 소설 그룹은 1949년 아일랜드가 국명을 아일랜드 공화국으로 바꾸고 영국에서 완전히 독립한 후, 1950년대 후반부터 1960년에 이르기까지 첨단 산업 국가로 변모해가는 아일랜드를 배경으로 소설을 쓴 작가들을 가리킨다. 여타의 작가들이 더블린 근교의 노동자의 삶이나 아동 성추행 등의 소재를 통해 경제성장과 국가 지위 상승 시나리오 속에 감추어진 아일랜드 사회의 이면을 그려내고자 했다면, 맥케이브는 아일랜드 시골의 작은 마을 사람들의 삶을 소설의 배경으로 삼았다. 그는 표면상 마을 사람들 모두가 서로를 속속들이 알고 있는 작은 세계, 또는 아무 일도 일어나지 않는, 그래서 지루한 일상을 이어가는 사람들의 모습에서 오히려 그 평온함과 지루함이 누르고 있는 개인의 기괴하고 광적인 세계를 포착했다. 특히 그는 영국과 아일랜드의 상황을 알레고리적으로 그려냈는데, 아일랜드는 주로 알콜중독이나 마약중독의 문제를 안고 있는 역기능 가정(dyfunctional family)으로 전형화시켰다. 이 전형화는 독립 후에도 아직 청산되지 않은 영국과의 관계를 상징하거나, 가속화된 아일랜드의 팽창 속에서 사회적 배제의 대상은 여전히 배제의 대상으로 남을 수밖에 없는 현실을 나타내는 장치로 쓰였다. 그러나 무엇보다도 맥케이브가 지닌 차별성은 그러한 세계를 비극적으로 그려낸 것이 아니라, 독특하고 익살스러운 블랙 코미디로 그려냈다는 점이다. 때문에 사회적으로 관심 받지 못하고, 폄하된 아일랜드의 작은 모퉁이는 신랄한 풍자의 공간으로 변모하게 되는 것이다. 맥케이브는 소설에 등장하는 아일랜드 시골의 작은 마을을 재현함에 있어 실제 자신이 태어나 성장한 고향을 모델로 삼았다. 그의 고향은 아일랜드 공화국과 북아일랜드의 경계에 위치한 모나한 주(County Monaghan)의 클로니스(Clones)라는 작은 마을이다.

맥케이브의 작품에는 우리에겐 영화로 더 잘 알려져 있으며, 맨부커상 후보에 오른 두 개의 소설, 『푸줏간 소년』과 『플루토에서 아침을』 외에도 1995년 『죽은 학교』(*The Dead School*), 1999년 『몬도 데스페라도』(*Mondo Desperado*), 2001년 『아일랜드의 에메랄드 세균』(*Emerald Germs of Ireland*) 2003년 『나를 미풍이라 불러주오』(*Call Me the Breeze*) 등이 있다.

이 글의 출전

「상처입은 아일랜드 아이의 복수—맥케이브의 『푸줏간 소년』」. 『영어영문학21』. 제27권 3호 (2014): 5~26페이지에서 수정·보완함.

# 한 아일랜드 아이의 복수
## — 맥케이브의 『푸줏간 소년』

### 들어가며

리처드 하슬램(Richard Haslam)은 1999년 자신의 글 「'얼굴을 두들겨 맞은 민족': 상처입은 아이로서의 아일랜드를 생각하며」"'A Race Bashed in the Face': Imagining Ireland as a Damaged Child"에서 식민 지배를 정당화하기 위해 아일랜드를 유약한 여성과 덜 자란 아동으로 묘사했던 과거 영국인들의 발언을 화두로 삼는다. 특히 그는 이 글에서 아일랜드를 철없는 어린 아이로 묘사했던 19세기 영국 잡지의 만화들을 제시하는가 하면, 아일랜드인들은 빵을 구걸해야 하는 순간에도 동화에 귀를 기울이고, 혼자 걷기를 두려워하며, 무력하고, 성장하지 않는 아이들 같다는 20세기 초반의 영국 출신 여행가의 말을 인용한다. 하슬램은 이러한 아이의 이미지를 되받아 부활절 봉기 당시, 아일랜드 지도자였던 패트릭 피어스Patrick Pearse의 선언을 인용하면서 "어머니 아일랜드는 자신의 목소리로 말하지 않으며 그녀의 아이들을 통해서만 말한다. 그래서 소환한 아이들과 소환당한 아이들 모두는 어머니의 대리인이다. 나라*의* 아이들은 또한 나라*로서의* 아이들인 것이다"라는 해석을 덧붙인다. 이어 하슬램은 "나라의 아이들과 나라로서의 아이들"이라는 이중적인 비전을 바탕으로 로디 도일Roddy Doyle, 맥 라버티Mac Larverty, 셰이머스 딘Seamus Dean 등 독립 후, 특히 1960년대 아일랜드를 배경으로 쓰여진 아일랜드 현대 소설의 주인공들이 유독 아동으로 등장하고 있음을 주목한다. 하슬램은, 처음에는 영국의 식민주의자들이 자신들의 지배를 공고히 하기 위해 사용했던 아이의 이미지가, 독립 후 과거와 현재의 상처에만 얽매인 채 성인이 될 수 없는 아이의 이미지로 이어지고 있음을 암시하며, 이러한 경향이 현대 아일랜드 작가들이 그려내는 상처입은 아이의 이미지로 전형화되어 나타나고 있음을 강조하고자 하였다.

원작 소설보다 1997년작 닐 조던Neil Jordan 감독의 영화로 더 널리 알려진 『푸줏간 소년』*The Butcher Boy*, 1992 또한 하슬램이 주목했던 일군의 소설과 그 맥을 같이 한다. 『푸줏간 소년』은 1960년대 아일랜드 한 작은 마을에 사는 프랜시 브래디Francie Brady라는 12살 소년의 천진난만하면서도 광기어린 서술로 이루어진 작품이다. 작품을 읽을 때 실제로 마침표가 자주 등장하지 않기 때문에, 미친 듯이 아무렇게나 지껄이는 듯한 어린 소년 프랜시의 서술 속에서는 독립 후 새로운 국면을 맞은 1950년대 후반부터 1960년대의 아일랜드의 상황이 여과 없이 드러난다. 이 시기는 아일랜드 현대사에서 매우 중대한 시기였다. 1949년 국명을 아일랜드 공화국으로 바꾸고 영국으로부터 완전히 독립한 직후였으며, 1957년 숀 레마스Sean Lemass가 선거에 승리하면서 경제성장에 박차를 가하기 시작한 시기였기 때문이다. 무엇보다 아일랜드는 이 시기에 농업 국가에서 첨단 산업 국가로 변모하게 된다. 일례로 무상 중등교육 실시와 아일랜드 고유의 TV 채널 보급은 물론, 1963년에는 성공한 아일랜드 후손의 상징인 미국의 존 케네디John F. Kennedy 대통령이 아일랜드를 방문하기에 이른다.

그러나 저자인 패트릭 맥케이브(Patrick McCabe, 1955- )는 경제 급성장과 발맞춘 국가의 외적인 팽창과 상반되는, 아일랜드 사회의 이면을 포착하고자 했다. 탐 헤론(Tom Herron)이 지적하듯이 맥케이브는 아일랜드에게 있어 이 시기란 경제적으로, 역사적으로 "잠재력을 자유롭게 실현할 수 있었던 시기"였지만, 이러한 가능성들이 개인에게는 해당되지 않았음을 암시하고자 했다. 나아가 저자는 당시 공통적으로 드러나던 광기들의 예를 제시하면서, 꼭 현대화를 향한 행진이 전적으로 모두에게 만족감을 주며, 모두의 축하 속에 이루어진 것은 아님을 보여주고자 한 것이다. 도나 팟츠(Donna Potts)와 팀 고티에(Tim Gauthier)는 소설 속에서 1960년대에도 여전히 존재하고 있는 아일랜드의 신식민주의적인 요소에 주목했다. 팟츠는 『푸줏간 소년』은 "아일랜드와 영국적인 가치, 전통과 현대, 고대로부터 이어진 유혈 복수와 현재 핵무기 개발 투쟁의 사이에서 망설이는 한 문화에 대한" 이야기라고 말했으며, 고티에는 프랜시의 투쟁은 신식민주의 아일랜드에 아직도 잔존해있는 식민주의자와의 관계와, 아일랜드가 독립국가로서의 지위를 추구하고자 하는 노력 사이의 문제를 환기시킨다고 이야기한다.

소설을 이끌어나가는 방식에 있어서 『푸줏간 소년』은 프랜시의 독자적인 서술로 이루어져 있기 때문에 많은 비평가들은 프랜시의 서술과 광기에 대해 관심을 보였다. 클레어 월러스(Clare Wallace)는 소설에 드러나는 광기에 주목하며, 맥케이브는 "광기에 대해, 정확히 말하자면 광기를 통해" 쓰고 있기 때문에 "등장인물의 성격묘사와의 직접적인 관련성 너머에 있는 광기의 역할"에 대해 주목해야 한다고 말했다. 존 스캐그(John Scagg)는 라깡(Jacque Lacan)의 이론에 기초하여 프랜시의 서술을 분석하면서, 한편으로는 『푸줏간 소년』이 고딕 소설의 특징을 가지고 있음을 언급한다. 스캐그에 따르면 "고딕이 극단의 글쓰기라는 것을 의미한다면, 이 소설은 위반하는 것에 대한 매혹, 경계를 넘음으로써 더 명확하게 보이는 사회 문화적 한계와 경계에 대한 불안, 또는 주인공에 의한 경계들의 파괴를 보여준다"고 이야기한다. 스캐그는 프랜시의 광기를 사회의 질서와 이성이 그어 놓은 경계를 넘어갈 수 있게 만드는 도구로 파악한 것이다. 피치(Linden Peach) 또한 "한편으로, 정신 장애 아동인 프랜시 브래디는, 사회적 진실을 교란시키는 전형으로서의 매개물인 하나의 문화적 기호로 파악할 수 있지만, 다른 한편으로는 한계로서의 정신 장애 아동으로 그려진다"고 말한다. 프랜시의 광기는 기존의 사회 체계가 공고하게 구축해놓은 질서를 교란시키는 원인이 되면서도, 그 한계를 보여주는 상징이 되는 것이다.

본 글에서는 상처받은 그리고 미쳐가는 아일랜드의 한 소년 프랜시 브래디의 모습을 통해 독립 후에도 여전히 영국의 식민주의가 존재하고 있는 상황하의 식민지 아일랜드의 모습을 알레고리적으로 분석하고자 한다. 더불어 점점 정신이 분열되면서 공동체 내에서 완전히 타자가 되어가는 프랜시의 광기어린 모습과 횡설수설하는 듯한 프랜시의 서술을 식민주의가 요구하는 지배와 복종의 경계를 허무는 흉내내기와 패러디, 또는 되받아 쓰기 등의 전략을 포함한 탈식민적 저항의 한 방식으로 분석하고자 한다.

## 상처입은 아이로서의 아일랜드, 아일랜드의 상처입은 아이

소설은 당시 "내가 누젠트 부인에게 한 일"(1) 때문에 모든 동네 사람들이 자신을 쫓고 있었다고 말하는 프랜시의 회상으로 시작된다. 프랜시가 "누젠트 부인에게 한 일"은 프랜시가 아들인 필립Philip의 만화책을 뺏은 사건에 분노하여 누젠트 부인Mrs Nugent이 프랜시의 집으로 찾아와 독설을 퍼붓는 것에서 비롯된다. 누젠트 부인은 매일 술집을 전전하는 프랜시의 아버지에 대해 비난하며 이런 아버지를 둔 가정에서 무엇을 기대할 수 있겠냐며 프랜시의 가족을 모욕한다.

> 내가 마지막으로 들었던 것은 누젠트 부인이 도로 아래로 내려가면서 *돼지들* –온 마을이 다 아는 사실이지!라고 소리치는 것이었다. (4)

프랜시의 가족들을 가리켜 "돼지들"이라고 부르는 누젠트 부인의 언급을 들으면서 독자들은 하층 계급에 대한 중산층 계급의 단순한 언어폭력으로 이해할 수도 있다. 그러나 팟츠는 돼지가 전형적인 아일랜드성Irishness을 상징하는 것과 관련이 있음을 지적한다. 팟츠에 따르면 실제로 초창기 아일랜드를 방문했을 때 방문자들이 돼지들을 많이 목격했기 때문에 아일랜드를 "돼지 섬*Muck Inis*"이라고 불렀다고 말한다. 아일랜드 작가들 또한 돼지를 아일랜드와 연결시켰는데, 예이츠(W. B. Yeats)는 시에서 묵시록적인 야생 돼지와 아일랜드 구술 전통에서 등장하는 마법 돼지를 연결시켰으며, 조이스(James Joyce) 또한, 부정적이기는 했지만, 아일랜드를 가리켜 "제 자식을 잡아먹는 어미 돼지"라고 불렀던 것을 언급한다. 그러나 영국은 아일랜드 식민지배를 정당화하기 위해 "돼지"라는 단어를 자신들의 본위대로 이용했다. 실제로 아일랜드 토착민들은, 식민화를 위해 영국에서 정책적으로 이주시킨 영국계 아일랜드인 때문에, 생산성이 낮은 척박한 농토로 내몰릴 수밖에 없었다. 이러한 상황에서 토착민들은 가난을 이겨내기 위해 돼지를 기르는 것을 생존의 방편으로 삼았고, 때로는 돼지와 한 집에서 함께 생활하기도 했다. 이에 대해 영국의 만화가들이나 작가들은 돼지와 함께 사는 아일랜드인들을 희화화했다. 팟츠는 맥케이브가 '돼지'라는 단어로 암시하려 했던 것은 영국이 자신들을 존 불John Bull로, 아일랜드는 패디 돼지Paddy the Pig로 나타내어 둘의 차이점 또는 열등함과 우월함을 드러내려 했던 영국의 오랜 식민주의 전통이라고 지적한다. 다시 말해 영국의 식민사에서 '돼지'는 영국의 제국주의자들이 아일랜드인들이 하나의 독립국가를 꾸려갈 능력이 없는 열등한 족속으로 치부할 수 있는 단어였으며, 그렇기 때문에 자신들의 지배에 대한 정당성을 확보하기 위해 쓰는 상징적인 단어였던 것이다.

이를 뒷받침하듯 맥케이브는 프랜시의 가족과 누젠트 가족을 매우 상투적으로 전형화하여 대조시킨다. 영국적인 가정의 모습과 문화를 추구하며, 아들의 교육에 대해서 딱 부러지는 태도를 보이는 중산층 계급의 누젠트 부인과는 달리, 프랜시의 엄마는 자살 강박에 걸려 결국 자살하고 마는 불안정하고 나약한 엄마로 그려진다. 필립이 피아노 레슨을 받을 때, 프랜시의 엄마는 사랑과 배신, 그리고 자살에 관한 구전 민요인 "푸줏간 소년"을 반복적으로 들으며 아들 프랜시와 춤을 춘다. 그런가 하면 프랜시의 엄마는 런던에 사는 남편 베니 브래디Benny Brady의 동생, 알로Alo의 방문 소식을 듣고 강박적으로 파이를 만들어 온 집안의 천정에 닿도록 쌓아올리기도 한다. 팟츠는 이처럼 정신적으로 불안정한 프랜시의 엄마가 아일랜드의 전통시 에이슬링*aisling*에 등장하는 전형적인 여성 주인공의 모습을 하고 있음을 지적한다. 아일랜드어로 꿈, 환영이라는 뜻을 가진 에이슬링은 17세기 후반에서 18세기에 걸쳐 아일랜드어로 쓰인 시 형식이다. 에이슬링에서 아일랜드는 여성의 모습으로 시인에게 등장한다. 이 여성은 천상의 여성으로 불리는데, 그녀는 아일랜드인이 처한 현재의 상태에 대해 한탄하며, 그들의 운명의 부활이 곧 닥칠 것을 예언한다. 이처럼 프랜시의 엄마는 에이슬링의 여주인공처럼 항상 눈물을 흘리며, 정신이 산란한 모습을 하고 있다. 그리고 자신의 처지를 비관하며, 과거의 모습에 기대려고 하거나 자신을 보호해줄 강한 상대를 추구하고 있는 것이다.

아버지인 누젠트 씨와 베니의 모습 또한 뚜렷한 대조를 이룬다. 프랜시가 사진에서 발견한 누젠트 씨의 모습은 고급스러운 옷을 입고 지위가 높은 일을 하는 것 같은 시선을 띠고 있다. 프랜시는 "그가 영국인인지는 모르겠지만 그는 영국 사람처럼 말했다. 그는 모든 사람들이 *hardy weather* 또는 *she looks like rain*이라고 말할 때 good afternoon이라고 말했다"(55)고 이야기한다. 또한 누젠트 씨의 옷에는 "*나는 평생동안 한 번도 술을 마신 적이 없으며 앞으로도 술을 마시지 않을 것을 맹세한다*"는 의미의 새크리드 하트 배지가 달려있다(68). 이러한 누젠트 씨의 모습과는 달리 프랜시의 아버지 베니는 실직한 트럼펫 연주자로, 누젠트 부인의 말을 빌자면 "아침부터 저녁까지 술집에서 널브러져 있으며, 돼지보다 나을게 없는"(4) 사람이다.

이처럼 정돈됨과 질서를 보여주는 누젠트 가족의 집과 프랜시 가족의 모습은 극단적인 대조를 이룬다. 영국인이 아님에도, 누젠트 가족이 항상 영국식 생활을 영위하려 애쓰는 모습은, 위에서 서술한 내용뿐만 아니라, 프랜시가 누젠트 부인의 집에 무단 침입했을 때 느꼈던 홍차와 스콘 향기로 이미지화된다. 소설 속에서 묘사되는 프랜시 가족에 대한 누젠트 부인의 태도는 프랜시 가족, 즉 아일랜드인들을 열등하게 치부함으로써 자신들이 얼마나 영국적인 완벽한 모습을 지녔는가를 보이기 위한 것임을 알 수 있다. 맥케이브는 항상 술에 취해 있는 아빠와 신경쇠약 혹은 자살 강박으로 고통 받는 엄마, 이러한 부모로 인해 완전히 방치된 아이로 그려지는 프랜시의 모습과 누젠트 가족의 모습을 대조시켜 영국 식민주의자들이 즐겨 묘사했던 과거 아일랜드의 전형적인 가족의 모습을 더욱 두드러지게 만든다. 이는 누젠트 부인이 프랜시 가족에게 가하는 폭언과 정신적인 폭력이, 개인 대 개인의 폭력이 아니라, 아일랜드를 상대로 한 영국의 폭력으로 의미를 넓힐 수 있게 만드는 장치이다. 작가는 거기에서 그치지 않고 1960년대 아일랜드가 경제성장을 바탕으로 한 새로운 조국, 새로운 공동체를 건설하는 데 있어서, 식민자들의 조롱거리였던 아일랜드 가족의 모습은 어떤 해결책도 없이 그대로 방치되어 남아 있었음을 이야기한다. 그리고 엄마의 자살과 아빠의 죽음으로 프랜시가 완전히 버려진 미친 아이로 내몰리게 되는 것은, 프랜시의 가족이 아일랜드 공동체 내에서 조차도 배제의 대상이 될 수밖에 없음을 보여주고자 했다.

그러나 아이인 프랜시가 누젠트 가족에게 보이는 태도는 양가적이다. 영국의 식민주의자를 상징하는 누젠트 부인이 돼지라는 말로 자신들을 사회적 배제의 대상으로 낙인을 찍고, 뚜렷한 경계선을 그었음에도 불구하고, 프랜시는 누젠트 부인이 그은 경계를 흐린다. 엄마가 죽은 후 프랜시는 한 밤중에 누젠트 가의 집안을 들여다보다가 누젠트 부인과 필립이 함께 잠든 모습을 엿본다. 엄마와 아들이 평화롭게 잠든 장면에서 프랜시는 "나는 세상 어떤 것보다 엄마를 가장 사랑해요 그리고 나는 엄마에게 상처주는 짓은 절대로 하지 않을거예요. 나는 내 부모님을 사랑하고 내 행복한 가정을 사랑해요"(47)라는 말들을 떠올린다. 이 엿보기 행위는 무단 침입으로 이어진다. 누젠트 가에 무단 침입한 프랜시는 필립의 옷장에서 필립의 교복을 찾아내서 입은 후 자신을 거울에 비춰본다.

필립의 옷을 입고, 과장된 말씨를 쓰며, 필립처럼 행동하며, 환영 속에서 누젠트 부인과의 담소를 경험하는 프랜시의 모습은, 필립이 되고 싶은 그의 욕망이 어디서 비롯되었는가를 암시한다. 필립이 되고 싶은 프랜시의 욕망은 필립의 어머니인 누젠트 부인과 연결되어 있다. 프랜시에게 누젠트 부인은 자신에게 일어난 모든 불행의 근원이지만 동시에, 필립의 엄마, 즉 자신이 이상적으로 생각하는 모성을 지닌 인물인 것이다. 프랜시는 필립의 교복을 입고 집 안을 배회하다가 누젠트 부인의 침대에 눕는다. 그리고는 다시 "그가 우리들 중 한 명이 되고 싶대요. 그는 자기 이름이 프랜시 누젠트가 되길 바래요 그게 그가 내내 원하던 것이예요"(64)라는 환청을 듣는다. 그러나 앞서 논한 바와 같이 작가는 의도적으로 프랜시의 엄마는 식민지 아일랜드의, 그리고 누젠트 부인은 영국 식민주의의 알레고리로 묘사하고자 했다. 그런 맥락에서 볼 때, 영국을 상징하는 누젠트 가의 필립이 되고 싶어하는 프랜시의 모습과 우스꽝스럽게 필립의 흉내를 내는 프랜시의 모습이 공존하는 이 장면은 탈식민주의 이론가인 호미 바바(Homi Bhabha)가 말한 피지배자의 "흉내내기"mimicry를 통한 저항의 개념으로 설명될 수 있다. 앞서 저자는 프랜시와 프랜시의 가족의 모습과 누젠트 가의 모습을 대비시키며, 프랜시가 절대로 필립이 될 수 없음을 강조했다. 때문에 필립의 옷을 입고 필립의 말투를 흉내내는 프랜시의 모습은 필립과 "거의 비슷하지만, 아예 같지는 않은 차이를 지닌 주체"의 모습이라 할 수 있다. 프랜시의 "흉내내기" 행위는 양가적인 면을 보여준다. 표면적으로 볼 때 이는 식민권력이 닮기를 강요하는 모습을 그대로 흉내내려 애쓰는 피식민자들의 열망으로 파악될 수 있다. 그러나 동시에, 흉내는 내지만 완전히 같지 않은데서 오는 차이를 드러냄으로써 저항의 한 면모를 보여준다. 이 차이 드러냄과 저항의 면모는 프랜시가 필립의 옷을 입은 채 과장된 몸짓과 말투를 쓰는 모습으로 희화화되어, 결국은 영국 식민주의자들의 모습을 우습게 일그러뜨리는 전복의 전술로 재현된다.

이어지는 프랜시의 환영 속에서는 새끼 돼지에게 젖을 물리는 어미 돼지처럼, 프랜시에게 젖을 물리려고 하는 누젠트 부인이 등장한다. 프랜시는 거부하며 누젠트 부인을 밀어내지만, 화장대 쪽으로 몸이 기울어지면서 거울을 깨고 만다. 이 장면에서 엘렌 맥윌리엄스(Ellen McWilliams)는  어미 돼지와 깨진 거울은 조이스의 소설에서 아일랜드의 현실을 상징하는 중요한 모티브임을 지적한다. 누젠트 가에 대한 프랜시의 태도는 설리반 신부Father Sullivan와의 대화에서도 드러난다. 설리반 신부가 프랜시에게 집에 대해서 이야기 해달라고 했을 때, 프랜시는 자신의 집을 묘사하면서 흑백 타일로 단정하게 정돈된 주방과 큰 TV에 대해 이야기 한다. 그러나 뒤이어 프랜시는 "나는 우리 집에 대해서 말하고 있는 것이 아니라 누젠트 가족의 집에 대해서 말하고 있었다"(97)고 고백한다.

상처입은 아이로서의 아일랜드는 상처입은 아이를 낳는다. 아일랜드의 상징이었던 프랜시 엄마의 자살은 조국 아일랜드의 기본 근간인 가톨릭의 부패에 대한 폭로로 연결된다. 누젠트 가에 무단 침입했던 프랜시는 가톨릭이 운영하는 갱생을 위한 직업학교로 이송된다. 이곳에서 프랜시는 신부들에게 성모 마리아의 환영을 보았다고 이야기한다. 뒤이어 프랜시는 "다음날 나는 조금 더 이야기했다. 성 조셉과 대천사 가브리엘 그리고 내가 이름을 모르는 몇몇 천사들에 대해서. 더 많이 말할수록 더 좋아했다. 나는 설리번 신부의 책을 살펴보고 그 멍청이들을 수 백명 찾아냈다"(83)고 말하면서 자신이 성모 마리아의 환영을 본 것이 사실인지 허구인지 분간할 수 없게 만든다. 하지만 가톨릭 신부들에게 프랜시의 서술이 사실인지 허구인지는 중요하지 않다. 그들은 광적으로 프랜시의 말에 빠져든다. 늙은 설리번 신부가 프랜시를 특별하게 대하면서 성도착적인 증세를 보이는 것은 아일랜드 가톨릭이 보여주는 왜곡된 형태의 광기를 암시한다. 설리번 신부의 성추행을 무마하기 위해 다시 집으로 돌아오게 된 프랜시는 "나는 벽에 자라는 곰팡이와 같았고 그들은 그것을 다시 깨끗하게 씻어내길 바랬다"(102)고 서술한다. 충격적인 사건을 경험하고도 표면적으로는 아무런 감정의 동요가 없는 듯 유쾌하게 이야기를 이어가는 프랜시를 보며, 아일랜드 가톨릭으로 대변되는 조국 아일랜드는, 사회적으로 보호받지 못한 하층민의 아동이 성추행을 당한 경험이란 그저 금방 씻어낼 수 있는 곰팡이와 같다고 생각한다. 그러나 한번 생긴 곰팡이는 씻어내도 다시 생기기 마련이다. 때문에 독자들은 프랜시의 서술 저변에 깔린 파멸과 폭력의 징후를 읽으며, 아일랜드 가톨릭이라는 거대한 명분 유지를 위해 억압되고, 침묵당해야 했던 한 개인의 이야기가 과연 어떤 파국을 맞게 될 것인가를 상상하게 된다. 이러한 근거로 우리는 프랜시를 "조이스의 암퇘지가 먹어치울 위험에 처해있는 새끼 돼지들 중 한 마리"로 볼 수 있다고 맥윌리엄스는 다시 한번 강조한다. 작가는 엄마의 죽음 이후, 더 큰 상징적인 어머니인 아일랜드 가톨릭에게서도 정신적인 상처를 입은 프랜시의 두 번째 좌절을 그리면서, 애국심을 조장하고 영국과 도덕적 비교우위를 강조하는 어머니 아일랜드, 아일랜드 가톨릭이 은폐하고 있는 추악한 현실을 폭로한다. 실제로 2009년 아일랜드

정부 아동학대 조사위원회는 9년간에 걸쳐 작성한 2,600쪽짜리 보고서 공개를 통해 가톨릭 교회가 운영하는 기관에서 수많은 아동들이 교회 관계자 또는 내부 상급 학생들로부터 상습적으로 구타를 당하거나 성추행을 당했다고 밝혔으며, 이에 대해 2010년 초 교황 베네딕토 16세가 아일랜드 등 유럽 각지에서 드러난 성직자의 아동 성추행 파문에 대해 공식 사과하기에 이르렀던 것이다.

프랜시의 광기를 가장 심화시킨 계기는 혈맹인 조 퍼셀Joe Purcell과의 단절이다. 소설의 후반부는 직업학교에서 풀려난 프랜시가 조와의 관계를 회복하기 위해 분투하는 내용이 주를 이룬다. 타자와의 관계 맺기가 안정적이지 못한 프랜시에게 조는 공동체 내에서 유일하게 자신의 존재를 확인할 수 있는 인물이며, 프랜시가 돌아가고 싶은 평화로운 과거 시절에 대한 노스탤지어를 불러일으키는 인물이다. 프랜시는 "아빠와 누젠트 그리고 이 모든 일이 일어나기 전, 그때가 내가 아는 한 가장 좋은 시간들이었다"(43)라며 조와 처음 만난 때를 회상하거나, "만약 누젠트 가족이 마을에 오지 않았더라면, 그들이 우리를 내버려 두었더라면, 그들이 했어야 하는 일이 바로 그것인데"(178)라고 이야기한다. 고띠에에 따르면 누젠트 가족이 마을에 오기 전, 모든 것이 어긋나기 전으로 돌아가고 싶다는 프랜시의 과거에 대한 향수는, 영국 식민지가 되기 이전의 켈트성으로 돌아가는 것만이 아일랜드 고유의 정체성을 회복하는 길이라고 여겼던 아일랜드 민족주의자들의 분투를 연상시킨다. 그러나 "필립 누젠트가 두 번이나 과녁에 명중시켜서 금붕어를 받았는데, 자기에게는 이미 한 마리가 있다고 그 금붕어를 나에게 주었어"(76)라고 쓰인 조의 편지는 둘의 관계에 이미 예정되어 있는 균열을 암시한다. 작가는 조가 누젠트 가족과의 인연을 맺으며 공동체의 인사이더가 되어가는 과정과, 프랜시가 더욱 극단적인 아웃사이더가 되는 모습을 대비시킨다. 조가 필립과 어울리며 피아노를 배우고 분도랜Bundoran의 기숙학교에 진학할 때, 프랜시는 푸줏간에서 돼지를 죽이고, 짐승의 내장을 나르는 "푸줏간 소년"으로 변모해간다. 프랜시는 변해버린 조를 위해 필립처럼 금붕어를 타내려고 매일 사격장에 들르지만, 번번이 실패하고 만다. 이미 돌이킬 수 없는 과거와 어긋난 관계에 집착하는 프랜시의 모습은 과거에 집착하며 변화의 빠른 속도에 부응하지 못하고 답보상태에 놓여있는 1960년대 아일랜드인들의 서글픈 자화상을 보여준다.

프랜시에게 모든 것의 시작과 모든 것의 끝은 동시에 파국으로 치닫는다. 프랜시는 엄마, 아빠의 신혼여행지인 분도랜으로 조를 만나러 가지만 남아있던 기대와 희망은 완전히 무너져 내린다. "너희 아빠랑 내가 항상 이랬던 것은 아니야"(5)라고 했던 엄마의 말은, "돼지보다 나을게 없었지, 여기서 자기 얼굴에 그렇게 먹칠을 하고 [. . .] 주여, 그 불쌍한 여자, 신혼여행 내내 단 하루도 그(남편)가 취하지 않은 얼굴을 본 적이 없었을거야!"(193-94)라는 여관 주인의 말로 대치된다. 설상가상으로 프랜시의 마지막 희망의 끈이었던 조 마저도 기숙학교를 찾아 온 프랜시와 대면한 자리에서 프랜시의 존재를 부인하며 필립과 함께 자리를 떠버린다. 누젠트 가족 때문이 아니라, 엄마, 아빠의 관계가 처음부터 어긋나 있었음을, 즉 자신의 가족들은 출발부터 잘못되었다는 것을 알게 되었지만, 프랜시는 조와의 관계 또한 끝이 났음을 인정하지 않는다. 때문에 프랜시에게는 여관주인의 "돼지보다 나을게 없었지"라는 말은 소설의 첫머리에 누젠트 부인이 프랜시의 가족들을 가리켜 "돼지들"이라고 했던 말과 겹쳐 들린다. 결국 프랜시는 "그(조)를 되돌리기 위해서 네가 할 수 있는 일은 아무것도 없어 그렇지 않니 프랜시 피그 작은 새끼돼지 아기돼지야 나는 맞아 바로 누젠트 부인이야[. . .]"(204)라고 독백한다. 이는 프랜시의 의식이 누젠트 부인이 자신을 돼지라고 불렀던 처음 순간으로 옮겨갔음을 보여준다.

나의 정체를 규정할 수 있는 것이 그 어떤 것도 남아있지 않아, 세상과 완전히 단절되었을 때 할 수 있는 선택은 많지 않다. 완전한 단절의 상태에 놓인 프랜시의 정체성을 묘사할 수 있는 말은 아일랜드의 한 소년, 그리고 누젠트 부인이 명명했던 돼지밖에 없다. 그러나 조국 아일랜드로부터 상처입은 프랜시에게 남아 있는 것은 돼지로서의 자신을 증명해 보이는 것이다. 영국의 식민지배가 끝나면 모든 것이 다 순조로울 것이라고 생각했던 아일랜드는 그간의 모든 역사와 문화들이 영국과의 투쟁 속에서 이루어졌기 때문에, 아일랜드 스스로의 것은 거의 전무함을 인식한다. 여기서 선택은 둘

밖에 없을 것이다. 영국을 깨끗하게 제거하느냐, 아니면 영국의 영향력을 묵인한 채 다시 그 위에 새로운 아일랜드의 정체성을 쌓아 올리느냐. 둘 중 어떤 것도 아일랜드를 위한 이상적인 선택이 될 수는 없다. 그러나 프랜시는 전자를 택한다. 결국 조를 위해 사격장의 과녁을 명중시켜 금붕어를 타내고 싶었던 프랜시의 욕망은, 총으로 누젠트 부인의 머리를 쏘면서 금붕어가 그릇에 떨어지는 환청을 듣는 것으로 대신 충족된다.

## 미친 프랜시의 서술 속에 드러난 저항과 복수

소설에서 독자들을 불편하게 만드는 주된 원인은 서술의 신빙성에 관한 문제이다. 관객을 의식한 영화에서는 프랜시의 정상적인 서술을 통해 사건의 인과관계가 성립하도록 설정했으며 관객들이 충분히 프랜시를 동정할 수 있도록 했지만, 원작에서는 독자들이 프랜시의 이야기를 과연 믿을 수 있는가에 대해 의문을 갖게 된다. 등장인물들의 모습과 사건이 프랜시의 목소리를 거쳐 드러나기 때문에, 독자들은 소설에서 일어난 사건의 진위 여부를 완전히 파악하기는 어렵다. 또한 소설이 진행되는 동안 프랜시의 정신분열의 정도 또한 심해지면서, 프랜시의 서술은 환상이나 망상과 더해지게 되고 그로 인해 더욱 복잡한 양상을 띤다. 프랜시의 회상으로 시작되는 소설의 맨 첫 부분부터 프랜시의 서술은 신빙성을 보장해주지 않는다. "내가 어린 소년이었을 때, 이십년, 삼십년, 아니면 사십년 전인가, 나는 작은 마을에 살았는데 모두가 내가 누젠트 부인에게 한 일 때문에 나의 뒤를 쫓았다"(1)라고 시작되는 소설의 첫머리를 대한 독자들은 시간과 공간의 배경을 가늠하지 못하고, 앞으로 전개될 이야기 또한 믿어야 할지 혼란스러워진다. 또한 프랜시의 언어들은 대부분 만화나 잡지, TV 영화에 등장하는 대사들을 그대로 인용한다거나, 주변 사람들의 말을 흉내내는 것이기 때문에 독자들은 끊임없이 프랜시의 정신 상태에 대해 의문을 갖게 되며, 프랜시의 이야기를 어느 정도 신뢰할 수 있는 지에 대해 확신하지 못한다. 결국 발화자인 프랜시 자신은 서술 속에서 스스로 타자가 되며, 프랜시의 정체성이란 공동체 사람들이 프랜시를 규정하는 것에 머물 뿐이다. 자신의 말 속에서 프랜시가 타자가 됨을 자초하는 것은 무슨 이유에서일까? 우선 하층 계급에 속하면서, 어린이면서, 고아인, 사회적으로 완전한 타자인 프랜시가 과연 목소리를 가질 수 있는가에 대해 생각해 볼 수 있다. 비근한 예로 소설 속에서 프랜시는 누구를 만나든지 자신에게 말을 거는 사람에게 자신에 대해 "진짜 처음부터 끝까지 모든 이야기"(187)를 해주는 장면이 자주 등장한다. 그러나 어른들을 프랜시의 이야기를 들으려 하지 않거나, 이야기를 들으면 프랜시를 정신병자로 취급한다. 때문에 저자는 사회적 타자인 프랜시의 상황을 묘사하는 것에 머물지 않고 어린 소년의 시선이 포착하고 상상하는 현실에 광기를 더한다. 궁극적으로 이성과 질서가 통제하지 않는 언어의 세계에 머물고 있는 프랜시를 통해 영국의 식민주의와 현재 아일랜드 신식민상황에 대한 저항을 드러내고자 하는 것이다.

소설이 전개되는 동안 프랜시는 자신의 모든 불행의 원인은 누젠트 가족, 특히 누젠트 부인이라 생각하는 피해망상을 보인다. 조를 만나러 분도랜의 기숙학교를 찾아가 건물 입구를 찾아 헤맬 때, 갑자기 건물의 불이 꺼지는 것을 보고 "이 모든 것이 누젠트 부인과 관련이 있어. 내가 조를 만나러 간다는 것을 듣고 그녀가 비장의 계획을 마련한 거지. 그녀가 신부들 모두에게 불을 끄라고 한거야"(198)라고 생각하는 장면은 프랜시가 누젠트 부인에 대해 갖고 있는 피해망상이 극에 달했음을 보여주는 대목이다. 월러스가 지적하듯이 프랜시에게 누젠트 가족의 등장은 어린 시절의 충만함과 결별하게 만드는 원인이다. 누젠트 부인은 프랜시의 에덴 동산에 나타난 뱀이며, 프랜시의 질투는 그를 추락으로 이끈다. 결국 그는 돼지로 변하여 어린시절의 순수함과 행복에서 추방당한다. 프랜시가 누젠트 부인에게 갖는 피해망상은 거의 원죄와 가깝게, 아일랜드의 모든 불행은 영국에서 비롯되었다고 생각하는 아일랜드인들의 뼈에 사무친 원한을 암시한다.

프랜시의 서술에서 가장 빈번하게 등장하는 단어는 바로 돼지이다. 앞서 이야기했듯 누젠트 부인이 자신의 가족을 돼지들이라 부른 후로 프랜시는 스스로를 돼지라 부르기 시작한다. 누젠트 부인의 말은 프랜시에게 마치 마법의 주문처럼, 이피파니의 순간처럼 다가와, 스스로 자신과 가족들을 돼지와 동일시하게 만든다. 더불어 프랜시의 분열이 본격적으로 시작됨을 알리듯, 이후의 프랜시의 서술 속에서는 인용부호와 마침표가 거의 등장하지 않는다. 이로 인해 자신과 상대방의 말을 완전히 뒤섞어 버리는 서술이 시작된다. 프랜시는 누젠트 부인의 말을 그대로 인용하여 자신의 가족을 "피그 부인"Mrs Pig이나 "피그 가족"*The Pig Family*(5)이라고 부른다던지, 필립이 길을 지나가지 못하게 "돼지 통행세"Pig Toll Tax(12)를 요구한다던가, 자신이 이송된 직업학교를 "돼지들을 위한 놀라운 학교"*The Incredible School for Pigs*(73)로, 종내에는 자신 이름조차도 프랜시 피그라고 부르면서 돼지라는 단어를 반복해서 사용한다. 프랜시의 광기의 심화 정도는 돼지라는 단어의 반복 횟수와 비례한다. 프랜시의 서술에서 돼지라는 단어가 반복되는 동안 누젠트 부인이 아일랜드인들을 열등한 족속으로 낙인찍으려 했던 의도는 희화화되고 의미는 희석된다. 동시에 프랜시의 정체성을 규정하는 유일한 말로 변질되어 간다. 이처럼 애초에 누젠트 부인이 의도했던 말이 담고 있는 의미 체계의 허점이나 한계를 은근히 노출시키거나 그 의미 자체를 아예 다른 의미로 전복시키는 프랜시의 서술은 탈식민주의적 패러디 전략으로 볼 수 있다. 이는 유명한 탈식민주의 저서인 『제국의 되받아 쓰기』*Empire Writes Back*가 제시한 바에 따르면 "한 언어를 새로운 용례로 사용하는 방법을 포착하고 재조정하여 식민주의적 특권으로부터 분리를 드러내는" 전유appropriation의 한 방식으로 파악될 수 있을 것이다.

이러한 전유 전략은 소설 곳곳에서 드러난다. 자신에게 돼지라는 정체성을 안겨준 누젠트 부인의 집에 침입했을 때 프랜시는 자신과 필립을 동일시하면서 립스틱으로 "필립은 돼지다"(65)라고 벽에 쓴다. 이는 누젠트 부인이 자신의 가족들을 돼지들이라 불렀던 낙인 찍기에 대한 응징이다. 다시 환각 속에 시작된 프랜시의 서술은 되받아 쓰기 전략을 취한 에피소드를 보여준다. 프랜시의 환각 속에서 필립과 누젠트 부인은 돼지가 되어 있다. 프랜시는 돼지 교실의 선생님으로서 필립에게 돼지가 하는 일이 무엇인지 질문한다. 프랜시는 "내가 찾은 대답은-그것들은 똥을 싼다는 거지! 그래 돼지들은 영원히 농장 안마당에 똥을 싸지, [. . .] 그래, 돼지들은 똥싸는 동물이야"(66)라고 말하며 필립과 누젠트 부인에게 교실에서 똥싸기 시범을 보일 것을 강요한다. 분열된 서술 속에서 필립이 된 프랜시는 실제로 누젠트 부인의 침실에 똥을 싼다. 프랜시는, 누젠트 부인이 자신에게 돼지라고 낙인을 찍었던 이야기를 똥싸는 돼지의 이야기로 재구성할 때, 지배 문화를 주입하는 전형적인 구도인 교사와 학생이라는 구도를 선택한다. 그러나 이 서술 속에서 프랜시는 누젠트 부인과 역할을 바꿔 권력 관계를 역전시키면서, 자신의 입장에서 이야기를 되받아 쓰는 전략을 취한다. 이와 같이 기존의 돼지 낙인을 희화화 하면서 제국주의적인 전제들을 해체시키는 프랜시의 되받아 쓰기 서술은 영국의 식민주의자가 자신을 자의적으로 돼지라고 불렀던 의도를 노출시키면서, 영국 식민주의의 낙인 찍기에 저항하는 일종의 "탈식민주의적 대항 담론 전략"post-colonial counter-discursive strategies으로 이해할 수 있을 것이다(Tiffin).

프랜시의 분절된 언어들 또한 현실에 대한 저항을 드러내는 장치로 쓰인다. 프랜시는 자신을 비정상인으로 분류하고 감금했던 직업학교나 정신병원, 수용소 등을 모두 다 똑같이 "창문이 수 백개 달린 집"(71)이라 부르거나, 이러한 기관과 관련된 사람들 또한 "소시지 경사"Sergeant Sausage(71), "비눗방울 신부"Father Bubble(71), "술 취했음 신부"Father Tiddly(83) 등으로 조롱하며 부른다. 이처럼 유아적이면서 우스꽝스러운 프랜시의 명명 방식은, 자신들의 본위대로 정상과 비정상을 나누는 사회제도나 변질된 가톨릭의 권위에 대한 조롱을 드러낸다.

맥케이브는 프랜시의 서술을 통해 영국 식민주의를 그대로 답습하고 있는 아일랜드 공동체의 모습 또한 고발하고자 했다. 프랜시가 사는 마을의 어른들의 모습은 프랜시의 광기와 폭력성을 더욱 가속화 하는 역할을 한다. 특히 프랜시와 친분을 유지하며 프랜시에게 동정 어린 태도를 지닌 듯 보이는 코널리 부인Mrs Connolly은, 매일 마주치는 선한 이웃의 가면을 쓴 위선자의 폭력성을 잘 드러내 준다. 프랜시에게 바닥에 놓인 사과를 "돼지처럼 입으로 먹을 수 있겠니?"(161)라고 천연덕스럽게 말하며, 시키는대로 돼지처럼 사과를 입으로 집어 올리려 애쓰는 프랜시의 모습을 보고 즐기는 그녀의 모습은 누젠트 부인의 행동보다 훨씬 더 잔인하다. 고띠에는 이에 대해 프랜시가 살고 있는 공동체의 구성원들은 어떻게 해서든, 식민주의자들의 그림자에서 나오려고 노력한다고 이야기하며, 그들은 너무 오랫동안 영국에 종속 당해오면서 열등한 존재로 취급받아 왔기 때문에, 열등하다는 느낌에서 벗어나기 위해서라면 누구든지 종속시키려 한다고 말한다. 이와 비슷한 맥락에서 셰이머스 딘(Seamus Dean)은 아일랜드 민족주의가 형성되는 과정에서, 자신들을 억압하기 위해 영국의 식민주의가 행했던 강압적인 장치들을 아일랜드 민족주의가 그대로 모방했던 점을 지적하면서, 그렇기 때문에 초기 아일랜드 민족주의를 보면 영국의 식민주의와 비슷한 유형을 나타내는 것을 볼 수 있다고 말한다. 프랜시가 속한 공동체 사람들은 자신들이 당했던 식민주의의 폭력을 자신들이 속한 공동체의 타자 혹은 약자에게 고스란히 되돌려 주려 하는 것이다.

프랜시는 아무렇지도 않은 듯 그녀가 시키는대로 행동하지만 곧바로 이어지는 프랜시의 서술은, 마치 표면에는 드러나지 않는 이야기의 번외편을 쓰듯 진행된다. 이 번외편 부록의 이야기는 표면 밑에 감추어진 진실을 다시 확인하게 만들면서, 현실에 대한 프랜시의 저항을 구체적인 행동으로 옮기게 하는 계기를 마련해준다. 프랜시의 환상 속에서 프랜시의 가족은 돼지의 모습을 하고 있다. 거의 울 듯한 모습을 한 엄마 돼지와 술을 마시는 아빠 돼지의 모습은 실제 프랜시가 기억하고 있는 가족의 모습과 똑같다. 엄마 돼지와 아빠 돼지는 프랜시에게 "왜 사과를 받아 먹었니 이 멍청한 돼지 새끼야?"(163)라고 나무라지만 자신이 돼지라는 사실을 당연하게 받아들이는 프랜시에게 대답할 말은 없다. 돼지 가족은 온 마을 사람들이 지켜보는 가운데 손을 흔들며 거리를 걷는다. 결국 술에 취한 아빠 돼지를 끌고 집으로 돌아오면서 만나는 두 명의 돼지들은 프랜시가 매일 식료품 가게에 들러 수다를 떠는 코널리 부인과 동네 여성을 나타낸다. 그들은 방관자처럼 팔장을 끼고 서서 "세 명의 작은 돼지들이 집으로 가는 내내 속이 뻔히 보이는 공갈 허세를 떠는구만"(164)이라고 말하며 프랜시의 가족을 비하한다.

다른 이웃들과 마찬가지로 코널리 부인에게 프랜시라는 존재는 그녀가 얼마나 우위에 있는지, 그녀가 얼마나 정상적인 인간인가를 확인해주는 대상에 불과하다. 그렇기 때문에 그녀와 프랜시가 주고 받는 말들은 언어의 유희를 하듯 언제나 알맹이가 없는 껍질에 불과하다. 영화 속의 한 사건을 묘사하는 듯 했던 프랜시의 서술은 실제 현실의 행동으로 이어지면서 환상과 현실의 경계를 흐린다. 누젠트 부인과 함께 걸어가면서 자신을 모른척 지나치는 코널리 부인을 찾아가 "*난 댁의 사과 더 이상 먹고 싶지 않아! 그 빌어먹을 사과 더 이상 필요치 않다고!*"(176)외치는 프랜시의 모습은 항상 환상 속 서술에서 그치던 기존의 프랜시의 모습과는 다르다. 프랜시의 행동 속에서 우리는 프랜시의 광기와 서술이 단순히 허공에 떠있는 말들이 아니라 현실에서 구체적인 형태로 표출될 수 있는, 환상이라는 테두리 밖으로 걸어나올 수 있는 가능성이 있는 것임을 알게 된다.

프랜시에게 푸줏간의 일자리를 제공하는 레디Leddy 또한 약자에 대해 전혀 고려하지 않는 죄책감 없는 이웃 어른의 세계를 반영한다. 레디는 자신 또한 도축이라는, 다른 이들이 꺼려하는 일을 하는 공동체 안의 타자이지만, 더 약한 타자인 프랜시에게 위협을 가하며 프랜시의 폭력성을 증폭시키는 빌미를 제공한다. 레디는 프랜시 앞에서 새끼 돼지를 죽이는 시범을 보이면서 프랜시에게도 해 볼 것을 권한다. 프랜시의 서술 속에서는 겉으로는 돼지를 죽일 수 있다고 과감하게 이야기 하는 프랜시의 목소리와 살려달라고 외치는 어린 돼지의 목소리가 뒤섞인다. 이러한 강요된 폭력 실행의 경험은 프랜시를 더 큰 폭력으로 이끌게 되며, 결국 프랜시가 누젠트 부인을 도륙하는데 있어서도 아무런 죄책감도 느끼지 않게 만든다.

프랜시가 누젠트 부인을 살해하는 것은 어린 아이의 단순한 생각에서 비롯된 행동이다. 모든 것이 누젠트 부인에게서 시작되었으므로 그것을 제거하는 것이 모든 것을 다시 제자리로 돌려 놓을 수 있는 유일한 방법이라고 생각하는 것이다.

> 누젠트 부인, 당신은 두 가지 나쁜 짓을 했어. 내가 엄마에게 등을 돌리게 만들었고, 나와 조를 멀어지게 했지. 왜 그랬지? 그녀는 대답하지 않았고 나도 대답을 듣고 싶지 않았다. 내가 다시 그녀를 몇 차례 벽에 강타하자 그녀의 입가에 피가 스며져 나왔다. 내가 가축용 권총의 공이를 당겼을때 그녀는

> 나에게 닿으려는 듯 손을 뻗었다. 나는 한 손으로 그녀를 다시 벽에 일으켜 세우고 다른 한 손으로 그녀의 머리에 총을 쐈다. 딸깍 소리가 났다. 마치 금붕어가 그릇에 떨어지듯이. 만약 당신이 어떤 사람에게 돼지를 어떻게 죽이냐고 묻는 다면 목을 가로로 자르면 된다고 말할 것이다 하지만 당신은 그렇게 하지 않고 그 길이대로 길게 자른다. 그러고 나니 그녀는 턱을 불쑥 내민 채 그대로 누워있었다 나는 그녀의 몸을 열어서 내 손을 그녀의 내장 속에 찔러 넣었다 그리고는 위층 방의 모든 벽에 돼지 (본문 대문자로 강조)라고 썼다. (209)

제니퍼 제퍼스(Jennifer Jeffers)는 지금까지 프랜시의 광기와 그에 따른 서술은 지배 이데올로기의 억압과 통제를 벗어나려는 시도였다는 점에서 탈영토화라고 간주한다. 프랜시는 재영토화되는 것을 거부하면서, 지배 이데올로기 자체를 폐기해 버리고자 한다. 이것은 바로 프랜시가 누젠트 부인을 살해하는 것으로 나타나며, 단순히 그녀를 죽이는 것이 아니라 그녀에게 돼지 취급받았던 것을 되돌려주는 행위로 드러난다. 프랜시가 누젠트 부인을 인간의 몸으로서가 아니라 돼지와 같이 취급하는 것은 누젠트 부인에 의해 자신이 한때 경험했던 "야만적인 재영토화"brutal reterritorialization의 경험을 그녀에게 다시 되돌려주는 행위인 것이다.

누젠트 부인의 살해 장면에서 독자들은 기존과는 다른 프랜시의 목소리를 듣는다. 상대방의 말과 자신의 말의 구분이 없이 장황하게 횡설수설하던 프랜시의 서술이 일시적으로 변화된 모습을 보여주기 때문이다. 변화된 서술 속에서 프랜시는 "당신"과 "나"를 명확히 구분지어 말하고 있으며, 마침표의 사용은 물론 문법에도 맞는 문장을 쓰고 있다. 누젠트 부인에게 재판장이 범죄자를 심판하듯 엄중하고 명료하게 말하는 프랜시의 차분한 모습은, 아이러니컬하게도 지금까지 프랜시를 규정했던 광기와 비정상의 모습을 고스란히 재현하고 있는 바깥 세계의 모습과 대조를 이룬다. 맥케이브는 쿠바 미사일 위기Cuban missile crisis로 인해 닥칠 세상의 종말과 성모 마리아의 강림에 대한 준비로 난장판이 된 외부 세계와, 누젠트 부인에 대한 프랜시의 심판을 병치시킨다. 한때

술 친구였던 청년이 성인의 형상을 수레에 싣고 가면서, 누젠트 부인의 시체가 담겨있는 수레를 끌고 가는 프랜시와 만나는 장면은 아일랜드 가톨릭이 빚어낸 광기와, 배제의 대상인 개인의 광기가 조우하는 순간을 절묘하게 드러낸다.

이처럼 맥케이브는 소설의 결말에서 1960년대 아일랜드의 한 소년의 광기로 시작된 이야기가 아일랜드 전체의 이야기가 될 수 있으며, 광기는 한 국가를 넘어 이미 국제적인 불균형 속에 도사리고 있음을 보여준다. 탐 헤론은 이 소설의 결말에 대해 언급하면서 "MADness"라는 표현을 중의적으로 사용한다. 여기서 MAD는 상호확증파괴Mutual Assured Destruction의 약어로, 핵전쟁이 일어나면 그 누구도 이길 수 없다는 전제하에 핵강대국 사이의 균형을 유지해야 한다는 핵 억제 전략이다. 그러나 문자의 뜻에 근거해보면 핵 강대국 사이에서 적이 핵 공격을 가할 때 상대편도 전멸시키는 보복 전략을 뜻한다. 이처럼 헤론은 작품의 마지막에 등장한 쿠바 미사일 위기로 드러난 핵무기 위협을 통해 "MADness"가 공동체와 개인의 차원이 아니라 국제적인 차원으로 작용하고 있음을 보여주고 있다고 말한다.

## 나오며

소설 『푸줏간 소년』은 영국 식민주의에 의해 낙인찍힌 프랜시 브래디의 광기를 추적하며, 영국의 식민 이데올로기가 남아있는 상황에도 불구하고 경제 성장과 새로운 아일랜드 건설을 위해 앞으로 달려가야 하는 1960년대 신식민상황의 아일랜드 풍경을 재조명한다. 특히 프랜시 브래디의 광기어린 서술은 소설의 근간을 이루면서 신식민상황에서 국가가 외적으로만 팽창할 때, 그 이면에는 항상 어두운 그늘이 존재하고 있음을 환기시킨다.

누젠트 부인이 프랜시에게 "돼지"라고 불렀던 것과 같이, 사회의 지배세력 혹은 식민주의자들은 자신의 이데올로기를 정당화하기 위해 자신들의 기준에 합당하지 않거나, 자신들에게 저항하려는 사람들에게 사회 부적응자의 낙인을 찍는다. 낙인을 찍는 행위는 주류세력의 지배력을 강화시킨다. 다수의 개인은 낙인을 두려워하며 끊임없이 주류 이데올로기에 동화되려 하기 때문이다. 그러나 저자 맥케이브는 주인공 프랜시를 주류세력에 의한 낙인을 두려워하지 않는, 정상인의 범주를 벗어난 미친 아이로 설정하면서, 식민주의자들이 그어놓은 지배와 복종의 경계를 흐리는 모습을 보여준다.

1960년대를 배경으로 쓰인 『푸줏간 소년』에 등장하는 아이들이 성장한다면, 지금 21세기에는 어떤 모습일까? 소설에서 등장하는 어른들처럼 타자를 향한 가혹행위에 대해 아무런 죄책감 없는 지배세력이 되거나, 책임감 없는 무력한 어머니가 되고, 술주정뱅이 아버지가 될 것이다. 동명의 영화에서 아버지 베니 역을 했던 배우 스티븐 리아Stephen Rea가 프랜시의 성인 역할로 다시 등장한 것은 너무나 상징적이다. 프랜시의 아버지인 베니의 아버지가, 동생과 자신을 고아원에 방치하고 찾으러 오지 않았듯이, 프랜시 또한 아버지와 똑같이 세상에 버려지고 사회적으로 실패한 성인이 될 것이라는 사실은 너무나 자명하기 때문이다. 돼지라고 낙인 찍히는 상황이 계속 대물림 되는 것을 어떻게 막을 수 있을 것인가. 프랜시가 누젠트 부인을 살해하는 행위는 그래서 현실에서의 의미를 갖는다. 아일랜드의 모든 문제의 근본 원인을 제거함으로써, 희망 없는 삶에 대한 연속선을 잘라내 버리고자 한 것이다. 물론 프랜시는 사회의 주류 세력에 의해 광기와 비정상으로 구분되어 다시 정신병원에 갇히게 되지만, 우리가 프랜시의 끔찍한 행동을 목격하면서 통쾌함을 느끼는 것은 현재의 모순에 대해 가장 명쾌한 방법으로 대처한 한 아이의 복수를 목격했기 때문일 것이다.

# 참고문헌

Acshcroft, Bill, et, al. *The Empire Writes Back: Theory and Practice in Post-Colonial Literatures*. New York: Routeldge. 1989.

Bahbah, Homi. "Of Mimicry and Man: The Ambivalence of Colonial Discourse." *The Location of Culture*. London: Routledge. 1994. 85-92.

Deane, Seamus. "Introduction." *Nationalism, Colonialism and Literature.* Terry Eagleton, Frederic James and Edward Said. Minneapolis: U of Minnesota P, 1990. 3-19.

Gauthier, Tim. "Identity, Self-Loathing and the Neocolonial Condition in Patrick McCabe's *The Butcher Boy*." *Critique* 44.2 (2003): 196-212.

Haslam, Richard. "'A Race Bashed in the Face': Imagining Ireland as a Damaged Child." *Jouvert: a Journal of Postcolonial Studies* 4.1 (1999). 7 July 2014. <http://english.chass.ncsu.edu/jouvert/v4i1/hasla.htm>

Herron, Tom. "ContamiNation: Patrick McCabe and Colm Tóbín's Pathographies of the Republic." *Contemporary Irish Fiction: Theme, Tropes, Theories*. Liam Harte ed. New York: Palgrave MacMillan, 2000. 168-91.

Jeffers, Jennifer M. "Discourse and the Body: Velocity and Power." *The Irish Novel at the End of the Twentieth Century: Gender, Bodies, and Power.* Palgrave, 2002. 141-76.

McCabe, Patrick. *The Butcher Boy*. New York: Delta, 1992.

McWilliams, Ellen. "Madness and Mother Ireland in the fiction of Patrick McCabe." *Irish Studies Review*, 18.4 (2010): 391-400.

Peach, Linden. "Limit and Transgression: Roddy Doyle's *The Woman Who Walked Into Doors* (1996), Patrick McCabe's *The Butcher Boy* (1992), amd William Trevor's *Felicia's Journey* (1994)." *The Contemporary Irish Novel: Critical Readings*. New York: Palgrave, 2004. 169-97.

Potts, Donna. "From Tír na nÓg to Tír na Muck: Patrick McCabe's *The Butcher Boy*." *New Hibernia Review* 3.3 (1999): 83-95.

Scagg, John. "Who is Francie Pig? Self-Identity and Narrative Reliability in *The Butcher Boy*." *Irish Studies Review* 30.1 (2000): 51-58.

Tiffin, Helen. "Post-Colonial Literatures and Counter-Discourse." *The Post-Colonial Studies Reader*. Bill Ashcroft, Gareth Griffiths, and Helen Tiffin, eds. New York: Routeldge. 2003. 95-98.

Wallace, Clare. "Running Amuck: Manic Logic in Patrick McCabe's *The Butcher Boy*." *Irish Studies Review* 6.2 (1998): 157-63.

## 생각해 보기

❶ 영국에 대한 아일랜드의 독립 투쟁은 많은 유혈 사태를 낳았다. 영국과 아일랜드가 무차별적인 집단 테러와 주요 인물 살해라는 유형을 띤 폭력적인 복수와 또 그 복수에 맞대응하는 폭력으로 독립 투쟁의 역사를 만들어 갔기 때문이다. 북아일랜드 시인 셰이머니 히니(Seamus Heaney)는 도시 중심부 도로에서 테러로 사람이 사망한 광경을 목격한 사람들이, 다음 날 다시 그 사고의 현장을 지나가며 일상을 보내는 장면을 묘사한 시를 쓰며 인간의 역사와 미래에 대해 이야기했다. 이처럼 폭력이 일상화된 모습은, 정도의 차이를 빼면 21세기 우리의 모습과도 별반 차이가 없어 보인다. 폭력이 일상화 된 삶에서 인간의 존엄함과 그 일상을 버텨내는 인간의 힘이란 어떤 의미가 있는지에 대해 이야기해보자.

❷ 프랜시가 공동체에서 경험한 폭력은 일종의 정신적 학대moral harassment라는 용어로 이야기 할 수 있다. 누젠트 부인이 프랜시 가족에게 모욕을 가하는 정신적인 폭력과, 프랜시가 누젠트 부인을 살해하는 폭력 중 어떤 것이 더 비윤리적인가? 이미지의 재현을 떠나, 정신적인 폭력과 신체에 가하는 물리적 폭력에 대해 이야기 해보자.

❸ 작가인 패트릭 맥케이브의 고향은 아일랜드 공화국과 북아일랜드의 경계 지역에 있는(소속은 아일랜드 공화국임) 작은 도시인 클로니스Clones이다. 『푸줏간 소년』의 배경인 익명의 작은 마을은 작가의 고향인 클로니스로 알려져 있다. 또한 영화 『푸줏간 소년』은 클로니스에서 촬영되기도 했다. 맥케이브의 고향 클로니스의 지리적 위치(아일랜드 공화국과 북아일랜드 경계지역)가 『푸줏간 소년』의 내용에 미치는 영향은 무엇이었는지 이야기해보자. 또한 작가들은 고향이 어디냐에 따라 작품의 경향 또한 달라지기도 한다. 아일랜드 작가들 중 출신지가 다른 작가들의 작품 경향을 서로 비교해 보자.

Anne Enright

# 일그러진 기억속의 가족 사진첩

## — 엔라이트의 『개더링』

앤 엔라이트(Anne Enright)는 우리에게 생소한 이름의 아일랜드 여성 작가이다. 사실, 아일랜드 여성 작가들은 국내에 많이 알려져 있지 않다. 간혹 독립 국가인 아일랜드의 문학조차도 영국 문학의 일부로 치부되는 현실에서, 그나마 귀에 익은 이름의 아일랜드 작가들을 살펴보자면 제임스 조이스와 예이츠, 셰이머스 히니 등의 남성 작가들일 것이다. 이제는 정전의 반열에 올라있는 이 남성 작가들의 작품 속에는 조국 아일랜드가 어머니 아일랜드로 여성화되어 등장한다. 이러한 재현에도 불구하고 남성 작가들의 작품 속에서 실제 여성의 경험과 정체성에 대해서 다루어진 예는 거의 없다. 아일랜드 문학들은 대부분 남성 작가의 전유물이었으며, 그 내용 또한 조국의 독립을 위한 영국과의 투쟁이라는 남성적인 서사가 근간을 이루었기 때문이다. 그러나 최근 들어 새로운 형식과 내용의 아일랜드 소설들이 등장하면서, 독립 후 아일랜드의 상황을 다각도로 그려 내고 있다. 이러한 흐름 속에 아일랜드 여성 작가들의 작품 또한 주목받기 시작하고 있다. 여성 작가들의 등장은 1990년대 첫 여성 대통령인 메리 로빈슨의 취임 이후, 이혼과 낙태 금지 등 아일랜드 가톨릭의 여성 차별적인 환경이 다소 개선되면서 여성의 권리가 점차 주목받게 된 사회적인 배경과도 그 맥을 같이 하고 있다. 이러한 분위기를 반영하듯 엔라이트의 작품도 장르와 주제 면에 있어서 혁신적인 모습을 보여준다. 그녀의 작품에서 공통적으로 드러나는 주제는 가족, 아일랜드 가톨릭, 모성, 성 등이며, 소설의 배경 또한 아일랜드 디아스포라를 나타내듯 세계 각지를 선택하고 있다. 엔라이트는 한 인터뷰에서 자신의 글쓰기가 지향하는 바는 아일랜드와 가톨릭이 강요했던 집에 있는 여성의 모습을 해체하는 작업이며, 아일랜드 여성이 이전에 한 번도 말하지 않았던 것을 말하는 것이라고 이야기한다. 엔라이트의 소설 속에서 재현된 여성의 모습은 때로는 너무 신랄하거나 비극적이기도 하지만, 작가 특유의 유머와 글쓰기 방식을 통해 아일랜드 여성의 심리와 경험을 잘 살려내고 있다.

엔라이트의 작품으로는 국내에 소개된 2007년 맨부커상 수상작인 『개더링』(*The Gathering*)을 비롯하여, 첫 소설 1995년 『내 아버지의 가발』(*The Wig My Father Wore*), 2000년 『너는 어떤 사람이야?』(*What Are You Like?*), 2002년 『엘리자 린치의 즐거움』(*The Pleasure of Eliza Lynch*) 등의 소설과 함께 2004년에 펴낸 에세이집 『아기 만들기: 우연히 엄마가 되다』(*Making Babies: Stumbling into Motherhood*) 등이 있다.

이 글의 출전

「일그러진 기억속의 가족 사진첩—엔라이트의 『개더링』」. 『영어영문학21』. 제26권 2호 (2013): 47~65페이지에서 수정·보완함.

# 일그러진 기억속의 가족 사진첩
## — 엔라이트의 『개더링』

### 목격자는 제대로 증언할 수 있는가?

국가를 이루는 최소 단위가 개개인이라고 할 수 있다면 개인들이 모여서 세대를 만들어 내는 가족이란 한 국가의 역사를 고스란히 담고 있는 박물관과도 같다고 할 수 있을 것이다. 때문에 가족의 현재 모습과 내력을 살피는 것은 한 나라의 사회와 문화가 개개인을 통해 어떻게 흘러왔는가를 역추적해보는 일이 될 것이다. 2007년 39회 맨부커상 수상작인 앤 엔라이트(Anne Enright, 1962- )의 『개더링』*The Gathering*은 3대에 걸친 가족의 모습 속에 아일랜드 역사와 사회의 그늘이 어떻게 재현되고 있는지를 보여주고 있는 작품이다. 소설은 표면적으로 아동 성추행 사건의 목격자인 베로니카 헤가티Veronica Hegarty가 증언을 통해 오빠 리엄 헤가티Liam Hegarty를 자살로 이끈 트라우마 사건의 진실을 밝히는 과정을 서술한 것으로 이루어져 있다. 하지만 마가렛 하퍼(Margaret Harper)는 작가 엔라이트가 소설의 심층에서 진짜 하고 싶은 이야기는 무슨 일이 일어났었느냐 보다, 베로니카의 삶에 있어 중요한 역할을 담당해야 하는 사람들이 세대를 가로질러 다양한 방식으로 공모하여 그녀에게 치명적인 상처를 남겼다는 사실이라고 지적한다.

일반적으로 우리가 트라우마 현상에 관해 말할 때는 사건의 일차적인 피해자를 중심에 놓지만, 트라우마 사건을 서술하는 문제에 있어서는 일차적인 피해자가 중심 역할을 하기는 어려울 것이다. 때문에 트라우마에 대한 서술을 담당하는 사람은 사건의 목격자가 된다. 그러나 트라우마에 관한 책을 쓴 주디스 허먼(Judith Herman)은 목격자 또한 피해자와 동일한 트라우마의 지배를 받는다고 말한다. 그녀에 따르면 충격적인 사건을 목격한 사람 또한 사건을 분석하는데 있어 냉철한 태도로 파편화된 장면들을 하나로 맞추기가 힘들기 때문에, 목격했던 것을 온전히, 그리고 설득력 있는 언어로 전달하기는 더욱 힘든 일이 된다. 더구나 목격했던 사건을 서술하는 것은 피해자를 따라다니는 낙인을 스스로에게 불러들이는 것과 같다는 것이다. 이처럼 충격적인 한 사건에 대해 증언하려 할 때 목격자는 사건의 목격으로 인해 생긴 자신의 트라우마를 감당해야 함과 동시에 피해자가 겪은 트라우마를 다시 서술해야 하는 이중의 부담을 떠맡게 된다.

목격자 베로니카 또한 트라우마를 지닌 사람이 보여주는 전형적인 내적 독백의 내러티브를 그대로 재현하고 있다. 리엄 하트(Liam Harte)에 따르면 베로니카의 증언은 기억을 서술하는 일반적인 양상과는 다른 모습을 보인다. 일반적으로 한 사람이 기억을 서술할 때는 스스로 조정이 가능하고 즉흥적일 수도 있으며 듣는 사람을 전제하고 진행한다. 그러나 트라우마란 기존의 정신적인 틀속에서 통합되기 어려우며 의식으로부터 분리된 언어 저편에 존재해있다. 때문에 베로니카의 서술 중 상당 부분은 에이다Aida의 집에서 리엄과 함께 보냈던 어린 시절의 기억들이 차지하고 있지만 리엄이 자살한 후의 불안정한 자신의 삶과 가족에 대한 현재의 사건들도 섞여있다. 이 두 가지 이야기는 파편화되어 인과관계가 없이 배열되어 있는 것처럼 보인다. 또한 소설의 중심 배경이 되는 성추행 사건에 대한 과거의 기억들은 불확실성을 전제로 일그러져 있으며, 과거와 현재의 뒤섞인 시간들 사이로 상상과 현실이 또 다시 뒤섞여 있기 때문에 독자들은 도대체 어떤 것이 진실인가에 대한 논리적인 판별이 어려워진다. 이러한 복잡한 서술 덕분에 독자들은 등장인물이나 사건에 대한 가치판단을 유보한 채, 일방적으로 베로니카의 뒤죽박죽된 이야기를 들어야만 한다. 독자들이 사건에 몰입하는 것을 방해하는 베로니카의 증언 방식은 단순히 리엄의 피해 사실을 알리는 것에 그치지 않고, 사건의 주변을 둘러싼 것들을 끝없이 환기시킨다. 그 결과 독자들은 증언 속에 드러나는 기억의 조각들을 조합해보면서 왜 베로니카가 리엄 사건의 실체를 증언하는 것을 망설이는지에 대해 생각해보게 된다. 나아가 독자들은 단순히 어린 아이가 겪었던 사건 자체에만 집중하며 피해자를 동정하는 것에 그치지 않고, 그 사건이 왜 일어나게 되었는가를 생각하기에 이른다.

베로니카의 증언 혹은 재구성된 기억의 서술은 사건 당시에 피해자가 말할 수 없던 것을 목격자의 언어로 말함으로써 또 하나의 새로운 내러티브가 된다. 이때 이 내러티브는 단순히 목격자의 증언, 즉 객관적인 사건과 주관적인 기억의 결합이라는 도식을 뛰어넘어 궁극적으로는 더 큰 진실의 전달자라는 실천적인 관점을 드러내게 된다. 본 글의 출발점도 바로 여기에서 비롯한다. 본 글에서는 목격자인 베로니카의 트라우마 서술을 분석함으로써, 어린 시절 치명적인 사건을 경험했음에도 불구하고 무의식적인 침묵을 강요당하면서 파편화되었던 한 개인의 삶이 과거 진실과의 대면을 통해 치유되는 과정을 살펴보고자 한다. 더불어 소설의 중심에 있는 아동 성추행 사건이 어느 날 우연히 개인에게 일어난 불운한 사건이 아니라, 아동의 인권을 소홀히 했던 1960년대 아일랜드 사회 분위기가 빚어낸 필연적 결과였음 또한 이야기하고자 한다.

## 엄마에게 말할 수 없는 억압된 기억

『개더링』은 주인공 베로니카가 자신의 흩어진 기억들을 완전히 되찾는 것이 불가능하다고 느낄수록 아일랜드 역사와 개인의 트라우마가 깊은 관계가 있음을 명확하게 드러내고 있는 작품이다. 소설이 진행될수록 트라우마의 기억을 개인적으로 억압하는 것과 현대 아일랜드에서 아동 성추행의 진실을 문화적으로 부인하는 것 사이의 연관성은 점차적으로 분명하게 드러난다. 『개더링』은 오빠를 죽음으로 이끈 사건의 가해자 램버트 누젠트Lambert Nugent와 피해자인 오빠가 사라진 상황에서, 사건의 유일한 목격자이자 생존자인 베로니카가 소설의 1인칭 화자로서 독자에게 자신의 트라우마를 고백하는 형식으로 이루어져있다. 소설은 베로니카가 자신이 목격한 일에 대한 기억의 불확실성에 대해 이야기하면서 시작된다. 베로니카는 어린 시절 할머니 집에서 일어난 일에 대해 쓰고 싶다고 말하면서 "그 일이 실제로 일어났는지 확신하지 못하겠다. 이 말은 불확실한 사건에 대해 증언해야 한다는 것이다. 나는, 어쩌면 일어나지 않았을지도 모르는 그 일이, 내 내부에서 포효하고 있음을 느낀다"(1)고 덧붙인다. 또한 베로니카는 소설의 초반에서 "내가 가진 것은 모두 헛소리"(2)라고 하거나 "내 자신을 믿기도 어렵다"(12)고 말하는 등 자신의 증언에 대해 확신 없는 태도를 보이면서 사건의 실체에 대해 말하는 것을 끝없이 유보한다. 베로니카가 표면적으로 증언하고자 하는 "그 일"이란 어린 시절 오빠 리엄이 외할머니 에이다의 집주인인 누젠트에게 성추행 당하고 있는 장면을 목격했던 사실이다. 작품 내에서 지속적으로 반복되는, 증언에 대한 갈망과 책임 그리고 그것의 불확실성에 대한 언급으로 양극화되어 나타나는 베로니카의 혼란스런 태도의 바탕에는 트라우마가 작동시킨 자기방어기제가 숨어있다. "나는 그 일이 실제로 일어났다는 것은 알지만 내 마음의 눈 속에 새겨져있는 광경이 진짜였는지는 모르겠다. [. . .] 그것은 내 머리 속에 있는 끔찍하게 뒤엉킨 것들을 헤치고 들어가야 도달할 수 있는 기억이기에, 그리고 견디기 어려운 것이기에 나는 그것이 잘못된 기억일지도 모른다고 생각한다"(144)고 말하는 베로니카의 고백은, 성추행을 당하는 리엄을 목격한 충격의 트라우마가 그 날의 기억 자체를 부정하거나 억압하는 방식으로 드러나고 있음을 보여준다.

뒤죽박죽인 베로니카의 서술 속에는 진실을 요구하는 리엄의 유령과 대면하거나 "나는 리엄에게 브로드스톤에서 무슨 일이 일어났고 또 무슨 일이 일어나지 않았었는지를 명확하게 해야 하는 빚을 졌다"(223)고 말하는 등 증언을 해야만 한다는 강박적인 태도 또한 드러난다. 이는 베로니카 스스로가 리엄의 사건의 목격자임과 동시에 방관자임을 인지하고 있는데서 오는 죄의식의 발현이다. 베로니카는 "그의 여동생마저도—그 때 복도의 빛 속에 서있던, 어떤 면에서 구세주 같던 존재인 여동생마저도—자신이 본 것을 간직하거나 기억하지 않으니까. 그 시기에 나는 그 일을 까맣게 잊고 있었다"(172)고 말하거나, 라디오와 신문을 통해 학교, 교회, 그리고 가정에서 벌어졌던 성추행 사건을 접하고 나서야 비로소 그 사건을 떠올렸다고 고백하며 리엄에 대한 미안함을 토로한다. 리엄의 "그 일"을 목격했음에도 불구하고 그 어떠한 행동도 하지 않은 채 침묵을 지켰으며 의식적으로 그 일을 잊어버리고 살았던 베로니카는 자신이 리엄을 죽음으로 이끈 트라우마에 대한 공모자가 되었다고 느낀다. 더불어 베로니카는 아동 성추행 문제가 아일랜드 전역에 암암리에 퍼져있었다는 사실을 고발한다. 실제로 2009년 아일랜드 정부 아동학대 조사위원회는 9년간에 걸쳐 작성한 2,600쪽짜리 보고서 공개를 통해 가톨릭 교회가 운영하는 기관 250여개를 조사한 결과, 아동들이 교회 관계자 또는 내부 상급 학생들로부터 상습적으로 구타를 당하거나 성추행을 당했다고 밝혔다. 이 조사는 1930년대부터 1990년대까지 당시 경범죄자, 무단 결석자, 미혼모, 문제 가정의 아이들 등 3만여명의 교육을 담당했던 가톨릭계 직업전문학교, 고아원, 합숙소 등을 대상으로 이루어졌다. 이에 대해 2010년 초 교황 베네딕토 16세는 아일랜드 등 유럽 각지에서 드러난 성직자의 아동 성추행 파문에 대해 공식 사과했다.

베로니카가 스스로 그 날의 기억을 억압하고 침묵할 수밖에 없었던 원인 중 하나는 바로 가톨릭 교리에서 강조하는 원죄의식이다. 원죄의식은 자신의 자유의지나 결백함과는 아무런 상관없이 어떤 죄에 대한 연대 책임을 져야 하는 것이라고 할 수 있다. 베로니카는 리엄의 "그 일"에 대한 이야기를 시작하면서 "리엄의 죽음의 씨앗은 오래전에 뿌려졌다. [. . .] 리엄의 이야기를 하려면 그가 태어나기 훨씬 전으로 거슬러 올라가야 한다"(13)고 말한다. 여기서 "오래 전에 뿌려졌다"는 말은 그녀의 상상 속에서 열아홉의 에이다와 스물세 살의 램버트가 처음 만나는 장면으로 이어진다. 세대를 거슬러 리엄의 죽음의 원인을 되짚어 보는 베로니카의 태도는 리엄의 죽음이 단지 우연한 사건에서 비롯된 것이 아니라 세대를 거쳐 필연적으로 일어날 수밖에 없었다는 사실을 상징적으로 말하고 있다. 필연에 대한 강조는 운명으로 이어지며 다시 원죄의식으로 연결된다. 이 원죄의식은 베로니카의 내러티브 곳곳에서 드러난다. 베로니카가 모든 사건의 발단이 에이다에게서 시작되었으며 "미친 아들과 얼빠진 딸, 얼빠진 딸의 끝을 모르는 얼빠진 임신, 애매모호하게 엇나간 손자들"(223)이 모두 다 에이다 탓이라고 말하는 부분은, 에이다를 마치 인류에게 원죄를 가져 온 이브처럼 여기고 있음을 보여준다. 그뿐만이 아니라, 베로니카가 "나는 리엄의 운명이 언제 그의 뼈에 새겨졌는지 알지 못한다"(163)고 말하는 부분 또한 리엄이 성추행을 당한 것과 자살하게 된 것을 리엄의 원죄에서 비롯된 것으로 생각하고 있음을 드러낸다. 결국 베로니카는 리엄의 일이란 에이다 혹은 리엄의 원죄에서 비롯된 운명이기 때문에 이는 자신의 의지로 해결 할 수 있는 일이 아니라고 자위했던 것이다. 리엄의 일을 비롯해 가족에게 일어난 모든 부정적인 일을 원죄에서 비롯된 운명으로 치부하려는 베로니카의 태도는 한 개인에게 가톨릭 교리가 얼마나 깊게 내재되어 있는가를 보여준다.

이처럼 가톨릭 교리의 원죄의식과 더불어 베로니카의 침묵에 밑바탕을 드리우고 있는 또 하나의 배경은 그녀의 무의식 속에 자리한 아일랜드 가톨릭의 공동체 이데올로기이다. 헤드윅 슈월(Hedwig Schwall)이 지적하듯 『개더링』에서 리엄은 비난을 허용하지 않고 오직 공모complicity만을 허용하는 가톨릭 공동체 문화의 희생양으로 파악 될 수 있다. 가톨릭 공동체에서는 성에 관한 문제를 이야기하는 것은 사악한 행위로 여겼으며, 공동체의 분열을 야기할 수 있는 리엄의 성추행 이야기는 절대로 입 밖으로 내면 안 되는 문제였기 때문이다. 베로니카가 느끼는 원죄의식과 공동체 이데올로기를 바탕으로 한 강요당한 침묵은 어린 시절 가정에서부터 주입되어 온 것이다. 베로니카는 어린 시절 집에 크고 작은 일들이 있을 때마다 형제들이 입버릇처럼 하던 말이 "엄마한테 말하지 마"(9)였음을, 아울러 "엄마한테 지금 말할 필요는 없다"(9)는 말을 가장 많이 했던 사람은 바로 아버지였음을 떠올린다. 여기서 엄마는 흔히 아일랜드 문학에서 비유하듯 어머니 조국 아일랜드, 또는 아일랜드 가톨릭으로 의미를 확장시킬 수 있을 것이다.

아버지는 "매우 고상한 매너를 지녔었다. 굳이 그것에 대해 말한다면, 그것은 그 어느 누구에게 그 어떤 것도 말하지 않는다는 것에 관한 문제였다"(42)라고 한 베로니카의 묘사 속에서도 드러나듯 침묵은 아버지의 이름으로 강요되어 온 집안의 불문율이었음을 알 수 있다. 때문에 베로니카는 자신이 목격한 것을 말할 수 없었으며 그 기억은 억압된 채 고스란히 그녀의 무의식 속으로 저장되어 버린 것이다. 이 억압된 기억은 리엄의 자살로 인해 그녀의 의식의 표면으로 떠오르게 되었으며, 고통의 방관자라는 죄의식과 결합되어 그녀를 괴롭히고 있는 것이다. 무의식적으로 강요당한 침묵의 고통은 어머니에게 리엄의 이야기를 하려다가 멈추고 마음속으로 쏘아대는 베로니카의 독백에 잘 드러나 있다.

> 제가 하고 싶은 말은요, 어머니가 우리를 (에이다의 집으로) 보내던 그 해, 어머니의 죽은 아들이 몹쓸 짓을 당했고, 그때 어머니는 거기 없었기 때문에 아들을 보호하고 위로해 줄 수 없었으며, 그 몹쓸 사건이 결국 아들을 아래층 관 속에서 생을 마감하게 만들었다는 거예요. 그게 바로 제가 하고 싶은 말이예요. (213)

"제가 하고 싶은 말"을 반복하는 베로니카의 모습은, 어린 시절 리엄과 함께 충격적인 사건을 겪었을 때 보호해 줄 어머니라는 존재가 없었으며, 그 일에 관한 이야기조차도 입 밖에 낼 수 없었던 상황에 대해 다시금 분노를 느끼고 있음을 보여준다.

성인이 된 베로니카의 삶은 무의식적으로 혹은 간접적으로 억압된 기억이 그녀의 삶 또한 파편화 시켰음을 보여준다. 베로니카는 형제들 중 자신이 가장 리엄을 사랑했으며 트라우마 사건의 목격자라는 심리적인 측면뿐만 아니라, 물리적으로도 자신과 리엄이 얼마나 가까운 사이였는가를 강조한다. 저자 엔라이트는 "리엄과 나는 11개월 간격이다. 우리는 서로 꼭 붙어서, 윤간처럼 빠르게, 간통처럼 빠르게 연이어 태어났다. 이따금 나는 우리가 어머니 배 속에 함께 있었던 때가 있었으며 리엄이 먼저 나와서

밖에서 나를 기다렸다는 생각을 한다"(11)고 말하며 리엄을 자신의 쌍둥이 혹은 분신과 같이 여기는 베로니카의 서술을 통해 트라우마 사건을 경험한 후 일반적으로 인간이 보일 수 있는 두 가지 양상을 보여주려 한다. 이런 의미에서 볼 때 리엄과 베로니카의 모습은 한 뿌리에서 나온 두 개의 가지이다. 리엄이 트라우마 사건을 계기로 정상적인 삶이 완전히 파괴되어 버린 경우를 나타낸다면, 베로니카는 트라우마 사건 경험 후 그 기억을 억압한 채 표면적으로는 그 기억을 망각하고 다시 정상적인 삶을 살고 있는 듯한 경우를 보여주고 있는 것이다. 그러나 억압된 기억은 베로니카의 현재의 삶에 다시 영향을 미친다. 그 결과 성인이 된 베로니카는 성에 대해 집착하면서도 성에 대해 부정적이거나 죄의식을 갖는 모습을 보여준다. 베로니카는 외할머니 에이다와 외할아버지인 찰리 스필레인Charlie Spillane과의 사랑에 있어서도 두 사람의 성관계 장면만을 상상하거나 젊은 시절의 에이다를 창녀였다고 간주하는가 하면, 중년에 이른 에이다와 누젠트가 부적절한 성관계를 갖는 장면을 상상하기도 한다. 가족을 묘사하는데 있어서도 자신과 같이 형제가 많은 친구들을 가리켜 "부모님이 속수무책이라 똥을 싸듯 자연스럽게 번식한"(25) 경우라고 비하한다. 남편과의 관계에 있어서도 성에 대한 죄의식은 마찬가지로 드러나는데, 리엄의 장례식 철야가 있던 날 남편과 성관계를 갖고 "사지가 찢기는 닭이 된 것 같은 느낌"(40)이라고 표현한다.

여덟 살의 나이에 오빠가 성추행 당하는 장면을 목격했던 베로니카는 자신에게 내재된 가톨릭 교리와 공동체 유지라는 명분하에 그 기억을 트라우마로 남겨 놓은 채 침묵할 수밖에 없었지만, 갑작스러운 오빠의 자살은 불안정하고 파편화된 그녀의 현재 삶에 대한 실마리를 제공한다. 다시 소환된 그 날의 기억은 재구성을 거치면서 그녀의 현재 삶에 대한 재해석을 요구하고 있는 것이다.

## 1960년대 아일랜드와 악의 평범성

베로니카의 서술 속에서 두드러지는 한 가지의 양상은 무기력한 어머니에 대한 분노이다. 베로니카는 어머니가 경험한 일곱 번의 유산과 열 두번의 출산을 책임감 없는 섹스의 결과가 가져온 "번식"reproducing이라고 표현한다. 베로니카에게 어머니는 무책임한 번식 행위를 계속했을 뿐 그 결과물인 열 두명의 아이를 감당하지 못해 그냥 방치해 버린 사람이다. 열두 형제인 "미지, 비, 어니스트, 스티비, 이타, 모시, 리엄, 베로니카, 키티, 앨리스, 그리고 쌍둥이 아이버, 젬 때문에 어머니를 용서하지 않는다"(7)고 말하는 베로니카는 어머니가 리엄과 자신을 에이다의 집에 버렸으며 결국 리엄이 성추행을 당하게 하는 직접적인 원인을 제공한 사람이라고 생각한다. 어머니에 대한 베로니카의 분노는 현재 삶에서 자신은 딸들에게 어머니의 모습을 답습하지 않으려고 노력하는 모습으로 드러난다. 그러나 이러한 모습은 자연스러운 부모와 자식 관계의 발로가 아니라 매우 강박적인 불안감으로 표출된다. 그 단적인 예로 베로니카는 자신과의 사소한 갈등 때문에 토라진 딸의 모습을 바라보며 "저 아이를 행복하게 해줘야 해. 저 아이의 아빠를 사랑하고 저 아이의 행복을 지켜 줘야 해. 그렇지 않으면, [. . .] 저 아이는 매일 길거리에서 지나치는 흔한 사람 중 하나가 되고 말거야"(69)라고 순간적으로 되뇌이며 불안해한다. 어머니가 자신에게 남긴 상처를 자신의 딸들에게 물려주지 않으려는 강박적인 모습은 베로니카의 트라우마가 단지 성추행 사건의 목격만으로 생긴 것이 아니며, 그 밑바닥에는 리엄과 자신이 어린 시절 어머니에게 버림받았다는 사실이 뿌리깊게 자리하고 있음을 암시하고 있다.

앞서 말했듯, 심지어 아들 리엄의 장례식조차 남편의 장례식으로 착각하는, "물처럼 빠져나가 버리거나" "윤곽만 남아있어서" 결국 "망각 그 자체"(3)인 어머니는 베로니카의 증언 속에서, 성추행범인 누젠트 보다도 더 큰 증오의 대상으로 나타난다. 리엄 또한 어머니에 대한 증오를 숨기지 않았는데, 단적인 예로 베로니카는 집 안에 남아있는 칼자국을 언급한다. 베로니카는 "다른 이름 모를 자국들 틈에 남은 유명한"(6) 칼자국은 어머니가 잠시 몸을 숙인 사이 리엄이 어머니를 향해 던진 칼이 벽에 박혀 만든 자국이며, 이때 형제들은 모두들 웃으며 소리를 질렀다고 회상한다. 캐롤 델라미코(Carol Dell'Amico)는 『개더링』에서 어머니의 존재는 과거 아일랜드 가톨릭의 다산을 나타내면서 동시에 아일랜드 여성의 얼룩진 현존을 보여주는 상징적인 존재라고 말한다. 그녀에 따르면 어머니는 아일랜드 독립 후 국가적인 통합과 도덕적인 우위, 그리고 영국과의 차이를 보여주기 위해 집 안이라는 공간속에 속박당하면서 점점 희미해져버린 존재이다. 베로니카의 말 속에서 일관되게 드러나는 무책임하고 무기력한 어머니의 이미지는 그녀의 트라우마 기억과 나란히 존재하는 아일랜드의 과거 역사를 보여준다고 할 수 있다. 한 인간에게 최후의 심리적 보루라고 할 수 있는 어머니와 개인에게 최소한의 인권을 제도적으로 보장해주는 국가를 같은 맥락에 놓는다면, 작품 내에서 특정한 이름조차 부여되지 않은 어머니에게서 제임스 조이스(James Joyce, 1882～1941)가 말한 제 새끼를 잡아먹는 어미 돼지로서의 조국 아일랜드의 그림자가 엿보이는 것은 당연한 연상의 흐름일 것이다.

무책임한 어머니와 더불어 소설 속 남성 어른들의 이미지 또한 부정적이다. 리엄을 포함한 모든 남성의 이미지는 현실감이 없는 무력한 존재들로 그려진다. 베로니카의 외할아버지인 스필레인은 허풍떨기를 좋아하며, 이렇다 할 직업이 없는데도 항상 집에 없는 "늘 지나가는 존재"(58)이다. 베로니카의 아버지 또한 품위 있는 몸가짐을 실천하는 것처럼 어느 누구와도 소통하지 않았고, 마치 자제력이 있는 사람처럼 자식들에게는 상투적이고 고상한 말들을 남발하거나 멋진 아일랜드어를 구사했지만, 실상은 사회적인 어떤 역할도 수행하지 않는 존재로 그려진다. 베로니카의 서술 속에 아버지는 그저 무책임한 섹스의 결과로 열 두명의 자식을 남겨놓은 패배자에 불과했으며 늘상 자식들을 때리던 사람이다. 리엄을 죽음으로 몰고 간 트라우마를 낳게 한 주범인 누젠트의 경우도 다르지 않다. 소설의 초반에 베로니카는 에이다와 누젠트가 서로 처음 만나게 되는 장면을 상상하는데, 상상 속에서 누젠트는 "존재감이 거의 없이 존재하는 재주"(15)를 가진 사람으로 묘사된다. 베로니카의 증언이 계속 되는 동안에도 그의 목소리는 거의 등장하지 않으며, 그가 사회적으로 어떤 역할을 하는지도 자세히 나타나 있지 않다. 그녀의 기억 속에 누젠트는 그저 평범한 얼굴을 한 중년 남성일 뿐이다.

이처럼 소설 속에 재현되는 사회적으로 거세된 남성들과 그 대열에 속한 누젠트의 성추행은 당시 불안한 아일랜드 사회의 징후를 극단적으로 반영하고 있다. 사건이 있던 1960년대는 아일랜드가 영국에서 완전히 독립한 후, 가난에서 벗어나기 위해 대대적인 경제 개혁에만 집중하던 때였다. 당시 아일랜드의 사회, 경제적인 상황은 겉으로 드러난 물질적인 성공 외에 그 어떤 것도 관심거리가 될 수 없었기 때문에, 개인의 안녕을 보장해 줄 수 있는 제도적 장치는 없었다. 국가가 제도적으로 개인의 안녕을 보장해 줄 수 없을 때, 보호막 없이 벌거벗은 채로 정글에 내몰린 인간의 삶에서 상대적으로 약한 개인이 피해자가 되는 것은 당연한 결과였다. 이때 남성에 비해 상대적 약자인 여성과 어린이가 사회적으로 거세된 남성의 극단적인 불안을 표출하는 대상이 되는 것은 더 말할 필요가 없을 것이다.

> 사랑에 있어서 누젠트는 삼류에 불과했으며 여기저기 뿌릴만큼 사랑이 많지도 않았다. 그는 집과 여자를 소유했고 손에 걸리는 아이들에게 자기가 하고 싶은 짓을 했다. 하지만 그가 느끼는 만족은 작았다. 당시에는 아이들이 '하찮은' 존재였으니까. 우리 헤가티 아이들 셋은 분명히 하찮은 존재였다.
> 누젠트는 아이를 볼 때 복수를 보았다—그것에는 의심의 여지가 없다. (253-36)

베로니카는 에이다에게 사랑을 얻지 못한 누젠트가 복수의 도구로서 자신들을 이용했다고 말하면서 부모에게서 버려진 아이들이었던 자신들은 아무렇게나 이용당해도 되는 하찮은 존재였다고 회상한다. 항상 당면 과제를 해결해야만 했던 아일랜드는 조국의 미래를 완성해 갈 아동에 대해 깊이 고려하지 못했다. 1900년대 초반에는 영국의 식민주의에 대항하는 민족주의 투쟁과 국가의 독립만이 아일랜드의 유일한 관심사였기 때문에 그 안에 존재하고 있는 개인은 어떠한 고려대상도 될 수 없었다. 또한 독립 후에도 지속된 내란과 경제 불안 때문에 소외계층이나 여성, 특히 "당시 모든 아이들이 그랬듯이, 우리는 '방해되는' 존재였다"(143)고 말하는 베로니카의 독백에서 단적으로 드러나

듯, 리엄과 같은 나이의 어린 아이는 성가신 존재로 취급당했거나 잊혀진 존재로 방치되었던 것이다.

비평가 슈월과의 인터뷰에서 엔라이트는 누젠트에 대해 "사실 그는 주변에 사랑을 나누어 줄 만한 사람이 아니다. 그는 마음이 좁고 지극히 평범한 사람이다. [. . .] 일반적으로 우리가 악이라는 것을 생각할 때는 인간으로서 도저히 말도 안 되는 무시무시한 것들이라고 여기지만 사실 악행이란 매우 단순한 것이다"라고 말한다. 엔라이트의 언급, 특히 "지극히 평범한"banal이라는 단어는 독일 출신 유태인 사상가인 한나 아렌트(Hannah Arendt)가 그녀의 저서 『예루살렘의 아이히만』에서 언급했던 "악의 평범성"banality of evil이란 말을 떠올리게 만든다. 아렌트는 법정에서 유태인 학살의 최고 책임자인 아이히만을 목격하게 되는데 사악함의 화신이라 생각했던 아이히만이 너무나 당당하고 정상적인 사람임을 확인하게 되고, 그의 악행은 단지 자기가 하는 것이 어떤 일인지 알지 못하는, 다시 말해서 "생각하는데 무능력함inability to think, 즉 타인의 입장에서 생각하는데 무능력"했기 때문이라는 결론을 내린다. 아이히만이 보여주는 "악의 평범성"에는 유태인 학살에 단지 나치스만이 아니라 독일 전체가 가담했다는 사회적인 배경이 자리하고 있다. 유태인 학살에 대한 또 하나의 기록인 『이것이 인간인가』에서 저자인 프리모 레비(Primo Levi) 또한 독일 사회 전체가 유태인 학살에 직접적으로 혹은 간접적으로 가담했음을 이야기한다. 레비에 따르면 수천명의 판사와 경찰, 변호가, 성직자, 사회복지사, 사업가, 교수, 공무원들이 수용소의 유태인들을 착취하고 살인하는데 가담했다. 이러한 상황은 일반 독일 시민들 사이에서도 다르지 않았다. 레비는 당시 독일인들 모두가 유태인 학살에 대해 모른 척했을 뿐이며, "그들이 입과 눈과 귀를 다문 채 자신들이 아무것도 모른다는 환상을 만들어갔고, 그렇게 해서 자신은 자기 집 앞에서 벌어지고 있는 일의 공범자가 아니라고 생각했다. [. . .] 그리고 나는 바로 이런 고의적인 태만함 때문에 그들이 유죄라고 생각한다"고 말한다.

"고의적인 태만함"의 자세로 유태인의 학살에 무감했던 독일인처럼 당시 아일랜드는 가톨릭 공동체의 고수와 경제 발전이라는 대의명분을 유지하기 위해 아동과 여성에 대한 학대는 공공연한 비밀로 치부했다. 과거 아일랜드 사회에서 타자에 대한 무자비한 착취와 폭력은 앞서 말한 아일랜드 가톨릭의 아동 성추행 문제와 은폐 뿐만이 아니었다. 2013년에는 가톨릭계 여성보호시설이었던 '막달레나 세탁공장'Magdalene Laundries에 대한 진상조사 결과 보고서가 발표되었으며, 이에 대해 아일랜드 정부가 공식 사과하기에 이른다. '막달레나 세탁공장'은 미혼모나 매춘부 등 여성을 보호한다는 목적으로 1922년 설립됐다. 하지만 당초 취지와는 달리 거의 1만여 명의 여성들이 이곳의 강제노역에 동원됐다. 보고서에 따르면 세탁공장에서 여성들은 임금을 전혀 받지 못한 채 호텔, 군부대, 정부 등을 위해 세탁일을 했다. 평균 나이 23세였던 젊은 여성들은 이곳에 갇혀 사실상 종신형처럼 강제노동을 해야 했다.

이러한 사회 분위기 속에서 부모에게조차 버려진 리엄에게 가한 누젠트의 성추행을 단순히 파렴치한 한 변태 성욕자의 행동으로만 단정지을 수 있을까? 아마 그에게는 자신이 일상을 향유하는 세계와 자신이 저지른 행동에 의해 아이들과 여성의 인권이 강탈당하는 세계는 완전히 분리된 세계였을 것이다. 사회적으로 아이들은 어떤 인격도 없는 그저 하찮은 도구에 불과한 것들이었기 때문이다. 더불어 베로니카는 자신이 누젠트가 누구였는지, 에이다를 어떻게 만났는지, 무슨 짓을 했는지 알지 못하지만 "나는 그가 우리의 인생 전부에 대한 설명이 될 수 있음을 알며 그보다 더 놀라운 사실도 안다. 우리는 그가 직접 손을 대지 않고도 망가질 수 있었다"(224)라고 말한다. 이는 타자에 대한 고려가 없는 한 사람의 행동이, 상대방뿐만 아니라 그 주변까지도 모두 파국으로 몰아갈 수 있음을 의미하고 있는 것이다.

소설이 진행되는 동안 베로니카는 누젠트를 특정한 모습으로 그려내지 않는다. 엔라이트가 소설의 중심이 되는 성추행 사건의 가해자를 정확한 인물로 그려내지 않는 것은 당시의 상황을 보다 일반적인 상황으로 묘사하기 위한 의도를 가지고 있다. 엔라이트는 이런 일반화를 통해, 여성과 아동의 인권을 소홀히 하는 분위기속에서 타자에 대한 고려가 없는 단순한 행동의 결과가 타자와 타자의 주변에 어떤 영향을 미치는가를 더 극적으로 그려내고자 하였다. 또한 그 악행의 주인공과 파멸의 주인공은 바로 우리 주변의 사람들이나, 어쩌면 우리가 될 수 있음 또한 강조하고 있다. 우리 주변에서 우리와 함께 숨 쉬고 있는 평범한 얼굴을 한 이웃들이 타인의 고통에는 아무런 감각이 없는, 또는 타인을 평생의 고통에 빠트리는 악행을 무심히 저지르면서도 아무런 심리적 갈등을 겪지 않고 살아가는 사례는 비단 1960년대의 더블린에서만 목격할 수 있는 것은 아닐 것이다.

그렇기 때문에 『개더링』에 등장하는 공모자들은 다시 『더블리너스』*Dubliners*를 환기시킨다. 특히 상사에게 당한 굴욕과 술집에서 당한 모욕에 대한 분풀이를 하기 위해 자신의 아들을 매질하는 「짝패들」"Counterpart"의 패링턴Farrington의 모습은 바로 베로니카의 부모와 누젠트의 행동들에 대한 예고편이다. 엄마는 교회에 가고 없으며 아빠인 패링턴이 부엌의 불을 꺼뜨렸다는 것을 빌미로 어린 아들인 팀Tim을 매질하는 장면은, 아무런 죄책감 없는 가해자와 어떠한 보호막도 없이 그 폭력을 오롯이 감당해야 하는 어린 피해자의 모습을 그대로 재현하고 있다. 아버지에게 매를 맞으면서 "때리지 마세요, 아빠! 아빠를 위해 성모송 기도를 드릴게요"(96)라고 울부짖는 아들의 절규는, 수 십년이 지났음에도 여전히 "곳곳에서 아이들이 쫓겨나고" "부모들은 모두 제정신이 아니었던"(96) 더블린에 울려 퍼지고 있었던 것이다.

## 아일랜드 여성 삼대의 화해와 치유

어머니, 또는 조국 아일랜드가 방치해 버린, 버려진 아이들의 이미지는 뿔뿔이 흩어진 헤가티 형제들의 모습으로 확장된다. 소설의 초반부에서 베로니카는 리엄의 죽음을 알리는 소식에 대해서도 무덤덤하게 반응하던 형제들을 알콜 중독이나 성형 중독, 사이코, 혹은 타락한 신부 등의 모습을 한 부정적인 인물들로 묘사한다. 그녀에게 리엄 외에 다른 형제들은, 각각 다른 성격과 서로 다른 직업을 가진, 마치 아무런 연관성이 없는 사람들인 것처럼 보인다. 그러나 증언이 계속되는 동안 베로니카는 헤가티 형제들의 공통점을 이야기하면서 형제들과의 화해의 감정을 경험한다.

베로니카가 리엄의 장례식에 참석하러 올 형제들의 이름을 낱낱이 호명하며 그들이 오는 모습을 상상하는 장면은 마치 종교 의식의 주문을 외우듯이 표현된다. 그녀는 말미에 "헤가티 가족의 집결, 신이시여, 저희 모두를 도우소서"(187)라고 기원한다. 리엄의 장례식에 참석하기 위해, 마치 아일랜드 디아스포라를 암시하듯 독일, 영국, 미국, 네덜란드 등 세계 각지에서 더블린으로 모인 9명의 헤가티 형제들은 아일랜드 고유의 장례 문화인 철야wake를 지내면서 다시 하나가 되는 순간을 맞이한다. 아이러니컬하게도 흩어지고 방치되었던 아이들 중 가장 비극적인 희생자였던 리엄의 어린 아들 로언Rowan의 등장은 가족들과 베로니카 사이의 화해의 계기를 마련해 준다. 낯가림을 하는 로언을 어르는 사람은 그 동안 사이코로 간주했으며 리엄과 가장 사이가 나쁘던 오빠 모시Mossie이다. 모시가 로언과 노는 모습을 본 베로니카는 "나는 처음으로 그(모시의) 아이들이 얼마나 행복한지 알게 된다. 그래서 그토록 예의가 발랐던 것이다. 온화한 엄마와 엄격하지만 공정한 아빠 밑에서 자라는 그 아이들은 만족감에 차있다"(247)고 말한다.

엔라이트는 리엄의 장례식 장면 후 치유의 의식을 마무리 하듯, 바로 다음 장에서 누젠트가 사망한 날의 에이다의 모습을 그린다. 베로니카의 상상 속에서 "그래, 그는 죽었다"(250)라고 하는 에이다의 독백이나 "끝났다. 그들 두 사람의 이야기가 어떻게 흘러왔던지"(250)라는 말 속에서 느껴지듯, 누젠트의 죽음은 에이다에게 "38년 동안 매주 몇 실링씩 집세를 내면서 조금씩 그의 수중으로 들어간 그녀의 삶 전체"가 이제 "갑작스러운 분노와 비열한 잔인함으로 이루어진 관계"로부터 해방되었음을 의미한다. 38년간 매일 누젠트에게 집주인을 대접한다는 명목으로 차와 비스킷을 대접해야 했던 세입자 에이다는 "궁지에 몰린 여자들이 모두 그렇듯이 가장 매력 있고, 섹시한 모습을 보여야 했"으며, "38년 동안 에이다는 자신의 여성적인 매력으로 누젠트를 현혹시켰고 누젠트는 그녀의 거실에 앉아 그것을 당연시하며 즐기고 받아들였"(235)던 것이다. 여성성을 내세워 자신의 빈곤한 상황을 모면하곤 했던 에이다를 비로소 동정하게 된 베로니카는, 여성으로서 어머니의 상황 또한 다르지 않았음을 이해하게 된다. 자신이 어린 시절에 살던 집에서 누젠트와 에이다 사이에 1930년대부터 오간 집세 장부를 발견한 베로니카는, 당시 여성이 어떻게 해야만 아일랜드 사회에서 살아남을 수 있었는가에 대해 다시 한번 확인하게 된다. 베로니카는 어머니가 여덟 살 때부터 시작된 집세 장부를 보며, 어머니에게 유년의 기억을 묻지만 어머니는 잘 대답하지 못한다. 어머니의 이런 모습을 본 베로니카는 "나는 과거의 고통이 나보다는 어머니에게 더 많이 속해 있으리라 생각한다. [. . .] 나의 불쌍한 어머니는 [. . .] 미래를 낳는 일을 중단할 수 없었던 것이다. 낳고 또 낳고. [. . .] 어머니에게는 깨끗이 지워야 할 과거가 다른 사람보다 더 많았는지 모른다"(233)고 생각하며 어머니의 잦은 출산과 무력함에 대해 이해하려 노력한다.

에이다가 누젠트로부터 해방된 것은 베로니카에게도 트라우마에서 벗어날 수 있다는 치유의 가능성을 시사한다. 베로니카는 에이다를 비난하면서도 때때로 에이다를 자신과 동일시하고 있음을 읽을 수 있는데, 실제로 베로니카는 "어머니의 자식들 중에서 내가 어머니의 어머니, 그러니까 나의 할머니 에이다를 가장 많이 닮았다. 그것은 분명 혼란스러운 일이다"고 말하기도 한다. 작품의 초반에서 리엄의 일과 자신의 트라우마를 고백하기 위해 에이다와 누젠트가 처음 만나던 1925년으로 거슬러 올라갔던 베로니카는, 다시 트라우마에 종지부를 찍기 위해 1925년보다 더 오래 전 시간으로 거슬러 올라간다. 베로니카의 상상 속에서 "아홉 살, 또는 열 살의 어린 나이에 어머니를 잃고 홀로 넓은 세상에 나서게 된 에이다가 커다란 여행 가방을 든 모습"(90)이나 "어머니가 돌아가신 날 여행 가방을 든 에이다"(253)로 나타나는 그녀의 모습은 어린 시절 가족에게서 버려졌던 리엄과 베로니카의 모습을 상기시킨다. 베로니카가 소설 전체의 배경이 되는 모든 사건의 원인 제공자나 다름없는 에이다, 원죄를 지닌 에이다를 자신과 동일시 할 수 있는 결정적인 이유는 바로 에이다 또한 부모와 세상으로부터 보호받지 못한 아이였기 때문이다.

리엄의 장례식이 끝난 후 베로니카가 머무는 곳은 아일랜드 땅도, 영국 땅도 아닌 영국의 공항 안이다. 공항이란 목적지를 향한 도착과 출발이 이루어지는 곳이지만 베로니카는 공항의 사람들을 보며 "저들은 집으로 가는 길일까 아니면 사랑하는 사람들에게서 멀리 떠나는 길일까" 궁금해 하다가 결국 삶이 부과한 선택이란 "그것(진실)을 향해 가느냐 아니면 그것에서 도망치느냐"(258)임을 깨닫는다. 그녀에게 부과된 짐, 진실의 전달자라는 역할을 앞에 두고 다시 떠남과 돌아감이라는 두 가지 선택 앞에 선 베로니카의 모습은 지우고 싶은 과거의 역사를 직면할 것인가 아니면 무시할 것인가의 선택의 기로에 선 아일랜드의 모습을 상징하고 있다. 베로니카는 "내 가족이 밉다. 절대로 내가 사랑하고 싶지 않지만, 그래도 역시 사랑하는 내 가족"(259)이라고 되뇌이며 형제들에게 리엄에 대한 진실을 말할 것을 다짐한다. 이러한 베로니카의 선택의 바탕에는 딸 에밀리가 전화 통화를 하며 베로니카에게 들려 준 "엄마한테 해줄 말이 있어. 그 말은 '사랑이야'라는 말과 함께 "나는 딸에게서 도망쳤다. 그 아이를 버리고 나왔다"(257)는 각성이 뒤섞여 있다.

다시 가족의 품으로 돌아가는 베로니카의 선택이 꼭 희망을 향한 해피엔딩을 의미한다고 말할 수는 없을 것이다. 그러나 베라 이콘Vera Icon 즉 참된 모습이라는 뜻을 지닌 자신의 이름이 의미하듯 리엄의 죽음과 자신의 트라우마에 대해 진실을 밝히고 그것을 극복하기 위해서는 그녀가 겪은 고통의 근원인 아일랜드, 가족, 어머니를 다시 정면으로 마주해야 한다. 그래야만 "내가 원하는 것은 다른 삶이 아니다. 나는 그저 내 삶을 살 수 있기를 바란다. 그것뿐이다"(260)라는 그녀의 바람은 이루어질 수 있을 것이다. 더불어 "사랑이 상황을 호전시키리라 믿는다. 사랑이 못하면 아이들이"(228)라는 베로니카의 믿음 속에서도 드러나듯 헤가티 가문의 혈통을 이어받은 4대째의 에밀리와 로언 그리고 베로니카가 기대하는 새로 태어날 아이는 과거의 낡은 상처에 대해 새로운 세대가 보여주는 치유의 작은 씨앗이 될 것이다.

## 맺는 말

소설의 제목인 "gathering"은 표면적으로는 자살한 형제 리엄의 장례식을 위해 세계 각 곳에 흩어져 있던 헤가티 가문의 형제들이 모인다는 의미를 지닌다. 그러나 소설의 내러티브를 끌고가는 여동생 베로니카가 오빠인 리엄의 자살을 계기로 어린 시절의 기억을 떠올리고 그것을 써내려가려 하는 시도를 생각해본다면, 이때의 "gathering"은 베로니카가 자신의 기억의 조각들을 수집하려는 행위를 의미한다고도 말할 수 있을 것이다. 베로니카의 재구성된 기억과 파편화된 증언은 아일랜드 가톨릭 사회가 강요한 가치들에 대해 의문을 던지게 만든다. 나아가 그녀의 이야기는 한 개인의 불행한 사건을 증언하는 것에서 벗어나, 국가의 미래를 책임져야 할 아동을 사회적 보복의 수단으로 이용하거나 성추행을 당하는 상황 속에 방치했던 아일랜드의 과거 역사를 고발하고 있다. 또한 이를 계기로 작가는 조국 아일랜드에게 국가의 발전이라는 명목 하에 삭제되었던 과거의 가치들에 대한 애도와 성찰을 종용하고 있다.

비평가 델라미코가 주장했듯 증언은 진실에서 출발한다. 리엄 사건의 유일한 목격자이자 생존자인 베로니카가 쓰고자 하는 증언을 문학이라 할 수 있다면, 그때의 문학이란 사건의 진실이 완전히 다 잊혀지게 만들거나 진실을 억압하는 것들에 대한 저항을 드러내는, 그래서 결국에는 진실을 전달하고야 마는 실천적인 문학이라 말할 수 있을 것이다.

참고
문헌


레비, 프리모. 『이것이 인간인가』. 이현경 옮김. 서울: 돌베개, 2007.

아렌트, 한나. 『예루살렘의 아이히만』. 김선욱 옮김. 서울: 한길사, 2006.

이나영. 「성범죄의 재구성과 '괴물'의 탄생」. 『한겨레 신문』. 2012, 9. 25. 31.

허먼, 주디스. 『트라우마』. 최현정 역. 서울: 플래닛, 2007.

Dell'Amico, Carol. "Anne Enright's *The Gathering*: Trauma, Testimony, Memory." *New Hibernia Review* 14.3 (2010): 59-73.

Enright, Anne. *The Gathering*. New York: Black Cat, 2007.

Ewins, Kristin. "'History is Only Biological': History, Bodies and National Identity in *The Gathering* and 'Switzerland.'" *Anne Enright*. Claire Bracken and Susan Cahil, eds. Dublin: Irish Academic P, 2011. 127-44.

Harper, Margaret Mills. "Flesh and Bones: Anne Enright's *The Gathering*." *South Carolina Review* 43.1 (2010): 74-89.

Harte, Liam. "Mourning Remains Unresolved: Trauma and Survival in Anne Enright's *The Gathering*." *Lit: Literature Interpretation Theory* 21.3 (2010): 187-204.

Joyce, James. *Dubliners*. Essex: Penguin, 1975.

Schwall, Hedwig. "Muscular Metaphors in Anne Enright: An Interview." *The European English Messenge*r 17.1 (2008): 16-22.

________. "Relationship with 'the Real' in the work of Anne Enright." Bracken and Cahill 205-22.

## 생각해 보기

❶ 아일랜드 가톨릭 사회의 아동 성추행 문제에 대해 더 자세히 조사해보고, 우리 사회에서도 이미 심각하게 받아들이고 있는 아동 인권의 중요성에 대해 논의해 보자.

❷ 심리학에서 트라우마란 전쟁이나 천재지변, 교통사고, 화재, 성폭행 등과 같이 신체에 대해 심각한 위협을 주는 사건에서 비롯된 영구적인 정신 장애를 낳는 충격을 뜻한다. 어린이의 트라우마는 특히 주목해야 하는데, 인지능력이나 표현 능력이 발달되지 않은 어린이는 사건, 사고에 대한 왜곡현상이 더욱 심하게 이뤄질 수 있고, 이 때문에 평생 동안 정신질환에 시달릴 가능성도 높아진다. 『개더링』의 리엄과 베로니카의 경우도 마찬가지 경우이다. 그러나 피해자가 겪은 충격적인 사건이나 악에 대해 비판하는 급진적인 담론조차도 사건으로 인해 망가진 피해자 개인의 삶은 돌아보지 않거나, 망각해버리는 경우가 많다. 그렇다면 우리 사회에서 일어난 비극적인 사건의 예를 들어, 소위 목격자의 트라우마, 또는 살아남은 자의 트라우마가 치유된 경우가 있는지, 있다면 어떻게 치유되었는지에 대해 살펴보자. 그리고 목격자가 어린이인 경우는 어떠했는지에 대해서도 조사해 보자.

❸ 우리에게 많이 알려진 아일랜드 문학 작품들은, 제임스 조이스(James Joyce)와 예이츠(W.B. Yeats)를 위시하여 사무엘 베켓(Samuel Beckett), 버나드 쇼(George Bernard Shaw), 오스카 와일드(Oscar Wilde), 셰이머스 히니(Seamus Heaney) 등 주로 남성 작가들의 작품으로만 한정돼 왔다. 이에 대해 아일랜드 여성 시인 이반 볼란드(Eavan Boland)는 기존 아일랜드 남성 작가들의 시에서 여성의 경험과 삶이 전혀 형상화되지 않았음을 지적하며, "나는 결코 아일랜드 역사를 소유했다고 생각해 본 적이 없었고 아일랜드적 경험이라는 것을 느껴본 적이 없었다"고 말했다. 이 말을 바탕으로 앤 엔라이트와 같은 아일랜드 여성 작가들의 작품 활동에 대해서 알아보고, 기존의 남성 작가의 작품과 비교해 보자.

## 찾아보기

ㄹ



ㅁ



ㅂ

ㅅ



ㅇ